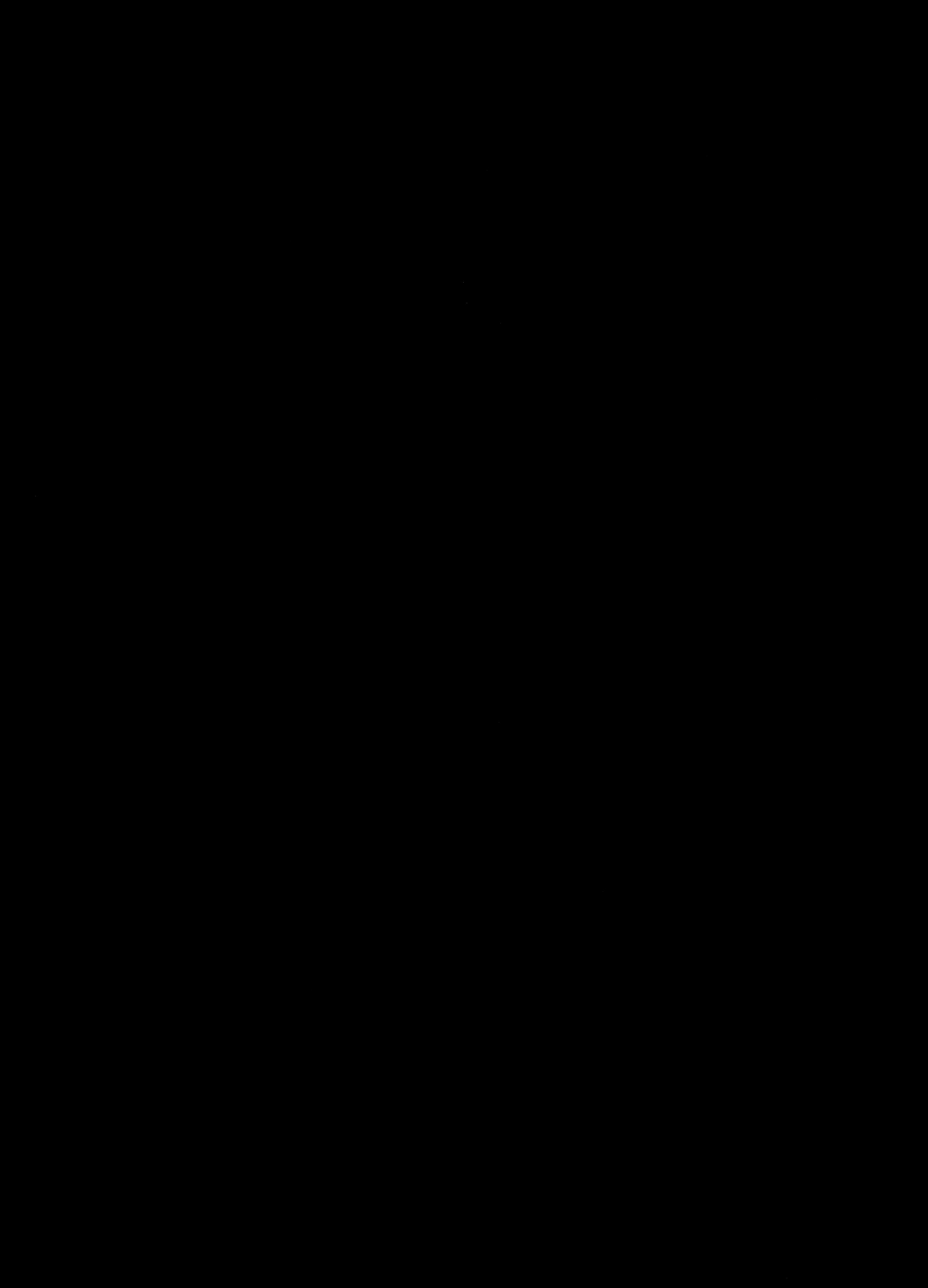

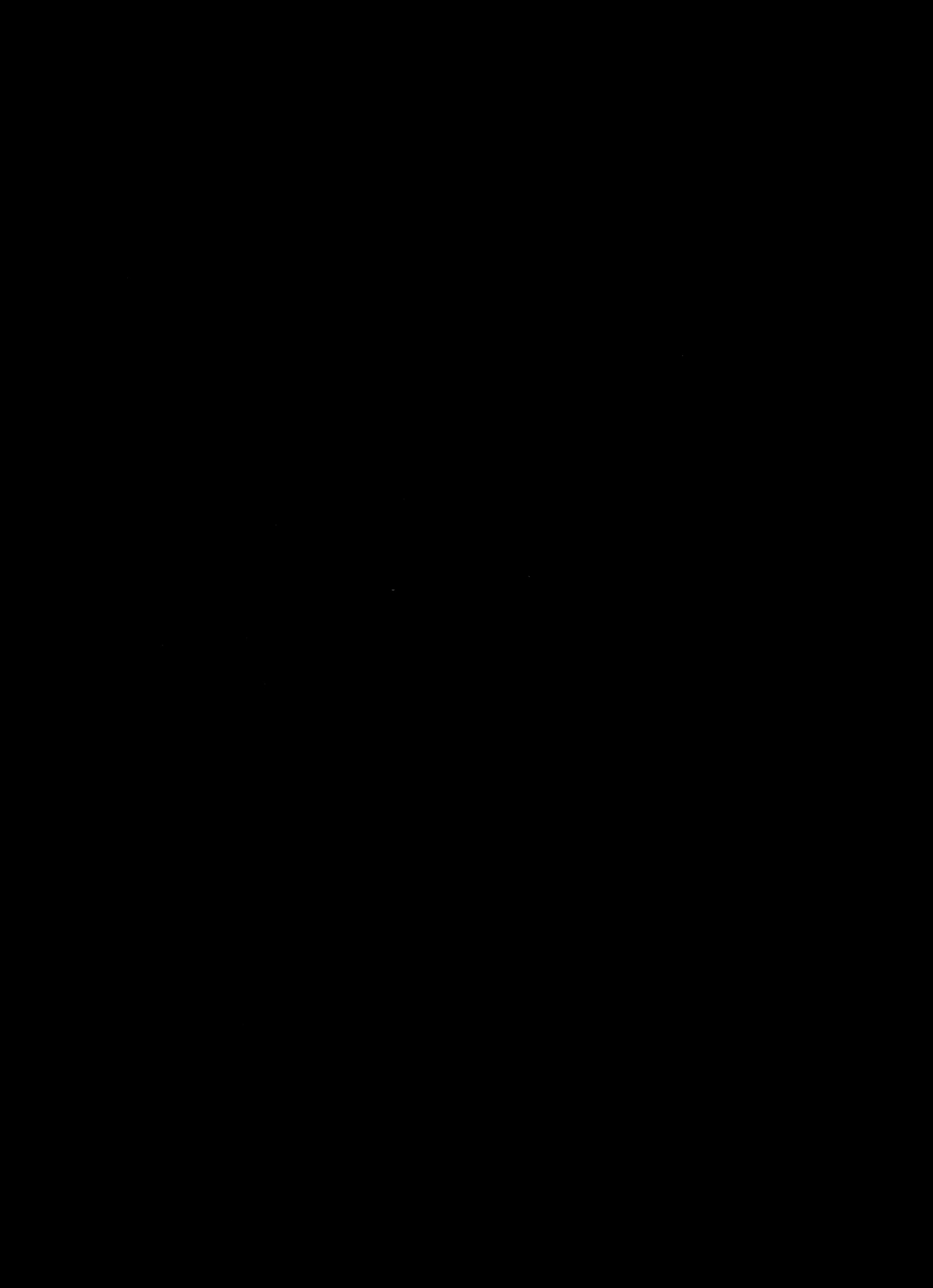

BEST PRACTICE SERIES

실행 계획으로 배우는 고성능
데이터베이스 튜닝

비팬북스

실행 계획으로 배우는 *고성능*
데이터베이스 튜닝

저 자 | 권순용
디자인 | 이경숙
펴낸이 | 최용호

펴낸곳 | (주)러닝스페이스
주 소 | 서울 마포구 서교동 460-27번지 3층
전 화 | 02-857-4877
팩 스 | 02-857-4871

초판발행 | 2009년 7월 10일
등록번호 | 제 12-609 호
등록일자 | 2008년 11월 14일
홈페이지 | www.bpanbooks.com
전자우편 | book@bpanbooks.com

이 도서의 저작권은 (주)러닝스페이스에 있으며 일부 혹은 전체 내용을
무단복제하는 것은 저작권법에 저촉됩니다.

값 35,000원
ISBN 978-89-962045-1-0
비팬북스는 (주)러닝스페이스의 출판부문 사업부입니다.

이 도서의 국립중앙도서관 출판시도서목록 CIP는 e-CIP 홈페이지(http://www.nl.go.kr)에서 이용하실 수 있습니다.
CIP 제어번호 : CIP2009002033

실행 계획으로 배우는 고성능
데이터베이스 튜닝

권순용 (주)엑시엄 대표 컨설턴트

비팬북스

목 차

서문 viii
이 책의 구성 ix

Chapter 1. 실행 계획의 분석은 SQL 최적화의 기본이다

SQL을 작성할 때마다 실행 계획을 분석하자. 2
테이블 관련 실행 계획은 단순하다. 5
인덱스 범위 스캔과 유일 스캔의 실행 계획을 이해해라 9
인덱스 AND-EQUALS 실행 계획을 이해해라. 12
인덱스 전체 스캔의 실행 계획을 이해해라. 16
인덱스 생략 스캔과 인덱스 MIN/MAX 스캔의 실행 계획을 이해해라. 22
인덱스 조인도 인덱스 스캔이다. 27
정렬 관련 실행 계획은 성능을 저하시킬 수 있다. 29
IN 연산자에 의한 실행 계획을 이해하라. 34
집합 연산자의 실행 계획을 분석하라. 38
VIEW 실행 계획을 분석하라. 42
STOPKEY 실행 계획은 우선 순위가 가장 높다. 44
파티션 실행 계획을 이해하자. 47
실행 계획에서 REMOTE 실행 계획을 분석하자. 52
데이터 연결에 대한 실행 계획을 확인하자. 56
복합 실행 계획을 정확히 해석하자. 58
힌트로 실행 계획을 제어하자. 62
힌트는 주의해서 사용해야 한다. 76
실행 계획을 확인하는 방법은 간단하다. 79

Chapter 2. 대용량 테이블에서 많은 데이터와 적은 데이터 엑세스하기

- 인덱스의 사용이 항상 성능 향상을 보장하는가? ··· 84
- 어떤 SQL이 인덱스를 이용하면 안 되는가? ··· 86
- 랜덤 엑세스의 증가는 성능을 저하시킨다. ·· 90
- 단일 블록 I/O는 랜덤 엑세스와 함께 발생한다. ··· 95
- 인덱스에 의한 성능 저하를 이해해라. ·· 97
- 인덱스에 유연성을 불어 넣어라. ·· 100
- 결합 컬럼 인덱스를 구성하는 컬럼의 순서를 반드시 준수해라. ····························· 103
- 많은 데이터에 엑세스하는 SQL은 테이블 전체 스캔을 이용하라. ························· 123
- 대용량 테이블의 전체 스캔의 성능 향상은 병렬 프로세싱에 달려 있다. ················· 126

Chapter 3. 조인은 필수 불가결하다

- 데이터의 연결은 조인이 책임진다. ·· 130
- 중첩 루프 조인은 조인의 시작이자 끝이다. ·· 134
- 향상된 중첩 루프 조인을 이해하자. ·· 140
- 단순 중첩 루프 조인의 성능을 100배 향상시키자. ··· 144
- 단순 중첩 루프 조인의 성능을 고려한 테이블 조인 순서를 결정하자. ···················· 150
- 복잡한 중첩 루프 조인의 성능도 향상시킬 수 있다. ··· 155
- 복잡한 중첩 루프 조인 사용 시 SQL 작성에 신중해야 한다. ································ 161
- 중첩 루프 조인에서 데이터의 증감을 확인해라. ··· 166
- 함수 기반 인덱스로 중첩 루프 조인을 최적화하자. ·· 168
- 중첩 루프 조인의 실행 계획을 제어하자. ··· 171
- 해쉬 조인은 대용량 데이터의 연결을 해결하기 위한 조인 방법이다. ······················ 174
- 단순 해쉬 조인의 성능을 100배 향상시키자. ··· 180
- 복잡한 해쉬 조인의 성능도 향상시킬 수 있다. ·· 184
- 해쉬 조인에서는 병렬 프로세싱을 고려해라. ··· 190
- 해쉬 조인의 실행 계획을 제어하자. ·· 192
- 소트 머지 조인의 사용을 자제하라. ·· 193
- 카테시안 조인을 이해하자. ·· 196

의도적인 카테시안 조인은 성능을 향상시킨다. ·· 199
조인 방식의 선택은 프로젝트의 성공을 좌우하는 요소가 된다. ···················· 203
다중 조인 방식을 이용하여 성능을 향상시켜라. ··· 208
조인의 응답 속도를 향상시키는 요소를 이해해라. ······································· 217

Chapter 4. 인라인 뷰는 반드시 사용된다

인라인 뷰는 왜 사용하는가? ··· 224
인라인 뷰는 뷰이다. ··· 226
인라인 뷰는 사용 방법에 따라 최적화될 수 있다. ·· 229
인라인 뷰의 SQL은 우리도 모르게 변경된다. ·· 234
인라인 뷰의 병합에는 법칙이 있다. ·· 252
병합 불가능 인라인 뷰의 응답 속도를 최적화하자. ······································ 254
병합 가능 인라인 뷰의 응답 속도를 최적화하자. ··· 269
인라인 뷰를 효과적으로 사용하여 전체 SQL의 성능을 향상시키자. ············ 277
인라인 뷰에서 인덱스 선정과 랜덤 엑세스를 제거하자. ······························· 287
서브쿼리 팩토링을 이해하자. ··· 294
서브쿼리 팩토링을 이용하여 SQL을 효율적으로 작성하자. ························· 299

Chapter 5. 스칼라 서브쿼리도 조인이다

스칼라 서브쿼리는 대부분 모르고 사용한다. ·· 306
스칼라 서브쿼리는 조인이다. ··· 308
스칼라 서브쿼리는 함수다. ·· 312
스칼라 서브쿼리는 반드시 반복 수행된다. ··· 316
스칼라 서브쿼리의 사용 및 위치에 따라 100배 빠르게 사용하자. ··············· 319

Chapter 6. 서브쿼리를 효과적으로 사용하자

- 서브쿼리는 성능을 악화시키지 않는다. ······································· 328
- 서브쿼리는 조인이다. ·· 330
- 서브쿼리의 성능을 향상시키자. ·· 336
- 서브쿼리의 실행 계획을 제어하자. ·· 340
- 세미 조인과 필터 조인 등을 이용하여 EXISTS 서브쿼리를 최적화하자. ········ 346
- 복합 서브쿼리를 최적화하자. ··· 353

Chapter 7. 순환 전개를 효과적으로 사용하면 개발은 쉬워진다

- 순환 관계란 무엇인가? ·· 358
- 순환 관계를 이용하지 않는 경우와 순환 관계를 이용하는 경우를 비교해보자. ········ 360
- 순환 전개의 사용 문법을 이해하라. ··· 363
- 순환 전개의 실행 계획을 정확히 분석하고 최적화해라. ··················· 373
- 일반 조인과 순환 전개를 동시에 사용하는 SQL을 최적화하자. ········· 379
- 기타 조인과 순환 전개를 동시에 사용하는 SQL을 분석해 보자. ········ 386
- 순환 관계를 이용하여 전화번호부를 작성하라. ······························ 392
- 순환 관계를 이용하여 게시판의 답글을 해결하자. ·························· 399
- 순환 관계와 SYS_CONNECT_BY_PATH를 같이 이용하자. ·············· 402

찾아보기 ·· 408

서 문

데이터는 살아 움직이고 있다. 10년전만 해도 10GB 정도의 데이터라면 대용량 데이터라고 불리던 시절이 있었다. 하지만 지금은 10TB보다 큰 데이터베이스도 흔하다. 결국, VLDB(대용량 데이터베이스)의 시대가 개막된 것이다. 이와 같은 VLDB의 시대에 사는 우리에게 어떤 일들이 일어나는가?

데이터베이스가 VLDB로 변하는 순간 DB 엔지니어는 예상치 못했던 많은 어려움에 직면하게 된다. VLDB로 변한 데이터베이스에는 백업, 복구, 관리와 같은 문제점이 있지만 그 중에서도 성능 문제를 빼놓을수 없다. VLDB에서 피부로 와닿는 것이 바로 성능 문제일 것이다. 데이터베이스에 많은 데이터가 있고 그렇게 많은 데이터 중에서 필요한 몇 건의 데이터만 추출하는 것이 쉬운 일은 아닐 것이다. 과거에는 데이터가 적었기 때문에 이러한 것이 큰 문제가 아니었지만 이제는 VLDB가 되면서 성능 최적화는 일상적이고도 중요한 이슈가 되었다. 이 책은 VLDB가 된 데이터베이스나 VLDB로 변하고 있는 데이터베이스에서 성능 관리를 하고 성능을 최적화할 수 있는 전문 기술을 다루고 있다. 실무에서 경험한 많은 내용을 한 권의 책에 담으려고 했으며 풍부한 SQL 예제와 실행 계획을 수록해 두었다.

책의 전체적인 내용이 쉽지는 않겠지만 많은 연습과 생각을 하면서 학습한다면 SQL 최적화에 필요한 많은 기법을 얻어갈 수 있을 것이다. 데이터베이스의 성능에 관심이 있는 학생이나 프로젝트에서 데이터베이스를 이용하여 프로그램을 작성해야 하는 개발자 및 SQL 최적화를 담당하는 DB 전문가들을 위해 이 책을 집필했다. 어려운 주제인 SQL 최적화에 대해 좀 더 쉽게 설명하고자 노력했으므로 이 한 권의 책으로 SQL 최적화에 대한 체계가 수립된다면 더 이상 바랄게 없을 것이다.

이 책이 출판되기까지 도와주신 분들에게 지면을 빌어 깊은 감사를 드린다. 비팬북스의 최용호 사장님에게 감사드린다. 또한, 김지한 씨와 황오현 씨에게 감사드리며 항상 저를 믿어주는 대전 통합 센터의 S/W 유지보수팀과 여준영 PM에게도 감사드린다. 마지막으로 이 책이 나오기까지 항상 옆에서 격려해 주던 아내와 딸에게 이 책을 바친다.

저자_ 권순용

이 책의 구성

이 책은 SQL 최적화 전문 기법을 학습하기 위한 책으로 아래와 같은 내용으로 구성된다.

Chapter 1. 실행 계획의 분석은 SQL 최적화의 기본이다.
SQL을 튜닝하기 위해서 가장 중요한 부분은 실행 계획의 분석이라고 해도 과언이 아니다.
이 장에서는 실행 계획을 정확히 이해할 수 있도록 다양한 실행 계획에 대해 살펴본다.

Chapter 2. 대용량 테이블에서 많은 데이터와 적은 데이터 엑세스하기.
대용량 테이블에서 많은 데이터를 추출하는 방법과 적은 데이터를 추출하는 방법은 매우 다르다.
이 장에서는 대용량 테이블에서 상황에 맞게 최적의 데이터를 추출하는 방법을 설명한다.

Chapter 3. 조인은 필수 불가결하다.
SQL 최적화를 이야기하면서 조인을 빼놓을 수 없다. 이 장에서는 많은 예제를 통해 중첩 루프 조인, 해쉬 조인, 소트 머지 조인을 정확하게 이해할 수 있도록 구성한다.

Chapter 4. 인라인 뷰는 반드시 사용된다.
대부분의 사람들은 인라인 뷰에 대한 내부 수행 방식을 잘 모르고 사용한다. 이 장에서는 인라인 뷰의 내부 수행 방법 성능과 관련해서 자세히 언급한다. 인라인 뷰 뿐만 아니라 서브쿼리 팩토링에 대해서도 자세히 설명한다.

Chapter 5. 스칼라 서브쿼리도 조인이다.
스칼라 서브쿼리의 사용이 점차적으로 증가하고 있다. 이와 같은 스칼라 서브쿼리도 그 수행 방식은 단순하지만 정확하게 이해하지 않으면 문제를 발생시킬 수 있다. 이 장에서는 정확한 사용 방법과 성능 관점에서 스칼라 서브쿼리에 대해 이야기한다.

Chapter 6. 서브쿼리를 효과적으로 사용하자.
서브쿼리도 조인이며 그 사용 빈도는 매우 높다. 서브쿼리를 사용하지 않고는 개발을 하지 못할 정도다. 이 장에서는 서브쿼리의 수행을 성능 관점에서 자세히 언급한다.

Chapter 7. 순환 전개를 효과적으로 사용하면 개발은 쉬워진다.
순환 전개는 자주 사용되지 않지만 사용법을 익혀둔다면 몇 군데에서 매우 유용하게 사용되는 데이터 연결 방식이다. 이 장에서는 다양한 예제를 통해 순환 전개의 개념과 실무 활용 방법을 자세히 논의한다.

Chapter 01

실행 계획의 분석은
SQL 최적화의 기본이다.

□□□

실행 계획이란 SQL이 수행되는 절차다. SQL의 성능이 실행 계획에 의해 좌우된다고 해도 과언이 아닐 것이다. 그렇다면 실행 계획을 어떻게 분석해야 할 것인가? SQL의 실행 계획을 이해하기 위해서는 데이터베이스에 대해 많은 지식이 있어야 한다. 1장에서는 실행 계획을 이해하고 분석하는 방법에 대해 살펴본다. 실행 계획의 분석이야말로 SQL을 최적화하기 위한 첫 단계라는 점을 명심하기 바란다.

Chapter 1. 실행 계획의 분석은 SQL 최적화의 기본이다

> ✓ *SQL을 작성할 때마다 실행 계획을 분석하자.*

많은 개발자들은 SQL을 작성한 후에 이를 수행하여 원하는 데이터만 추출되면 뒤도 안 돌아보고 해당 SQL을 어플리케이션에 바로 적용한다. 이와 같은 방법으로 어플리케이션을 작성하는 것이 올바른 방법인가? 이와 같이 결과만 올바르게 추출된다고 해서 SQL을 바로 어플리케이션에 적용해서는 안 된다. SQL의 실행 계획을 확인하여 문제점을 파악하는 것이 무엇보다 중요하다.

SQL의 실행 계획이란 무엇인가? SQL의 실행 계획이 어떤 역할을 수행하기에 모든 SQL에 대해 실행 계획을 확인해야 하는가? 예를 들어, 어느 회사에서 워크샵에 참여하게 되었고 참가자들이 3대의 차에 나누어 타고 강원도에 간다고 가정하자. 3대의 차가 동시에 출발했다고 해서 3대의 차에 목표 지점에 동시에 도착할 수 있겠는가? 3대의 차가 목표 지점에 동시에 도착하는 경우는 거의 없을 것이다. 동시에 출발했어도 동시에 도착하기 보다는 오히려 도착 시간에 많은 차이가 생길 것이다. 이러한 현상은 왜 발생하는가? 차를 운전하는 사람마다 선호하는 길이 달라서는 아닐까? 어떤 사람은 고속도로를 이용하여 목표 지점에 도착하고 어떤 사람은 국도를 이용하여 목표 지점까지 갈 수 있을 것이다. 출발 지점과 목표 지점은 동일하지만 출발 지점에서 목표 지점까지 가는 길이 많이 있기 때문에 사람마다 선택하는 길이 다를 수 있다. 그렇기 때문에 도착 시간이 서로 다른 현상이 발생한다.

실행 계획도 이와 별반 다르지 않다. SQL을 수행하면서 원하는 것은 무엇인가? 어떻게 수행하는가는 데이터베이스가 알아서 처리할 일이며, 우리가 원하는 것은 추출되는 데이터일 것이다. 결국 목표 지점은 동일하다는 것이다. 하지만 어떤 목표 지점까지 찾아가는 길이 다양하게 존재하듯이 SQL 또한 수행에서부터 원하는 데이터를 추출하기까지 수 없이 많은 방법이 존재한다. 최종 목표 지점에 도달하기 위해 어떤 방법을 선택하느냐에 따라 최종 데이터의 추출에 소요되는 시간이 10배 아니 100배만큼 차이가 날 수 있다. 결국 실행 계획은 최종 목표 지점을 찾아가기 위해 어떤 길을 이용하는지를 보여주는 것이다.

실행 계획을 분석한다는 것은 결과를 추출하기 위해 데이터베이스가 선택한 길을 이해하는 것이라고 볼 수 있다. 이를 통해 실행 계획 최적화를 수행하는 것이 SQL 최적화의 첫 걸음이 될 것이다. 예를 들어, 어떤 사람이 목동에서 서울역까지 출퇴근을 한다면 출근하는 방법은 다양하게 있을 것이다. 버스를 이용하거나 전철을 이용하거나 또는 버스와 전철을 같이 이용하거나 아니면 도보로 목동에서 서울역까지 출퇴근을 할 수 있다. 물론 여유가 있다면 택시를 타고 출퇴근을 할 수도 있다. 많은 경험이 쌓이면 다양한 방법 중에서 평상시 출퇴근을 위한 최적의 방법을 선택할 것이다. 하지만 상황에 따라서는 최적의 방법에도 변화가 생길 수 있다. 최적의 방법이 버스를 이용하는 것인데, 어느날 비가 많이 내린다고 가정하자. 이런 경우에는 교통 체증이 발생하므로 평균 출 퇴근 시간은 다소 더 소요되더라도 버스보다는 지하철을 이용할 수 있을 것이다. SQL 최적화도 이와 동일한 원리로 진행된다. 일반적으로 경험과 논리를 통해 결과를 추출하기 위한 최적의 길을 찾지만 주변 상황에 따라 이러한 최적의 길이 변할 수 있다. SQL 최적화가 어렵게 느껴지는 것은 많은 사람들이 일반적인 최적의 길을 알고 있지만 주변 상황을 잘못 파악하기 때문이다. 주변 상황을 파악하는 것에 대해서는 뒤에서 언급하고, 여기서는 일반적인 최적의 길을 파악하기 위해 SQL의 실행 계획을 분석하는 것에 대해 살펴볼 것이다. SQL의 실행 계획은 회사까지 출근하는데 어느 버스 정거장에서 어떤 버스를 타고 어느 정거장에 내려 지하철로 갈아타서 몇 정거장을 지나 하차해서 얼마나 도보로 걸어갔는지를 알 수 있게 해주는 역할을 한다.

실행 계획의 특징이 이와 같으므로 모든 SQL에 대해 실행 계획을 확인해야 할 것이다. 그래야만 해당 SQL이 어떤 길을 선택하여 최종 목표에 도달하는지 확인할 수 있다. 원하는 데이터를 추출하기 위해 해당 데이터가 저장되어 있는 테이블에 대해 인덱스 스캔으로 데이터를 추출하는 방법과 테이블을 전체 스캔하여 데이터를 추출하는 방법 사이에는 성능 차이가 많이 발생한다. 이러한 모든 것이 실행 계획에 표현되어 있으므로 반드시 실행 계획을 확인해야 한다.

이제부터라도 개발하는 모든 SQL에 대해 실행 계획을 확인하기 바란다. 실행 계획을 확인하는 것이 최적의 SQL을 작성하는 지름길이다. 실행 계획의 분석을 통해 일반적인 최적의 길을 찾을 수 있을 것이고 또한 이와 같은 일련의 작업이 SQL을 최적화하는 가장 기본적인 작업이 될 것이다.

출근을 할 때 버스, 전철, 택시, 자가용. 도보 중에서 특정 방법을 이용할 수 있다. 실행 계획 방법도 크게 여섯 가지로 구분할 수 있다. 이들 방법을 모두 이해한다면 실행 계획을 완벽하게 분석할 수 있을 이다. 물론 출근할 때 전철과 택시를 함께 이용할 수 있듯이 SQL을 통해 결과를 추출하는 과정에서 여섯 가지 방법을 함께 이용할 수도 있다.

- 테이블 관련 실행 계획
- 인덱스 관련 실행 계획
- 정렬 관련 실행 계획
- 연산자 관련 실행 계획
- 데이터 연결 관련 실행 계획

- 파티션 관련 실행 계획
- 기타 실행 계획

이제부터 실행 계획 방법에 대해 자세히 살펴보자. 실행 계획을 추출하는 방법에 대해서는 뒤에서 별도로 간단히 언급하겠다.

✓ 테이블 관련 실행 계획은 단순하다.

테이블 관련 실행 계획은 인덱스 관련 실행 계획에 비하면 매우 단순하다. 데이터베이스에 있는 테이블에서 원하는 데이터를 추출하려면 어떻게 해야 하는가? 크게 두 가지 방법이 있다. 먼저, 테이블을 처음부터 끝까지 엑세스한 후에 원하는 데이터만 취하고 나머지는 버리는 방법이 있다. 또 다른 방법은 인덱스를 이용하는 것이다. 테이블에 엑세스하는 방법이 아래와 같이 네 가지이더라도 결국에는 앞서 언급한 두 가지로 구분될 것이다.

- BY INDEX ROWID – 인덱스 스캔을 통한 테이블 엑세스
- FULL SCAN – 테이블 전체 스캔
- BY USER ROWID – 정의된 ROWID에 의한 테이블 엑세스
- SAMPLE – 표본 데이터 추출

첫 번째로, 가장 일반적인 BY INDEX ROWID 실행 계획에 대해 확인해 보자. 이 실행 계획은 테이블 엑세스의 두 가지 방법 중 인덱스를 이용하는 방법이다.

예 제
```
SQL> SELECT 번호, 사용금액
       FROM 통화내역
       WHERE 사용일자 BETWEEN '20070301' AND '20070331';
```

실행 계획
```
SELECT STATEMENT
  TABLE ACCESS (BY INDEX ROWID) OF '통화내역'
    INDEX (RANGE SCAN) OF '사용일자_IDX'
```

위의 SQL에서 통화내역 테이블의 사용일자 컬럼에 인덱스가 존재한다면 해당 인덱스에 엑세스하는 순간 인덱스로부터 ROWID가 제공된다. 인덱스는 인덱스를 구성하는 컬럼과 ROWID로 이루어진다. 위의 예제에서 WHERE 조건인 사용일자 컬럼의 값을 만족하는 데이터에 엑세스하면 해당 인덱스 값들 옆에는 ROWID가 있으며, 이 ROWID를 통해 테이블에 엑세스한다. 결국 인덱스로부터 제공받은 ROWID를 이용하여 통화내역 테이블에 엑세스한다. 위의 예제에서는 BY INDEX ROWID 실행 계획이 인덱스로부터 ROWID를 제공받아 테이블에 엑세스하는 실행 계획에 해당한다. 이는 사용일자_IDX 인덱스에 엑세스하

여 ROWID를 획득한 후에 해당 ROWID로 테이블에 엑세스하여 결과를 추출하게 된다는 것을 의미한다.

ROWID는 주소와 같은 역할을 수행한다. 어떤 곳에 편지를 보내기 위해서는 편지 봉투에 주소를 적는다. 주소는 전 세계에서 유일하게 하나만 존재한다. 그렇기 때문에 주소만 정확히 적는다면 원하는 곳에 편지를 보낼 수 있다. 이처럼 ROWID는 하나의 데이터를 찾아가는 유일한 주소의 역할을 수행한다. 이와 같은 역할을 수행하는 ROWID는 테이블과 인덱스에 각각 저장된다. 따라서 인덱스에 엑세스하면 해당 인덱스 값과 연결되는 테이블 데이터의 주소인 ROWID를 획득할 수 있다. 인덱스를 통해 획득한 ROWID를 이용해서 테이블의 많은 데이터 중에서 원하는 데이터에 바로 엑세스할 수 있다. 또한 하나의 ROWID는 하나의 테이블 데이터와 유일하게 연결된다. 따라서 위의 실행 계획에서 10건의 데이터가 추출된다면 버려지는 데이터가 없는 경우 인덱스에서 10개의 값에 엑세스하고 엑세스한 인덱스 값으로부터 10개의 ROWID가 획득된다. 그리고 하나의 ROWID는 하나의 테이블 데이터와 연결되어 10건의 데이터가 추출될 것이다.

두 번째로, FULL SCAN 실행 계획을 살펴보자. 테이블은 인덱스를 통해 ROWID를 제공받아 엑세스할 수도 있지만 인덱스를 이용하지 않고 테이블에 바로 엑세스할 수도 있다. 이것이 테이블 전체를 엑세스하는 방법이다. 물론 인덱스를 이용하지 않고 테이블에 엑세스하면 ROWID를 이용하지 못한다. 어차피 인덱스를 이용하지 않고 테이블을 처음부터 엑세스하므로 ROWID를 이용하여 테이블에 엑세스할 이유가 전혀 없다. 이 처럼 인덱스를 이용하지 않고 테이블에 바로 엑세스한다면 테이블을 처음부터 끝까지 모두 엑세스해야 한다. 이와 같은 경우에 실행 계획에는 테이블 전체 스캔(FULL SCAN)이 생성된다.

```
실행 계획
SELECT STATEMENT
  TABLE ACCESS (FULL) OF  '통화내역'
```

테이블 전체 스캔을 수행하면 위와 같이 FULL 실행 계획이 생성된다. 이와 같이 FULL 실행 계획이 생성되면 인덱스를 이용하지 않고 테이블을 처음부터 끝까지 엑세스하는 전체 스캔으로 원하는 데이터를 추출할 수 있다.

세 번째로, BY USER ROWID 실행 계획을 살펴보자. BY USER ROWID로 테이블에 엑세스하는 것은 인덱스를 이용하여 엑세스하는 방법에 해당된다. ROWID는 인덱스를 이용할 경우에도 사용되지만 인덱스를 이용하지 않고 SQL을 작성하는 개발자가 ROWID를 직접 제공하는 경우도 있다. 아니면, SQL에서 ROWID를 조인 컬럼으로 이용할 수도 있다. 이런 경우에는 BY USER ROWID 실행 계획이 생성된다. BY

USER ROWID 실행 계획은 BY ROWID 실행 계획과 동일하게 만들어진다.

예 제
```
SQL> SELECT LEVEL, A.사원번호
     FROM 사원
     CONNECT BY PRIOR 사원번호 = 관리자번호
     START WITH 사원번호 = '03489';
```

실행 계획
```
SELECT STATEMENT
  CONNECT BY (WITHOUT FILTERING)
    NESTED LOOPS
      INDEX (UNIQUE SCAN) OF '사원번호_IDX'
      TABLE ACCESS (BY USER ROWID) OF '사원'
    NESTED LOOPS
      BUFFER (SORT)
        CONNECT BY PUMP
      TABLE ACCESS (BY INDEX ROWID) OF '사원'
        INDEX (RANGE SCAN) OF '관리자번호_IDX'
```

위와 같이 CONNECT BY 절을 사용하면 BY USER ROWID라는 실행 계획이 생성될 수 있다. 위의 SQL에서 인덱스를 통해 사원번호 컬럼의 값인 '03489'에 대한 하나의 ROWID가 추출된다. 추출된 ROWID가 CONNECT BY 절로 다시 한 번 제공되기 때문에 인덱스를 통해 제공된 ROWID가 아니라 이미 엑세스된 ROWID가 제공된 것이므로 BY USER ROWID 실행 계획이 생성된다. CONNECT BY 절에 대한 내용은 'Chapter 7. 순환 전개를 효과적으로 사용하면 개발이 쉬워진다.' 에서 자세히 언급하도록 하겠다. BY USER ROWID 실행 계획이 생성되는 또 하나의 예제를 확인해 보자.

예 제
```
SQL> SELECT LEVEL, A.사원번호
     FROM 사원
     WHERE ROWID = 'AAABBBCCCAA1'
```

실행 계획
```
SELECT STATEMENT
  TABLE ACCESS (BY USER ROWID) OF '사원'
```

위와 같이 개발자가 WHERE 절에 ROWID 값을 명시적으로 설정하면 BY USER ROWID 실행 계획이 생성된다. 이는 인덱스에 엑세스하여 하나의 ROWID를 제공받은 것과 같은 실행 계획이다. 단지, ROWID를 SQL에 직접 설정한 것만 다를 뿐이다.

네 번째로, SAMPLE 실행 계획을 살펴보자. SAMPLE 실행 계획이 자주 볼 수 있는 실행 계획은 아니다. SAMPLE 실행 계획은 테이블 엑세스 방법 중에서 인덱스를 이용하지 않고 테이블을 처음부터 끝까지 엑세스하는 경우에 해당한다.

예 제
```
SQL> SELECT LEVEL, A.사원번호
       FROM 사원 SAMPLE(10);
```

실행 계획
```
SELECT STATEMENT
  TABLE ACCESS (SAMPLE) OF '사원'
```

SAMPLE 실행 계획은 단어 그대로 해당 테이블에서 표본 집합을 추출하는 것이다. 위의 예제에서 SAMPLE(10)은 사원 테이블에서 10%에 해당하는 데이터를 추출한다는 뜻이다. 사원 테이블을 구성하는 각 데이터 블록에서 10%의 데이터가 추출된다. 이와 같이 SAMPLE 옵션은 개발 시스템에 데이터를 저장할 때 주로 사용될 수 있을 것이다. 개발 시스템을 구축할 경우 실제 운영 서버에서 어떤 데이터를 마이그레이션할지 고민해본 사람이라면 SAMPLE 실행 계획을 이용해보기 바란다. 통계적으로 특정 테이블의 표본 데이터만 가져오므로 어느 정도는 고른 데이터를 개발 시스템에 마이그레이션할 수 있다. 하지만 일반적인 어플리케이션에서는 SAMPLE 실행 계획을 보기 힘들 것이다.

테이블에 엑세스하는 실행 계획에는 위와 같이 네 가지 방법이 있다. 하지만 앞서 언급했듯이 테이블 엑세스 방법을 크게 두 가지로 나눌 수 있으며, BY INDEX ROWID 실행 계획과 FULL 실행 계획이 주로 사용된다. 테이블 엑세스에 대한 실행 계획은 매우 기본적인 실행 계획이므로 반드시 숙지하고 있어야 할 것이다. 이러한 기본적인 내용을 정확히 이해하지 못한다면 SQL 최적화는 이루어질 수 없을 것이다. 이는 마치 회사까지 출근을 해야 하는데 버스나 전철이 무엇인지 모르는 것과 같다.

✓ 인덱스 범위 스캔과 유일 스캔의 실행 계획을 이해해라

이제부터 언급할 인덱스 관련 실행 계획은 매우 중요한 실행 계획이다. 온라인 서비스를 수행해야 하는 많은 시스템은 적은 데이터를 각 고객에게 보여줄 것이다. 테이블의 많은 데이터 중 적은 데이터를 보여주어야 한다는 것은 인덱스를 이용해야 한다는 의미다. 결국 우리 주위에서는 많은 경우에 인덱스를 이용하여 테이블에 엑세스하며 이와 같은 인덱스의 이용 방법도 매우 다양하다. 그렇기 때문에 인덱스에 대한 실행 계획은 여러가지 형태로 만들어질 수 있다. 인덱스에 대한 실행 계획을 정확히 이해하지 못한다면 더 이상 실행 계획을 분석할 수 없다. 이와 같은 이유에서 실행 계획의 요소들 중에서 가장 중요한 요소가 바로 인덱스 관련 실행 계획이다. 여기서 한 가지 기억할 것은 인덱스를 이용한 후에 테이블에 엑세스하면 BY INDEX ROWID 실행 계획이 생성된다는 것이다. 인덱스에서 생성되는 실행 계획은 9가지다.

- 인덱스 범위 스캔(INDEX RANGE SCAN)
- 인덱스 유일 스캔(INDEX UNIQUE SCAN)
- 인덱스 AND-EQUALS(INDEX AND-EQUALS)
- 인덱스 전체 스캔(INDEX FULL SCAN)
- 빠른 인덱스 전체 스캔(INDEX FAST FULL SCAN)
- 인덱스 병렬 스캔(INDEX PARALLEL SCAN)
- 인덱스 생략 스캔(INDEX SKIP SCAN)
- 인덱스 MIN/MAX 스캔(INDEX MIN/MAX SCAN)
- 인덱스 조인(INDEX JOIN)

첫 번째로, 인덱스 스캔에서 가장 많이 생성되는 실행 계획인 인덱스 범위 스캔(INDEX RANGE SCAN)을 살펴보자.

예 제

```
SQL> SELECT 번호, 사용금액
       FROM 통화내역
       WHERE 사용일자 BETWEEN '20070301' AND '20070331';
```

> 실행 계획
>
> ```
> SELECT STATEMENT
>   TABLE ACCESS (BY INDEX ROWID) OF  '통화내역'
>     INDEX (RANGE SCAN) OF  '사용일자_IDX'
> ```

위의 예제와 같이 WHERE 조건에 사용된 컬럼의 값에 대해 범위 조건으로 조회를 수행하는 경우 인덱스 범위 스캔이 발생한다. BETWEEN, 〈〉, LIKE 등은 하나의 값만을 추출하는 연산자가 아니다. 이와 같이 조건을 만족하는 데이터가 다양하게 존재할 경우 이를 선분 조건(LINE CONDITION)이라 한다. 이들 중 하나의 연산자를 사용하면 조건을 만족하는 데이터가 매우 많을 수 있다. 물론 해당 테이블에서는 데이터가 한 건일 수도 있지만 이는 엑세스해야만 알 수 있을 것이다. 따라서 실행 계획에는 여러 건의 데이터에 엑세스하는 범위 스캔이 생성될 것이다. 결국 선분 조건이 사용된 WHERE 조건의 컬럼이 인덱스를 이용할 경우에 인덱스 범위 스캔이 발생한다. 또한 WHERE 조건 절이 = 연산자와 같이 하나의 값만을 만족하는 경우 해당 조건을 점 조건(POINT CONDITION)이라 한다. 이와 같은 점 조건일지라도 인덱스를 UNIQUE 인덱스로 생성하지 않았다면 인덱스 범위 스캔이 발생한다. 이렇게 되는 이유는 실행 계획을 판단하는 옵티마이저는 조건을 만족하는 값이 해당 인덱스에 한 건만 존재하는지 어떤지를 실제로 엑세스하지 않고는 알수 없기 때문이다. 예를 들어, 서울 지역에 거주하는 사람을 추출하고자 하며 지역 컬럼에는 일반 인덱스가 있다고 가정하자. 서울 지역에 거주하는 사람은 인덱스가 UNIQUE 인덱스가 아니므로 여러 건의 데이터가 추출될 수 있다. 그렇기 때문에 하나의 데이터만을 엑세스해서는 안 될 것이다. 그러므로 여러 건의 데이터를 엑세스하는 인덱스 범위 스캔이 실행 계획에 생성된다. 이처럼 SQL을 수행하여 결과 데이터가 두 건 이상 추출될 가능성이 있다면 실행 계획에 인덱스 범위 스캔이 생성된다.

인덱스 범위 스캔에는 몇 가지 경우를 제외하고 +1의 법칙이 적용된다. 편의점에서 몇 개의 물건을 사면 추가로 하나를 더 받을수 있는 행사를 보았을 것이다. 인덱스 범위 스캔에도 이와 비슷한 현상이 발생한다. 위의 예제에서 사용일자 컬럼의 값을 만족하는 데이터가 세 건이라면 실제 데이터 엑세스는 네 번 이루어진다. 그 이유는 사용일자 컬럼의 값이 만족하지 않는 데이터까지 엑세스해야 하기 때문이다. 조건을 만족하는 데이터가 세 건이므로 네 번째 데이터는 조건을 만족하지 않게 되며, 인덱스는 해당 인덱스 컬럼으로 정렬되어 있기 때문에 뒤에는 더 이상 조건을 만족하는 데이터가 존재할 수 없게 된다. 따라서, 이 시점에서 인덱스 범위 스캔을 종료할 수 있을 것이다. 이 처럼 인덱스 범위 스캔은 조건을 만족하지 않는 한 건의 데이터를 엑세스할 때까지 인덱스 스캔을 수행한다. 실제 SQL 최적화를 수행하는 경우에 인덱스 범위 스캔에서 발생하는 +1의 법칙이 성능에 영향을 미치지는 않는다.

두 번째로, 인덱스 유일(UNIQUE) 스캔을 살펴보자. 인덱스 유일 스캔은 인덱스 범위 스캔과는 반대의 경우다. 점 조건 중에서 = 조건을 사용하며 해당 조건에서 UNIQUE 인덱스를 이용하여 결과 데이터가 한 건 이하로 추출되면 인덱스 유일 스캔을 수행한다.

> **예 제**
>
> ```
> SQL> SELECT LEVEL, A.사원번호
>        FROM 사원
>        WHERE 사원번호 = '03489';
> ```
>
> **실행 계획**
>
> ```
> SELECT STATEMENT
>  TABLE ACCESS (BY INDEX ROWID) OF '사원'
>   INDEX (UNIQUE SCAN) OF '사원번호_IDX' (UNIQUE)
> ```

위의 실행 계획에서 사원번호 컬럼에는 반드시 UNIQUE 인덱스가 생성되어 있어야 한다. 사원번호 컬럼에 UNIQUE 인덱스가 없다면 조건을 만족하는 데이터가 한 건 추출될지 두 건 이상 추출될지 테이블에 엑세스해보지 않고는 알 수 없다. 이와 같다면 앞서 언급하대로 인덱스 범위 스캔이 발생할 것이다. 사원번호 컬럼에 UNIQUE 인덱스가 있고 사원번호 컬럼이 동등 조건인 = 연산자로 WHERE 조건 절에서 조회된다면 위와 같이 UNIQUE SCAN 실행 계획이 생성된다. 이와 같은 실행 계획이 인덱스 유일 스캔 실행 계획에 해당한다. 인덱스 유일 스캔이 일어나기 위해서 인덱스는 기본적으로 UNIQUE 인덱스이어야 한다. 또한 UNIQUE 인덱스이더라도 점 조건(POINT CONDITION)이 아닌 선분 조건(LINE CONDITION)으로 조회된다면 두 건 이상의 데이터가 추출될 수 있으므로 실행 계획은 인덱스 범위 스캔으로 생성될 것이다. 인덱스 유일 스캔이 실행 계획에 생성되기 위해서는 여러 전제 조건이 충족되어야 한다. UNIQUE 인덱스가 있어야 하고 인덱스 컬럼은 WHERE 조건 절에서 = 조건만이 가능하다. 인덱스 유일 스캔은 옵티마이져의 선호도가 가장 높은 실행 계획 중 하나다. 그 이유는 어떤 SQL을 인덱스 유일 스캔 실행 계획으로 수행할 수 있다면 UNIQUE 인덱스를 이용하여 무조건 한 건씩의 데이터가 추출되므로 해당 부분에서는 1:1 관계가 발생해서 효과적인 엑세스를 수행할 수 있게 된다고 옵티마이져는 인식하기 때문이다.

인덱스의 많은 엑세스 방법 중 인덱스 범위 스캔과 인덱스 유일 스캔을 살펴보았다. 두 방법 모두 어려운 인덱스 관련 실행 계획은 아닐 것이다. 쉬운 실행 계획임에도 불구하고 아직도 두 실행 계획의 특징과 차이를 이해하지 못하는 사람들이 많다. 실행 계획을 이해하지 못한다면 SQL 최적화를 더 이상 논하지 말아야 할 것이다. 특히, 인덱스 범위 스캔은 많은 SQL에서 생성되는 실행 계획이므로 정확히 이해해야 할 것이다.

Chapter 1. 실행 계획의 분석은 SQL 최적화의 기본이다

 인덱스 AND-EQUALS 실행 계획을 이해해라.

인덱스 AND-EQUALS 실행 계획은 어떤 실행 계획인가? 인덱스 AND-EQUALS 실행 계획은 다른 실행 계획과 달리 특이한 실행 계획에 해당한다. 보통의 경우 인덱스 AND-EQUALS 실행 계획이 생성된다면 성능 최적화 대상이 될 것이다. 그렇다면 왜 인덱스 AND-EQUALS 실행 계획은 성능 최적화 대상이 될 수 있는 SQL인지 확인해 보자.

```
예 제
SQL> SELECT 사원번호, 부서이름
     FROM 사원
     WHERE 입사일자 = '20070401'
     AND 직급 = '과장';
```

사원 테이블의 입사일자 컬럼에 인덱스가 있고 직급 컬럼에도 별도의 인덱스가 있다고 가정하자. 이와 같다면 옵티마이져는 해당 SQL을 인덱스 AND-EQUALS 실행 계획으로 수행할 수도 있다.

```
실행 계획
SELECT STATEMENT
  TABLE ACCESS (BY INDEX ROWID) OF '사원'
    AND EQUALS
      INDEX (RANGE SCAN) OF '입사일자_IDX'
      INDEX (RANGE SCAN) OF '직급_IDX'
```

위와 같이 실행 계획이 생성되었다면 해당 SQL은 실제 어떻게 실행된 것일까? 입사일자 컬럼의 값에서 '20070401'을 만족하는 데이터는 6건이며 직급 컬럼의 값에서 '과장'을 만족하는 데이터는 2건이라고 가정하자. 인덱스 AND-EQUALS 실행 계획은 두 개의 인덱스를 이용하여 원하는 데이터를 추출한다. 입사일자 컬럼의 값을 만족하는 데이터와 직급 컬럼의 값을 만족하는 데이터를 추출하여 인덱스 머지(MERGE)를 수행한 후 추가적으로 설정되어 있는 조건을 만족하는 데이터를 결과로 추출한다.

인덱스 AND-EQUALS 실행 계획을 이해해라

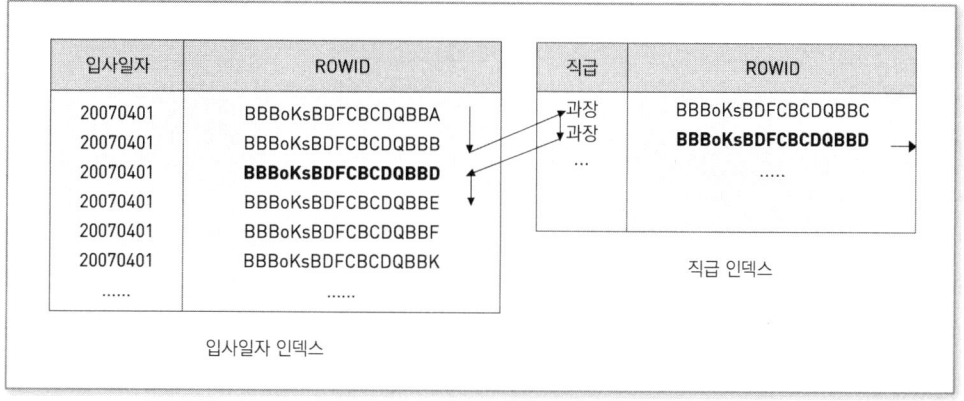

인덱스 AND-EQUALS 실행 계획의 수행 방식을 확인해 보자. 입사일자 인덱스와 직급 인덱스에서 각 조건을 만족하는 데이터에만 엑세스한다. 입사일자 인덱스와 직급 인덱스에서 엑세스한 데이터의 ROWID 값이 동일하다는 것은 무엇을 의미하는가? 모든 데이터에 대해 ROWID는 유일한 값을 가지므로 동일한 ROWID를 가진다는 것은 동일한 데이터라는 의미가 된다. 그러므로 각 인덱스에서 조건을 만족하는 데이터 중 ROWID가 동일하다면 동일 데이터를 의미한다. 각 인덱스에서 엑세스하여 ROWID 값이 동일한 데이터는 입사일자 컬럼의 값이 '20070401' 이며 직급 컬럼의 값이 '과장' 을 만족하는 데이터가 된다. 결국, 위의 그림에서는 ROWID의 값이 'BBBoKsBDFCBCDQBBD' 인 데이터만이 입사일자 조건과 직급 조건을 동시에 만족한다. 이들 데이터만 결과로 추출한다면 SQL은 원하는 결과를 추출할 수 있을 것이다.

두 인덱스에서 조건을 만족하는 데이터에만 엑세스하며, 각 인덱스에서 추출한 데이터 중에서 ROWID가 동일한 데이터를 머지 방식으로 찾는다. 그렇다면 인덱스 머지는 어떻게 수행되는가? 가장 먼저 각 인덱스에서 조건을 만족하는 데이터의 ROWID를 확인한다. ROWID 값이 작은 인덱스부터 스캔을 진행하다가 다른 인덱스의 조건을 만족하는 첫 번째 데이터의 ROWID 값과 동일하거나 커진다면 해당 인덱스 엑세스를 멈춘다. 위의 그림에서는 두 개의 인덱스 중 더 작은 ROWID 값을 가지는 입사일자 인덱스부터 엑세스를 시작하여 직급 인덱스에서 조건을 만족하는 첫 번째 데이터의 ROWID 값인 'BBBoKsBDFCBCDQBBC' 보다 작거나 동일한 데이터까지 엑세스한다. 따라서 입사일자 인덱스에서 ROWID 값이 'BBBoKsBDFCBCDQBBD' 인 데이터까지만 엑세스하고 입사일자 인덱스데 대한 엑세스를 멈춘다. 이후에는 직급 인덱스를 엑세스한다. 직급 인덱스를 엑세스하면 'BBBoKsBDFCBCDQBBD' 와 동일한 ROWID 값을 가지는 데이터가 존재하므로 이 데이터는 입사일자 조건과 직급 조건을 모두 만족시키는 데이터가 된다. 앞서 언급한 것과 같이 이 데이터는 입사일자 조건과 직급 조건을 모두 만족하므로 결과로 추출될 것이다. 직급 인덱스에는 조건을 만족하는 데이터가 더 이상 존재하지 않으므로 직급 인덱스의 엑세스를 정지하고 입사일자 인덱스를 엑세스한다. 이와 같은 방식으로 수행되는 것이 인덱스 머지 방식이다.

　인덱스 AND-EQUALS 실행 계획에서 중요한 것은 처리 범위다. 처리 범위는 SQL의 성능에서 가장 중요한 항목이다. SQL을 최적화한다는 것은 처리 범위를 최대한 감소시키는 것을 의미한다. 이제 인덱스 AND-EQUALS 실행 계획으로 수행되는 경우의 처리 범위를 확인해 보자. 위의 그림에서 처리 범위는 입사일자 인덱스의 경우에는 6건이며 직급 인덱스의 경우에는 2건이 된다. 따라서, 전체 처리 범위는 8건의 데이터가 될 것이다. 만약, 입사일자+직급 또는 직급+입사일자로 인덱스를 생성했다면 처리 범위는 어떻게 되는가? 결합 인덱스를 이용한다면 처리 범위는 1건이 될 것이다. 이처럼 인덱스 AND-EQUALS 실행 계획을 결합 인덱스로 구성한다면 처리 범위가 감소한다. 따라서, 해당 시스템에 인덱스 AND-EQUALS 실행 계획이 빈번히 발생한다면 인덱스 선정을 다시 한 번 검토해야 할 것이다. 이는 인덱스 AND-EQUALS 보다는 보통의 경우 결합 인덱스가 처리 범위에서 유리하기 때문이다. 대부분의 경우 인덱스 AND-EQUALS 실행 계획은 잘못된 인덱스 선정에 의해 발생하며, 이를 결합 인덱스로 해결할 수 있다.

　그렇다면 인덱스 AND-EQUALS 실행 계획은 필요 없는 실행 계획인가? 인덱스 AND-EQUALS 실행 계획이 무조건 필요 없는 실행 계획은 아니다. 인덱스 AND-EQUALS 실행 계획은 2개의 인덱스를 이용하는 방식이며 이는 처리 범위보다는 랜덤 엑세스를 감소시키는 구조다. 분명한 것은 결합 인덱스로 구성하여 이용하는 것이 인덱스 AND-EQUALS 실행 계획보다는 효과적일 것이다. 하지만, 시스템 운영 중에 인덱스를 추가하거나 제거하는 것이 쉬운 일은 아니다. 따라서, 인덱스 AND-EQUALS 실행 계획은 주어진 환경에서 랜덤 엑세스를 감소시키는 최적의 실행 계획을 옵티마이져가 생성하는 현상이다. 예를 들어, 버스로 출근하는 것이 가장 최선의 출근 방식이라고 가정하자. 하지만 어느날 버스 회사가 파업해서 버스를 이용할 수 없다면 어떻게 하겠는가? 그렇다고 전철을 이용하기에는 시간이 너무 많이 소요된다고 가정하자. 그렇다면 평상시 방법은 아니지만 택시를 타고 출근할 수 있을 것이다. 환경에 의해 최적의 방법을 선택하지 못하고 그렇다고 다른 평범한 방법을 선택하기 보다는 이보다 조금 더 유리한 방식을 선택할 수 있는데, 유리한 방식이 바로 인덱스 AND-EQUALS 실행 계획이다. 결국 옵티마이져가 사용할 수 있는 최적의 방법이 불가능할 경우 이를 이용한다.

　인덱스 AND-EQUALS 실행 계획이 차선 중에 최선이라는 것을 확인하기 위해 인덱스 AND-EQUALS 실행 계획으로 실행하지 않고 하나의 인덱스만으로도 수행되는 경우를 확인해 보자. 하나의 인덱스만을 이용하는 경우와 인덱스 AND-EQUALS 실행 계획으로 수행되는 경우를 비교해보자.

> **실행 계획**
> SELECT STATEMENT
>   TABLE ACCESS (BY INDEX ROWID) OF '사원'
>   INDEX (RANGE SCAN) OF '입사일자_IDX'

앞서 언급한 SQL에 대해서 인덱스 AND-EQUALS 실행 계획이 아니라 위와 같이 입사일자 인덱스만을 이용하여 SQL을 실행할 수 있을 것이다. 앞서 두 개의 인덱스를 이용하여 인덱스 AND-EQUALS 실행 계획으로 수행한 경우와 입사일자 인덱스만을 이용하여 해당 SQL을 수행한 경우를 확인해 보자. 실행 계획에서 BY INDEX ROWID는 인덱스에서 제공받은 ROWID를 통해 테이블에 엑세스하는 실행 계획이다. 인덱스에서 제공된 ROWID를 통해 테이블에 엑세스하는 실행 계획에서는 테이블에 엑세스하는 건수 만큼 랜덤 엑세스가 발생한다. 위의 SQL에서 입사일자 인덱스를 이용하는 경우와 인덱스 AND-EQUALS 실행 계획으로 수행되는 경우의 처리 범위와 랜덤 엑세스를 확인해 보자.

인덱스 AND-EQUALS 실행 계획으로 SQL이 수행된다면 두 인덱스에서 각각 엑세스하는 모든 데이터를 합쳐 조건을 만족하는 데이터가 8건이므로 처리 범위는 8건이고 테이블에 엑세스하는 랜덤 엑세스는 1건이다. 입사일자 인덱스를 이용한다면 입사일자 인덱스를 엑세스하는 처리 범위는 6건이며 테이블에 엑세스하는 랜덤 엑세스도 6건이 발생한다. 물론 입사일자 인덱스만 이용한 경우에는 랜덤 엑세스를 발생시키는 모든 데이터를 결과로 추출하지는 않는다. 랜덤 엑세스를 수행한 데이터 중 직급 컬럼의 값을 테이블에서 확인하여 직급 조건을 만족하는 한 건의 데이터만을 최종 결과로 추출한다. 이와 같이 인덱스 AND-EQUALS 실행 계획에 의해 해당 SQL의 처리 범위는 증가하였지만 랜덤 엑세스는 감소하였다. 결국 인덱스 AND-EQUALS 실행 계획에 의해 감소하는 랜덤 엑세스가 증가하는 처리 범위보다 성능 향상에 더 좋은 영향을 미친다면 인덱스 AND-EQUALS 실행 계획을 이용할 수 있을 것이다. 처리 범위와 랜덤 엑세스를 최소화해야 SQL의 성능을 보장받을 수 있다.

인덱스 AND-EQUALS 실행 계획은 데이터가 많으면 많을수록 처리 범위가 증가하기 때문에 성능을 저하시킨다. 이러한 인덱스 AND-EQUALS 실행 계획은 옵티마이져가 사용할 수 있는 모든 방법을 동원하여 현재 상태에서 최적화를 수행하고자 노력한 결과물이다. 결국, 옵티마이져가 이용할 수 있는 최선의 방법이 불가능하기 때문에 인덱스 AND-EQUALS 실행 계획이 생성되는 경우가 많다. 인덱스 AND-EQUALS 실행 계획에서는 최적의 결합 인덱스를 선정하여 최적화를 수행해야만 SQL을 최적화할 수 있을 것이다.

> ☑ 인덱스 전체 스캔의 실행 계획을 이해해라.

인덱스 전체 스캔은 단어 그대로 인덱스를 처음부터 끝까지 엑세스하는 것을 의미한다. 많은 사람들이 인덱스는 전체를 스캔하는 것이 아니라 적은 양의 데이터만을 엑세스해야 한다고 생각하는 경우도 많다. 물론, 해당 테이블의 전체 데이터 중 적은 양의 데이터를 엑세스하는 경우 이용해야 인덱스가 효과적이다. 하지만, 인덱스는 인덱스를 구성하는 컬럼의 실제 값도 저장하고 있으므로 해당 테이블에 대해 몇 개의 컬럼만을 저장한 테이블과 같은 역할을 수행한다. 이와 같기 때문에 인덱스에도 전체 스캔을 수행할 수 있으며 보통의 경우 인덱스 전체 스캔은 인덱스 본연의 목적이 아니므로 성능 저하를 일으킬 가능성이 높다. 인덱스 전체 스캔에는 3가지 종류가 있다.

- 일반 인덱스 전체 스캔 (INDEX FULL SCAN)
- 빠른 인덱스 전체 스캔 (INDEX FAST FULL SCAN)
- 병렬 인덱스 전체 스캔 (INDEX PARALLEL FULL SCAN)

첫 번째로, 일반적인 인덱스 전체 스캔을 확인해 보자. 인덱스 전체 스캔은 인덱스의 모든 인덱스 데이터에 엑세스하는 전체 스캔을 의미한다.

예제
```
SQL> SELECT A.사원번호, B.부서이름
     FROM 사원 A
     WHERE 직급 = '과장'
     ORDER BY 입사일자;
```

사원 테이블에 입사일자+직급+사원번호+부서이름 인덱스가 있다고 가정하자. 많은 경우에 ORDER BY 절에 사용되는 컬럼을 인덱스 컬럼으로 고려하지 않는 경우가 많다. 분명한 것은 ORDER BY 절의 컬럼도 인덱스 컬럼으로 선정될 수 있다는 점이다. 따라서 입사일자 컬럼의 조건이 WHERE 절에는 없지만 위의 SQL은 입사일자+직급+사원번호+부서이름 인덱스를 이용할 수 있다. 위의 SQL이 해당 인덱스를 엑세스한다면 실행 계획은 아래와 같이 생성될 것이다.

인덱스 전체 스캔의 실행 계획을 이해해라

실행 계획
```
SELECT STATEMENT
    INDEX (FULL SCAN) OF '사원_IDX'
```

위와 같이 입사일자 컬럼으로 시작하는 인덱스를 이용할 수 있다. WHERE 절에는 입사일자 컬럼이 없으므로 WHERE 조건에 의해 처리 범위를 감소시키는 인덱스 범위 스캔을 이용할 수 없으며 인덱스 전체 스캔을 수행해야 한다. 위에 제시된 실행 계획의 특이 사항은 ORDER BY 절이 있음에도 불구하고 실행 계획에는 정렬이 발생하지 않는다는 것이다. 실행 계획에서는 입사일자 컬럼으로 시작하는 인덱스를 전체 스캔하고 있다. ORDER BY 절에 의해 정렬이 수행된다면 실행 계획에는 SORT(ORDER BY) 실행 계획이 존재해야 한다. 하지만 입사일자 컬럼으로 시작하는 인덱스를 이용함으로써 정렬이 필요없게 된 것이다. 이는 입사일자 컬럼을 인덱스의 첫 번째 컬럼으로 생성함으로써 인덱스는 입사일자 컬럼에 의해 정렬되어 구성되기 때문이다. 따라서 해당 인덱스에 순서대로 엑세스하여 데이터를 추출한다면 입사일자 컬럼에 의해 정렬된 데이터가 자동으로 추출될 것이다. 이와 같은 이유에서 실행 계획에 SORT 실행 계획은 생성되지 않는다.

위의 실행 계획에서 정렬은 제거되었다. 정렬 실행 계획이 생성되지 않는다면 해당 SQL에서는 절대 정렬이 발생하지 않는다. 따라서 정렬에 의해 발생하는 부하는 완전히 제거될 것이다. 하지만, 처음부터 끝까지 인덱스 전체를 스캔해야 한다면 전체 스캔에 의한 부하가 발생할 것이다. 입사일자 인덱스를 엑세스하여 대다수 데이터의 직급 컬럼의 값이 '과장' 이라면 대량의 정렬 작업이 제거되었으므로 성능은 향상될 것이다. 하지만, 인덱스를 전체 스캔하여 직급 컬럼의 값이 '과장' 인 데이터가 매우 적다면 인덱스를 통해 엑세스한 데이터의 대부분을 버려야 할 것이다. 이와 같다면 정렬을 제거하여 이득을 얻은 것에 비해 엑세스하는 데이터의 증가에 의한 손해가 더 많을 수 있으므로 성능은 저하된다. 따라서, 인덱스 전체 스캔은 정렬을 제거할 수는 있지만 잘못하면 추출하는 데이터의 건수에 비해 엄청난 엑세스가 발생할 수 있다. 이는 인덱스 전체 스캔을 어떻게 이용하는가에 따라 엄청난 성능 차이를 발생시키게 되는 이유가 될 것이다. 결국 인덱스 전체 스캔을 통해 제거되는 정렬과 증가할 수 있는 처리 범위 및 랜덤 엑세스에 따라 어느 방법이 더 유리한지를 파악하여 인덱스 전체 스캔을 이용할지 아닐지를 결정해야 할 것이다.

앞의 예제에서 입사일자+사원번호+부서이름 인덱스를 생성하여 인덱스 전체 스캔을 이용했다고 가정하자.

> **실행 계획**
>
> ```
> SELECT STATEMENT
>   TABLE ACCESS (BY INDEX ROWID) OF '사원'
>     INDEX (FULL SCAN) OF '사원_IDX'
> ```

입사일자+사원번호+부서이름 인덱스를 전체 스캔하였지만 ROWID에 의해 테이블에 엑세스하는 실행 계획이 생성된다. 인덱스에 직급 컬럼이 포함되어 있지 않으므로 사원 테이블에 엑세스해서 직급 컬럼의 값을 확인하여 '과장' 인 데이터만 추출해야 한다. 이와 같이 수행된다면 인덱스를 전체 스캔하여 추출된 모든 데이터에 대해 랜덤 엑세스가 발생한다. 모든 데이터에 대해 랜덤 엑세스가 발생하므로 랜덤 엑세스의 수는 테이블의 데이터 건수만큼이 된다. 해당 테이블이 대용량 테이블이라면 많은 랜덤 엑세스에 의해 SQL의 성능 저하가 엄청나게 클 것이다.

그렇다면, 입사일자+직급+부서이름 인덱스라면 SQL은 어떻게 수행되는가? 해당 인덱스에는 사원번호 컬럼이 존재하지 않기 때문에 직급 컬럼을 만족하는 데이터에 대해서만 테이블에 엑세스하여 사원번호 컬럼과 함께 부서번호 컬럼의 데이터를 추출한다. 이 경우에도 정렬 작업은 제거되며 직급 컬럼을 만족하는 데이터에 대해 사원번호 컬럼의 값을 추출하기 위해 사원 테이블에 대한 랜덤 엑세스가 발생한다. 이 처럼 인덱스 전체 스캔을 수행한 후 테이블에 엑세스하는 인덱스 전체 스캔의 경우에 잘못하면 랜덤 엑세스의 증가에 의한 성능 저하 현상이 일어날 수 있다. 랜덤 엑세스에 대한 자세한 내용은 'Chapter 2. 대용량 테이블에서 많은 데이터와 적은 데이터 엑세스하기' 에서 자세히 설명한다.

결국 테이블에 있는 대부분의 데이터를 추출하는 경우에 인덱스 전체 스캔으로만 모든 처리를 종료할 수 있다면 원래 엑세스해야 하는 처리 범위는 거의 동일하며 테이블에 엑세스하지 않으므로 랜덤 엑세스는 제거될 것이다. 또한 인덱스 전체 스캔을 수행하므로 정렬도 제거할 수 있다. 이와 같이 인덱스 전체 스캔은 처리 범위가 비슷하며, 랜덤 엑세스는 정렬을 제거함으로써 성능을 향상시킬 수 있는 방식이다. 하지만 많은 사이트에서는 이와 같은 용도로 인덱스 전체 스캔을 유도하는 경우를 거의 보지 못했다. 단지, 옵티마이져에 의해 선택되어 인덱스 전체 스캔을 사용하는 경우가 대부분이었다. 이와 같이 옵티마이져에 의해 선택되는 인덱스 전체 스캔은 성능 문제를 야기할 가능성이 매우 높다. 의도한 인덱스 전체 스캔이 아니라 옵티마이져에 의해 선택된 인덱스 전체 스캔은 항상 SQL 성능 최적화의 대상이 될 것이다.

두 번째로, 빠른 인덱스 전체 스캔(INDEX FAST FULL SCAN)을 살펴보자. 빠른 인덱스 전체 스캔은 인덱스 전체 스캔을 수행하는 방식에서 빠르게 인덱스를 전체 스캔할 수 있도록 인덱스 전체 스캔 방식의 내부 아키텍쳐만을 변경한 실행 계획이다. 인덱스 전체 스캔에서 변경된 내부 아키텍쳐는 디스크 I/O 부분의 성능 향상이다.

> **예 제**
> SQL> SELECT 사원번호, 부서이름
> FROM 사원
> WHERE 직급 = '과장';

사원 테이블에는 사원번호+부서이름+직급 인덱스가 있으며 직급 컬럼은 대부분의 값이 '과장'으로 저장되어 있다고 가정하자. 이와 같이 인덱스가 구성된다면 해당 인덱스를 전체 스캔하여 테이블 엑세스 없이 원하는 값을 모두 추출할 수 있을 것이다. 테이블에 있는 대부분의 데이터를 추출하므로 인덱스에 대해 전체 스캔을 효율적으로 수행하여 성능 향상을 기대할 수 있을 것이다. 인덱스 전체 스캔 수행 시 인덱스 블록 엑세스의 속도를 향상시키기 위해 빠른 인덱스 전체 스캔을 이용할 수 있다.

> **실행 계획**
> SELECT STATEMENT
> INDEX (**FAST FULL SCAN**) OF '사원_IDX'

빠른 인덱스 전체 스캔에는 인덱스 전체 스캔과 몇 가지 다른 점이 있다. 인덱스 전체 스캔은 인덱스 블록을 하나 하나 엑세스한다. 그렇기 때문에 인덱스의 첫 번째 컬럼에 의해 정렬된 값을 추출할 수 있다. 하지만, 빠른 인덱스 전체 스캔은 인덱스 블록을 하나 하나 엑세스하는 것이 아니며 한 번에 여러 블록을 동시에 엑세스한다. 한 번에 여러 블록을 동시에 엑세스하기 때문에 빠른 인덱스 전체 스캔에서는 인덱스의 첫 번째 컬럼에 의해 정렬된 값이 추출되지 않는다. 디스크 I/O 1회 발생 시 동시에 엑세스하는 블록의 개수는 DB_FILE_MULTIBLOCK_READ_COUNT 파라메터에 설정된다. 정렬의 차이때문에 인덱스 전체 스캔을 무조건 빠른 인덱스 전체 스캔으로 변경할 수는 없다.

결국, 인덱스 전체 스캔은 단일 블록 I/O로 수행되기 때문에 인덱스의 첫 번째 컬럼으로 정렬된 값이 추출된다. 하지만, 빠른 인덱스 전체 스캔은 다중 블록 I/O로 수행되기 때문에 정렬된 값이 추출되지 않는다. 그러나 빠른 인덱스 전체 스캔은 다중 블록 I/O로 수행되기 때문에 빠르게 인덱스를 전체 스캔할 수 있다. 이것이 인덱스 전체 스캔과 빠른 인덱스 전체 스캔의 차이점이다.

```
예 제
SQL> SELECT /*+ INDEX_FFS(A,사원_IDX) */
            사원번호, 부서이름
     FROM 사원
     WHERE 직급 = '과장';
```

빠른 인덱스 전체 스캔은 대부분의 경우에 위와 같이 명시적으로 힌트를 설정해야 사용할 수 있다. 옵티마이져가 빠른 인덱스 전체 스캔 실행 계획을 선택하는 경우는 실무에서 자주 발생하지 않는다. 빠른 인덱스 전체 스캔에서도 랜덤 엑세스가 많이 발생한다면 인덱스 전체 스캔과 같이 성능을 보장할 수 없을 것이다.

빠른 인덱스 전체 스캔은 옵티마이져에 의해 자주 선택되지 않기 때문에 사용이 쉽지 않으며 자주 보기도 힘들다. 또한 어떤 경우에 사용해야 할지를 판단하지 못하는 경우가 많다. 빠른 인덱스 전체 스캔은 대부분의 데이터를 추출해야 하는 대용량 테이블에서 테이블보다 크기가 적은 인덱스를 통해 원하는 값을 모두 추출할 수 있는 경우에 매우 효과적이다. 빠른 인덱스 전체 스캔을 효과적으로 사용하는 대표적인 예로 테이블에 있는 전체 데이터의 건수를 확인하는 SQL을 들 수 있다. 실제 업무를 수행하다 보면 테이블에 어느 정도의 데이터가 저장되어 있는지를 확인하고 싶은 경우가 많다. 또한 업무적으로 테이블의 전체 데이터 건수를 확인해야 할 경우도 있다. 이런 경우 테이블에 있는 PK(Primary Key) 인덱스를 이용하여 빠른 인덱스 전체 스캔으로 건수를 추출한다면 테이블의 전체 데이터 건수를 빠르게 확인할 수 있다. 이는 실제 테이블보다 크기가 작은 인덱스만 엑세스하고 다중 블록 I/O을 수행하므로 가장 빠른 속도를 보장한다.

세 번째로, 병렬 인덱스 전체 스캔(INDEX PARALLEL FULL SCAN)을 확인해 보자. 병렬 인덱스 전체 스캔은 무엇인가? 인덱스의 병렬 스캔은 빠른 인덱스 전체 스캔을 더욱 최적화하기 위해 만들어졌다. 빠른 인덱스 전체 스캔에서는 인덱스를 전체 스캔하는 부분에서 최적의 성능을 보장하기 위해 다중 블록 I/O를 수행한다. 그렇기 때문에 인덱스의 첫 번째 컬럼으로 정렬된 데이터가 추출되지 않는다. 만약, 빠른 인덱스 전체 스캔 방식에서 여러 개의 프로세스가 다중 블록 I/O를 수행한다면 어떻게 될까? 빠른 인덱스 전체 스캔의 경우는 하나의 프로세스가 다중 블록 I/O를 수행하는 실행 계획이다. 하나의 프로세스에 의한 다중 블록 I/O로 인덱스 전체 스캔을 수행하는 빠른 인덱스 전체 스캔보다 여러 개의 프로세스에 의한 다중 블록 I/O로 인덱스 전체 스캔을 수행하는 병렬 인덱스 전체 스캔이 더 빠른 성능을 보장할 수 있을 것이다.

병렬 인덱스 전체 스캔은 여러 개의 프로세스를 이용하는 것을 제외하고는 빠른 인덱스 전체 스캔의 방식과 동일하게 사용된다. 즉, 각 프로세스가 다중 블록 I/O를 수행한다. 다중 블록 I/O를 사용하기 때문에 빠른 인덱스 전체 스캔과 마찬가지로 인덱스의 첫 번째 컬럼에 의해 정렬된 값이 추출되지 않는다.

예 제

```sql
SQL> SELECT /*+ PARALLEL_INDEX(A,사원_IDX,6) */
            사원번호, 부서이름
       FROM 사원 A
       WHERE 직급 = '과장';
```

인덱스의 병렬 스캔을 사용하려면 반드시 힌트를 설정해야 한다. 인덱스의 병렬 스캔 옵티마이져가 실행 계획을 생성하는 경우는 거의 없다. 물론 인덱스의 DEGREE가 그 이상으로 설정되어 있다면 자동으로 병렬 인덱스 전체 스캔이 발생할 수 있다. 해당 힌트는 3개의 값을 제공받아야 하며 3개의 값은 테이블 이름, 인덱스 이름, 병렬 프로세스의 개수다. 힌트의 사용 방법은 뒤에서 더 자세히 언급하도록 하겠다. 병렬 인덱스 전체 스캔을 이용하기 위해서는 빠른 인덱스 전체 스캔과 마찬가지로 많은 부분을 고려해야 할 것이다.

인덱스를 처음부터 끝까지 엑세스하는 방법은 지금까지 설명한 바와 같이 모두 세 가지다. 인덱스의 첫 번째 컬럼으로 정렬을 수행하며 인덱스 스캔으로만 데이터를 모두 추출할 수 있는 SQL이라면 랜덤 엑세스가 발생하지 않으므로 인덱스 전체 스캔을 이용하는 것이 효과적일 수 있다. 물론, 해당 테이블의 대부분을 추출할 경우에 사용해야 할 것이다. 테이블의 적은 양을 엑세스하는 SQL이라면 인덱스 범위 스캔을 수행해야 할 것이다. 인덱스의 첫 번째 컬럼으로 정렬할 필요는 없고 인덱스 스캔으로만 SQL을 수행할 수 있다면 빠른 인덱스 전체 스캔을 이용해야 할 것이다. 빠른 인덱스 전체 스캔을 이용한다면 다중 블록 I/O을 수행하게 되므로 단일 블록 I/O를 수행하는 인덱스 전체 스캔보다 인덱스 스캔 속도를 향상시킬 수 있다. 빠른 인덱스 전체 스캔의 경우에 다중 블록 I/O에 의해 인덱스의 첫 번째 컬럼으로 정렬된 데이터가 추출되지 않는다. 빠른 인덱스 전체 스캔보다 병렬 인덱스 전체 스캔을 이용하여 좀 더 빠른 인덱스 전체 엑세스를 구현할 수 있을 것이다. 병렬 인덱스 스캔을 이용하려면 여러 개의 프로세스를 기동해야 하므로 시스템의 자원도 고려해야 한다.

옵티마이져에 의해 인덱스 전체 스캔이 생성된다면 해당 SQL은 최적화 대상이 될 수 있다. 인덱스 전체 스캔을 의도적으로 이용하려면 많은 지식과 경험이 필요하다. SQL 최적화를 위한 의도적인 인덱스 전체 스캔이 아니라면 실행 계획은 성능을 저하시킬 수 있다. 인덱스 전체 스캔 방법에는 여러 가지가 있으며 의도적으로 사용하기가 쉽지 않지만 상황에 맞게 효과적으로 사용한다면 SQL 최적화에 많은 도움을 받을 수 있을 것이다.

> ✓ 인덱스 생략 스캔과 인덱스 MIN/MAX 스캔의 실행 계획을 이해해라.

　인덱스 생략 스캔(INDEX SKIP SCAN)과 인덱스 MIN/MAX 스캔은 오라클 9i부터 소개된 실행 계획이다. 이는 오라클에서 최적의 실행 계획을 생성하는데 도움을 주고자 소개된 실행 계획임에는 분명하다. 하지만 인덱스 생략 스캔을 사용할 때 주의해야 한다.

　첫 번째로, 인덱스 생략 스캔을 살펴보자. 인덱스 생략 스캔은 매우 단순한 실행 계획이다. COL1+COL2+COL3 인덱스가 있고 WHERE 절에 COL2 컬럼과 COL3 컬럼만 있다고 가정하자. 일반적으로 이러한 상태에서 인덱스를 이용할 수 없는 것은 자명한 사실이다. 하지만 오라클 9i부터는 이런 경우에 인덱스를 이용할 수 있게 되었다. 즉, 인덱스 생략 스캔을 사용하면 된다. 그렇기 때문에 인덱스 생략 스캔은 매우 놀라운 기능일 수 있다. 위와 같은 상황에서 SQL이 수행된다면 새로운 인덱스 생성 등을 통해 SQL을 최적화하는 것이 보통일 것이다. 하나의 가정을 더 추가하여 COL1 컬럼의 값은 TAB2 테이블의 KEY 컬럼 중 하나의 값만 될 수 있다고 가정하자. 그렇다면 아래와 같이 SQL을 최적화할 수 있다.

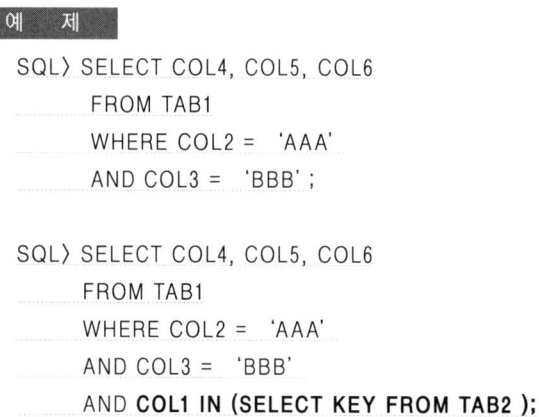

　TAB1 테이블에는 COL1+COL2+COL3 인덱스가 있다. 위의 예제에서 첫번째 SQL에서는 WHERE 절에 COL1 컬럼의 조건이 없으므로 COL1+COL2+COL3 인덱스를 이용할 수 없다. COL1 컬럼을 상속해준 부모 테이블이 존재한다면 TAB1 테이블의 해당 컬럼에 어떤 값들이 저장될지를 알 수 있기 때문에 위의 예제에서 두 번째 SQL과 같이 COL1 컬럼의 값을 제공할 수 있을 것이다. 따라서, 두 번째 SQL과 같이 수

행하여 WHERE 절에 COL1 조건을 추가하여 COL1+COL2+COL3 인덱스를 이용할 수 있게 만들 수 있다. 실제 사이트에서 이와 같은 방법을 통해 인덱스 생성 없이 SQL을 최적화하는 경우도 많다. 이에 대해 오라클 9i 버전부터는 인덱스 생략 스캔을 지원하게 되었다. 즉, 앞서 언급한 COL1 컬럼에 대해 오라클 옵티마이져가 자동으로 WHERE 조건으로 추가하여 COL1+COL2+COL3 인덱스를 이용하게 해 준 것이다. 결국, 인덱스 생략 스캔이 절대 어려운 실행 계획은 아니며 인덱스를 이용하기 위해 필요한 컬럼을 옵티마이져가 대신 생성해 주는 것이다.

예 제
```
SQL> SELECT COL4, COL5, COL6
     FROM TAB1
     WHERE COL2 = 'AAA'
     AND COL3 = 'BBB';
```

실행 계획
```
SELECT STATEMENT
  TABLE ACCESS (BY INDEX ROWID) OF 'TAB1'
    INDEX (SKIP SCAN) OF 'COL1_COL2_COL3_IDX'
```

위와 같이 인덱스에서 SKIP SCAN 실행 계획이 생성된다면 아래와 같이 SQL이 변형되어 COL1+COL2+COL3 인덱스를 스캔하게 된다.

예 제
```
SQL> SELECT COL4, COL5, COL6
     FROM TAB1
     WHERE COL2 = 'AAA'
     AND COL3 = 'BBB'
     AND COL1 IN (……);
```

옵티마이져는 COL1 컬럼의 분포도 및 통계 값을 확인하여 대상 값을 상수로 IN 절에 넣는다. 이와 같이 수행되는 실행 계획이 인덱스 생략 스캔 실행 계획이다.

인덱스 생략 스캔은 인덱스의 첫 번째 컬럼이 WHERE 절에 존재하지 않을 경우 생성되는 실행 계획으로 신뢰성이 높지 못할 수 있다. 특히, 위의 예제에서 COL1 컬럼의 분포도가 매우 좋아서 다양한 값이 제공된다면 문제가 발생한다. 왜냐하면 IN 절이 많은 값을 제공하면 오히려 성능이 저하될 수 있기 때문이다. 그렇기 때문에 옵티마이져에 의해 결정되는 인덱스 생략 스캔보다는 사람이 기존 방식으로 SQL을 수동으로 최적화하거나 필요한 인덱스를 생성하는 방법이 SQL을 최적화하는 가장 적절한 방법일 것이다. 또한 인덱스 생략 스캔은 인덱스 구성이 잘못되었다는 것을 의미할 수도 있다. 효과적으로 이용할 수 있는 인덱스가 존재한다면 SQL은 인덱스 생략 스캔 실행 계획을 이용하지 않을 것이다. 위의 예제에서도 COL2+COL3 인덱스나 COL3+COL2 인덱스가 있다면 해당 인덱스를 이용하고 인덱스 생략 스캔 실행 계획은 발생하지 않았을 것이다. 이렇듯 원래 가지고 있는 문제를 실행 계획만으로 우회해서 넘어가는 것은 좋은 방법이 아니다. 이렇게 하면 해당 SQL의 문제는 해결될 수 있겠지만 많은 SQL에서 이러한 현상이 발생한다면 분명히 성능 저하를 발생시키는 SQL이 나오기 때문이다. 어떤 병에 의해 다른 합병증이 발생했다고 한다면 과연 합병증을 고치는 것이 맞는 것인가? 합병증을 일으킨 기존의 병을 고치는 것이 더 중요할 것이다. 인덱스 생략 스캔도 이와 별반 다르지 않다. 인덱스 생략 스캔을 이용해서 해당 문제는 해결할 수 있겠지만 해당 실행 계획으로 기존의 문제를 해결할 수는 없을 것이다. 그렇지만 분명한 것은 인덱스 생략 스캔을 올바르게 유도하여 사용한다면 성능적인 효과를 기대할 수 있다는 것은 틀림없는 사실이다.

두 번째로, 인덱스 MIN/MAX 실행 계획을 살펴보자. 최소 값 또는 최대 값을 추출하기 위해 SQL을 어떻게 수행하는가? 보통의 경우에 조건을 만족하는 모든 집합에 엑세스하여 정렬을 수행한 후에 최대 값이나 최소 값을 추출한다. 아니면 INDEX RANGE SCAN DESCENDING 실행 계획을 이용하여 최대 값이나 최소 값을 추출한다.

예제 1
```
SQL> SELECT MAX(COL3) COL3
       FROM TAB1
       WHERE COL2 = 'AAA' ;
```

실행 계획
```
SELECT STATEMENT
 SORT(AGGREATE)
   TABLE ACCESS (BY INDEX ROWID) OF 'TAB1'
     INDEX (RANGE SCAN) OF 'COL2_IDX'
```

예제 2
```
SQL> SELECT /*+ INDEX_DESC(A,COL2_IDX) */
            MAX(COL3) COL3
       FROM TAB1
       WHERE COL2 = 'AAA'
       AND ROWNUM <= 1;
```

```
실행 계획
    SELECT STATEMENT
      COUNT(STOP KEY)
         INDEX (RANGE SCAN DESCENDING) OF 'COL2_IDX'
```

위와 같이 두 가지 방법을 이용하여 최대 값이나 최소 값을 추출할 수 있다. 두 번째 방법은 첫 번째 방법에 비해 탁월한 성능 향상을 기대할 수 있는 방법이다. INDEX RANGE SCAN DESCENDING 실행 계획은 인덱스 스캔에서 발생하는 실행 계획이며, 인덱스 범위 스캔을 수행하는 과정에서 인덱스의 밑에서부터 엑세스하는 실행 계획이다. 인덱스의 밑에서부터 엑세스하므로 해당 인덱스의 첫 번째 컬럼에 대해 최대 값부터 데이터가 추출된다. 두 번째 SQL은 TAB1 테이블에서 ROWNUM 연산자에 의해 한 건의 데이터에 엑세스하며 RANGE SCAN DESCENDING 실행 계획을 이용하므로 추출되는 하나의 값은 최대 값이 된다. 이 얼마나 최소의 데이터 엑세스로 최대의 효과를 얻는 방법인가? 결국 기존에는 첫 번째 SQL을 두 번째 SQL로 최적화하는 작업을 수행했으나 오라클 9i 버전부터는 첫 번째 SQL이 두 번째 SQL과 같이 자동으로 수행되도록 하는 기능을 제공한다. 이 기능이 바로 인덱스 MIN/MAX 실행 계획이다.

```
예 제
SQL> SELECT MAX(COL3) COL3
       FROM TAB1
       WHERE COL2 = 'AAA' ;
```

```
실행 계획
    SELECT STATEMENT
     SORT(AGGREGATE)
        INDEX (RANGE SCAN(MIN/MAX)) OF 'COL2_IDX'
```

이와 같이 SQL이 인덱스 MIN/MAX 실행 계획으로 수행된다면 앞서 언급한 예제에서 INDEX RANGE SCAN DESCENDING과 ROWNUM을 이용한 SQL과 같이 수행된 효과를 기대할 수 있을 것이다. 해당 실행 계획을 힌트나 기타 방법으로 유도할 수는 없다. 단지, 옵티마이져가 인덱스 MIN/MAX 실행 계획을 선택해 주는가 아닌가에 달려 있다. 물론 SQL이 인덱스 MIN/MAX 실행 계획으로 생성되기 위해서는 테이블의 인덱스가 매우 중요하다. 위의 예제에서는 COL2+COL3 인덱스가 있어야 한다. 인덱스가 있어야만 COL2 컬럼의 값이 동일한 경우 COL3 컬럼의 값으로 정렬되어 인덱스가 구성되며, 해당 인덱스에서 COL2 컬럼의 값에 대해 가장 밑에서 한 건만을 추출할 경우 해당 값이 최대 값이 될 수 있다. 최대 값이나 최소 값을 추출하는 SQL에 대해서 인덱스 MIN/MAX 실행 계획이 생성되지 않는다면 INDEX

RANGE SCAN DESCENDING과 ROWNUM을 이용하여 SQL을 최적화해야 할 것이다.

 인덱스 생략 스캔과 인덱스 MIN/MAX 스캔은 효과적으로 사용된다면 SQL의 성능을 최적화할 수 있는 요소다. 하지만 인덱스 생략 스캔과 인덱스 MIN/MAX 스캔은 개발자에 의한 명시적인 최적화가 필요할 수 있는 실행 계획이므로 그 사용에 주의해야 할 것이다.

✓ 인덱스 조인도 인덱스 스캔이다.

인덱스 조인은 이름이 조인이기 때문에 조인으로 생각하기 쉽다. 하지만 데이터를 연결하여 원하는 데이터를 여러 테이블에서 추출하는 일반 조인과는 다르다. 오히려 인덱스 조인은 인덱스 스캔의 한 종류라고 볼 수 있을 것이다.

예제
```
SQL> SELECT COL3, COL4
     FROM TAB1
     WHERE COL1 = 'AAA';
     AND COL 2 > '100';
```

실행 계획
```
SELECT STATEMENT
  VIEW OF 'INDEX$_JOIN$_001'
    HASH JOIN
      INDEX (RANGE SCAN) OF 'COL1_COL3_IDX'
      INDEX (RANGE SCAN) OF 'COL2_COL4_IDX'
```

TAB1 테이블에 COL1+COL3 인덱스와 COL2+COL4 인덱스가 있다고 가정하자. 그렇다면 위와 같이 인덱스 조인으로 실행 계획이 생성될 수 있다. 두 개의 인덱스만 엑세스한다면 TAB1 테이블에 대해 랜덤 엑세스 없이 원하는 모든 값을 추출할 수 있기 때문에 두 개의 인덱스를 조인으로 수행할 수 있다. 인덱스 조인은 반드시 해쉬 조인으로만 수행된다. 이는 중첩 루프 조인으로 사용할 수 있는 조인 조건이 없기 때문이다. 그리고 해쉬 조인으로 수행하면 ROWID를 조인 조건으로 효과적으로 사용할 수 있기 때문이다. 인덱스 조인에 대한 하나의 예제를 추가로 확인해 보자.

> **예 제**
>
> ```
> SQL> SELECT COL3, COL4
>        FROM TAB1
>       WHERE COL1 = 'AAA'
>         AND COL2 > '100' ;
> ```
>
> **실행 계획**
>
> ```
> SELECT STATEMENT
>   VIEW OF 'INDEX$_JOIN$_001'
>     HASH JOIN
>       INDEX (RANGE SCAN) OF 'COL1_COL3_IDX'
>       INDEX (FAST FULL SCAN) OF 'COL4_COL2_IDX'
> ```

위와 같이 TAB1 테이블에 COL1+COL3 인덱스와 COL4+COL2 인덱스가 있는 경우에도 위와 같이 인덱스 조인으로 SQL이 수행될 수 있다. 이와 같은 경우에는 COL4+COL2 인덱스를 빠른 인덱스 전체 스캔으로 수행한다. 그 이유는 COL4+COL2 인덱스는 WHERE 절에 COL4 컬럼이 없으므로 인덱스를 범위 스캔할 수 없고 전체 스캔해야 한다. 대신 인덱스 스캔 후 테이블에 엑세스해야 하는 랜덤 엑세스는 발생하지 않는다. 그렇기 때문에 인덱스 전체 스캔을 사용하게 되며, 추출되는 데이터의 정렬이 필요하지 않게 되므로 옵티마이져는 빠른 인덱스 전체 스캔 실행 계획을 자동으로 선택한다.

COL1+COL2 인덱스가 있어서 이 인덱스를 이용하여 인덱스 범위 스캔으로 수행한다면 인덱스 조인보다 성능을 보장받을 수 있을 것이다. 보통의 경우에 인덱스 조인은 INDEX_JOIN(테이블명) 힌트를 설정할 경우 발생하며 흔히 볼 수 있는 실행 계획은 아니다. 인덱스 조인 실행 계획이 생성된다면 이는 SQL 최적화 대상이 될 수 있으며 상황에 따라서는 결합 인덱스를 추가로 생성해야 할 수도 있다. 이는 인덱스 AND-EQUALS 실행 계획과 유사한 성격을 가지기 때문이다. 결국, 인덱스 조인은 주어진 모든 상황을 바탕으로 나름대로 최적의 실행 계획을 생성한다. 하지만 인덱스 조인 실행 계획이 성능을 저하시킬 수 있으므로 항상 주의해야 할 것이다.

✓ 정렬 관련 실행 계획은 성능을 저하시킬 수 있다.

정렬 관련 실행 계획은 실행되는 SQL에서 정렬이 수행될 경우 발생하는 것은 물론이고 개발자들이 명시적으로 정렬을 사용하지 않았을지라도 실행 계획에 따라 정렬 실행 계획이 생성될 수 있다. 정렬 실행 계획은 정렬될 데이터가 많다면 성능을 저하시킬 수 있으므로 항상 주의해야 할 실행 계획이다. 정렬 관련 실행 계획의 종류는 다음과 같다.

- SORT(AGGREGATE)
- SORT(UNIQUE)
- SORT(GROUP BY)
- SORT(ORDER BY)

첫 번째로, SORT(AGGREGATE) 실행 계획을 살펴보자. SORT(AGGREGATE) 실행 계획은 SUM, MIN, MAX, COUNT 등과 같은 집합 함수를 사용할 경우에 생성되는 실행 계획이다.

예제

```
SQL> SELECT MAX(급여)
     FROM 사원 A
     WHERE 직급 = '과장';
```

위의 SQL은 사원 테이블에서 직급이 '과장' 인 사원의 최대 급여 값을 추출한다. 어떤 집합에서 최대 값을 추출하기 위해서는 하나의 데이터를 기준으로 비교해서 큰 값을 추출한다. 그 다음 값으로 비교하여 다시 최대 값을 추출하며 이러한 과정을 반복한다. 물론, 최소 값은 반대로 수행될 것이다. 정렬 알고리즘은 여러 가지가 존재하며 MAX 함수의 경우에는 오라클에서 일반적으로 사용하는 n-머지 소트 방식을 이용하지 않고 키 소트(KEY SORT) 방식을 사용하므로 기존 정렬과는 다르다. 하지만 분명한 것은 정렬 작업이 내부적인 비교 작업이나 누적 계산 작업을 수행하므로 많은 데이터에 대한 실행은 성능 저하로 이어진다.

```
실행 계획

  SELECT STATEMENT
   SORT(AGGREGATE)
    TABLE ACCESS (FULL) OF  '사원'
```

MIN 함수나 MAX 함수를 사용하면 실행 계획에 SORT 실행 계획이 생성된다. 정렬을 수행해야 하는 데이터가 많다면 이러한 정렬 실행 계획은 많은 부하를 발생시킨다. 위의 SQL에서 GROUP BY 절을 사용하지 않아야만 SORT(AGGREGATE) 실행 계획이 생성되며 GROUP BY 절을 함께 사용한다면 SORT(AGGREGATE) 실행 계획 대신 SORT(GROUP BY) 실행 계획이 생성된다.

두 번째로, SORT(UNIQUE) 실행 계획을 살펴보자. 실제 개발 업무를 진행하다 보면 유일한 값을 필요로 하는 경우가 많다. 또는 오라클이 정확한 데이터를 결과로 추출해 주기 위해 내부적으로 데이터를 유일하게 만드는 경우가 있다. 이와 같은 경우 SORT(UNIQUE) 실행 계획이 생성된다. SORT(UNIQUE) 실행 계획은 유일한 값을 만들기 위해 정렬을 수행하는 SQL의 실행 계획에서 생성된다.

IN 절을 사용할 경우 유일한 데이터를 만드는 정렬 작업이 내부적으로 발생할 수 있다. 이는 IN 절에서 주 쿼리로 제공하는 모든 값이 유일해야 하기 때문이다. IN 절에서 제공하는 부서번호 컬럼의 값이 유일한 값인지를 확인하기 위해 UNIQUE 정렬을 수행한다. 그렇다고 IN 절이 모든 경우에 SORT(UNIQUE) 실행 계획을 생성하는 것은 아니다. IN 절이 먼저 수행되어 주 쿼리로 값을 제공할 경우에만 IN 절에서 SORT(UNIQUE) 실행 계획이 생성된다. IN 절이 뒤에 수행되어 데이터를 확인하는 경우에는 SORT(UNIQUE) 실행 계획이 생성되지 않는다. IN 절에 대한 자세한 내용은 Chapter 6의 '서브 쿼리는 조인이다'를 확인하기 바란다.

예 제
SQL〉 SELECT **DISTINCT** 사원번호, 급여 　　　　FROM 사원 A;

실행 계획
SELECT STATEMENT 　**SORT(UNIQUE)** 　　TABLE ACCESS (FULL) OF '사원'

위와 같이 DISTINCT 옵션을 사용할 경우에도 유일한 값을 추출하기 위해 UNIQUE 정렬을 수행한다.

SORT(UNIQUE) 실행 계획은 결과를 추출하기 위해 내부적으로 발생할 수 있으며 DISTINCT 옵션과 같이 명시적인 조건에 의해 발생할 수도 있다. 실행 계획에서 UNIQUE 인덱스를 이용한다면 UNIQUE한 값이 보장되므로 실제 정렬을 수행하지 않게 된다.

세 번째로, SORT(GROUP BY) 실행 계획을 살펴보자. SORT(GROUP BY)는 GROUP BY 절에 의해 정렬을 수행할 경우 발생한다.

예 제
SQL〉 SELECT 사원번호, SUM(급여) 연봉 　　　　FROM 급여 　　　　**GROUP BY 사원번호;**

실행 계획
SELECT STATEMENT 　**SORT(GROUP BY)** 　　TABLE ACCESS (FULL) OF '급여'

위와 같이 GROUP BY 절을 이용한다면 SORT(GROUP BY) 실행 계획이 생성된다. 위의 SQL은 동일한 사원번호 값에 대해 급여의 합을 추출하는 SQL이다.

위의 SQL에서 GROUP BY 절에 사용된 사원번호 컬럼에 의해 정렬이 수행되므로 사원번호 값에 의해 정렬된 데이터가 추출된다. 프로젝트를 수행하면서 데이터가 이와 같은 방식으로 정렬되어 추출되는 현상을 이용하여 ORDER BY 절을 생략해서 SQL을 최적화하기도 한다. 하지만 오라클 10g에서는 더 이상 GROUP BY 절에 의해 데이터가 정렬되어 추출되기를 기대해서는 안될 것이다. GROUP BY 절에 대한 실행 계획이 HASH(GROUP BY)로 변경되면서 이제는 더 이상 GROUP BY 절에 사용된 컬럼에 의해 정렬된 데이터가 추출되지 않는다. 이는 기존에는 GROUP BY를 수행하기 위해 정렬을 수행했지만 오라클 10g 부터는 정렬로 GROUP BY를 수행하는 것이 아니라 해쉬 함수를 통해 성능이 향상된 GROUP BY를 제공하기 때문이다.

SORT(GROUP BY) 실행 계획에 대해 GROUP BY 절에 사용된 컬럼에 의해 데이터가 정렬되어 있다면 SORT(GROUP BY NO SORT) 실행 계획이 생성될 수 있다.

사원 테이블에 있는 사원번호 인덱스를 이용한다면 사원번호 컬럼의 값에 의해 정렬된 값이 데이터로 추출될 것이다. GROUP BY 절의 컬럼에 의해 정렬된 데이터가 추출된다면 별도로 정렬을 수행할 필요는 없으며, 동일 사원번호 컬럼에 대해 급여 컬럼의 값에만 SUM 함수를 적용하면 될 것이다. 따라서, SUM 함수가 적용되기는 하지만 별도로 정렬을 수행하지 않기 때문에 SORT(GROUP BY NO SORT) 실행 계획이 생성된다. 이와 같이 실행 계획이 생성되기 위해서는 GROUP BY를 수행하는 컬럼에 의해 정렬된 데이터가 인덱스를 통해 추출되어야 한다.

네 번째로, SORT(ORDER BY) 실행 계획을 살펴보자. SORT(ORDER BY) 실행 계획은 ORDER BY 절에 의해 생성되는 실행 계획이다. ORDER BY 절에 의해 발생하는 정렬은 누구나 알고 있는 사실일 것이다.

> **예 제**
>
> SQL〉 SELECT 사원번호, 급여
>   FROM 급여
>   **ORDER BY 급여;**

> **실행 계획**
>
> SELECT STATEMENT
>   **SORT(ORDER BY)**
>   TABLE ACCESS (FULL) OF '급여'

위와 같이 ORDER BY 절을 사용한다면 SORT(ORDER BY) 실행 계획이 생성된다. 이 실행 계획에 의해 위의 SQL은 급여 컬럼에 의해 정렬된 데이터를 추출할 것이다. 위의 경우에도 급여 컬럼에 인덱스가 있고 해당 인덱스를 이용한다면 아래와 같이 정렬이 발생하지 않는 실행 계획이 생성될 수 있다.

> **실행 계획**
>
> SELECT STATEMENT
>   **SORT(NO SORT)**
>   TABLE ACCESS (BY INDEX ROWID) OF '급여'
>   **INDEX (FULL SCAN) OF '급여_IDX'**

인덱스를 이용한다면 ORDER BY 절은 SORT(NO SORT)로 실행 계획이 생성될 수 있다. ORDER BY 절에 의해 발생하는 정렬은 누구나 이해하고 있지만 인덱스를 이용하여 정렬을 제거할 수 있다는 것을 잘 이해하지 못하는 경우가 많다. 분명한 것은 인덱스를 이용하면 인덱스 구성 컬럼에 의해 정렬된 데이터를 추출할 수 있다는 것이다.

정렬에 대한 실행 계획은 여러 가지로 생성된다. 이와 같은 정렬 작업이 많은 데이터에 대해 발생한다면 이는 반드시 성능 저하로 이어진다. 따라서 SQL을 작성할 경우 항상 정렬을 감소시킬 수 있는 방법을 고려해야 한다.

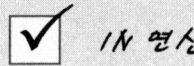
IN 연산자에 의한 실행 계획을 이해하라.

IN 연산자는 어플리케이션 개발 과정에서 매우 많이 사용되는 연산자다. 하지만 많은 사람들이 IN 연산자의 실행 계획에 대해 정확히 이해하지 못하고 있다. 실행 계획이 어떻게 생성되는가에 따라 IN 연산자는 엄청난 성능 차이를 발생시킬 수 있다. IN 연산자에서는 2가지 형태로 실행 계획이 생성될 수 있다. 여기서는 IN 연산자에 상수가 사용되는 경우를 살펴본다. IN 연산자에 서브쿼리가 사용되는 경우에 대해서는 Chapter 6의 '서브쿼리는 조인이다'에서 자세히 설명한다.

- CONCATENATION
- INLIST

첫 번째로, CONCATENATION 실행 계획에 대해 살펴보자. 이는 UNION ALL 집합 연산자와 동일한 개념의 실행 계획이다. UNION ALL 집합 연산자는 추출 대상 집합에 대해 합집합을 추출한다. CONCATENATION 실행 계획도 대상 집합의 합집합을 결과로 추출한다.

예 제

```
SQL> SELECT 부서번호, 사원번호, 사원이름
       FROM 사원
      WHERE 직급 IN ( '부장', '과장' );
```

위의 SQL은 사원 테이블에서 직급 컬럼의 값이 '부장'이나 '과장'인 데이터를 추출한다. 사원 테이블의 직급 컬럼에 인덱스가 있다고 가정하자.

실행 계획

```
SELECT STATEMENT
  CONCATENATION
    TABLE ACCESS (BY INDEX ROWID) OF '사원'
      INDEX (RANGE SCAN) OF '직급_IDX'
    TABLE ACCESS (BY INDEX ROWID) OF '사원'
      INDEX (RANGE SCAN) OF '직급_IDX'
```

앞의 SQL에 대해서 CONCATENATION 실행 계획이 생성된다. CONCATENATION 실행 계획은 UNION ALL 집합 연산자와 동일하다고 언급했다. 따라서 위의 실행 계획은 사원 테이블에 엑세스한 데이터와 사원 테이블에 한 번 더 엑세스한 데이터의 합집합을 추출한다. 그렇다면 무엇 때문에 사원 테이블에 두 번 엑세스하는가? 위의 SQL은 아래와 같이 수행되기 때문에 사원 테이블에 두 번 엑세스한다.

```
예 제
SQL> SELECT 부서번호, 사원번호, 사원이름
     FROM 사원 A
     WHERE 직급 = '과장'
     UNION ALL
     SELECT 부서번호, 사원번호, 사원이름
     FROM 사원 A
     WHERE 직급 = '부장';
```

IN 절이 앞에서와 같이 수행될 수 있기 때문에 사원 테이블에 두 번 엑세스하며, 두 번 엑세스한 결과를 합하기 위해 CONCATENATION 실행 계획이 생성된다. 결국 CONCATENATION 실행 계획은 UNION ALL 집합 연산자와 동일하다.

UNION ALL 집합 연산자를 기준으로 위에 있는 SQL의 데이터가 먼저 추출되고 UNION ALL 집합 연산자를 기준으로 밑에 있는 SQL의 데이터가 나중에 추출된다. UNION ALL 집합 연산자를 기준으로 위에 있는 SQL은 직급 컬럼의 값이 '과장'일 경우이며 밑에 있는 SQL은 직급 컬럼이 '부장'일 경우다. 여기서 하나 확인할 수 있는 것은 IN 절에 인덱스가 이용되면 뒤에서부터 데이터가 추출된다는 점이다. 위의 예제에서도 직급 인덱스를 이용할 경우 IN 절의 뒤에 있는 '과장' 데이터부터 추출되며 직급 컬럼의 값이 '과장'인 데이터가 모두 추출된 후에 직급 컬럼의 값이 '부장'인 데이터가 추출된다. 이를 효과적으로 이용한다면 정렬을 감소시킬 수 있다.

두 번째로, INLIST 실행 계획을 확인해 보자. INLIST 실행 계획은 CONCATENATION 실행 계획과 동일한 실행 계획이다. INLIST 실행 계획은 단지 CONCATENATION 실행 계획을 축약해서 생성하는 실행 계획이다. 하지만, 몇 가지 항목에서는 차이가 있다.

> 예 제

```
SQL> SELECT 부서번호, 사원번호, 사원이름
     FROM 사원
     WHERE 직급 IN ( '부장', '과장' );
```

> 실행 계획

```
SELECT STATEMENT
  INLIST ITERATOR
    TABLE ACCESS (BY INDEX ROWID) OF '사원'
      INDEX (RANGE SCAN) OF '직급_IDX'
```

위와 같이 INLIST 실행 계획으로 CONCATENATION 실행 계획을 대신할 수 있다. CONCATENATION 실행 계획은 IN 절의 상수 개수 만큼 테이블에 엑세스한다. 하지만 INLIST 실행 계획은 IN 절에 상수가 몇 개일지라도 테이블에 한 번만 엑세스한다. INLIST 실행 계획은 CONCATENATION 실행 계획에서 동일한 테이블 엑세스를 한 번만 생성한다. 이와 같은 이유에서 INLIST 실행 계획은 CONCATENATION 실행 계획을 요약한 것에 불과하다.

그렇다면 INLIST 실행 계획과 CONCATENATION 실행 계획에는 차이가 없는 것인가? INLIST 실행 계획과 CONCATENATION 실행 계획의 차이는 무엇인가? 위의 SQL은 CONCATENATION 실행 계획으로 수행되며 직급 컬럼으로 생성된 인덱스를 이용한다면 추출되는 데이터는 직급 컬럼의 값이 '과장'인 데이터부터 추출된다. 하지만, 해당 SQL이 직급 인덱스를 이용하여 INLIST 실행 계획으로 수행된다면 직급 컬럼의 값이 '부장'인 데이터부터 추출된다. 결국 INLIST 실행 계획은 IN 절의 앞에서부터 데이터에 엑세스하며 CONCATENATION 실행 계획은 IN 절의 뒤에서부터 데이터에 엑세스하므로 엑세스하는 순서에 의해 데이터가 추출될 것이다. 물론 이것은 IN 절이 직급 인덱스를 이용할 경우의 이야기다. INLIST 실행 계획과 CONCATENATION 실행 계획의 차이는 IN 절이 인덱스를 이용할 경우 추출되는 데이터의 순서이며 이를 이용한다면 프로그램 개발 시 정렬을 감소시킬 수도 있다.

CONCATENATION 실행 계획과 INLIST 실행 계획의 또 다른 차이를 추가로 확인해 보자.

> 예 제

```
SQL> SELECT 부서번호, 사원번호, 사원이름
     FROM 사원 A
     WHERE 직급 IN ( '부장', '과장' )
     AND ROWNUM <= 1;
```

위와 같이 ROWNUM 연산자가 사용되고 IN 절이 INLIST 실행 계획으로 생성될 경우 이 SQL은 1건만 엑세스한다. 그렇기 때문에 직급 컬럼의 값이 '부장'인 데이터 1건만이 추출될 것이다. 하지만 CONCATENATION 실행 계획이 생성된다면 해당 SQL을 만족하는 모든 데이터를 추출한 후에 1건의 데이터만을 추출하므로 성능은 저하된다. 이처럼 CONCATENATION 실행 계획을 ROWNUM 연산자와 함께 사용하면 성능 저하 현상이 발생할 수 있다. 그렇다면 IN 절과 ROWNUM 연산자를 사용하는 경우 어떻게 실행 계획을 제어할 수 있겠는가? 힌트를 이용하여 실행 계획을 제어할 수 있다.

예 제
```
SQL> SELECT /*+ NO_EXPAND */
     부서번호, 사원번호, 사원이름
     FROM 사원 A
     WHERE 직급 IN ( '부장', '과장' )
     AND ROWNUM <= 1;
```

위와 같이 NO_EXPAND 힌트를 이용하면 CONACTENETION 실행 계획이 생성되지 않는다. 반대로 USE_CONCATE 힌트를 이용하면 CONCATENATION 실행 계획이 생성된다. 물론 실행 계획의 제어는 상황에 따라 변할 수 있다.

OR 연산자가 IN 연산자보다 그 범위가 더 크다. 사실, IN 연산자가 OR 연산자로 수행되므로 CONCATENATION 실행 계획이 생성된다. 인덱스를 이용하지 못할 경우에 OR 연산자는 테이블을 전체 스캔하며, 인덱스를 이용하면 CONCATENATION 실행 계획을 생성한다. 하지만 OR 연산자를 사용한 SQL에 NO_EXPAND 힌트를 이용하면 CONCATENATION 실행 계획이 생성되지 않으므로 테이블을 전체 스캔할 가능성이 높아진다. 물론, CONCATENATION 실행 계획 없이 인덱스를 사용할 수도 있다.

IN 절은 많이 사용되는 연산자다. IN 절은 OR 연산자의 부분 집합이므로 CONCATENATION 실행 계획으로 수행될 수 있다. 또한 CONCATENATION 실행 계획의 향상된 실행 계획인 INLIST 실행 계획을 이용할 수도 있다. IN 절에 대해서 여러 가지 형태로 실행 계획이 생성되므로 정확한 분석이 반드시 필요하다.

집합 연산자의 실행 계획을 분석하라.

SQL을 작성하다 보면 많은 곳에서 집합 연산자를 사용한다. 하지만 집합 연산자를 사용하는 많은 사람들이 집합 연산자에 의해 생성되는 실행 계획을 정확히 이해하지 못하는 것 같다. 여기서는 집합 연산자 중에서 UNION ALL, UNION, MINUS 집합 연산자에 대해 생성되는 실행 계획을 설명한다.

- UNION ALL - (A∪B)+(A∩B)
- UNION - (A∪B)
- MINUS - A-B

한 가지 주의할 사항은 UNION ALL을 제외한 모든 집합 연산자는 항상 UNIQUE 값을 추출한다는 것이다. UNIQUE한 값을 추출하기 위해서는 SORT(UNIQUE) 실행 계획을 이용한다. 대용량의 데이터에 대해 SORT(UNIQUE) 실행 계획을 이용한다면 대용량의 정렬에 의해 성능이 저하될 것이다.

첫 번째로, UNION ALL 집합 연산자의 실행 계획을 확인해 보자. UNION ALL 집합 연산자는 A 집합과 B 집합에 대해 (A∪B)+(A∩B)=A+B의 결과를 추출한다.

예제

```
SQL> SELECT 부서번호, 사원번호, 사원이름
       FROM 국내_사원
       WHERE 구분 = '정규직'
     UNION ALL
     SELECT 부서번호, 사원번호, 사원이름
       FROM 국외_사원
       WHERE 구분 = '정규직';
```

실행 계획

```
SELECT STATEMENT
  UNION-ALL
    TABLE ACCESS (BY INDEX ROWID) OF '국내_사원'
      INDEX (RANGE SCAN) OF '구분_IDX'
    TABLE ACCESS (BY INDEX ROWID) OF '국외_사원'
      INDEX (RANGE SCAN) OF '구분_IDX'
```

위와 같이 UNION ALL 집합 연산자에 대해서 UNION-ALL 실행 계획이 생성되며 이는 CONCATENATION 실행 계획과 동일하다. UNION-ALL 실행 계획은 결과 집합을 합치는 역할만 수행한다. 결과 집합을 단순하게 합하기 때문에 다른 집합 연산자와 달리 SORT(UNIQUE) 실행 계획이 생성되지 않는다.

두 번째로, UNION 집합 연산자를 살펴보자. UNION 집합 연산자는 A 집합과 B 집합에 대해 A∪B의 결과를 추출한다.

예제
```
SQL> SELECT 부서번호, 사원번호, 사원이름
     FROM 국내_사원
     WHERE 구분 = '정규직'
     UNION
     SELECT 부서번호, 사원번호, 사원이름
     FROM 국외_사원
     WHERE 구분 = '정규직';
```

실행 계획
```
SELECT STATEMENT
  SORT(UNIQUE)
    UNION-ALL
      TABLE ACCESS (BY INDEX ROWID) OF '국내_사원'
        INDEX (RANGE SCAN) OF '구분_IDX'
      TABLE ACCESS (BY INDEX ROWID) OF '국외_사원'
        INDEX (RANGE SCAN) OF '구분_IDX'
```

UNION 집합 연산자와 UNION ALL 집합 연산자는 SORT(UNIQUE) 실행 계획의 차이 밖에 없다. UNION 집합 연산자는 두 개의 집합을 합한 후 두 집합의 교집합을 한 번 빼야 한다. 교집합을 제외한다는 것은 무엇인가? 결국, 동일한 값을 제외하면 된다는 의미가 된다. 따라서 실행 계획에는 SORT(UNIQUE) 실행 계획이 생성되어 중복된 데이터를 제거한다.

UNION ALL 집합 연산자와 UNION 집합 연산자는 SORT(UNIQUE) 실행 계획을 제외하면 매우 유사한 성격을 가진다. 하지만, 대용량의 데이터에 대해 UNION ALL 집합 연산자와 UNION 집합 연산자 중 어느 집합 연산자나 사용할 수 있다면 반드시 UNION ALL 집합 연산자를 사용해야 할 것이다. 대용량의 데이터에서 SORT(UNIQUE) 실행 계획은 반드시 정렬을 발생시키므로 성능 저하를 야기한다. 그러므로 UNION ALL 집합 연산자를 사용할 수 있다면 정렬을 발생시키지 않게 되므로 UNION 연산자에 비해 성능을 보장받을 수 있다. 하지만 UNION ALL 집합 연산자와 UNION 집합 연산자가 서로 다른 결과를 추출할 수 있으므로 주의해야 할 것이다.

세 번째로, MINUS 집합 연산자를 살펴보자. MINUS 집합 연산자는 A 집합과 B 집합에 대해 A-(A∩B)=A-B의 데이터를 추출한다.

예 제

```
SQL> SELECT 부서번호, 사원번호, 사원이름
     FROM 국내_사원
     WHERE 구분 = '정규직'
MINUS
     SELECT 부서번호, 사원번호, 사원이름
     FROM 국외_사원
     WHERE 구분 = '정규직';
```

실행 계획

```
SELECT STATEMENT
 MINUS
  SORT(UNIQUE)
   TABLE ACCESS (BY INDEX ROWID) OF '국내_사원'
    INDEX (RANGE SCAN) OF '구분_IDX'
  SORT(UNIQUE)
   TABLE ACCESS (BY INDEX ROWID) OF '국외_사원'
    INDEX (RANGE SCAN) OF '구분_IDX'
```

위의 실행 계획에서 MINUS 연산자는 두 집합에 대해 UNIQUE 정렬을 수행한다. UNIQUE 정렬을 수행한 후에 위에 있는 국내_사원 테이블과 국외_사원 테이블의 데이터 중에서 동일한 데이터를 국내_사원 테이블에서 뺀다.

안티 조인과 MINUS 연산자는 데이터의 속성에 따라 동일한 결과를 추출할 수도 있고 아닐 수도 있다. 두 개의 집합이 UNIQUE한 값이라면 안티 조인과 동일한 결과가 추출될 것이다. 물론, 두 개의 집합이 UNIQUE하지 않다면 다른 결과가 추출될 것이다. 두 개의 집합이 UNIQUE한 경우에는 부정형 조인인 안티 조인이 유리한 경우가 많다. MINUS 집합 연산자는 디스크의 성능 및 정렬을 수행할 메모리 공간의 크기에 영향을 받는다. 하지만 해당 시스템의 성능이 좋다면 정렬을 빠른 속도로 처리할 수 있기 때문에 정렬을 수행하는 MINUS 집합 연산자도 성능을 보장받을 수 있을 것이다. MINUS 집합 연산자와 안티 조인은 상황에 따라 동일한 결과를 추출한다. 그러므로 MINUS 연산자와 안티 조인을 어떤 경우에 사용해야 할지를 이해해야 할 것이다. MINUS 연산자는 SORT(UNIQUE) 실행 계획에 의해 정렬을 수행하므로 시스템 자체의 자원을 많이 사용한다. 특히, 디스크 I/O와 관련해서 많은 자원을 사용할 것이다. 그러므로 시스템 자원이 충분하다면 MINUS 집합 연산자의 사용도 고려할 수 있을 것이다.

집합 연산자에서는 정렬을 발생시키는 SORT(UNIQUE) 실행 계획이 생성된다. 유일하게 UNION ALL 집합 연산자에서만 정렬이 발생하지 않는다. 이런 점에 주의하여 집합 연산자를 사용해야 할 것이다. UNION ALL 집합 연산자를 사용해도 되는 곳에 UNION 집합 연산자를 사용하는 경우가 많다. UNION ALL 집합 연산자와 비교하여 UNION 집합 연산자는 UNIQUE 정렬을 수행한다. 정렬을 수행해야 하는 데이터가 많다면 이는 반드시 성능 저하로 이어진다. 따라서 UNION ALL 집합 연산자를 사용할 수 있는 SQL에서 UNION 집합 연산자를 사용하면 안 된다.

☑ VIEW 실행 계획을 분석하라.

실행 계획을 분석하다 보면 많은 SQL에서 VIEW 실행 계획이 생성되는 것을 보았을 것이다. SQL에 뷰를 사용하지 않았어도 VIEW 실행 계획이 생성될 수 있다. VIEW 실행 계획은 VIEW 실행 계획 밑에 있는 테이블이나 인덱스에 엑세스하여 메모리에 임시 집합을 생성한다. 따라서 데이터에 한 번 엑세스한 후에 해당 데이터를 가공하는 부분에서는 VIEW 실행 계획이 생성된다. VIEW 실행 계획은 많이 사용되며 VIEW 실행 계획에 의해 성능이 크게 좌우되므로 이를 정확히 이해하기 바란다.

```
예 제
SQL> SELECT BB.부서번호, BB.부서이름, BB.부서위치
       FROM (SELECT 부서번호
               FROM 국내직원
              WHERE 사원번호 = '03489'
             UNION ALL
             SELECT 부서번호
               FROM 국외직원
              WHERE 사원번호 = '03333'
            ) AA,
            부서 BB
      WHERE AA.부서번호 = BB.부서번호;
```

위의 SQL에 대한 실행 계획은 어떻게 생성되는가? FROM 절 안에 있는 SQL에 의해 VIEW 실행 계획이 생성될 수 있다. FROM 절에 있는 SQL은 별도로 수행되어 메모리에 저장된 후 다른 테이블인 부서 테이블과 조인될 수 있다. 이와 같이 수행된다면 FROM 절 안의 SQL에 VIEW 실행 계획이 생성될 것이다. 하지만 FROM 절의 SQL이 별도로 수행되는 것이 아니라 해당 SQL이 하나로 합쳐져서 수행될 수 있다. 이와 같이 수행된다면 VIEW 실행 계획은 생성되지 않는다. 여기서는 FROM 절의 SQL이 별도로 수행되었다고 가정하자. FROM 절의 SQL이 어떻게 수행되는지에 대한 자세한 내용은 'Chapter 4. 인라인 뷰는 반드시 사용된다'를 참고하기 바란다.

> **실행 계획**
> ```
> SELECT STATEMENT
>   NESTED LOOPS
>     VIEW
>       UNION ALL
>         TABLE ACCESS (BY INDEX ROWID) OF '국내직원'
>           INDEX (RANGE SCAN) OF '사원번호_IDX'
>         TABLE ACCESS (BY INDEX ROWID) OF '국외직원'
>           INDEX (RANGE SCAN) OF '사원번호_IDX'
>     TABLE ACCESS (BY INDEX ROWID) OF '부서'
>       INDEX (RANGE SCAN) OF '부서번호_IDX'
> ```

위의 VIEW 실행 계획은 국내직원 테이블에서 조건을 만족하는 데이터와 국외직원 테이블에서 조건을 만족하는 데이터를 추출한다. 이와 같이 추출된 데이터는 메모리에 저장된다. 그리고 메모리에 저장된 데이터와 부서 테이블을 중첩 루프 조인 방식으로 데이터 연결을 수행한다. 여기서 메모리에 저장되는 데이터를 VIEW 실행 계획으로 생성한다.

VIEW 실행 계획은 이처럼 독립적으로 수행되어 추출된 데이터를 메모리에 저장하는 실행 계획이다. VIEW 실행 계획에서 추출된 데이터는 메모리에 저장되며, 이에 따라 인덱스가 존재할 수 없다. 당연히 가공하여 엑세스한 데이터이기 때문에 VIEW 실행 계획에서 만들어진 데이터에는 인덱스가 존재하지 않을 것이다. 그렇기 때문에 VIEW 실행 계획으로 만들어진 집합과 다른 집합이 조인을 수행하게 되면 VIEW 실행 계획에서 만들어진 집합에 전체 스캔이 수행될 수도 있다. 이러한 현상이 SQL의 성능을 좌우할 수 있다. 이에 대한 자세한 사항은 'Chapter 4. 인라인 뷰는 반드시 사용된다'에서 확인하기 바란다. VIEW 실행 계획은 많이 사용될 수 밖에 없는 실행 계획임에 틀림없다. VIEW 실행 계획을 어떻게 사용하는가에 따라 성능 차이가 많이 발생할 수 있으므로 주의하기 바란다.

STOPKEY 실행 계획은 우선 순위가 가장 높다.

    STOPKEY 실행 계획은 ROWNUM 연산자를 사용했을 경우에 생성되는 실행 계획이다. STOPKEY 실행 계획은 다른 실행 계획보다 우선 순위가 높다. 다른 실행 계획이 수행되다가도 STOPKEY 실행 계획이 수행되면 해당 시점에서 모든 작업은 종료된다.

> **예 제**
>
> SQL〉SELECT 사원번호, 사원이름, 부서번호
>   FROM 사원
>   WHERE ROWNUM 〈 10;

    위의 SQL은 사원 테이블에 엑세스하여 9건의 데이터를 추출한다. 이와 같이 ROWNUM 연산자를 사용한다면 실행 계획에는 STOPKEY 실행 계획이 생성된다. STOPKEY 실행 계획은 보통의 경우에 ROWNUM 연산자에 의해 생성된다.

> **실행 계획**
>
> SELECT STATEMENT
>   **COUNT (STOPKEY)**
>   TABLE ACCESS (FULL) OF '사원'

    위의 실행 계획에서는 사원 테이블의 테이블 전체 스캔이 생성되었다. 그렇다면 위의 SQL은 실제로 사원 테이블을 전체 스캔하는 것인가? 사원 테이블의 데이터가 10,000건이라면 모두 엑세스한 후 9건의 데이터를 추출하는 실행 계획인가? 실행 계획에는 사원 테이블에 대한 전체 스캔이 생성되었지만 사원 테이블을 전체 스캔하지는 않는다. 사원 테이블에 엑세스하기 시작하여 조건에 만족하는 데이터가 9건이 되면 사원 테이블의 스캔을 종료한다. 위의 SQL에서 WHERE 조건 절이 별도로 존재하지 않으므로 엑세스하는 데이터들이 모두 조건을 만족하므로 9건만 엑세스하면 9건을 모두 추출할 수 있기 때문에 SQL은 종료된다. 따라서 사원 테이블에서 9건의 데이터만 엑세스한다.

    만약, 조건 절이 있어서 해당 조건을 만족하는 데이터가 테이블에 8건만 존재한다면 ROWNUM 조건을 설정했더라도 해당 테이블의 데이터를 모두 엑세스해야 할 것이다. 이와 같이 ROWNUM 조건에 의한 STOPKEY 실행 계획이 생성되면 STOPKEY 실행 계획 아래에 생성되는 실행 계획은 해당 실행 계획과 동일하게 수행될 수도 있고 아닐 수도 있다. STOPKEY 실행 계획 아래에 생성되는 실행 계획처럼 수행하다가 ROWNUM 연산자에 설정된 데이터의 건수를 채우면 해당 SQL은 종료된다.

예 제
```
SQL> SELECT 사원번호, 사원이름, 부서번호
     FROM 사원
     WHERE 직급 = '사원'
     AND ROWNUM < 10;
```

ROWNUM 연산자를 사용할 경우에는 인덱스의 이용이 매우 중요하다. ROWNUM과 인덱스의 관계를 위의 예제로 확인해 보자. 위와 같이 SQL을 수행할 경우 직급 컬럼에 인덱스가 필요한지 아닌지를 확신할 수 있겠는가? 직급 컬럼에 인덱스가 없다면 실행 계획은 아래와 같을 것이다.

실행 계획
```
SELECT STATEMENT
  COUNT (STOPKEY)
    TABLE ACCESS (FULL) OF '사원'
```

위와 같이 실행 계획이 생성되므로 해당 테이블을 전체 스캔하는 것처럼 실행 계획이 생성되지만 앞에서 언급한 것과 같이 사원 테이블을 전체 스캔할 수도 있고 사원 테이블의 일부만 엑세스할 수도 있다.

직급 컬럼에 인덱스가 없다면 사원 테이블을 전체 스캔하여 직급 컬럼의 값이 '사원'인 데이터를 추출한다. 직급 컬럼의 값이 '사원'인 데이터가 모두 테이블의 앞 부분에 저장되어 있다면 9개의 데이터를 금방 채울 수 있기 때문에 해당 SQL은 바로 종료될 수 있을 것이다. 하지만 직급 컬럼의 값이 '사원'인 데이터가 모두 테이블의 끝 부분에 저장되어 있다면 사원 테이블에 있는 대부분의 데이터에 엑세스해야 할 것이다. 결국 데이터가 저장되어 있는 위치에 의해 SQL의 성능이 좌우되며, 얼마만큼의 데이터에 엑세스해야 하는지도 모른다.

직급 컬럼에 인덱스가 있어서 인덱스를 이용한다고 가정하자. 직급 인덱스를 이용하므로 직급 컬럼의 값이 '사원'인 데이터만 엑세스한다. 따라서 무조건 9개 이하의 데이터만 엑세스하게 될 것이다. 해당 테이블에 직급 컬럼의 값이 '사원'인 데이터가 9건 미만이며 직급 인덱스를 이용한다면 존재하는 데이터까지만 엑세스할 것이다. 따라서, 이와 같이 ROWNUM 연산자를 사용하는 SQL이라면 인덱스를 이용하는 방법으로 확실한 성능을 보장받을 수 있다.

ROWNUM 연산이 SELECT 절에 사용되는지 WHERE 절에 사용되는지에 따라 실행 계획이 다르게 생성된다.

> **예 제**
>
> SQL〉 SELECT ROWNUM 순번, 사원번호, 사원이름, 부서번호
>   FROM 사원;
>
> **실행 계획**
>
> SELECT STATEMENT
>   **COUNT**
>   TABLE ACCESS (FULL) OF '사원'

> **예 제**
>
> SQL〉 SELECT ROWNUM 순번, 사원번호, 사원이름, 부서번호
>   FROM 사원
>   WHERE 직급 = '사원'
>   AND ROWNUM 〈 10;
>
> **실행 계획**
>
> SELECT STATEMENT
>   **COUNT(STOPKEY)**
>   TABLE ACCESS (FULL) OF '사원'

ROWNUM 연산자가 SELECT 절에 사용된다면 실행 계획에는 COUNT 실행 계획이 생성된다. 이는 추출되는 데이터에 대해 COUNT 값을 추출하기 때문이다. 하지만, ROWNUM 연산자가 SELECT 절과 WHERE 절에 동시에 사용된다면 COUNT 실행 계획은 제거되며 COUNT(STOPKEY) 실행 계획만 생성된다.

ROWNUM 연산자는 SQL 작성에 매우 많이 사용된다. 또한 ROWNUM 연산자는 SQL을 n-Row 처리 방식으로 변경할 수 있는 방법 중 하나다. ROWNUM 연산자를 효과적으로 이용한다면 온라인 SQL의 속도를 100배 이상 향상시킬 수 있을 것이다. ROWNUM 연산자의 STOPKEY 실행 계획에 대한 이해는 기본이다. ROWNUM 연산자를 효과적으로 이용한다면 많은 SQL을 최적화할 수 있다는 것을 반드시 기억하기 바란다.

✓ 파티션 실행 계획을 이해하자.

오라클에서 제공하는 일반 테이블도 있지만 실제 대용량 데이터베이스에서는 파티션 테이블을 구현하는 경우가 많다. 파티션 테이블은 어떤 범위의 데이터나 어떤 값의 데이터를 동일한 저장 공간에 저장한다. 이와 같이 조건에 대해 동일한 값의 데이터를 서로 구분하여 저장하기 때문에 여러 가지 혜택을 얻을 수 있다. 오라클에서 제공하는 파티션 테이블의 종류는 다음과 같다.

- 범위 파티션(RANGE PARTITION) – 범위 조건에 만족하는 데이터를 같은 파티션으로 구성하는 테이블이다. 예를 들어, 월별 범위 파티션 테이블을 YYYYMM 컬럼으로 구성한다면 YYYYMM 컬럼을 기준으로 데이터를 월별로 구분하여 파티션을 구성한다.
- 해쉬 파티션(HASH PARTITION) – 파티션 키 컬럼에 해쉬 함수를 적용하여 동일한 값을 갖는 데이터를 하나의 파티션에 저장하는 파티션 테이블이다. 예를 들어, 어떤 테이블을 8개의 해쉬 파티션으로 생성했다면 해당 테이블에 저장되는 데이터에는 해쉬 함수가 적용되어서 8개의 값 중 하나의 결과 값을 제공받는다. 해당 데이터는 해쉬 함수에 의해 제공받은 결과 값에 의해 동일한 결과 값을 제공받은 데이터와 같은 파티션에 저장된다.
- 리스트 파티션(LIST PARTITION) – 파티션 키 컬럼을 기준으로 동일한 값을 갖는 데이터를 분리하여 각 파티션에 저장하는 파티션 테이블이다. 예를 들어, 지역 테이블에 대해 지역 컬럼으로 리스트 파티션을 구성한다면 지역 컬럼의 값이 '서울'인 데이터와 '부산'인 데이터를 서로 구분하여 별도로 저장하는 파티션 테이블이다.
- 결합 파티션(COMPOSITE PARTITION) – 하나의 테이블에 두 개의 파티션 아키텍쳐를 적용하는 파티션 아키텍쳐다. 결합 파티션으로 구성할 수 있는 방법은 범위 파티션+리스트 파티션 또는 범위 파티션+해쉬 파티션이며 결합 파티션은 파티션 특성을 모두 상속받는다.

파티션 테이블에 대한 실행 계획을 살펴보자. 파티션 키 컬럼은 파티션 아키텍쳐를 적용하기 위해 기준이 되는 컬럼을 의미한다. 예를 들어, 월별로 파티션을 구성한다고 하면 월에 해당하는 컬럼이 필요할 것이다. 이와 같은 경우에 월에 해당하는 컬럼이 파티션 키 컬럼이 될 것이다.

파티션 테이블은 같은 속성을 가지는 데이터를 별도로 저장하는 테이블이다. 그러므로 아래와 같이 구성될 수 있다. 아래의 그림은 테이블을 범위(RANGE) 파티션으로 구성했을 경우다. 물론, 해당 테이블의 인덱스도 범위 파티션으로 생성되었다고 가정하자.

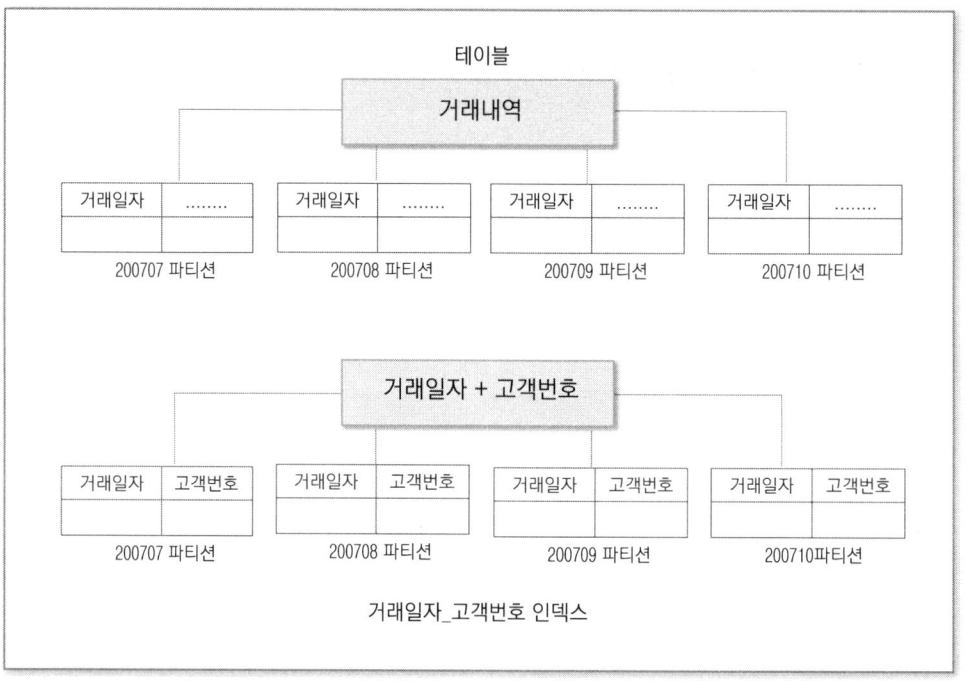

거래내역 테이블을 월별 파티션 테이블로 구성하고 인덱스도 월별로 분리한다면 위의 그림과 같이 테이블 및 인덱스가 구성된다. 위와 같은 구조라면 2007년 10월 데이터는 거래내역 테이블의 200710 파티션에만 저장된다. 해당 파티션에 대한 인덱스 값도 인덱스의 200710 파티션에만 저장될 것이다. 결국, 각 테이블 파티션과 인덱스 파티션은 같은 월의 데이터만 저장한다.

첫 번째로, 인덱스의 모든 조건이 동일(=) 연산자로 사용될 경우를 살펴보자.

```
예 제
SQL> SELECT 고객번호, ......
     FROM 거래내역
     WHERE 고객번호 = '113'
     AND 거래일자 = '200707';
```

위의 SQL은 고객번호 조건에 대해서 동일(=) 연산자를 사용하고 거래일자 조건에 대해서도 동일(=) 연산자를 사용한 SQL이다. 이 SQL의 실행 계획은 다음과 같이 생성된다.

```
실행 계획
SELECT STATEMENT
  TABLE ACCESS (BY LOCAL INDEX ROWID) OF '거래내역'
    INDEX (RANGE SCAN) OF '거래일자_고객번호'  PARTITION: START=1 STOP=1
```

이 실행 계획에서 거래일자 조건은 '200707'이므로 고객번호 조건에 상관 없이 거래일자+고객번호 인덱스에서 200707 파티션만 엑세스하면 될 것이다. 이는 200707 인덱스 파티션에 2007년 7월 데이터에 대한 모든 인덱스 값이 저장되어 있기 때문이다. 결국, 4개의 인덱스 파티션 중에서 200707 인덱스 파티션 하나만 엑세스해도 원하는 결과를 추출할 수 있다. 그렇기 때문에 PARTITION: START=1 STOP=1과 같이 실행 계획이 생성된다. 이것은 1번 파티션에서 1번 파티션까지 엑세스했다는 의미가 된다. 인덱스 파티션과 테이블 파티션에는 각각 번호가 붙는다. 여기서 1번은 인덱스 파티션의 번호다. 물론 1번 인덱스 파티션이 어떤 인덱스 파티션인지 몰라도 상관이 없다. 중요한 것은 이 실행 계획에서 인덱스 범위 스캔은 하나의 파티션만 엑세스했다는 것이다. 1번 파티션에서 1번 파티션까지 엑세스했으므로 당연히 하나의 인덱스 파티션만 엑세스한 것이 될 것이다. 위의 SQL이 하나의 인덱스 파티션만 엑세스했다면 이는 무엇을 의미하는가? 결국 200707 인덱스 파티션만을 엑세스했다는 의미가 된다. 위의 실행 계획에서 BY LOCAL INDEX ROWID 실행 계획은 테이블 관련 실행 계획인 BY INDEX ROWID 실행 계획과 동일하며 LOCAL은 파티션 아키텍쳐에서 테이블의 구조와 인덱스의 구조가 동일하다는 의미다. 이는 테이블과 인덱스가 모두 거래일자 컬럼을 기준으로 분리되어 있기 때문이다.

위의 예제에서 알수 있듯이 인덱스 파티션 키 컬럼에 대해 동일(=) 조건으로 SQL을 수행한다면 하나의 인덱스 파티션만 엑세스해서 제공받은 ROWID로 하나의 테이블 파티션만을 엑세스하는 실행 계획이 생성된다. 파티션 실행 계획이 이와 같이 생성된다면 파티션 실행 계획에 의한 성능 저하는 일어나지 않을 것이다.

두 번째로, 인덱스의 첫 번째 컬럼이 WHERE 절에 제공되지 않는 경우를 살펴보자.

```
예 제
SQL> SELECT 고객번호,......
     FROM 거래내역
     WHERE 고객번호 = '111111';
```

위와 같이 SQL을 수행한다면 앞서 언급한 인덱스 생략 스캔을 제외하고는 거래일자+고객번호 인덱스를 이용할 수 없을 것이다. 인덱스 생략 스캔이 발생하지 않는다면 이 SQL의 실행 계획은 아래와 같이 생성될 것이다.

```
실행 계획
SELECT STATEMENT
  PARTITION RANGE (ALL)
    TABLE ACCESS (FULL) OF '거래내역'  PARTITION: START=1 STOP=4
```

WHERE 절에 고객번호 조건만 제공된다면 거래일자+고객번호 인덱스를 이용할 수 없으므로 인덱스 사용 없이 테이블에 엑세스해야 한다. 테이블은 거래일자 컬럼의 값에 의해 파티션으로 분리되어 있다. 그러므로 '111111'번 고객번호 값에 대한 데이터는 어떤 파티션에도 저장될 수 있을 것이다. 이 고객번호의 데이터가 2007년 10월에 저장되어 있을 수 있고 2007년 9월에도 저장되어 있을 수 있다.

이와 같기 때문에 이 SQL이 원하는 데이터를 추출하기 위해서는 해당 테이블의 모든 파티션에 엑세스해야 할 것이다. 그러므로 PARTITION: START=1 STOP=4 실행 계획이 생성되어 1번 파티션부터 4번 파티션까지 엑세스한다. 위에 제시된 예제의 테이블은 4개의 파티션으로 구성되어 있으므로 실행 계획의 START 값과 STOP 값의 차에 1을 더한 값이 4라면 전체 파티션을 모두 엑세스한다. 또한 전체 테이블 파티션을 모두 엑세스했으므로 PARTITION RANGE (ALL) 실행 계획이 생성되었다.

이처럼 파티션을 구분하는 컬럼인 거래일자 컬럼의 도움을 받지 못한다면 전체 파티션을 엑세스해야 하는 상황이 발생할 것이다. 이와 같은 경우에 적은 양의 데이터를 추출하는 SQL이라면 반드시 고객번호 컬럼에 인덱스를 생성해서 인덱스를 이용하도록 해야 한다. 고객번호 인덱스를 이용하더라도 모든 파티션을 엑세스해야 하는 상황은 변하지 않는다.

세 번째로, 인덱스의 첫번째 컬럼인 파티션 키 컬럼의 조건만 WHERE 조건에 제공될 경우를 살펴보자.

```
예 제
SQL> SELECT 고객번호,......
     FROM 거래내역
     WHERE 거래일자 = '200707';
```

위의 SQL은 거래일자 컬럼이 WHERE 조건으로 설정되어 있으며 인덱스가 거래일자+고객번호로 생성되어 있으므로 해당 인덱스를 이용할 수 있을 것이다. 따라서 실행 계획은 아래와 같이 생성된다.

```
실행 계획
SELECT STATEMENT
  TABLE ACCESS (BY LOCAL INDEX ROWID) OF '거래내역'
    INDEX (RANGE SCAN) OF '거래일자-고객번호' PARTITION: START=1 STOP=1
```

위와 같이 인덱스를 이용하여 하나의 파티션만 엑세스한다. 이 SQL이 엑세스한 하나의 파티션은 200707 인덱스 파티션일 것이다. 이와는 달리 거래내역 테이블에 인덱스가 없다고 가정하자. 그렇다면 SQL에 대한 실행 계획이 아래와 같이 생성될 것이다.

```
실행 계획
   SELECT STATEMENT
     TABLE ACCESS (FULL) OF '거래내역'  PARTITION: START=1 STOP=1
```

실행 계획이 테이블 전체 스캔으로 생성되지만 추출하려는 데이터가 200707 파티션에 모두 있으므로 이 파티션만 엑세스하는 PARTITION: START=1 STOP=1 실행 계획이 생성된다. 그렇다면 파티션 키 컬럼인 거래일자 컬럼에 동일(=) 연산자가 아닌 선분 조건이 사용된다면 어떠한 현상이 발생하는가?

```
예 제
   SQL> SELECT 고객번호,......
        FROM 거래내역
        WHERE 거래일자 BETWEEN '200707' BETWEEN '200708';
```

거래일자 조건이 선분 조건으로 수행된다면 SQL이 엑세스해야 하는 파티션을 고려해야 할 것이다. 위의 SQL은 200707 파티션과 200708 파티션을 엑세스해야만 원하는 결과를 모두 추출할 수 있다. 실행 계획도 이에 맞게 아래와 같이 생성될 것이다.

```
실행 계획
   SELECT STATEMENT
    PARTITION RANGE (ITERATOR)
      TABLE ACCESS (BY LOCAL INDEX ROWID) OF '거래내역'
        INDEX (RANGE SCAN) OF '거래일자+고객번호'  PARTITION: START=1 STOP=2
```

PARTITION: START=1 STOP=2 실행 계획이 생성되어 2개의 파티션을 엑세스하며, PARTITION RANGE (ITERATOR) 실행 계획에 의해 파티션을 범위 스캔하여 여러 개의 파티션을 엑세스한다.

파티션 실행 계획에서는 테이블의 파티션을 몇 개 엑세스하는지가 중요하다. 1개의 파티션만 엑세스해도 되는 SQL이 그 이상의 파티션을 엑세스한다면 이는 성능 저하를 발생시킨다. 이제는 대부분의 시스템에서 파티션 테이블을 사용하고 있다. 그러므로 파티션 테이블의 실행 계획을 정확히 분석하여 불필요한 파티션 엑세스를 제거한다면 파티션 테이블을 엑세스하는 SQL의 성능이 향상될 것이다.

✓ 실행 계획에서 REMOTE 실행 계획을 분석하자.

REMOTE 실행 계획은 원격 데이터베이스에 있는 테이블과 현재 데이터베이스에 있는 테이블 사이에 데이터베이스 링크를 이용한 조인이 발생할 경우 생성된다. 이는 REMOTE 실행 계획이 일어나기 위해서는 데이터베이스 링크를 이용해야 하며, 각 시스템에서 각 테이블에 대해 조인을 수행해야 한다는 의미가 될 것이다.

> **예 제**
> ```
> SQL> SELECT 사원번호, 사원이름, 부서번호
>        FROM 사원@원격_시스템
>        WHERE 직급 = '사원';
> ```

위와 같이 SQL을 수행한다면 원격 데이터베이스로부터 데이터베이스 링크를 이용하여 데이터를 엑세스하는 SQL이 된다. 위의 SQL에서는 현재 데이터베이스에 있는 테이블과 조인이 발생하지 않기 때문에 REMOTE 실행 계획이 아닌 아래와 같은 실행 계획이 생성될 것이다.

> **실행 계획**
> ```
> SELECT STATEMENT (REMOTE)
>   TABLE ACCESS (FULL) OF '사원'            TEST
>     INDEX (RANGE SCAN) OF '직급_IDX'       TEST
> ```

실행 계획에서 SELECT STATEMENT에만 REMOTE 실행 계획이 생성된다. 이는 정확한 개념의 REMOTE 실행 계획이 아니다. REMOTE 데이터베이스에 있는 테이블만 엑세스한다면 실행 계획에 구체적으로 표현되므로 정확한 확인이 가능하다. 또한 실행 계획에 생성된 TEST 항목은 원격 데이터베이스의 이름을 의미한다. 원격 데이터베이스의 테이블과 현재 데이터베이스 테이블에 조인을 수행한다면 아래와 같은 REMOTE 실행 계획이 생성될 것이다.

실행 계획에서 REMOTE 실행 계획을 분석하자

예 제

```
SQL> SELECT 사원번호, 사원이름, 부서번호
     FROM   사원@원격_시스템 A,
            부서 B
     WHERE  A.부서번호 = B.부서번호
     AND    A.직급 = '사원';
```

실행 계획

```
SELECT STATEMENT (REMOTE)
  MERGE JOIN
    SORT (JOIN)
      REMOTE *                        TEST
    SORT (JOIN)
      TABLE ACCESS (FULL) OF '부서'
```

원격 데이터베이스의 테이블과 현재 데이터베이스의 테이블을 조인하면 위와 같이 REMOTE 실행 계획이 생성된다. REMOTE 실행 계획은 원격 데이터베이스에서 실행되는 부분으로 위의 SQL에서는 사원 테이블에 대한 엑세스가 이에 해당된다.

전체 실행 계획을 통해 위의 REMOTE 실행 계획을 유추해 보자. 우선 머지 조인으로 수행되었으므로 조인 조건인 부서번호 조건에 영향을 받지 않는다. 부서 테이블은 부서번호 조건을 REMOTE 데이터베이스에 있는 사원 테이블로부터 제공받지 못했거나 부서 테이블의 부서번호 컬럼에 인덱스가 없을 수 있다. 만약 부서 테이블의 부서번호 컬럼에 인덱스가 없다면 부서번호 인덱스를 생성해야만 중첩 루프 조인으로 수행될 것이다. REMOTE 데이터베이스에 있는 사원 테이블에 엑세스하는 과정에서 인덱스를 이용했는지 아닌지를 위의 실행 계획에서는 확인할 수 없다. 단지 위의 실행 계획을 통해 부서 테이블에 대한 엑세스를 유추할 수 있을 것이다.

예 제

```
SQL> SELECT 사원번호, 사원이름, 부서번호
     FROM 사원@원격_시스템 A, 부서 B
     WHERE A.부서번호 = B.부서번호
     AND   A.직급 = '사원';
```

> **실행 계획**
>
> ```
> SELECT STATEMENT (REMOTE)
>  NESTED LOOPS
>   TABLE ACCESS (FULL) OF '부서'
>   REMOTE *                    TEST
> ```

위의 SQL에서 REMOTE 데이터베이스에 대한 실행 계획을 좀 더 쉽게 유추할 수 있다. 현재 데이터베이스에 있는 부서 테이블의 직급 컬럼에 인덱스가 없거나 옵티마이져에 의해 직급 조건의 값을 만족하는 데이터가 많을 경우에 위와 같이 부서 테이블을 전체 스캔하는 실행 계획이 생성될 수 있다. 이와 같이 부서 테이블을 전체 스캔으로 엑세스한 후 뒤에 엑세스되는 테이블은 REMOTE 데이터베이스의 사원 테이블이 된다. REMOTE 데이터베이스의 사원 테이블은 INNER 테이블이므로 조인 조건을 인덱스로 이용하지 못한다면 위의 SQL은 엄청난 성능 저하를 발생시킨다. 또한, 중첩 루프 조인에서 INNER 테이블이 인덱스를 이용하지 못하는 경우라면 중첩 루프 조인보다는 소트 머지 조인으로 SQL을 수행하려 할 것이다. 이는 조인 조건에 인덱스가 없어도 소트 머지 조인은 어느 정도의 성능을 보장하기 때문이다. 결국, 위의 SQL이 성능을 보장 받기 위해서는 REMOTE 데이터베이스에 있는 사원 테이블의 사원번호 컬럼에 인덱스가 있어야 한다. 위의 실행 계획은 중첩 루프 조인을 사용했으므로 REMOTE 데이터베이스에서 사원 테이블의 부서번호 인덱스를 이용했을 가능성이 높다. 이처럼 REMOTE 실행 계획은 유추해야 하는 내용이 더 많은 실행 계획이기도 하다. REMOTE 데이터베이스의 테이블을 엑세스하는 방법을 현재 데이터베이스의 옵티마이져가 관여할 수 없으며 현재 데이터베이스의 옵티마이져는 REMOTE 데이터베이스의 옵티마이져에게 요청만 할 수 있다. REMOTE 데이터베이스의 테이블을 엑세스하는 부분에 대해서 정확한 실행 계획이 생성되지 않으며, REMOTE 실행 계획만 생성될 뿐이다. 그렇기 때문에 REMOTE 실행 계획의 경우에 유추를 해야 하는 부분이 많으며 REMOTE 실행 계획에 수행된 SQL을 확인할 수 있다면 유추의 정확성이 높아질 것이다.

REMOTE에서 수행된 SQL을 확인하는 방법은 두 가지다. 우선 AUTO TRACE를 통해 확인하는 방법을 살펴보자.

> **예제**
>
> ```
> SQL> SET AUTOT TRACEONLY EXP
> SQL> SELECT A.ENAME, B.DNAME
>        FROM DEPARTMENTS A,
>             EMPLOYEES@DB_TEST B
>       WHERE A.DEPARTMENT_ID = B.DEPARTMENT_ID
>         AND B.EMPLOYEE_ID = '100';
> ```

실행 계획에서 REMOTE 실행 계획을 분석하자

```
실행 계획
  0      SELECT STATEMENT
  1 0      NESTED LOOPS
  2 1        REMOTE  *                                          TEST
  3 1        INDEX (RANGE SCAN) OF  'DEPARTMENT_ID_IDX'  (NON-UNIQUE)

  2      SERIAL_FROM_REMOTE  SELECT "EMPLOYEE_ID","DEPARTMENT_ID"
                             FROM "EMPLOYEES" "B"
                             WHERE "EMPLOYEE_ID"="100"
```

위의 실행 계획에서 각 실행 계획의 앞에는 번호가 할당되어 있다. 가장 처음 번호가 해당 실행 계획의 번호가 되며 뒤의 번호는 부모 번호를 의미한다. 실행 계획의 아래 쪽을 보면 2번인 SQL을 확인할 수 있다. 실행 계획에서 2번은 REMOTE 실행 계획에 해당한다. 그러므로 이 SQL이 REMOTE 실행 계획에 대한 실제 SQL이다. 이와 같이 AUTO TRACE를 통해 REMOTE 실행 계획에 대한 SQL을 확인할 수 있다.

이외에 EXPLAIN PLAN FOR를 통해 실행 계획을 확인할 수 있다. 위와 동일한 SQL을 수행했을 경우 PLAN_TABLE의 OTHER_TAG 컬럼 및 OTHER 컬럼을 통해 실제 수행된 REMOTE 실행 계획의 SQL을 확인할 수 있다. AUTO TRACE와 EXPLAIN FOR에 대해서는 '실행 계획을 확인하는 방법은 간단하다'에 자세히 설명되어 있으므로 참고하기 바란다.

위와 같은 방법으로 REMOTE 실행 계획에 대한 SQL을 확인할 수 있다. 보통의 경우에는 AUTOTRACE를 이용하는 경우가 많다. 이처럼 추출된 REMOTE 데이터베이스의 SQL이 인덱스를 이용하는지 아니면 인덱스를 이용하지 않고 테이블을 전체 스캔하는지는 SQL을 REMOTE 데이터베이스에서 직접 수행해서 실행 계획을 확인하거나 유추할 수 있다.

REMOTE 실행 계획의 경우에 다른 실행 계획과 비교해서 REMOTE 데이터베이스에 대한 실행 계획이 정확하게 생성되지 않는다. 이를 위해서는 많은 분석과 경험을 통해 REMOTE 실행 계획의 해석 방법을 축적해야 한다. 또한, 원하는 실행 계획이 아니라면 여러가지 방법을 통해 REMOTE 실행 계획을 최적화해야 할 것이다. 그 중에 하나가 '힌트로 실행 계획을 제어하자'에서 언급할 DRIVING_SITE 힌트다.

Chapter 1. 실행 계획의 분석은 SQL 최적화의 기본이다

> ☑ 데이터 연결에 대한 실행 계획을 확인하자.

RDBMS를 사용하는 이상, 여러 테이블을 연결하여 데이터를 추출해야 하는 상황을 피할 수 없으며, 이와 같은 경우에 조인을 사용한다. 조인을 사용하면 조인만을 위한 실행 계획이 별도로 존재한다. 실제 프로젝트를 수행하거나 운영을 하는 동안 많은 곳에서 데이터 연결을 사용한다. 조인을 이용한 데이터 연결을 사용하지 않고는 어플리케이션을 구현하지 못하는 경우가 대부분일 것이다. 그렇기 때문에 데이터 연결에 대한 정확한 이해는 성능 최적화 뿐만 아니라 데이터베이스를 이해하기 위한 필수 요소다.

첫 번째로, 조인 실행 계획을 살펴보자. 사람들이 조인에펴 대해 두려워하는 경우가 많다. 하지만 조인 관련 실행 계획은 3가지에 불과하며, 이 3가지 조인 실행 계획만 정확히 이해한다면 조인에 대해 더 이상 두려워할 필요는 없을 것이다. 어떤 사람들은 조인이 성능을 저하시키는 요소라고 생각한다. 하지만 분명한 것은 조인은 성능을 저하시키는 요소가 아니며 차라리 성능을 향상시킬 수 있는 특징을 갖는다. 조인을 통해 성능 저하를 경험했다면 이는 조인 자체의 문제가 아니라 올바른 조인 방식을 사용하지 못한 엔지니어의 책임이다.

- 중첩 루프 조인 (NESTED LOOP JOIN)
- 해쉬 조인 (HASH JOIN)
- 소트 머지 조인 (SORT MERGE JOIN)

위와 같이 3가지의 조인 실행 계획이 있다. 조인 실행 계획에서 조금씩 변형된 FILTER, SEMI, 카테시안, ANTI 조인 등이 추가로 존재한다. 이들 조인 실행 계획에 대해서는 뒤에서 자세히 설명한다.

두 번째로, 순환 전개에 대한 실행 계획을 살펴보자. 순환 전개도 데이터를 연결하는 SQL이며, 서로 다른 테이블이나 같은 테이블에서 데이터를 연결하기 때문에 조인과 유사하다. 순환 전개는 CONNECT BY …… START WITH 구문으로 SQL을 작성하여 수행된다. 순환 전개에 대한 실행 계획 및 성능은 'Chapter 7. 순환 전개를 효과적으로 사용한다면 개발은 쉬워진다' 에서 자세히 언급하겠다.

이외에도 데이터를 연결하는 방법에는 서브쿼리, 스칼라 서브쿼리, 인라인 뷰 등이 있으며, 이들 각각에 대해서는 관련 단원에서 자세히 설명한다.

이상으로, 실행 계획에서 생성될 수 있는 요소들에 대해 살펴보았다. 실행 계획을 정확히 해석하지 못한다면 SQL을 최적화하기 힘들다. 실행 계획은 SQL 최적화의 기본이 되며 이러한 기본을 이해하지 못한다면 더 이상 SQL 최적화를 수행할 수 없을 것이다. 그렇기 때문에 많은 연습을 통해 정확한 실행 계획을 해석하도록 노력해야 할 것이다.

✓ 복합 실행 계획을 정확히 해석하자.

실행 계획을 해석하기 위해서는 앞서 언급한 각 실행 계획을 정확히 숙지해야 할 것이다. 실행 계획은 해당 SQL이 어떤 경로로 수행되어 결과를 추출하는지를 보여주는 명세서다. 그렇기 때문에 실행 계획을 해석하지 못한다면 더 이상 SQL 최적화를 수행하지 못할 것이다. SQL이 어떤 경로로 수행되었는지를 모르는데 SQL을 어떻게 최적화할 수 있겠는가? 이제부터 실행 계획을 해석하는 방법에 대해 살펴보자.

```
실행 계획
SELECT STATEMENT
    TABLE ACCESS (BY INDEX ROWID) OF '거래내역'
        INDEX (RANGE SCAN) OF '거래일자_고객번호'
```

위에 제시된 간단한 실행 계획을 해석해 보자. 위의 실행 계획을 해석하지 못하는 사람은 거의 없을 것이다. 위의 실행 계획은 거래일자_고객번호 인덱스를 범위 스캔하여 획득한 ROWID를 통해 거래내역 테이블에 엑세스하여 결과를 추출하는 실행 계획이다. 위와 같이 간단한 실행 계획을 해석하는 것이 어렵지는 않을 것이다.

그렇다면 위의 실행 계획은 어떤 규칙에 의해 해석되는가? 실행 계획을 해석하는 방법으로 도식화나 들여쓰기가 많이 사용된다. 여기서는 보통 많이 사용하는 들여쓰기로 실행 계획을 해석하는 방법을 살펴보자. 들여쓰기를 통해 실행 계획을 해석하기 위해서는 아래와 같은 규칙을 준수해야 할 것이다.

- 가장 안쪽에 들여쓰기가 된 실행 계획부터 해석
- 동일하게 들여쓰기가 된 실행 계획은 위에서부터 해석
- 연관된 실행 계획은 함께 해석
- 조인의 경우는 조인의 수행 방식으로 해석

위의 규칙을 기준으로 아래의 예제를 다시 한번 살펴보자.

> **실행 계획**
> SELECT STATEMENT
>   TABLE ACCESS (BY INDEX ROWID) OF '거래내역'
>   INDEX (RANGE SCAN) OF '거래일자_고객번호'

위의 실행 계획에서 가장 안쪽에 들여쓰기된 실행 계획은 거래일자_고객번호 인덱스에 대한 범위 스캔 실행 계획이다. 그렇기 때문에 이 실행 계획을 먼저 해석한다. 그 다음으로 가장 안쪽에 들여쓰기되어 있는 실행 계획은 거래내역 테이블에 대한 엑세스다. 마지막으로 결과를 추출하는 실행 계획인 SELECT STATEMENT를 해석한다. 이와 같이 들여쓰기를 이용한다면 실행 계획을 쉽게 해석할 수 있다.

> **실행 계획**
> SELECT STATEMENT
>   NESTED LOOPS
>   TABLE ACCESS (BY INDEX ROWID) OF '거래내역'
>   INDEX (RANGE SCAN) OF '카드번호_거래일자_IDX'
>   TABLE ACCESS (BY INDEX ROWID) OF '가맹점'
>   INDEX (RANGE SCAN) OF '지역_가맹점번호_IDX'

위와 같은 실행 계획을 어떻게 해석해야 하는가? 앞서 언급한 실행 계획보다는 복잡하다. 위의 실행 계획을 해석하기 위해서는 연관된 실행 계획을 함께 해석하고, 조인 방식으로 해석을 해야 한다. 물론 들여쓰기도 고려해야 할 것이다.

우선, 가장 안쪽에 들여쓰기가 되어 있는 실행 계획을 찾는다. 카드번호_거래일자_IDX 인덱스에 엑세스하는 실행 계획과 지역_가맹점번호_IDX 인덱스에 엑세스하는 실행 계획이 동일하게 가장 안쪽에 들여쓰기되어 있다. 이와 같이 동일하게 들여쓰기되어 있을 경우에는 실행 계획 해석 규칙에 의해 위에서부터 해석을 한다. 따라서, 카드번호_거래일자_IDX 인덱스에 엑세스하는 실행 계획을 먼저 해석한다. 이 경우 카드번호_거래일자_IDX 인덱스를 스캔하고 거래내역 테이블에 엑세스하므로 두 개의 실행 계획은 연관된 실행 계획이 된다. 따라서, 연관된 실행 계획은 함께 해석된다.

이와 같은 이유에서 위의 실행 계획은 카드번호_거래일자_IDX 인덱스를 스캔하여 획득한 ROWID로 거래내역 테이블에 엑세스한 후에 지역_가맹점번호_IDX 인덱스에 엑세스하여 획득한 ROWID로 가맹점 테이블에 엑세스한다. 결국, 이와 같이 해석되며 여기에 정확한 해석을 더하기 위해서는 조인 방식을 결합해야 할 것이다. 조인은 두 개 이상의 테이블에서 원하는 데이터를 추출하며 그렇기 때문에 먼저 엑세스되는 테이블과 뒤에 엑세스되는 테이블이 존재한다. 이러한 조인으로는 중첩 루프 조인, 해쉬 조인, 소트 머지 조인이 있으며 각 조인 방식에 대해서는 각 단원에서 자세히 언급하도록 하겠다.

```
실행 계획
    SELECT STATEMENT
     NESTED LOOPS
       NESTED LOOPS
         NESTED LOOPS
           TABLE ACCESS (BY INDEX ROWID) OF '고객'
             INDEX (RANGE SCAN) OF '주민번호_IDX'
           TABLE ACCESS (BY INDEX ROWID) OF '카드'
             INDEX (RANGE SCAN) OF '고객번호_IDX'
         TABLE ACCESS (BY INDEX ROWID) OF '거래내역'
           INDEX (RANGE SCAN) OF '카드번호_거래일자_IDX'
       TABLE ACCESS (BY INDEX ROWID) OF '가맹점'
         INDEX (RANGE SCAN) OF '지역_가맹점번호_IDX'
```

위와 같이 복잡한 실행 계획을 어떻게 해석해야 하는가? 위의 실행 계획도 어렵지만은 않을 것이다. 실행 계획 해석의 규칙에 따라 해석하면 된다. 위의 실행 계획에서 서로 연관된 실행 계획을 아래와 같이 묶어보자.

```
실행 계획
    SELECT STATEMENT
     NESTED LOOPS
       ┌─────────────────────────────────────────────────────────┐
       │ NESTED LOOPS INSERT                                     │
       │  ┌────────────────────────────────────────────────────┐ │
       │  │ NESTED LOOPS INSERT                                │ │
       │  │  ┌──────────────────────────────────────────────┐  │ │
       │  │  │ TABLE ACCESS (BY INDEX ROWID) OF '고객'      │  │ │
       │  │  │   INDEX (RANGE SCAN) OF '주민번호_IDX'       │  │ │
       │  │  │ TABLE ACCESS (BY INDEX ROWID) OF '카드'      │  │ │
       │  │  │   INDEX (RANGE SCAN) OF '고객번호_IDX'       │  │ │
       │  │  └──────────────────────────────────────────────┘  │ │
       │  └────────────────────────────────────────────────────┘ │
       │   TABLE ACCESS (BY INDEX ROWID) OF '거래내역'           │
       │     INDEX (RANGE SCAN) OF '카드번호_거래일자_IDX'       │
       └─────────────────────────────────────────────────────────┘
        TABLE ACCESS (BY INDEX ROWID) OF '가맹점'
          INDEX (RANGE SCAN) OF '지역_가맹점번호_IDX'
```

위와 같이 연관 되는 실행 계획을 묶을 수 있을 것이다. 여기서 NESTED LOOPS 실행 계획 아래에는 항상 두 개의 묶음이 존재한다. 이는 NESTED LOOPS 실행 계획이 조인의 실행 계획이므로 두 개의 조인 대상 집합이 있어야 하기 때문이다. 예를 들어, 4개의 테이블로 중첩 루프 조인을 수행한다면 2개의 집합마다 NESTED LOOPS 실행 계획이 생성되며, 그렇다면 위와 같이 3번의 NESTED LOOPS 실행 계획이 생성될 것이다.

연관된 실행 계획들 중에서 가장 안쪽으로 들여쓰기되어 있는 것이 여러 개라면 위에 있는 실행 계획부터 해석하면 된다. 그러므로 주민번호 인덱스를 이용하여 고객 테이블에 먼저 엑세스하고, 고객번호 인덱스를 이용하여 카드 테이블과 중첩 루프 조인을 수행하였다. 여기서 추출된 결과를 가지고 거래내역 테이블과 중첩 루프 조인을 수행했으며 거래내역 테이블에 엑세스할 때 사용한 인덱스는 카드번호_거래일자_IDX 인덱스다. 이와 같이 조인을 수행한 결과를 가지고 마지막으로, 가맹점 테이블에는 지역_가맹점번호_IDX 인덱스를 이용하여 엑세스하였다.

이와 같이 실행 계획을 해석한 다음에야 비로서 실행 계획에 문제가 있다면 원하는 형태로 실행 계획을 변경하여 SQL을 최적화할 수 있을 것이다. 실행 계획을 해석하지 못한다는 것은 사칙연산을 모르는데 어려운 수학 문제를 푸는 것과 같다. 실행 계획을 정확히 해석하는 것은 SQL 분석 및 최적화에 있어 매우 기본적인 항목임을 명심하기 바란다.

✓ 힌트로 실행 계획을 제어하자.

실행 계획은 원하는 장소를 찾아가기 위한 길 안내와 같다고 이야기 했다. SQL이 어떤 경로를 통해 수행되는지를 나타내는 것이 실행 계획이며, 이는 옵티마이져에 의해 생성된다. 옵티마이져는 신과 같은 존재가 아니다. 옵티마이져도 프로그램으로 작성되어 있기 때문에 사람과 같은 생각을 할 수는 없다. 그렇다는 이야기는 무엇인가? 실행 계획이 원하는 방향이 아닌 다른 방향으로도 생성될 수 있다는 것이다. 그렇기 때문에 악성 SQL이 생기는 경우도 발생한다. 그렇다면 원하는 실행 계획이 아닌 다른 방향의 실행 계획이 생성되었다면 어떻게 해야 하는가? 실행 계획이 원하는 방향으로 생성되지 않았다면 원하는 방향으로 실행 계획을 변경할 수 있어야 할 것이다. 그래서 오라클에서는 SQL에 힌트를 설정할 수 있게 하여 개발자가 원하는 방향으로 실행 계획을 제어할 수 있게 해준다. 오라클에서 제공하는 힌트는 매우 다양하다. 여기서는 다양한 힌트 중에서 많이 사용되는 힌트를 중심으로 예제와 함께 소개하도록 하겠다. 힌트는 SQL의 실행 계획을 제어하기 위해 사용되며 SQL 최적화를 위해서 반드시 이해하고 넘어가야 한다.

문법이 틀려도 힌트가 SQL의 실행에 영향을 미치지는 않는다. 힌트가 잘못되어도 SQL은 수행되지만 설정한 힌트는 해당 SQL에 적용되지 않을 것이다. 그러므로 원하는 실행 계획으로 유도하기 위해서는 힌트를 정확하게 작성해야 한다. 힌트가 옵티마이져에 의해 적용될 수도 있지만 옵티마이져에 의해 버려질 수도 있다. 그렇기 때문에 항상 SQL의 실행 계획을 통해 힌트가 제대로 적용되었는지를 확인해야 할 것이다. 힌트를 아래와 같이 구분할 수 있다.

- 인덱스 엑세스 관련 힌트
- 테이블 엑세스 관련 힌트
- 조인 관련 힌트
- 기타 힌트
- SQL 변형 제어 관련 힌트
- REMOTE 실행 계획 관련 힌트

첫 번째로, 인덱스 관련 힌트를 살펴보자. 인덱스 관련 힌트는 많이 사용되는 힌트이지만 정확히 이해하지 못한다면 사용하지 않는 것만 못하다. 따라서 정확하게 이해한 상태에서 힌트를 사용해야 할 것이다.

- INDEX - 인덱스 힌트는 SQL이 엑세스할 인덱스를 설정하는 힌트다. INDEX(테이블_이름,인덱스_이름)의 형태로 사용하여 해당 테이블에 있는 인덱스 중에서 원하는 인덱스를 이용할 수 있게 해준다. 힌트는 인덱스의 위에서부터 아래로 엑세스를 수행한다는 점에서 INDEX_ASC 힌트와 동일하다. 오라클 10g에서는 INDEX(테이블_이름,(컬럼_이름,...컬럼_이름))으로도 설정 가능하다. 이는 특정 인덱스를 설정하는 것이 아니라 해당 컬럼들로 구성된 인덱스를 유연하게 이용할 수 있게 해준다.
- INDEX_DESC - 위의 인덱스 힌트와 거의 동일한 힌트다. 이 힌트는 INDEX_DESC(테이블_이름,인덱스_이름)의 형식으로 설정되며 테이블에 있는 인덱스 중에서 원하는 인덱스를 스캔하도록 하는 것은 인덱스 힌트와 동일하다. 다른 점은 인덱스의 아래부터 위로 엑세스한다는 것이다. 따라서 인덱스를 구성하는 첫 번째 컬럼에 의해 내림차순으로 데이터가 추출된다. 이 힌트는 최근 데이터 순으로 추출하는 목록 쿼리 또는 최대 값 및 최소 값을 추출하는 SQL 등에서 빈번히 사용된다.
- INDEX_FFS - 이 힌트는 인덱스에 대해 빠른 인덱스 전체 스캔을 수행한다. 일반 인덱스 전체 스캔과의 차이는 디스크 I/O 단위에 있다. 일반 인덱스 스캔은 단일 블록 I/O로 수행되며 빠른 인덱스 전체 스캔은 다중 블록 I/O로 수행된다. 사용 방법은 인덱스 힌트와 동일하게 테이블 이름과 인덱스 이름을 설정하여 INDEX_FFS(테이블_이름,인덱스_이름)으로 사용하면 된다. 빠른 인덱스 전체 스캔이 발생하는 경우를 방지하기 위해서 NO_INDEX_FFS 힌트를 이용할 수 있다.
- PARALLEL_INDEX - 빠른 인덱스 전체 스캔인 INDEX_FFS 힌트와 동일하게 인덱스를 전체 스캔하면서 다중 블록 I/O로 수행되는 힌트다. 차이점이라면 여러 개의 프로세스로 인덱스 전체 스캔을 수행한다는 것이다. 사용 방법은 PARALLEL_INDEX(테이블_이름,인덱스_이름,프로세스_개수)와 같이 3개의 값을 설정해야 한다. 병렬 처리로 수행되는 인덱스에서 병렬 프로세싱을 방지하기 위해서는 NOPARALLEL_INDEX 힌트를 이용한다.
- AND_EQUALS - WHERE 조건에 두 개의 동일(=) 조건이 설정되고 각 동일 조건에 사용된 컬럼에 인덱스가 존재할 경우 설정이 가능하다. AND_EQUALS(인덱스_이름,인덱스_이름)과 같이 힌트를 설정하여 사용한다. 위와 같이 힌트를 설정한다면 테이블의 두 인덱스를 이용하여 인덱스 AND-EQUALS 실행 계획이 생성된다.
- INDEX_JOIN - 2개 이상의 인덱스를 엑세스하여 테이블에 대한 랜덤 엑세스 없이 원하는 결과 데이터를 추출할 수 있는 경우에 이 힌트를 이용하여 인덱스들을 조인할 수 있다. 이 경우 조인 방식은 해쉬 조인을 이용한다. 이는 하나의 테이블에서 데이터에 엑세스하는 경우이므로 두 인덱스에 대한 조인 조건이 ROWID만 존재하므로 중첩 루프 조인을 사용한다면 성능은 저하된다. 그렇기 때문에 오라클에서는 인덱스 조인 시에 해쉬 조인만 제공한다. 인덱스 조인은 INDEX_JOIN(테이블_이름,인덱스_이름) 형식으로 사용된다.
- INDEX_SS - 인덱스 생략 스캔을 이용하려면 INDEX_SS 힌트를 이용해야 한다. INDEX_SS 힌트는 INDEX_SS(테이블_이름,인덱스_이름)의 형식으로 사용되며 인덱스 생략 스캔을 제거하기 위해서는 NO_INDEX_SS 힌트를 사용한다. INDEX_SS 힌트에는 일반 INDEX 힌트와 마찬가지로 INDEX_SS_DESC 힌트와 INDEX_SS_ASC 힌트가 있으며 INDEX_ASC 힌트 및 INDEX_DESC 힌트와 동일한 의미를 가진다.

인덱스 관련 힌트에 대한 예제를 살펴보자. 앞서 언급했듯이 힌트의 문법을 정확하게 맞추지 않는다고 하더라도 SQL에 에러가 발생하지는 않지만 원하는 형태의 실행 계획을 생성하지 못하게 된다. 물론, 힌트가 정확히 사용되었더라도 옵티마이져에 의해 해당 힌트가 무시될 수 있다. 그렇기 때문에 힌트를 사용하고 나서는 항상 실행 계획을 확인해야 할 것이다.

> 예 제
>
> ```
> SQL> SELECT /*+ INDEX(A,직급_IDX) */
>             부서번호, 사원번호, 사원이름
>        FROM 사원 A
>        WHERE 직급 IN ( '부장', '과장' );
> ```
>
> 실행 계획
>
> ```
> SELECT STATEMENT
>   TABLE ACCESS (BY INDEX ROWID) OF '사원'
>     INDEX (RANGE SCAN) OF '직급'
> ```

인덱스 힌트가 위와 같이 설정되면 사원 테이블의 직급 인덱스를 이용할 수 있다. 하지만, 힌트에서 설정한 인덱스를 이용했는지는 반드시 실행 계획을 통해서 확인해야 한다. 그 이유는 앞에서 언급 했듯이 어떤 힌트든 옵티마이져에 의해 무시될 수 있기 때문이다.

> 예 제
>
> ```
> SQL> SELECT /*+ INDEX(A,직급_IDX) */
>             부서번호, 사원번호, 사원이름
>        FROM 사원 A
>        WHERE 직급 > '0'
>        ORDER BY 직급;
> ```
>
> 실행 계획
>
> ```
> SELECT STATEMENT
>   TABLE ACCESS (BY INDEX ROWID) OF '사원'
>     INDEX (RANGE SCAN) OF '직급'
> ```

위의 SQL은 WHERE 절에 조건이 없는 SQL이다. 하지만 정렬을 제거하기 위해 직급 인덱스를 이용하고 싶다면 위와 같이 임시 조건을 설정해야 할 수도 있다. 위의 조건에서 (직급 > '0')는 데이터가 추출되는 결과에 영향을 미치지는 않지만 직급 인덱스를 이용하는데 있어서는 중요한 조건이 된다. 인덱스 컬럼에 대한 조건이 WHERE 조건 절에 없는 경우에 인덱스 힌트를 설정해도 원하는 실행 계획을 생성하지 못하는 경우가 많다. 이런 경우에 위와 같이 추출되는 데이터를 변형시키지 않는 임시 조건을 설정하여 원하는 인덱스에 엑세스하게 만들 수 있다. 이러한 사실은 SQL을 최적화하는 과정에서도 종종 사용되므로 정확히 이해하기 바란다.

예제

```
SQL> SELECT /* + INDEX_DESC (A,입사일자) */
            부서번호, 사원번호, 사원이름
       FROM 사원 A
       WHERE 입사일자 > '20070101';
```

실행 계획

```
SELECT STATEMENT
  TABLE ACCESS (BY INDEX ROWID) OF '사원'
    INDEX (RANGE SCAN DESCENDING) OF '입사일자_IDX'
```

INDEX_DESC 힌트를 설정하면 인덱스의 밑에서부터 데이터에 엑세스한다. 입사일자 인덱스를 오름차순으로 생성했다고 가정하자. 인덱스에 엑세스하면 기본적으로 입사일자 컬럼 순으로 오름차순으로 데이터가 추출된다. 하지만 INDEX_DESC 힌트로 인덱스에 엑세스하면 인덱스의 아래에서부터 엑세스하므로 가장 최근 입사일자 값부터 내림차순으로 데이터가 추출된다.

예제

```
SQL> SELECT /* + INDEX_FFS(A,입사일자) */
            부서번호, 사원번호, 사원이름
       FROM 사원 A;
```

실행 계획

```
SELECT STATEMENT
  INDEX (FAST FULL SCAN) OF '입사일자_IDX'
```

사원 테이블에 부서번호+사원번호+사원이름 인덱스가 있다고 가정하자. 인덱스 스캔만으로 SQL을 종료할 수 있다면 크기가 큰 테이블을 전체 스캔하는 것보다는 부서번호+사원번호+사원이름 인덱스를 전체 스캔하는 것이 디스크 I/O를 많이 감소시킬 수 있을 것이다. 또한, 정렬을 수행할 필요가 없으므로 **빠른 인덱스 전체 스캔**으로 실행 계획을 유도하는 것이 인덱스 전체 스캔에서 더 **빠른 성능**을 보장받을 수 있을 것이다. 그렇기 때문에 INDEX_FFS 힌트를 설정하여 해당 인덱스만 빠른 전체 스캔을 수행하도록 유도할 수 있다. 위와 같이 힌트를 설정하여도 빠른 인덱스 전체 스캔으로 실행 계획이 생성되지 않을 수 있다. 이 경우에 앞선 예제와 같이 WHERE 조건에 (부서번호 > '0')를 설정한다면 실행 계획에는 해당 인덱스를 이용한 빠른 인덱스 전체 스캔이 생성될 것이다.

> **예제**
> ```
> SQL> SELECT /*+ INDEX_SS(A, COL1_COL2_COL3_IDX' ) */
>             COL4, COL5, COL6
>        FROM TAB1
>       WHERE COL2 = 'AAA'
>         AND COL3 = 'BBB';
> ```
>
> **실행 계획**
> ```
> SELECT STATEMENT
>   TABLE ACCESS (BY INDEX ROWID) OF 'TAB1'
>     INDEX (SKIP SCAN) OF 'COL1_COL2_COL3_IDX'
> ```

인덱스의 첫 번째 컬럼이 WHERE 조건 절에 설정되지 않고 첫 번째 컬럼의 분포도가 좋지 않아 몇 가지 종류의 데이터만 저장될 경우 앞서 언급한 것과 같이 인덱스 생략 스캔으로 성능을 향상시킬 수 있다. 인덱스 생략 스캔을 이용하려면 해당 SQL에 INDEX_SS 힌트를 설정하여 위와 같이 실행 계획을 생성할 수 있다.

두 번째로, 테이블 엑세스에 대한 힌트를 살펴보자. 테이블 엑세스에 대한 실행 계획은 앞서 4가지가 있다고 이야기했다. 하지만 힌트로 제어할 수 있는 실행 계획은 테이블 전체 스캔 밖에 없다. BY INDEX ROWID 실행 계획은 인덱스에 엑세스한 후에 테이블에 엑세스하면 자동으로 생성되는 실행 계획이므로 인덱스 힌트로 설정된다.

> **예제**
> ```
> SQL> SELECT /*+ FULL(A) */
>             부서번호, 사원번호, 사원이름
>        FROM 사원 A
>       WHERE 직급 = '사원';
> ```
>
> **실행 계획**
> ```
> SELECT STATEMENT
>   TABLE ACCESS (FULL) OF '사원'
> ```

사원 테이블의 급여 컬럼에 인덱스가 있다고 가정하자. 이 경우에 옵티마이저는 급여 컬럼으로 생성된 인덱스에 엑세스한다. 그런데 직급 컬럼의 분포도가 나쁘다고 가정하자. 분포도가 나쁘다는 것은 해당 컬럼에 동일한 값을 갖는 데이터가 많다는 의미다. 이와 같다면 해당 인덱스를 이용하는 순간 처리 범위가

증가하기 때문에 테이블의 많은 부분에 엑세스해야 할 것이다. 테이블의 많은 데이터에 엑세스하는 것도 문제이지만, 이로 인해 증가하는 랜덤 엑세스는 엄청난 성능 저하를 발생시킨다. 따라서 분포도가 좋지 않은 직급 인덱스를 이용하지 못하게 하고 테이블을 전체 스캔하는 것이 성능적인 면에서는 더욱 유리할 것이다. 직급 인덱스를 이용하지 못하게 하는 방법에는 여러 가지가 있으며, 그 중 하나가 SQL에 FULL 힌트를 설정하는 것이다.

세 번째로, 조인 관련 힌트를 살펴보자. 여기서는 일단 조인 관련 힌트에 대한 개념만 설명하고 예제 및 자세한 내용은 뒤에서 다루겠다.

- USE_NL – USE_NL 힌트는 중첩 루프 조인을 수행시키기 위해 설정되는 힌트다. USE_NL(테이블_이름,테이블_이름)으로 힌트를 설정하며 앞에 설정한 테이블에 먼저 엑세스하며 뒤에 설정한 테이블은 뒤에 엑세스하여 중첩 루프 조인을 수행한다.
- USE_HASH – USE_HASH 힌트는 해쉬 조인을 수행시키기 위해 설정되는 힌트다. USE_HASH(테이블_이름,테이블_이름)으로 힌트를 설정하며 앞에 설정한 테이블에 먼저 엑세스하며 뒤에 설정한 테이블은 뒤에 엑세스하여 해쉬 조인을 수행한다.
- SE_MERGE – USE_MERGE 힌트는 소트 머지 조인을 수행시키기 위해 설정되는 힌트다. 다른 조인 힌트와 동일하게 USE_MERGE(테이블_이름,테이블_이름)으로 설정하며 앞에 설정한 테이블에 먼저 엑세스하며 뒤에 설정한 테이블은 뒤에 엑세스하여 소트 머지 조인을 수행한다.
- NL_SJ – 중첩 루프 조인으로 SQL을 수행하며 세미 조인 기법으로 실행 계획을 유도한다. 사용 방법은 다른 조인 힌트와 동일하다.
- NL_AJ – 중첩 루프 조인으로 SQL을 수행하며 안티 조인 기법으로 실행 계획을 유도한다. 사용 방법은 다른 조인 힌트와 동일하다.
- HASH_SJ – 해쉬 조인으로 SQL을 수행하며 세미 조인 기법으로 실행 계획을 유도한다. 사용 방법은 다른 조인 힌트와 동일하다.
- HASH_AJ – 해쉬 조인으로 SQL을 수행하며 안티 조인 기법으로 실행 계획을 유도한다. 사용 방법은 다른 조인 힌트와 동일하다.
- MERGE_SJ – 소트 머지 조인으로 SQL을 수행하며 세미 조인 기법으로 실행 계획을 유도한다. 사용 방법은 다른 조인 힌트와 동일하다.
- MERGE_AJ – 소트 머지 조인으로 SQL을 수행하며 안티 조인 기법으로 실행 계획을 유도한다. 사용 방법은 다른 조인 힌트와 동일하다.

위와 같이 조인 방법에 힌트를 이용할 수 있으며, 많은 힌트 중에서 조인 관련 힌트가 많이 사용된다. 조인 관련 힌트에 조인을 사용하지 않으려면 NO 옵션을 추가하면 된다. 예를 들어, 중첩 루프 조인을 사용하지 않겠다면 NO_USE_NL 힌트를 사용하면 된다. 또한, 조인을 힌트로 유도하기 위해서는 위에서 언급한 조인 관련 힌트 외에도 추가적인 힌트를 이해해야 할 것이다. 그것이 바로 조인 순서에 대한 힌트다.

- ORDERED - 조인은 두 개 이상의 테이블에서 데이터를 추출하는 SQL이다. 두 개의 테이블을 동시에 엑세스할 수 없기 때문에 반드시 먼저 엑세스되는 테이블이 있고, 뒤에 엑세스되는 테이블이 있다. 어느 테이블이 먼저 엑세스될지는 여러 개의 우선 순위를 확인하여 결정하게 된다. 모든 우선 순위가 동일하다면 FROM 절에 설정한 테이블의 역순으로 테이블을 엑세스하면 된다. 만약, FROM 절에 설정한 순서로 테이블에 엑세스하여 조인을 수행하고 싶으면 ORDERED 힌트를 이용하여 원하는 실행 계획을 유도할 수 있다.
- LEADING - ORDERED 힌트와 유사하게 조인 순서를 설정하는 힌트다. ORDERED 힌트의 경우에 FROM 절에 설정한 테이블 순서에 의해 조인의 순서가 결정된다. 하지만 LEADING 힌트는 해당 힌트에 설정하는 테이블 순서에 의해 조인 순서가 결정된다. LEADING 힌트와 ORDERED 힌트를 함께 사용한다면 ORDERED 힌트를 따른다.

ORDERED 힌트는 조인과 함께 매우 자주 사용되는 힌트다. 그렇기 때문에 ORDERED 힌트를 정확히 이해하기 바란다. 많은 사이트를 지원하면서 ORDERED 힌트를 남용하는 경우를 많이 보았다. ORDERED 힌트가 매우 강력하고 유용한 힌트이지만 남용하지 않고 절제하여 사용해야 할 것이다. 여러 힌트 중에 ORDERED 힌트는 매우 강력한 힌트로 옵티마이저는 이 힌트를 거의 무시하지 않게 된다.

```
예 제
SQL> SELECT /*+ ORDERED */
             A.부서이름, A.부서_위치, B.사원이름, B.급여
     FROM 부서 A, 사원 B
     WHERE A.부서번호 = B.부서번호
     AND A.부서번호 = '10';
```

위와 같이 ORDERED 힌트를 설정하면 중첩 루프 조인으로 수행되거나 해쉬 조인으로 수행되는지에 상관 없이 부서 테이블에 먼저 엑세스한다. 물론 사원 테이블에는 뒤에 엑세스한다. 이와 같이 ORDERED 힌트를 이용하여 조인 순서를 제어할 수 있으며, SQL을 최적화하기 위해 이 힌트가 자주 사용된다.

LEADING 힌트의 경우에 FROM 절의 테이블 순서와 상관 없이 LEADING 힌트에 설정된 테이블의 순서에 의해 조인 순서가 결정된다.

예제

```
SQL> SELECT /* + LEADING(B,A) */
            A.부서이름, A.부서_위치, B.사원이름, B.급여
     FROM   부서 A, 사원 B
     WHERE  A.부서번호 = B.부서번호
     AND    A.부서번호 = '10';
```

위와 같이 LEADING 힌트를 설정하면 B 테이블인 사원 테이블에 먼저 엑세스하며, A 테이블인 부서 테이블에는 뒤에 엑세스한다.

네 번째로, 기타 힌트를 살펴보자. 많은 힌트가 기타 힌트로 분류되지만 그 중에서 많이 사용되거나 유용하게 사용될 수 있는 힌트를 중심으로 살펴보자.

- APPEND - 직접 로딩(DIRECT LOADING) 방식으로 INSERT를 수행하게 하는 힌트다.
- PARALLEL - 조회 시에는 여러 프로세스로 조회를 수행하게 하며 INSERT 시에는 여러 프로세스로 직접 로딩 방식을 이용하여 INSERT를 수행하게 한다. 사용 방법은 PARELLEL(테이블_이름,병렬 처리 개수)의 형식으로 사용한다. 병렬 처리 개수는 해당 테이블에 작업을 수행하기 위해 기동시키고자 하는 프로세스의 개수를 의미한다.
- NOPARALLEL - 병렬 프로세싱 방지를 위한 힌트이며 NO_PARALLEL로도 사용이 가능하다.

APPEND 힌트는 INSERT를 수행할 경우에 사용된다. INSERT 시 APPEND 힌트를 설정하면 INSERT 작업이 직접 로딩(DIRECT LOADING) 기법으로 수행되어 일반 INSERT에 비해 그 속도가 작게는 2배~3배, 많게는 10배 이상 빨라질 수 있다. 디스크 I/O가 좋을수록 더 좋은 성능을 낸다.

예제

```
SQL> INSERT /* + APPEND */ INTO 사원_임시
     SELECT B.*
     FROM   부서 A, 사원 B
     WHERE  A.부서번호 = B.부서번호
     AND    A.부서번호 = '10';
```

위와 같이 INSERT 수행 시에 직접 로딩으로 작업을 하기 위해 APPEND 힌트를 설정할 수 있다. APPEND 힌트를 설정했다고 해도 해당 테이블에 INSERT를 수행할 경우 모든 로그(LOG)를 기록하게 된다. 직접 로딩 작업 시 테이블을 NOLOGGING 모드로 변경할 수 있으며 이와 같은 방법으로 대용량의 INSERT를 수행한다면 INSERT 작업 시 엄청난 성능 향상을 기대할 수 있을 것이다. 또한, 직접 로딩이 INSERT……VALUES 절에서는 불가능하며 INSERT …… SELECT 절에서만 사용이 가능하다. 어떤 사이트에서는 INSERT…… VALUES 절에도 APPEND 힌트를 사용하는 경우를 보았으나 INSERT ……

VALUES 절에서는 APPEND 힌트가 전혀 필요없다. APPEND 힌트는 건건이 INSERT를 수행하는 SQL에서는 필요없으며 대용량의 데이터를 INSERT하는 경우에 효과적인 힌트다.

APPEND 힌트를 이용한 직접 로딩과 NOLOGGING 모드가 결합된 INSERT 작업은 어떠한 DML 작업보다도 그 성능에 있어서 가히 독보적이라고 할 수 있다.

APPEND 힌트가 INSERT 작업에서만 사용되지만 PARALLEL 힌트는 SELECT 작업, INSERT 작업, 인덱스 재구성 작업에 사용되어 최대의 효과를 기대할 수 있다. SQL 중 쿼리에 사용되는 PARALLEL 힌트는 SQL을 수행하는 프로세스를 여러 개 기동시켜서 이들 프로세스가 테이블에 동시에 엑세스하게 만든다. INSERT의 경우에도 PARALLEL 힌트는 SELECT와 마찬가지로 여러 개의 프로세스가 INSERT를 수행하게 만든다. 또한 INSERT에서의 PARALLEL은 APPEND 아키텍쳐를 내부적으로 포함하기 때문에 직접 로딩(DIRECT LOADING)을 수행한다. 따라서 INSERT 작업 시 PARALLEL을 수행한다면 APPEND 힌트를 별도로 설정할 필요는 없다. 물론 PARALLEL 힌트를 설정하였더라도 NOLOGGING 모드의 전환은 수동으로 진행해야 한다.

예 제

```
SQL> ALTER TABLE 사원_임시 NOLOGGING;
SQL> ALTER SESSION ENABLE PARALLEL DML;
SQL> INSERT /*+ PARALLEL(A,4) */ INTO 사원_임시 A
     SELECT /*+ PARALLEL(B,4) */*
     FROM 사원 B
     WHERE 주소 LIKE '%서울%';
SQL> ALTER TABLE 사원_임시 LOGGING;
```

위와 같이 수행한다면 사원 테이블을 조회하는 작업에서 4개의 프로세스가 기동되어 사원 테이블을 엑세스하므로 사원 테이블을 빠르게 엑세스할 수 있다. 또한, INSERT 수행 시 사원_임시 테이블에 4개의 프로세스를 기동시켜 INSERT 작업을 수행하게 되므로 보다 빠르게 INSERT 작업을 수행할 수 있다. INSERT 작업 시 설정한 PARALLEL 힌트는 내부적으로 APPEND 힌트를 포함하고 있기 때문에 직접 로딩(DIRECT LOADING) 방식으로 수행된다. 앞에서 언급했듯이 직접 로딩(DIRECT LOADING)은 일반 INSERT에 비해 대용량의 INSERT에서 적게는 2~3배, 많게는 10배 이상의 성능 향상을 기대할 수 있다. 이와 같은 차이는 병렬 프로세싱을 몇 개 기동하는가와 디스크 I/O의 속도에 따라 달라진다. 또한, 위의 SQL은 NOLOGGING 모드를 사용했으므로 INSERT 작업 동안은 로그를 기록하지 않게 된다. 그러므로 더 향상된 INSERT 수행 속도를 기대할 수 있을 것이다.

다섯 번째로, SQL의 변형을 제어하는 힌트를 살펴보자. SQL은 구문 분석 과정에서 작성된 SQL을 그대로 수행하지만 경우에 따라서는 SQL을 변형하여 수행할 수도 있다. 이와 같이 변형된 SQL을 변형 전의 SQL로 수행하기 위해서 힌트를 사용할 수 있으며, 또는 SQL을 의도적으로 변형해서 수행하고 싶은 경우 SQL 변형을 제어하는 힌트를 이용할 수 있다.

- USE_CONCAT - IN 연산자나 OR 연산자에 대해 CONCATENATION 실행 계획으로 실행하며 CONCATENATION 실행 계획으로 수행되지 않게 하려면 NO_EXPAND 힌트를 이용한다. EXPAND 힌트는 USE_CONCAT 힌트와 비슷하여 CONCATENATION 실행 계획을 생성할수도 있지만 INLIST ITERATOR 실행 계획을 생성할 수도 있다.
- MERGE - 인라인 뷰의 병합 중 인라인 뷰가 주 쿼리와 합쳐져 실행 계획을 생성하는 힌트다. 반대의 힌트는 NO_MERGE 힌트다. 사용법은 MERGE(인라인 뷰 이름)으로 설정하여 해당 인라인 뷰가 주 쿼리와 합쳐져 실행 계획을 생성하게 한다.
- PUSH_PRED - 인라인 뷰의 병합 중 주 쿼리의 조건들이 인라인 뷰로 삽입되도록 수행하는 힌트다. 반대는 NO_PUSH_PRED 힌트다. 주 쿼리의 조건들을 인라인 뷰로 삽입하기 위한 힌트는 PUSH_PRED(인라인뷰_이름)으로 수행한다. 조인 조건을 인라인 뷰로 삽입하는 경우에는 PUSH_JOIN_PRED 힌트를 이용한다.
- REWRITE - 쿼리를 재작성하도록 하는 힌트이며 논리적으로 참에 해당하며 동일한 결과가 추출된다면 SQL을 옵티마이저가 변경할 수 있다. 예를 들어, SQL이 원본 테이블이 아닌 구체화된 뷰를 엑세스하여 수행되어도 동일한 결과가 추출된다면 REWRITE 힌트를 설정하여 구체화된 뷰를 엑세스하게 할 수 있다. 이외에도 논리적으로 이상이 없다면 SQL은 옵티마이저에 의해 자동으로 변경될 수도 있고 해당 힌트를 통해 강제로 변경될 수도 있다. 쿼리의 재작성을 원하지 않는다면 NOREWRITE 힌트를 사용할 수 있다.
- PUSH_SUBQ - 서브쿼리를 먼저 수행할 수 있도록 실행 계획을 생성하게 하는 힌트다. QB_NAME 힌트와 함께 사용된다.

USE_CONCAT 힌트를 살펴보자. 앞서 CONCATENATION 실행 계획을 살펴보았다. USE_CONCAT 힌트는 IN 절이 사용되었을 경우 UNION ALL로 실행 계획을 생성한다. 만약, IN 절이 CONCATENATION 실행 계획으로 생성되지 않고 테이블을 전체 스캔한다면 USE_CONCAT 힌트를 설정할 수 있다. 물론, IN 절의 컬럼에 인덱스가 존재해야만 UNION ALL로 실행 계획이 생성되어 효과적이다. IN 절의 컬럼에 인덱스가 없는 상태에서 USE_CONCAT 힌트를 사용하면 UNION ALL의 개수 만큼 해당 테이블을 전체 스캔해야 하므로 성능이 저하될 수 있다. 이러한 점에 주의하여 USE_CONCAT 힌트를 사용해야 할 것이다. 반대 힌트는 NO_EXPAND 힌트다. 이와 같이 USE_CONCAT 힌트를 이용하여 IN 절이 테이블 전체 스캔을 수행하는 것이 아니라 인덱스를 이용하게 할 수 있으며 이는 IN 절이 상수로 설정되어 있을 경우에 해당한다. 만약, IN 절이 서브쿼리를 사용한다면 변화가 발생한다. 이에 대해서는 뒤에서 설명한다.

MERGE 힌트, NO_MERGE 힌트, PUSH_PRED 힌트를 살펴보자. MERGE 힌트는 인라인 뷰를 병합 가능 인라인 뷰로 유도하여 실행 계획을 생성한다. NO_MERGE 힌트나 NO_PUSH_PRED 힌트는 인라인 뷰를 병합 불가능 인라인 뷰로 유도하여 실행 계획을 생성한다. 병합 불가능 인라인 뷰나 병합 가능 인라인 뷰에 대해서는 'Chapter 4. 인라인 뷰는 반드시 사용된다' 에서 자세히 설명한다. 여기서는 PUSH_PRED 힌트를 살펴보자.

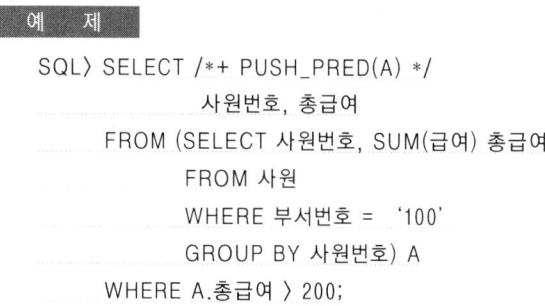

```
SQL> SELECT /*+ PUSH_PRED(A) */
            사원번호, 총급여
       FROM (SELECT 사원번호, SUM(급여) 총급여
               FROM 사원
              WHERE 부서번호 = '100'
              GROUP BY 사원번호) A
      WHERE A.총급여 > 200;
```

위와 같이 SQL을 수행하면 아래와 같이 주 쿼리의 총급여 조건이 인라인 뷰 안으로 삽입된다.

```
SQL> SELECT 사원번호, 총급여
       FROM (SELECT 사원번호, SUM(급여) 총급여
               FROM 사원
              WHERE 부서번호 = '100'
              GROUP BY 사원번호
             HAVING SUM(급여) > 200
            )
```

힌트에 의해 주 쿼리의 급여 조건이 인라인 뷰 안으로 삽입될 수 있다. PUSH_PRED 힌트를 사용하면 인라인 뷰에 해당하는 주 쿼리의 조건들이 무조건 인라인 뷰 안으로 삽입될 수 있는가? 주 쿼리의 조건이 인라인 뷰 안으로 무조건 삽입되지는 않는다. 삽입될 수 있는 상황에 적합한 경우에만 삽입이 가능하다. 이에 대한 자세한 내용은 'Chapter 4. 인라인 뷰는 반드시 사용된다' 에서 확인해 보자. PUSH_PRED 힌트의 반대 힌트는 NO_PUSH_PRED 힌트다.

REWRITE 힌트와 NOREWRITE 힌트에 대해 살펴보자. REWRITE 힌트는 구문 분석하는 시점에 SQL이 변경되게 하는 힌트다. 아래의 예제를 통해 확인해 보자.

힌트로 실행 계획을 제어하자

> **예제**
> ```
> SQL> SELECT A.부서번호, B.사원이름, A.부서위치
>        FROM 부서 A, 사원 B
>       WHERE A.부서번호 = B.부서번호
>         AND A.부서번호 = '100';
> ```

사원 테이블에는 부서번호 인덱스가 있으며, 부서 테이블에는 인덱스가 존재하지 않는다고 가정하자. 그렇다면 실행 계획은 어떻게 생성되는가?

> **실행 계획**
> ```
> SELECT STATEMENT
>  HASH JOIN
>   TABLE ACCESS (BY INDEX ROWID) OF '사원'
>    INDEX (RANGE SCAN) OF '부서번호_IDX'
>   TABLE ACCESS (FULL) OF '부서'
> ```

위와 같이 실행 계획이 생성될 수 있다. 여기서 이상한 점을 하나 발견할 수 있을 것이다. 그것은 사원 테이블에 대해 WHERE 조건에 어떠한 조건도 없지만 사원 테이블의 부서번호 컬럼으로 생성된 인덱스를 이용하는 실행 계획이 생성되었다는 점이다. 이와 같은 현상이 왜 발생하는 것일까?

> **예제**
> ```
> SQL> SELECT A.부서번호, B.사원이름, A.부서위치
>        FROM 부서 A, 사원 B
>       WHERE A.부서번호 = B.부서번호
>         AND A.부서번호 = '100'
>         AND B.부서번호 = '100';
> ```

위와 같이 SQL은 구문 분석 시 재작성되어 사원 테이블의 부서번호 조건이 WHERE 조건에 추가될 수 있다. 추가된 조건에 의해 사원 테이블은 부서번호 인덱스를 이용할 수 있게 된다. 의도하지 않은 조건이 추가됨으로써 SQL 재작성은 전혀 다른 실행 계획을 생성할 수 있다. 이러한 SQL 재작성을 방지하기 위해서 사용할 수 있는 힌트가 NOREWRITE 힌트다.

```
예제
SQL> SELECT /*+ NOREWRITE */
            A.부서번호, B.사원이름, A.부서위치
     FROM 부서 A, 사원 B
     WHERE A.부서번호 = B.부서번호
     AND A.부서번호 = '100';
```

위와 같이 NOREWRITE 힌트를 사용한다면 재작성이 발생하지 않으므로 원하는 형태의 실행 계획을 생성할 수 있을 것이다. 만약, SQL 재작성을 유도하려면 REWRITE 힌트를 설정하면 된다.

PUSH_SUBQ 힌트는 앞서 언급한 바와 같이 서브쿼리를 먼저 수행하게 만드는 힌트다. 이 힌트를 사용하기 위해서는 QB_NAME 힌트를 통해 서브쿼리를 블록으로 설정고, PUSH_SUBQ 힌트를 이용해서 서브쿼리가 주 쿼리보다 먼저 수행되게 할 수 있다.

```
예제
SQL> SELECT /*+ PUSH_SUBQ(@sq) */
            A.사원이름, A.급여
     FROM 사원 A
     WHERE A.부서번호 IN (SELECT /*+ QB_NAME(sq)*/
                              부서번호
                         FROM 부서
                         WHERE 지역 = '서울');
```

위와 같이 수행한다면 PUSH_SUBQ 힌트에 의해 sq로 설정된 블록이 먼저 엑세스된다. 따라서, 부서 테이블이 먼저 엑세스되고 그 결과 값을 제공받아 사원 테이블에 엑세스할 것이다. 반대 힌트는 NO_PUSH_SUBQ 힌트다. 서브쿼리가 주 쿼리보다 먼저 수행되도록 제어하는 것은 쉬운 일이 아니다. 이런 경우, 필요에 의해 PUSH_SUBQ 힌트를 이용하여 서브쿼리가 먼저 수행되도록 제어할 수 있다.

여섯 번째로, REMOTE 실행 계획 관련 힌트를 살펴보자. REMOTE 실행 계획 관련 힌트는 REMOTE 데이터베이스에 있는 테이블을 어느 데이터베이스에서 수행할 것인지 그 위치를 설정하는 힌트다.

- DRIVING_SITE - 원격 데이터베이스의 테이블을 어느 곳에서 수행할지를 결정하는 힌트다. 이 힌트는 DRIVING_SITE(테이블_이름)으로 설정되며 설정한 테이블이 있는 시스템에서 원격 데이터베이스의 테이블에 엑세스한다.

DRIVING_SITE 힌트가 SQL의 변형을 제어하는 힌트는 아니다. 이 힌트는 REMOTE 실행 계획을 제어하는 힌트다.

> **예제**
> ```
> SQL> SELECT /*+ DRIVING_SITE(B) */
>             A.ENAME, B.DNAME
>        FROM DEPARTMENTS A,
>             EMPLOYEES@DB_TEST B
>       WHERE A.DEPARTMENT_ID = B.DEPARTMENT_ID
>         AND B.EMPLOYEE_ID = '100';
> ```

DRIVING_SITE 힌트는 REMOTE 데이터베이스에 엑세스하는 SQL이 어느 데이터베이스에서 EMPLOYEES 테이블을 처리할 것인지를 지정하는 힌트다. REMOTE 데이터베이스에 있는 EMPLOYEES 테이블은 두 가지 방법으로 엑세스될 수 있다. 첫 번째가 REMOTE 데이터베이스에서 EMPLOYEE_ID 조건을 만족하는 데이터만 엑세스하여 현재 데이터베이스로 이동시키는 방법이다. 또 다른 방법은 EMPLOYEES 테이블 전체에 엑세스하여 현재 데이터베이스로 이동시킨 후 현재 데이터베이스에서 조건을 만족하는 데이터만을 확인하는 것이다. DRIVING_SITE(B) 힌트는 B 테이블이 있는 데이터베이스에서 EMPLOYEES 테이블을 처리하라는 의미가 된다. B는 REMOTE 데이터베이스를 의미하므로 힌트는 EMPLOYEES 테이블에서 EMPLOYEE_ID 컬럼의 값을 만족하는 데이터를 REMOTE 데이터베이스에서 수행하여 결과만을 현재 데이터베이스에서 추출한다.

위와 같이 힌트에는 많은 종류가 있으며 앞서 언급한 힌트 외에 또 다른 힌트들도 있다. 힌트를 정확히 알고 있으면 실행 계획을 깊이 이해할 수 있으며, 더 나아가서 SQL 최적화를 제어할 수 있는 강력한 수단을 갖게 된다.

✓ 힌트는 주의해서 사용해야 한다.

힌트의 사용 방법은 매우 간단하다. 하지만 매우 민감하기도 하다. 그 이유는 힌트에 조금만 문제가 있더라도 힌트가 무시된채 SQL이 수행되기 때문이다. 힌트가 잘못되었을 경우에 SQL의 수행 시 에러가 발생하면 힌트의 잘못된 부분을 쉽게 확인할 수 있다. 그러나 힌트가 잘못되었더라도 힌트에 의해 SQL에 에러가 발생하지는 않는다. 따라서 힌트를 사용할 경우에 문법 및 힌트의 의미에 주의해야 하며 그 중에서도 아래 항목들에 유의해야 할 것이다.

- 띄어쓰기나 대소문자 구별
- 다중 힌트를 사용할 경우 의미상 모순
- 테이블 명에 대한 별명(ALIAS)

첫 번째로, 힌트의 사용법을 살펴보자. 힌트의 사용 방법이 어려운 것은 아니지만 띄어쓰기나 대소문자를 구별하기 때문에 주의해야 할 것이다.

예 제
```sql
SQL> SELECT /*+ INDEX(사원, 직급_IDX) */
            사원번호, 사원이름, 부서번호
       FROM 사원
       WHERE 직급 = '사원'
       AND ROWNUM < 10;
```

사원 테이블의 직급 인덱스를 이용하려면 위와 같이 힌트를 설정해야 한다. 힌트는 반드시 '/*+'로 시작하여 '*/'로 종료해야 하며 하나의 힌트 절에 여러 개의 힌트를 동시에 설정할 수 있다. 또한, 힌트는 대소문자를 구별하지 않지만 각 힌트에 설정해야 하는 값들 중 테이블 이름은 대소문자를 구별한다. 여기서 말하는 대소문자는 FROM 절에 기입한 테이블 이름을 의미한다. FROM 절에 소문자로 테이블 이름을 설정했다면 힌트에도 해당 테이블을 소문자로 설정해야 한다. 띄어쓰기에도 주의해야 한다. 모든 힌트 사이에는 반드시 한 칸씩 띄어쓰기가 들어가야 한다.

두 번째로, 다중 힌트를 사용할 경우 의미상으로 모순이 없어야만 힌트가 적용되며 다중 힌트에 대해 의미상 모순이 발생할 경우 그 중 하나의 힌트만을 취하게 되므로 주의해야 할 것이다.

```
예 제
SQL> SELECT /*+ ORDERED USE_NL(B,A) */
            A.사원번호, A.사원이름, B.부서번호, B.부서이름
      FROM 사원 A, 부서 B
      WHERE A.사원번호 = B.사원번호
      AND 직급 = '사원';
```

위와 같이 힌트를 설정했다면 어떤 현상이 발생하는가? ORDERED 힌트는 FROM 절의 앞에서부터 테이블에 엑세스하라는 의미의 힌트다. 그러나 추가로 USE_NL(B,A) 힌트를 설정한다면 해당 힌트는 B 테이블부터 엑세스하라는 뜻이 된다. 결국 두 개의 힌트는 서로 다른 형태의 실행 계획을 생성하라는 의미가 될 것이다. 그렇기 때문에 옵티마이져는 두 개의 힌트 중 한 힌트는 버리고 다른 힌트만 취하는 현상이 발생한다. 두 개의 힌트 중에서 ORDERED 힌트의 우선 순위가 더 높기 때문에 FROM 절의 순서대로 A 테이블인 사원 테이블에 먼저 엑세스할 것이다. 결국 SQL에 USE_NL 힌트가 설정되어 있음에도 불구하고 중첩 루프 조인으로 수행될지 아니면 해쉬 조인으로 수행될지를 확신하지 못하게 된다.

세 번째로, 테이블 명에 대한 별명(ALIAS)의 사용에 대해 살펴보자.

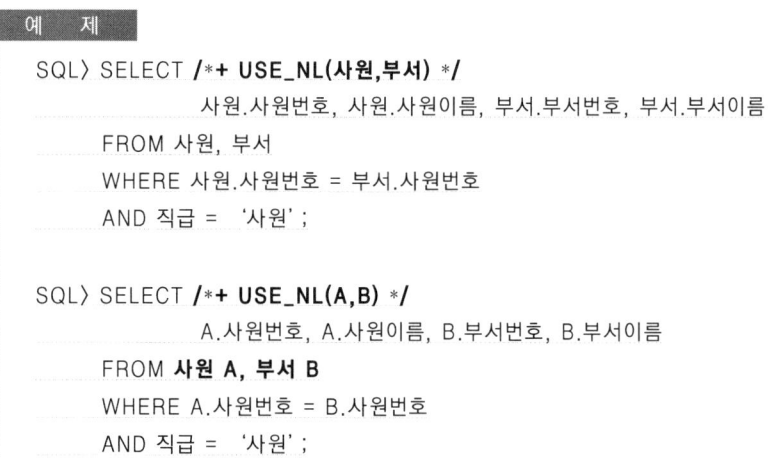

위에 제시된 두 SQL을 비교해 보자. 두 SQL의 차이는 FROM 절에 설정한 테이블에 대한 별명(ALIAS)의 사용 여부다. 두 SQL의 차이는 이것 밖에 없는가?

힌트를 사용할 때 테이블 별명(ALIAS)을 사용하면 힌트 적용이 더 수월해진다. 단지 테이블 별명을 적용했는가 아닌가에 따라 힌트가 제대로 적용되거나 적용되지 않는 경우도 발생한다. 중요한 것은 테이블

별명(ALIAS)을 설정하면 실행 계획에서 힌트의 적용이 더 수월해 진다는 점이다. 따라서, SQL 작성 시 테이블 별명(ALIAS)을 설정하는 습관을 가져야 할 것이다. 이렇게 테이블 별명을 설정하는 것이 힌트 뿐만 아니라 SQL을 개발하는 부분에서도 용이할 것이다. 조인 SQL에서 테이블의 컬럼에 엑세스하기 위해서는 항상 테이블의 이름을 컬럼 앞에 기입해야 한다. 테이블의 이름이 길다면 이 또한 쉬운 작업은 아닐 것이다. 이런 경우에 테이블 별명을 짧게 하여 사용한다면 SQL 작성 시 좀 더 수월한 작성이 가능할 것이다.

프로젝트를 수행하면서 SQL을 최적화하다 보면 많은 힌트를 사용할 수도 있다. 하지만 너무 많은 힌트를 사용하면 서비스가 오픈된 후에 후임자가 이를 이해하지 못해서 운영에 어려움이 생길 수 있다. 또한 운영 중에 데이터베이스 구조가 변경될 경우 힌트를 하나씩 변경해야 하는 상황이 발생할 수도 있다. 결국 유지 보수를 고려하여 힌트를 적당하게 효율적으로 사용하는 것이 중요하다.

✓ 실행 계획을 확인하는 방법은 간단하다.

실행 계획을 확인하는 방법은 상황에 따라 다양할 수 있다. 많은 방법을 알아둔다면 상황에 적절한 실행 계획 확인 방법을 이용할 수 있다. 실행 계획 확인 방법에는 아래와 같은 것들이 있다.

- EXPLAIN PLAN FOR - 이는 가장 오래된 방식으로서 실행 계획을 확인하려는 유저에게 PLAN_TABLE 테이블만 있으면 가능하다. 이를 사용하기 위해서는 EXPLAIN PLAN FOR와 실행 계획을 확인하려는 SQL을 함께 수행해서 SQL에 대한 실행 계획을 생성하고, 해당 실행 계획을 확인하기 위해서 PLAN_TABLE을 조회하면 된다.
- AUTOTRACE - 오라클에서 제공하는 SQL*PLUS를 이용하여 실행 계획을 추출하는 방식으로서 가장 편하게 사용할 수 있다. 오라클 10g 버전에서는 AUTOTRACE의 기능이 강화되었으며 이로 인해 사용하기 번거로운 TKPROF TRACE 방식을 상당 부분 대체할 수 있게 되었다.
- TKPROF TRACE - SQL을 실행하여 TRACE를 생성한 후 TKPROF 유틸리티를 사용하여 실행 계획 및 실행 성능 데이터를 확인하는 방법이다. TKPROF TRACE 방법은 SQL을 수행한 후 실행 계획 및 성능 데이터를 확인해야 하므로 악성 SQL에 대한 실행 계획을 확인할 경우 많은 수행 시간이 소요되므로 주의해야 한다.

실행 계획을 확인하기 위해서는 위의 3가지 방법 중 하나를 사용한다. 물론, 개발자들이 많이 사용하는 TOAD나 ORANGE로 실행 계획을 확인할 수 있다. 여기서는 AUTOTRACE를 통해 실행 계획을 확인하는 방법을 살펴보기로 하자. 실행 계획을 확인하기 위한 자세한 방법은 오라클 메뉴얼을 참조하기 바란다. AUTOTRACE 방식은 보통의 경우 두 가지를 많이 이용하게 된다.

- SET AUTOT ON - SQL을 실제로 실행한 후에 실행 계획 및 실행 중에 해당 SQL이 사용한 자원 등을 추출한다.
- SET AUTOT TRACEONLY EXP - SQL을 실행하지 않으며 실행 계획 위주로 결과를 추출한다.

AUTO TRACE를 통해 실제 SQL을 수행하지 않고 실행 계획을 확인하는 방법을 알아보자.

```
   예제
   SQL> SET AUTOT TRACEONLY EXP
   SQL> SELECT * FROM TAB1;

EXECUTION PLAN
   | Id | Operation         | Name | Rows  | Bytes | Cost (%CPU) | Time     |
   | 0  | SELECT STATEMENT  |      | 83830 | 19M   | 3344  (1)   | 00:00:41 |
   | 1  | TABLE ACCESS FULL | TAB1 | 83830 | 19M   | 3344  (1)   | 00:00:41 |
```

AUTO TRACE 방식을 사용하기 위해서는 이 방식을 수행하려는 유저에 PLAN_TABLE 테이블이 생성되어 있어야 한다. 실행 계획이 저장되는 PLAN_TABLE을 생성하려면 $ORACLE_HOME/rdbms/admin/utlxplan.sql을 수행한다.

오라클 10g에서는 오라클 9i와 달리 실행 계획에서 많은 정보를 추출한다. 이들 정보를 효과적으로 이용한다면 TKPROF TRACE 단계까지 수행하지 않아도 SQL을 최적화할 수 있을 것이다. 위에서 SET AUTOT TRACEONLY EXP 명령어를 사용했으므로 실제 SQL을 수행하지 않고 실행 계획을 추출한다. 따라서 실행 계획에 함께 추출되는 기타 수치 정보들은 기존의 통계 정보에 의해 생성된다.

각 OPERATION 옆에 추출되는 ROWS의 값은 해당 단계에서 추출되는 데이터의 건수를 의미하며 실제 엑세스한 데이터의 건수를 의미하지는 않는다. 예를 들어, 해당 테이블에서 10,000건의 데이터에 엑세스하여 조건을 확인한 후 100건의 데이터만을 추출했다면 오라클 9i까지는 ROWS에 10,000건이 추출되었다. 그렇기 때문에 좀 더 쉽게 비효율적인 곳을 찾을 수 있었다. 하지만, 오라클 10g에서는 엑세스된 전체 건수가 아닌 실제 추출된 건수인 100건으로 ROWS 절이 생성되므로 해당 값으로 SQL을 최적화하기에는 힘들어졌다. 따라서, 이 책에서는 실행 단계별로 엑세스하는 데이터의 건수에 대해서는 깊이 언급하지 않겠다.

이번에는 SQL을 실제 수행하여 AUTOTRACE 방식을 통해 실행 계획을 추출하는 경우를 살펴보자.

> **예제**
>
> ```
> SQL> SET AUTOT ON
> SQL> SELECT * FROM TAB1
>        WHERE ROWNUM <= 10;
>
> EXECUTION PLAN
> ------------------------------------------------------------------
> | Id  | Operation          | Name | Rows | Bytes | Cost (%CPU) | Time     |
> ------------------------------------------------------------------
> |  0  | SELECT STATEMENT   |      |  10  | 2450  |   2   (0)   | 00:00:01 |
> | *1  | COUNT STOPKEY      |      |      |       |             |          |
> |  2  | TABLE ACCESS FULL  | TAB1 |      | 2450  |   2   (0)   | 00:00:01 |
> ------------------------------------------------------------------
>
> Predicate Information (identified by operation id):
> 1 - filter(ROWNUM<=10)
>
> Statistics
>       1  recursive calls
>       0  db block gets
>       5  consistent gets
>       3  physical reads
>       0  redo size
>    4543  bytes sent via SQL*Net to client
>     469  bytes received via SQL*Net from client
>       2  SQL*Net roundtrips to/from client
>       0  sorts (memory)
>       0  sorts (disk)
>      10  rows processed
> ```

위와 같이 SQL을 실제 수행하면서 AUTOTRACE를 수행한다면 다양한 정보를 추출할 수 있다.

위의 정보 중에서 실행 계획은 앞서 언급한 SET AUTOT TRACEONLY EXP 명령어로 AUTO TRACE를 수행하여 추출한 경우와 동일하다. Predicate Information은 SQL에서 WHERE 조건이 수행하는 역할을 의미한다. SQL의 WHERE 조건에 ROWNUM 조건만 있으며 Predicate Information에 의해 ROWNUM 연산자는 Filter 역할을 수행하고 있다. 이는 해당 조건에 의해 처리 범위가 감소하는 것은 아니며 단지 확인하는 역할을 수행한다는 의미가 된다. 만약 인덱스를 이용하여 처리 범위를 감소시키는 컬럼이라면 WHERE 조건은 Access Information에 생성될 것이다. 위의 SQL에서는 인덱스를 이용하여 처리 범위를 감소시키는 조건이 없으므로 Access Information이 생성되지 않은 것이다.

마지막의 Statistics는 SQL이 수행되면서 자원을 어느 정도 사용했는지를 보여준다.

- DB BLOCK GETS - DML 작업 시 엑세스하는 블록의 수
- CONSISTENT GETS - 쿼리에 대한 블록 엑세스 수
- PHYSICAL READS - 실제 디스크 I/O를 통해 엑세스하는 블록의 수
- REDO SIZE - 로그로 생성하는 양
- SORTS(MEMORY) - 메모리에서 정렬을 수행한 양
- SORTS(DISK) - 디스크에서 정렬을 수행한 양

SET AUTOT ON 방식의 AUTOTRACE는 많은 정보를 제공한다. SET AUTOT ON 명령어로 AUTOTTRACE를 생성한다면 TKPROF TRACE를 수행해야 할 경우는 많지 않을 것이다. 앞서 언급한 각 실행 계획의 특징 및 수행 방법을 참조한다면 실행 계획을 보다 쉽게 분석할 수 있을 것이다.

실행 계획을 추출하는 것은 어려운 일이 아니다. 메뉴얼에 있는 순서대로만 수행한다면 실행 계획을 쉽게 추출할 수 있다. 실행 계획의 추출보다는 이를 분석하고 SQL을 최적화하는 방법을 이해하는 것이 더 중요하다.

Chapter 02

대용량 테이블에서
많은 데이터와 적은 데이터 엑세스하기

■□□

시대가 흐르면서 데이터베이스는 대용량 데이터베이스로 변하게 되었다. 데이터베이스가 대용량으로 변하면서 시스템에도 많은 변화가 일어났다. 그 중 하나가 대용량 테이블의 탄생이다. 대용량 테이블의 탄생은 SQL 최적화에 많은 어려움을 가져다 주었다. 대용량 데이터에서 많은 데이터에 엑세스할 수도 있고 적은 데이터에 엑세스하는 경우도 발생한다. 이러한 경우에 어떻게 데이터에 엑세스해야 하는가? 이 장에서는 대용량 테이블의 데이터에 효율적으로 엑세스하는 방법을 설명한다.

☑ 인덱스의 사용이 항상 성능 향상을 보장하는가?

인덱스와 SQL의 성능은 분리하여 생각할 수 없는 관계다. 많은 프로젝트를 지원하면서 개발자들이 SQL의 성능을 어떻게 검증하는지를 보아왔다. 대다수의 개발자들은 원하는 데이터가 추출되는지를 확인하고는 SQL을 어플리케이션에 바로 적용하는 것을 자주 보았다. 그리고 얼마 지나지 않아서 시스템 오픈 시점에 해당 SQL이 시스템 오픈 시점에 악성 SQL로 변하는 것도 자주 보았다. 물론 SQL의 성능을 확인하는 개발자들도 있었다. 하지만 SQL의 성능을 확인하기 위해서 인덱스를 이용했는지 이용하지 않았는지 여부만 점검하는 것이 전부인 경우가 많았다. 소수의 개발자들이 SQL을 정확하게 분석하여 SQL의 성능을 최적화는 경우도 보았지만 그 수가 매우 적었다는 것이 문제다. 이렇듯 인덱스를 사용했는지 안 했는지에 의해 SQL의 성능을 파악하고, 인덱스를 사용하지 않았다면 인덱스를 생성하는 것으로 SQL의 성능 최적화 작업을 마무리하는것이 현실이다. 이러한 방식의 SQL 성능 최적화가 진정으로 올바른 방법인가?

이와 같은 일련의 과정에서 두 가지 문제점을 발견할 수 있다. 첫 번째로 해당 SQL에 인덱스를 사용하는 것이 좋은지 인덱스를 사용하지 않는 것이 좋은지를 고려하지 않는다는 점이다. 두 번째로 인덱스가 필요할 경우 기존 인덱스를 최대한 활용해야 함에도 불구하고 이에 대한 고려 없이 필요할 때마다 아무런 규칙도 없이 인덱스를 생성한다는 것이다. 이러한 행동이 추후 해당 시스템을 악성 시스템으로 만든다는 것을 아는가?

인덱스를 사용해야 할 SQL이 인덱스를 사용하지 못한다면 테이블을 전체 스캔해야 하므로 성능이 저하된다는 것은 누구나 아는 사실이며 자명한 일이다. 하지만, 인덱스를 사용하지 말아야 할 SQL이 인덱스를 사용하는 순간 이는 최악의 SQL이 된다는 것을 이해하는가? 인덱스를 이용해야 할 SQL이 인덱스를 이용하지 않을 경우 발생하는 성능 저하도 매우 큰 영향을 미치지만 인덱스를 이용하지 말아야 할 SQL이 인덱스를 이용할 경우 발생하는 성능 저하는 시스템에 더 큰 영향을 줄 수 있다. 이제는 SQL을 작성할 때 인덱스를 이용하여야 하는지 아니면 인덱스를 이용하지 않아야 하는지에 대해 많은 고려를 해야 할 것이다.

또 하나는 인덱스를 이용해야 할 SQL에 어떤 인덱스를 생성할지 또는 기존 인덱스를 어떻게 이용할지를 이해하지 못하는 경우도 많이 있다. 인덱스의 구성 및 선정은 프로젝트의 성패를 좌우할 수 있는 매우 중요한 항목이다. 시스템에서 서비스가 시작되는 순간 인덱스 하나 하나가 성능 저하와 바로 연결되기 때문이다. 하지만 프로젝트를 지원하면서 이러한 것을 고려하는 경우는 거의 보지 못했다. 개발자는 아무런 고려 없이 DBA에게 인덱스를 요청하고 DBA도 많은 생각 없이 요청받은 인덱스를 그대로 생성해 주는 경우가 다반사다. 이러한 현상이 반복될수록 시스템 오픈과 함께 성능 저하라는 난관에 봉착한다.

일반적인 프로젝트가 악성 프로젝트로 변하는 것은 두 가지 요소에 의해 결정된다. 그렇다면 프로젝트는 어떤 이유에 의해 악성 프로젝트로 변하는가?

첫 번째가 업무의 계속적인 변화다. 고객사에서 정확한 업무 정의를 해주지 않는다면 어플리케이션이 계속 변경되며, 결국 시스템을 오픈하고도 밤새워 개발을 해야 하는 경우가 발생한다. 이와 같은 문제는 어느 정도의 시간이 지나면 해결될 수 있을 것이다. 고객이 업무를 정의해주고 그것을 빠른 시간에 개발한다면 해결될 수 있는 문제다. 그렇다고 해서 이것이 결코 쉬운 문제는 아닐 것이다. 궁극적으로 고객과 프로젝트 관리자의 긴밀한 협의가 필요한 문제이다.

두 번째로 성능 문제를 들 수 있다. 성능 문제가 발생하면 오랜 시간이 지나더라도 해결할 수 없는 경우가 생긴다. 성능 문제가 발생하면 보통의 경우에 프로젝트 팀원들로 해결하기 힘들어진다. 외부의 성능 최적화 전문가를 섭외하게 되고, 하루 이틀에 마무리할 수 있는 문제도 아니기 때문에 오랜 기간이 소요될 것이다. 한 두 사람의 성능 최적화 전문가가 프로젝트의 모든 어플리케이션을 검토하고, 어플리케이션을 하나씩 최적화하려면 많은 시간이 소요된다. 그렇기 때문에 성능과 관련해서는 미리 미리 준비를 해야할 것이다.

이와 같은 이유에서 업무 정의가 확정되지 않아 발생하는 악성 프로젝트 보다 성능 문제로 발생하는 악성 프로젝트를 해결하는 것이 더 힘들다. 이러한 상황을 만드는 주범이 SQL이며 SQL은 다시 인덱스에 의해 좌우된다는 것을 아는가? 이제부터라도 SQL의 인덱스에 대해 많은 고민을 하여 최적의 인덱스를 생성하고 관리해야 할 것이다.

어떤 SQL에는 인덱스를 이용하면 악성 SQL이 되고 어떤 SQL에는 인덱스를 이용하지 않아 악성 SQL이 된다. 이제부터라도 SQL과 인덱스의 관계를 정확히 판단하여 SQL을 최적화해야 할 것이다.

어떤 SQL이 인덱스를 이용하면 안 되는가?

앞서 언급했듯이 모든 SQL이 인덱스를 이용해야 하는 것은 아니다. 어떤 SQL은 인덱스를 이용해야 하는데 반해서 어떤 SQL은 절대 인덱스를 이용해서는 안 된다. 그럼에도 불구하고 모든 SQL이 인덱스를 이용하게 만든다면 해당 시스템은 성능 저하에 직면할 수 밖에 없다. 또한 최적화된 인덱스를 이용하지 않는다면 이 또한 성능 저하를 초래할 것이다. SQL을 작성한 후에 가장 먼저 고려해야 할 일은 해당 SQL이 인덱스를 이용해야 할지 아니면 인덱스를 이용하면 안 될지를 판단하는 것이다. SQL이 인덱스를 이용해야 할지 이용하지 말아야 할지를 모르는데 어떻게 최적의 인덱스를 생성하겠는가?

어느 사이트를 지원했을 때의 일이다. 매일 통계 데이터를 추출하는 작업을 수행했으며, 이 작업은 저녁 10시 경에 진행되었다. 통계 SQL의 수행에 60분 정도 소요되었기 때문에 담당자는 매일 11시가 되어서야 퇴근하는 것을 보았다. 60분 정도의 작업 시간이 소요되기 때문에 데이터베이스에서 에러가 발생하여 SQL이 실패하면 다음날 아침까지 통계 데이터를 제출하지 못할 수도 있었다. 그래서 담당자는 노심초사하면서 통계 작업이 제대로 수행되는지 바라보고 있어야 했다.

통계 작업이 수행되는 테이블의 크기는 3GB 정도였다. 매일 수행되는 통계 SQL을 확인한 결과 해당 SQL은 인덱스를 이용하였으며 테이블 데이터의 대부분에 엑세스하고 있었다. 이 SQL에 인덱스를 이용하지 못하게 하고 테이블을 전체 스캔으로 수행한 순간 1분 정도의 수행 시간만으로 통계 SQL의 결과를 추출할 수 있었다. 이와 같은 현상이 놀라운 일인가? 이는 절대 놀라운 일이 아니다. SQL 최적화에 대해 이해하고 있었다면 누구나 쉽게 이 SQL을 최적화할 수 있었을 것이다. SQL이 최적화된 후부터 담당자는 일찍 퇴근할 수 있었다. 저녁에 통계 SQL이 실패하더라도 다음날 수행하면 되기 때문이었다. 이는 60분이 1분으로 최적화되었기 때문에 가능한 일이었다.

어떤 SQL에서 인덱스를 이용하고 어떤 SQL에서는 인덱스를 이용하면 안 되는지에 대한 기준을 이해하고 있는가? 이에 대한 기준이 절대적일 수는 없다. 어떤 경우에 인덱스를 이용해야 할지 아니면 인덱스를 이용하지 말아야 할지를 이해하기 전에 앞서 언급한 예제에서 발생한 현상을 좀 더 자세히 살펴보자.

예제

```
SQL> SELECT 번호, SUM(사용금액) 사용금액
       FROM 통화내역
       WHERE 사용일자 BETWEEN '20070301' AND '20070331'
       GROUP BY 번호;
```

위의 통계 SQL이 처음에는 인덱스를 이용했으므로 아래와 같이 실행 계획이 생성되었다.

실행 계획

```
SELECT STATEMENT
 SORT(GROUP BY)
  TABLE ACCESS (BY INDEX ROWID) OF '통화내역'
   INDEX (RANGE SCAN) OF '사용일자_IDX'
```

통화내역 테이블의 사용일자 인덱스를 이용하여 인덱스 범위 스캔 실행 계획이 생성되었다. 일부 개발자의 경우 위와 같이 실행 계획이 생성되었다면 인덱스를 이용했기 때문에 성능에 문제가 없다고 생각하고 해당 SQL을 어플리케이션에 바로 적용할 수도 있다. SQL 수행에 60분 정도 소요된다면 엑세스하는 데이터가 많아서 그 정도의 시간이 당연하다고 생각하는 경우도 많다. 하지만 60분의 수행 시간은 짧은 시간이 아니므로 SQL 성능을 최적화하지 못한다면 SQL 수행 시간을 감소시키기 위해 시스템의 CPU, 메모리, 디스크 등의 교체를 요구한다. 과연 이것이 올바른 요구인가? 아래와 같이 테이블을 전체 스캔하는 경우를 살펴보자.

예제

```
SQL> SELECT /*+ FULL(A) */
            번호, SUM(사용금액) 사용금액
       FROM 통화내역 A
       WHERE 사용일자 BETWEEN '20070301' AND '20070331'
       GROUP BY 번호;
```

위와 같이 수행하는 순간 SQL의 수행이 1분 만에 종료되었다. 그렇다면 두 실행 계획에 어떤 차이가 있는가?

> **실행 계획**
> SELECT STATEMENT
>   SORT(GROUP BY)
>   TABLE ACCESS (**FULL**) OF '통화내역'

기존에 인덱스 범위 스캔을 이용하여 엑세스되던 통화내역 테이블을 테이블 전체 스캔으로 실행한 것밖에는 차이가 없다.

이제 부터는 모든 SQL이 인덱스 스캔을 수행해야 한다고 생각하지 말자. 이런 현상이 발생하는 이유는 랜덤 엑세스(RANDOM ACCESS)와 다중 블록 I/O(MULTI BLOCK BLOCK I/O)의 차이때문이다. 위와 같이 인덱스에 엑세스한 후에 테이블의 대부분에 엑세스하는 SQL에서는 랜덤 엑세스가 증가한다. 랜덤 엑세스가 많이 발생하면 절대 인덱스를 이용해서는 안 된다. 이와 같은 경우, 인덱스에 엑세스한 후에 테이블에 엑세스하지 않는다면 괜찮을 것이다.

결국 인덱스를 이용해야 할지 이용하지 말아야 할지는 SQL의 처리 범위와 랜덤 엑세스에 의해 결정된다. 처리 범위가 많아서 인덱스 스캔 후에 테이블에 엑세스하는 랜덤 엑세스가 많이 발생한다면 해당 SQL에서 절대 인덱스를 사용하면 안 된다. 하지만 처리 범위가 적어서 인덱스 엑세스 후 테이블에 엑세스하는 랜덤 엑세스가 적다면 반드시 인덱스를 이용해야 한다. 인덱스를 이용하여 테이블의 데이터를 추출할 것인지 아니면 테이블을 처음부터 엑세스하여 원하는 모든 데이터를 추출할 것인지는 엑세스하려는 데이터에 달려 있다.

사전을 예로 들어보자. 사전이 100 페이지로 구성되어 있고 각 페이지에 50개의 단어가 있다고 가정하자. 이 사전에서 10개의 단어를 찾는다면 어떻게 해야 하는가? 이와 같은 경우라면 당연히 사전 옆에 붙어 있는 인덱스를 이용해야 할 것이다. 그렇지 않고 사전을 처음부터 끝까지 읽으면서 10개의 단어를 찾는다면 비효율성이 커진다. 반면에 사전에서 1,000개의 단어를 찾는다고 가정하자. 이와 같다면 앞서 언급한 것과 다른 현상이 발생한다. 한 페이지를 본다면 평균적으로 찾으려는 단어 중 10개가 페이지마다 있을 것이다. 이는 페이지마다 찾고자 하는 단어가 존재할 확률이다. 이와 같은 경우 사전의 인덱스를 이용하여 각 단어를 찾으면 한 페이지를 10번 읽게 될 것이다. 물론 동일한 페이지를 읽을 때마다 다른 단어를 찾을 것이다. 그렇다고 하더라도 페이지 별로 10번을 읽어야 하는 것은 자명한 사실일 것이다. 이와 같이 사전을 읽는 것이 아니라 차라리 사전의 처음부터 끝까지 순서대로 읽어서 원하는 단어를 추출하는 것은 어떠한가? 이렇게 하면 사전의 각 페이지를 한 번씩만 읽으면 된다. 한 페이지를 읽을때마다 평균 10개의 단어를 찾을 수 있을 것이다. 이와 같다면 과연 어떤 방법을 선택해야 하는가? 당연히 사전을 처음부터 끝까지 차례대로 읽는 방식이 더 좋은 성능을 보장할 것이다. 데이터베이스도 이와 별반 다르지 않다. 테이블에서 많은 양의 데이터에 엑세스한다면 사전을 처음부터 끝까지 읽는 것과 같은 방식의 테이블 전체 스캔을 이용해야 하며, 테이블에서 적은 양의 데이터에 엑세스한다면 반드시 사전의 인덱스와 같은 인덱스를 이용해야 할 것이다. 이와 같이 구성될 때 비로서 SQL을 최적화하는 것이다. 그렇다면 테이블의 데이터 중 어느 정도 엑세스해야 많은 데이터이며 어느 정도 엑세스해야 적은 데이터가 되는가? 이에 대한 해답은 이 장에서 전체적인 주제로 설명할 것이다.

Chapter 2. 대용량 테이블에서 많은 데이터와 적은 데이터 엑세스하기

 랜덤 엑세스의 증가는 성능을 저하시킨다.

랜덤 엑세스는 말 그대로 무작위 데이터 추출을 의미한다. 그렇기 때문에 랜덤 엑세스는 규칙이 없는 데이터 추출이며 오라클에서는 ROWID에 의한 데이터 무작위 추출이 수행된다. 여기서 랜덤 엑세스를 언급하려는 이유는 테이블의 전체 데이터 중에서 어느 정도 엑세스해야 많은 데이터이며 어느 정도 엑세스해야 적은 데이터인지에 대한 기준을 제시하는 한 요소가 바로 랜덤 엑세스이기 때문이다.

> **예 제**
>
> ```
> SQL> SELECT 번호, SUM(사용금액) 사용금액
>        FROM 통화내역
>        WHERE 사용일자 BETWEEN '20070301' AND '20070331'
>        GROUP BY 번호;
> ```

통화내역 테이블에 사용일자 인덱스가 있다고 가정하자. 인덱스에는 키 컬럼의 값과 ROWID 값이 저장되어 있다. ROWID는 테이블에 저장되어 있는 각 데이터에 할당된 주소와 같다. 그러므로 데이터베이스에 있는 모든 데이터는 서로 다른 ROWID 값을 갖는다. 인덱스를 생성할 경우 인덱스 컬럼의 값과 함께 해당 데이터의 ROWID가 함께 저장된다. 따라서 인덱스에 엑세스하면 조건을 만족하는 값에 대해 ROWID를 제공받고 해당 ROWID 값으로 테이블에 엑세스한다. 결국 유일한 값인 ROWID를 이용하여 원하는 데이터에만 엑세스한다. 사용일자 인덱스는 인덱스 컬럼으로 정렬을 수행하여 인덱스 값 옆에 ROWID 합친 형태로 생성된다.

번호	사용금액	사용일자	통화구분
1111	200	20070329	A
1113	300	20070325	B
1115	200	20070315	A
1111	500	20070330	B
1123	200	20070325	A
1115	100	20070324	B

통화내역 테이블

사용일자	ROWID
20070315	BBBDCMACDBBBBC2AA5
20070324	BBBDCMACDBBBBC2AA8
20070325	BBBDCMACDBBBBC2AA4
20070325	BBBDCMACDBBBBC2AA7
20070329	BBBDCMACDBBBBC2AA3
20070330	BBBDCMACDBBBBC2AA6

사용일자 인덱스

위와 같이 생성된 인덱스는 인덱스를 구성하는 컬럼의 값과 ROWID로 구성된다. ROWID는 해당 값

을 만족하는 데이터가 저장되어 있는 주소 값을 의미한다. 예를 들어, 인덱스에서 사용일자 컬럼의 값이 '20070329'인 데이터의 ROWID 값은 BBBDCMACDBBBBC2AA3이므로 이 주소에 사용일자 컬럼의 값이 '20070329'인 데이터가 저장되어 있다.

인덱스를 이용한 테이블 엑세스는 인덱스에서 ROWID 값을 확인하고, 해당 ROWID 값을 이용하여 테이블에서 해당 데이터만을 추출하는 것을 의미한다.

> **예제**
> ```
> SQL> SELECT 번호, 사용금액
>      FROM 통화내역
>      WHERE 사용일자 = '20070329';
> ```

위의 SQL이 사용일자 인덱스를 이용한다고 가정하자. 이 SQL은 사용일자 인덱스에 엑세스하여 사용일자 컬럼의 값이 '20070329'인 인덱스 값에 엑세스하여 ROWID 값을 확인한다.

> **예제**
> ```
> SQL> SELECT 번호, 사용금액
>      FROM 통화내역
>      WHERE ROWID IN ('BBBDCMACDBBBBC2AA3');
> ```

결국, 위와 같은 SQL이 수행되는 것과 동일하다. 인덱스에 엑세스한 후에 조건을 만족하는 값에 대한 ROWID 값을 제공받기 때문에 통화내역 테이블에서 해당 데이터가 저장되어 있는 주소를 인지한다. ROWID 값으로 테이블에 엑세스하는 방식을 랜덤 엑세스라고 한다. 조건을 만족하는 데이터가 여러 건이라면 모든 데이터에 대한 ROWID를 제공받아 테이블에 엑세스한다. 다중 데이터에 대해서는 위의 SQL이 데이터의 건수 만큼 수행된다.

> **예제**
> ```
> SQL> SELECT 번호, 사용금액
>      FROM 통화내역
>      WHERE 사용일자 IN ('20070329', '20070330');
> ```

위의 SQL은 아래와 같이 인덱스에 엑세스하여 제공받은 ROWID 값을 이용하는 SQL로 변경되어 수행될 것이다.

> **예 제**
> ```
> SQL> SELECT 번호, 사용금액
>        FROM 통화내역
>        WHERE ROWID
>           IN ( 'BBBDCMACDBBBBC2AA3' ,…, 'BBBDCMACDBBBBC2BA6' );
> ```

인덱스를 이용할 경우 사용일자 컬럼의 값을 만족하는 ROWID 값을 제공받는다. 그리고 제공받은 ROWID 값을 통해 테이블에 엑세스해야 한다. 이 경우에 사용일자 조건에 만족하는 데이터가 동일 블록에 저장되어 있다는 보장은 없다. 오히려 다른 블록에 저장되어 있을 가능성이 더 높을 것이다. 두 개의 ROWID 값을 제공받는다면 각 ROWID 값을 이용하여 테이블에 엑세스해야 할 것이다. ROWID 값으로 테이블에 엑세스하는 경우, 10개의 ROWID를 제공받는다면 테이블에 10번 엑세스해야 하므로 10번의 랜덤 엑세스가 발생한다. 이 처럼 ROWID 값으로 테이블에 엑세스하는 방식을 랜덤 엑세스라 하며 하나의 ROWID에 대해서 한 번의 랜덤 엑세스가 발생한다. 이와 같이 인덱스 엑세스 후 테이블에 엑세스하는 경우에 랜덤 엑세스가 발생한다.

그렇다면 랜덤 엑세스와 SQL의 인덱스 사용 여부 사이에는 어떤 관계가 있는가? SQL 수행 시 랜덤 엑세스가 증가하면 SQL의 성능이 저하되며 어느 시점부터는 테이블 전체 스캔보다 성능이 저하된다. 테이블 전체 스캔은 인덱스 스캔 후 테이블에 엑세스하는 방식처럼 ROWID 값으로 테이블에 엑세스하여 원하는 데이터를 추출하는 방식이 아니다. 테이블의 처음부터 끝까지 차례대로 엑세스하기 때문에 ROWID 값을 이용하지 않게 되며, 그러므로 랜덤 엑세스가 발생하지 않는다.

사전을 예로 들어 보자. 사전에는 수 없이 많은 단어가 기록되어 있다. 예를 들어, 1,000,000개의 단어가 저장되어 있다고 가정하자. 이 중에서 100,000개의 단어를 찾아야 한다면 어떻게 해야 하는가? 사전의 옆면을 보면 인덱스가 있다. 일반적으로 사전의 인덱스를 이용하여 원하는 단어를 찾는다. 두 사람이 100,000개의 단어를 찾는데 한 명은 사전의 인덱스를 통해 찾는다고 가정하고, 다른 한 명은 사전을 처음부터 한 장 한 장 넘기면서 찾는다고 가정하자. 과연 누가 더 먼저 100,000개의 단어를 찾을 수 있을까? 정답은 사전의 인덱스를 이용하지 않고 사전을 처음부터 한 장 한 장 찾는 사람이다.

사전의 처음부터 단어를 찾은 사람이 100,00개의 단어를 먼저 찾는 이유는 무엇인가? 하나의 단어를 찾을 경우에는 당연히 사전의 인덱스를 이용해야 한다. 예를 들어, 'DATA' 라는 단어를 찾는다면 사전의 인덱스에서 'D' 를 먼저 찾고 그 다음에 A, T, A 순으로 인덱스를 이용하는 것이 사전을 처음부터 모두 읽는 것보다 훨씬 빠르다는 것은 당연한 사실일 것이다. 하지만 100,000개의 단어를 찾는 것은 이와 다르다.

사전이 100 페이지라면 한 페이지에는 찾고자 하는 단어가 평균 몇개씩 기록되어 있을 것이다. 그렇다면 결국 사전의 인덱스를 이용하든지, 사전을 처음부터 끝까지 찾든지 방법에 상관 없이 모든 페이지를 확인해야 할 것이다. 어차피 모든 페이지를 확인해야 한다면 인덱스를 이용하는 방법이 더 느리다는 것은 자명한 사실이다. 인덱스를 이용하여 사전의 단어를 찾으면 랜덤 엑세스가 발생하며, 이와 같은 랜덤 엑세스에 의해 성능이 저하된다.

데이터베이스도 이와 별반 다르지 않다. 많은 데이터에 대해 인덱스를 이용하여 엑세스한다면 랜덤 엑세스는 증가한다. 결국 이러한 랜덤 엑세스가 증가하여 어느 선을 넘게 되면 테이블 전체 스캔보다 성능이 저하된다.

```
실행 계획
 SELECT STATEMENT
  SORT(GROUP BY)
   TABLE ACCESS (BY INDEX ROWID) OF  '통화내역'
    INDEX (RANGE SCAN) OF  '사용일자_IDX'
```

위의 BY INDEX ROWID 실행 계획은 랜덤 엑세스를 의미한다. 실행 계획에서 BY INDEX ROWID나 BY LOCAL INDEX ROWID와 같은 형태는 반드시 랜덤 엑세스를 발생시킨다는 것을 기억하기 바란다.

보통의 경우, 테이블의 3%~5% 미만에 대해서만 인덱스를 이용하는 것이 효과적이라고 말을 한다. 하지만, 이 수치는 절대적이지 않다. 시대가 변화면서 요즘은 TB 단위의 테이블이 만들어지기도 한다. 이와 같은 대용량의 테이블에 대해서는 3%~5%가 아니라 1% 정도만 랜덤 엑세스해도 성능을 보장받기 힘들 수 있다. 이처럼 테이블의 데이터가 증가하면 증가할수록 랜덤 엑세스에 의한 성능 저하의 기준은 계속 낮아진다. 하지만 변하지 않는 것이 하나 있다. 그것은 인덱스 스캔 후 테이블에 엑세스하는 랜덤 엑세스가 증가한다면 어느 시점부터 테이블 전체 스캔 보다 성능이 저하된다는 것이다. 이와 같은 경우에 인덱스 스캔 후 테이블에 엑세스하는 랜덤 엑세스가 발생하지 않는 테이블 전체 스캔을 이용하는 것이 더 유리할 것이다.

만약, 테이블에서 적은 데이터를 추출한다면 어떠한가? 100,000건의 데이터가 저장되어 있는 테이블에서 100건의 데이터를 추출할 경우에 인덱스를 이용하는 방식을 선택하겠는가 아니면 테이블 전체 스캔을 선택하겠는가? 이와 같은 경우라면 당연히 인덱스를 이용하는 방식을 선택해야 할 것이다. 사전의 예를 들어 보자. 사전에서 10개의 단어를 찾고자 한다면 사전을 처음부터 끝까지 읽는 것이 유리한가? 당연히 하나 하나의 단어에 대해 사전의 인덱스를 이용하는 것이 유리할 것이다. 인덱스를 이용함으로써 랜덤 엑세스는 발생하겠지만 적은 양의 랜덤 엑세스가 발생하므로 성능에는 영향을 미치지 않을 것이다.

결국 인덱스에 엑세스하는 방식을 이용할 것인지 아니면 테이블을 전체 스캔하는 방식을 선택할 것인지는 추출하려는 데이터의 양에 의해 결정될 것이다. 적은 양을 추출한다면 인덱스 스캔을 이용해야 하며, 많은 양을 엑세스한다면 인덱스 스캔을 이용하는 것보다 테이블 전체 스캔이 유리할 것이다. 물론 인덱스 스캔 후 테이블에 엑세스하지 않는다면 랜덤 엑세스가 일어나지 않는다. 그렇다면 랜덤 엑세스의 양이 많아진다면 왜 성능이 저하되는가? 이에 대해 뒤에서 자세히 살펴보자.

☑ 단일 블록 I/O는 랜덤 엑세스와 함께 발생한다.

앞서 랜덤 엑세스에 대해 살펴보았다. 인덱스에 엑세스한 후 테이블에 엑세스한다면 랜덤 엑세스가 발생하며, 랜덤 엑세스의 증가는 성능 저하로 이어진다고 했다. 랜덤 엑세스에 의한 성능 저하는 I/O와 밀접한 관련이 있다.

인덱스에 엑세스하면 ROWID를 제공받는다. 100,000개의 블록으로 구성된 테이블이 있다고 가정하자. 인덱스로부터 100,000개의 ROWID를 제공받았다면 테이블에 대해 100,000번의 랜덤 엑세스를 수행해야 하며, 해당 데이터들이 동일 블록에 존재할 가능성을 배제한다면 100,000번의 디스크 I/O를 발생시켜야 한다. 물론, 모든 데이터가 동일 블록에 있다면 메모리에서 엑세스가 발생할 것이다. 결국, 100,000건의 데이터에 대해서 인덱스 엑세스 후 ROWID 값으로 테이블에 엑세스한다면 디스크나 메모리에서 100,000번의 I/O가 발생한다.

반대로 테이블 전체 스캔을 살펴보자. 테이블 전체 스캔은 테이블의 처음부터 끝까지 모든 데이터를 엑세스하는 실행 방식이다. 물론, 엑세스한 후에 필요없는 데이터에 대해서는 버리는 작업을 별도로 수행해야 할 것이다. 하지만, 랜덤 엑세스처럼 ROWID 값에 의해 테이블에 엑세스하는 것이 아니므로 블록을 하나 하나 엑세스할 필요는 없다. 100,000개의 블록으로 구성된 테이블이라면 테이블 전체 스캔 시 한 번에 여러 개의 블록을 동시에 엑세스할 수 있다. 이와 같이 한 번의 I/O에서 여러 블록을 동시에 엑세스하기 위한 오라클 파라미터로 DB_FILE_MULTILBLOCK_READ_COUNT가 있다. 이 파라미터는 테이블 전체 스캔에서 한 번의 I/O 수행 시 동시에 엑세스하는 블록의 개수를 의미한다. 보통의 경우에 이 파라미터는 8, 16, 32, 64, 128로 설정되어 있다. 128로 설정되어 있다면 전체 테이블 스캔 시 100,000개의 블록에 엑세스하기 위해서 790번의 I/O가 발생한다.

100,000건의 데이터를 추출하는데 100,000번의 I/O를 발생시키는 것이 유리하겠는가, 790번의 I/O를 발생시키는 것이 유리하겠는가? 당연히, 790번의 I/O를 발생시켜 원하는 결과를 추출하는 것이 유리할 것이다. 그 이유는 디스크 I/O의 횟수와 성능 사이에는 매우 밀접한 관계가 있기 때문이다.

이처럼 많은 데이터에 대해 인덱스를 이용하여 엑세스하면 많은 양의 랜덤 엑세스가 발생하며, 랜덤 엑세스는 단일 블록 I/O를 수행하므로 엑세스하는 데이터 블록의 개수가 많다면 성능은 기하 급수적으로 저하될 것이다. 반면에 테이블을 전체 스캔한다면 다중 블록 I/O을 수행하므로 더 적은 I/O로 많은 데이터를 추출할 수 있을 것이다.

그렇다고 단일 블록 I/O가 항상 디스크 I/O를 많이 발생시키는 구조인가? 그것은 절대 아니다. 위의 예제에서 몇 건의 데이터를 추출하기 위해 인덱스를 이용하지 않고 전체 테이블 스캔 방식을 사용하면 790번의 디스크 I/O가 발생할 것이다. 그리고 엑세스한 전체 데이터의 대부분을 버리고 몇 건의 데이터만 추출한다. SQL이 이와 같이 수행되면 엄청난 성능 저하 현상이 발생할 것이다. 하지만 인덱스를 이용할 경우에 몇 개의 ROWID만을 이용하여 테이블에 엑세스하므로 랜덤 엑세스의 양은 적을 것이다. 이와 같다면 랜덤 엑세스를 발생시키는 인덱스 스캔 후 테이블 엑세스 방식이 랜덤 엑세스를 발생시키지 않는 테이블 전체 스캔 방식보다 더 좋은 성능을 보장할 수 있을 것이다.

시스템을 어떻게 개발하더라도 단일 블록 I/O를 수행하는 랜덤 엑세스를 완전히 제거할 수는 없다. 적은 양의 데이터를 추출하는 SQL이라면 반드시 인덱스를 이용하여 테이블에 엑세스해야 성능이 보장되기 때문이다. 물론, 인덱스만 이용하면 랜덤 엑세스를 제거할 수 있지만 적은 양을 엑세스하는 모든 SQL을 이와 같이 수행할 수는 없을 것이다. 반면에 대용량 테이블이면서 추출될 데이터가 많은 경우에 인덱스 스캔을 이용하면 랜덤 엑세스로 인해서 단일 블록 I/O가 과도하게 발생하며, 이는 성능을 저하시키게 된다. 이와 같은 경우에는 반드시 테이블 전체 스캔을 이용하여 랜덤 엑세스가 발생하지 않게 하고, 다중 블록 I/O를 이용하여 성능을 향상시켜야 할 것이다.

인덱스에 의한 성능 저하를 이해해라

SQL이 인덱스를 이용해야 할지 아니면 인덱스를 이용하지 말아야 할지에 대해 앞에서 살펴보았다. 이번에는 한 테이블에 인덱스의 개수가 많다면 어떠한 장점과 단점이 있는지를 살펴보자. 테이블에 있는 많은 인덱스 중에서 대부분의 인덱스가 불필요한 인덱스라면 또는 한 테이블에 너무 많은 인덱스가 있다면 인덱스에 의한 장점은 거의 없으며 아래와 같은 단점이 발생한다.

- DML 성능 저하
- 디스크 공간 낭비
- 인덱스 관리의 어려움
- 인덱스 본연의 역할에 문제 발생

첫 번째로, 테이블에 인덱스가 많다면 DML 작업의 성능 저하가 발생할 수 있다. 데이터를 저장, 갱신, 제거할 경우에 인덱스도 동일하게 저장, 갱신, 제거를 수행해야 한다. 물론 인덱스에서 갱신은 발생하지 않고 데이터가 변경되어 인덱스 값도 변경해야 한다면 인덱스 값은 삭제와 저장을 수행하여 갱신을 대신하게 된다. 테이블에 저장되어 있는 데이터를 변경해도 부하가 발생하지만 그에 해당하는 인덱스 값을 변경하는 작업에서는 더 많은 부하가 발생한다. 이와 같은 이유에서 DML 작업은 인덱스가 없는 테이블보다 인덱스가 많은 테이블에서 더 많은 성능 저하를 발생시킨다. 테이블에 데이터를 저장하는 경우에 여유 공간이 있는 블록에 데이터를 저장하면 된다. 데이터가 테이블에 저장되면 인덱스에도 해당 값을 저장해야 한다. 인덱스의 경우에 여유 공간이 있는 블록에 데이터의 인덱스 값을 저장하는 것이 아니다. 인덱스는 저장되는 데이터 값에 의해 정렬되므로 정렬된 순서에 의해 추가되는 데이터를 저장해야 한다. 데이터가 인덱스에 저장되는 순간 값의 저장 위치가 정해진다. 그러므로 데이터가 테이블에 저장될 때보다 인덱스에 저장될 때 더 큰 부하가 발생한다. 테이블의 경우에 테이블에 많은 인덱스가 있다면 데이터가 바로 저장될 수 있지만 인덱스의 경우에 인덱스마다 해당 값을 정해진 위치에 저장해야 하기 때문에 DML 작업의 성능이 저하된다.

예를 들어, 사전에 10,000개의 단어를 추가로 저장해야 한다고 가정하자. 10,000개의 단어를 저장하는 것이 어려운 일은 아니다. 어려운 것은 이들 단어가 저장되어야 할 위치에 저장되어야 한다는 점이다. 그렇기 때문에 10,000개의 단어가 저장되어야 할 위치를 찾는 것이 더 어려운 작업이다. 데이터베이스의 인덱스도 이와 동일하다. 데이터를 테이블에 저장하는 작업이 어려운 것이 아니라 인덱스의 정해진 위치에 해당 값을 저장하는 작업으로 인해 부하가 증가하는 것이 더 큰 문제다.

위와 같은 이유로 인해 테이블에서 인덱스 개수를 줄이면 INSERT와 DELETE의 성능을 향상시킬 수 있으며, UPDATE의 경우에는 UPDATE 대상 컬럼이 몇 개의 인덱스에서 사용되는가에 따라 성능이 좌우된다.

이와 같은 문제를 없애기 위해서는 테이블에 적은 개수의 인덱스를 생성해야 할 것이다. 적은 개수의 인덱스로 테이블에 엑세스하는 모든 SQL을 처리하기 위해서는 테이블에 엑세스하는 SQL을 최적화하여 인덱스의 재사용을 증가시켜야 할 것이다. 물론 동일 인덱스를 여러 SQL에서 함께 사용한다면 DML의 성능을 향상시킬 수 있지만 그렇다고 재사용만을 고려하여 대상 SQL이 비효율 인덱스를 이용하게 해서는 안 될 것이다. 따라서 인덱스 튜닝과 SQL 최적화가 동시에 수행되어야 한다.

두 번째로, 인덱스도 디스크의 저장 공간을 차지하므로 인덱스의 개수가 많다면 디스크 공간을 낭비할 수 있다. 실제 여러 프로젝트를 지원하면서 이러한 현상이 발생하는 사이트를 여러 번 보았다. 데이터베이스는 왜 존재하는가? 데이터베이스는 실제 데이터를 저장하고 관리하기 위해 사용되는 것이지 인덱스를 관리하기 위해 사용되는 것은 아니다. 데이터만 있으면 인덱스는 언제든지 생성할 수 있다. 이처럼 아무 규칙 없이 인덱스를 생성하면 디스크의 공간을 낭비하게 된다. 어느 사이트에서 인덱스 최적화 작업을 수행했을 때의 일이다. 테이블에는 10개의 인덱스가 있었는데 해당 테이블을 분석하여 인덱스를 5개로 줄였다. 물론 테이블에 엑세스하는 SQL은 5개의 인덱스에서 최적화를 수행하였다. 이와 같이 함으로써 5개의 인덱스를 줄일 수 있었으며, 이렇게 함으로써 디스크 공간을 100GB 정도 절약할 수 있었다. 이 사이트는 그 전에 100GB를 낭비하고 있었던 것이다. 아직도 이러한 사이트가 많을 것이다. 눈에는 보이지 않지만 낭비되는 자원을 최적화하는 일은 매우 중요하며, 데이터베이스에서는 인덱스에 의한 공간 낭비를 항상 고려해야 할 것이다.

세 번째로, 인덱스의 증가는 관리의 어려움을 초래한다. 한 테이블에 10개의 인덱스가 있으며 이 테이블이 대용량 테이블이라고 가정하자. 이러한 테이블은 그 용량이 크기 때문에 인덱스에 대한 수정, 제거, 생성이 힘들 것이다. 결국 이와 같다면 이 시스템이 없어지기전까지 모든 인덱스가 유지되어야 할 것이다. 이 얼마나 무서운 일인가? 대용량 테이블에서 인덱스가 초기에 올바르게 선정되지 않았다면 추후 변경은 거의 불가능할 것이다. 테이블에 인덱스의 개수가 많다면 이러한 현상이 더욱 강하게 작용해서 유지 및 관리가 힘들 것이다.

어떤 프로젝트를 지원했을 때의 일이다. 한 대용량 테이블에 10개의 인덱스가 있었다. 10개의 인덱스 중 3개는 사용되지 않는 것으로 조사되었지만 이들 인덱스를 제거할 수 없었다. 그 이유는 서비스를 제공하는 테이블의 인덱스를 제거하면 만에 하나 성능 저하에 의한 장애가 발생할 수 있기 때문이었다. 한 개의 SQL이라도 사용되지 않는 것으로 확인된 인덱스를 사용한다면 해당 인덱스가 제거된 후에는 대용량 테이블에 대해 전체 스캔을 수행해야 할 것이다. 그렇다면 대용량의 디스크 I/O 발생으로 성능을 보장할 수 없기 때문에 사용되지 않는 것으로 확인된 인덱스라도 쉽게 제거하면 안 된다. 이렇듯 인덱스의 관리는 매우 어렵고 중요한 일이다.

네 번째로, 테이블에 인덱스가 많이 생성되어 있으면 인덱스 본연의 역할에 문제가 발생할 수 있다. 인덱스는 조회 속도의 향상을 위해 사용된다. 이는 무엇을 의미하는가? 조회가 수행될 때 SQL은 최적의 인덱스를 이용해야 최적의 성능을 기대할 수 있다. 하지만 인덱스가 많다면 데이터베이스의 옵티마이저가 많은 인덱스 중에서 최적의 인덱스를 선택하기 어려워진다. 잘못된 인덱스가 선택되면 SQL은 엄청난 성능 저하를 야기할 것이다.

이러한 단점에도 불구하고 인덱스를 반드시 이용해야 한다. 조회 속도의 향상을 위해 올바른 인덱스의 이용은 필수적이다. 인덱스에서 가장 중요한 점은 최소의 인덱스로 최대의 효과를 올려야만 한다는 것이다.

☑ 인덱스에 유연성을 불어 넣어라.

어떤 경우에 인덱스를 이용하고 어떤 경우에 인덱스를 이용하면 안 되는지를 앞에서 확인할 수 있었을 것이다. 즉, 추출되는 데이터의 양이 적다면 반드시 인덱스를 이용해야 할 것이다. 여기까지 판단을 했다면 SQL의 최적화는 시작된 것이다. 인덱스를 사용해야 한다고 가정한다면 그 다음으로 고려해야 할 사항은 인덱스를 어떻게 생성해야 하는가이다.

인덱스의 종류에는 하나의 컬럼으로 인덱스를 생성하는 단일 컬럼 인덱스와 여러 컬럼을 하나의 인덱스로 생성하는 결합 컬럼 인덱스가 있다. 단일 컬럼 인덱스는 하나의 컬럼으로 인덱스를 생성하는 것이므로 인덱스의 유연성이 저하된다. 예를 들어, 판매 테이블의 고객번호 컬럼에 인덱스가 있다고 가정하자. SQL에 의해 추출되는 데이터가 적다면 고객번호 컬럼에 인덱스를 생성하여 원하는 결과를 신속하게 추출할 수 있다.

예 제

```
SQL> SELECT 판매일자, 상품이름, 제조사
       FROM 판매
       WHERE 고객번호 = '11111';
```

실행 계획

```
SELECT STATEMENT
  TABLE ACCESS (BY INDEX ROWID) OF '판매'
    INDEX (RANGE SCAN) OF '고객번호_IDX'
```

위의 SQL이 적은 양의 데이터를 추출한다고 가정하자. 그렇다면 실행 계획에서처럼 고객번호 인덱스를 이용하여 해결이 가능하다. 하지만 아래에 제시된 SQL의 경우에 고객번호 인덱스를 이용하여 해결할 수 있겠는가?

예 제

```
SQL> SELECT 판매일자, 상품이름, 제조사
       FROM 판매
       WHERE 제조사 = 'A공장';
```

위의 SQL도 적은 양의 데이터를 추출한다고 가정하자. 위의 SQL은 고객번호 인덱스로 해결할 수 없다. 하지만 이 SQL은 적은 양의 데이터를 추출하므로 인덱스에 엑세스해야 할 것이다. 그렇다면 제조사 컬럼으로 인덱스를 생성하면 되는가? 이런 방식으로 모든 조건마다 인덱스를 생성한다면 하나의 테이블에 수많은 인덱스를 생성해야 할 것이다. 결국, 테이블에 많은 인덱스를 생성함으로써 앞에서 언급한 것과 같은 여러 가지 문제가 발생할 것이다. 그렇다면 위의 SQL은 어떻게 해결할 수 있겠는가? 고객번호 인덱스를 제거하고 제조사+고객번호로 인덱스를 생성했다고 가정하자. 그렇다면 위의 SQL은 제조사+고객번호 인덱스를 효과적으로 이용할 수 있게 된다. 그렇다면 WHERE 조건에 고객번호 컬럼만 설정되는 아래 SQL은 어떻게 되는가?

```
예제
SQL> SELECT 판매일자, 상품이름, 제조사
     FROM 판매
     WHERE 고객번호 = '11111';
```

위의 SQL은 기존에 고객번호 인덱스를 이용했을 것이다. 하지만, 고객번호 인덱스를 제거하고 제조사+고객번호 인덱스를 생성했으므로 사용할 수 있는 인덱스가 제거되었으며, 이로 인해서 판매 테이블을 전체 스캔한다고 생각할 수도 있다. 하지만, SQL을 어떻게 최적화하는가에 따라 위의 SQL도 제조사+고객번호 인덱스를 이용할 수 있다.

```
예제
SQL> SELECT 판매일자, 상품이름, 제조사
     FROM 판매
     WHERE 고객번호 = '11111'
     AND 제조사 IN (SELECT 제조사
                    FROM 제조사);
```

위와 같이 SQL을 수행한다면 앞서 언급한 고객번호 조건만 제공된 SQL과 동일한 결과를 추출할 것이다. 제조사 조건을 추가했지만 WHERE 절의 IN 절은 모든 제조사 값을 제공하므로 추출되는 결과에는 영향을 미치지 않게 된다. 결국, 위의 SQL은 제조사+고객번호 인덱스를 이용할 수 있게 된다.

위의 SQL은 판매 테이블의 부모 테이블인 제조사 테이블을 이용한 것이다. 보통의 경우, 판매 테이블은 어떤 테이블인가? 고객과 제품을 만드는 제조사에 의해 판매 테이블의 데이터가 생성될 것이다. 한 건의 판매가 이루어지면 해당 데이터는 판매 테이블에 저장될 것이다. 결국, 판매 테이블의 부모 테이블은 고객번호 컬럼의 값을 관리하고 있는 고객 테이블과 제조사 컬럼의 값을 관리하고 있는 제조사 테이블이 될 것이다. 부모 테이블은 무엇인가? 돌연변이가 아니고서야 자식 테이블은 부모의 속성을 상속받는다. 판매 테이블에 있는 모든 제조사 컬럼의 값은 제조사 테이블에 있는 데이터 중에 하나가 될 것이다. 이러한 특성이 부모 테이블과 자식 테이블의 관계가 된다. 그러므로 제조사 테이블에는 판매 테이블에 있는 모든 제조사가 저장되어 있을 것이다. 따라서 위의 SQL에서와 같이 제조사 테이블에서 조회한 모든 제조사 값을 제공한다면 어떤 현상이 발생하는가? 판매 테이블에 있는 모든 제조사 값이 판매 테이블에 제공될 것이다. 그러므로 제조사 조건 설정 여부에 상관 없이 동일한 데이터가 추출될 것이다. 사용할 수 있는 인덱스는 제조사+고개번호 인덱스이므로 이와 같이 제조사 컬럼을 이용하여 SQL를 수행한다면 제조사+고객번호 인덱스를 효과적으로 이용할 수 있을 것이다.

```
실행 계획
SELECT STATEMENT
  TABLE ACCESS (BY INDEX ROWID) OF '판매'
    INDEX (RANGE SCAN) OF '제조사_고객번호_IDX'
```

위의 실행 계획과 같이 SQL은 제조사+고객번호 인덱스를 이용할 수 있게 된다. 결국, 단일 컬럼 인덱스로 구성한다면 반드시 두 개의 인덱스가 필요하지만 이와 같이 결합 컬럼 인덱스로 생성한다면 하나의 인덱스로 두 종류의 SQL을 해결할 수 있다.

이제부터라도 단일 컬럼 인덱스의 사용을 자제하기 바란다. 유연성이 없는 단일 컬럼 인덱스를 사용하기 보다는 유연성이 높은 결합 컬럼 인덱스를 이용한다면 테이블의 인덱스 개수를 줄일 수 있다. 조회 성능을 최적화하면서 인덱스 개수를 최소화할 수 있다면 최소의 인덱스로 최대의 효과를 이룰 수 있다.

☑ 결합 컬럼 인덱스를 구성하는 컬럼의 순서를 반드시 준수해라.

단일 컬럼 인덱스의 사용을 자제하고 결합 컬럼 인덱스를 생성하는 것은 매우 중요한 일이다. 그렇다면 결합 컬럼 인덱스를 아무런 고려사항 없이 생성하면 되는가? 결합 컬럼 인덱스는 인덱스를 구성하는 컬럼의 순서에 따라 성능 차이가 많이 난다. 컬럼의 순서를 어떻게 정하는가에 따라 결합 컬럼 인덱스를 이용하는 SQL의 수행 시간이 1초가 될 수도 있고 1분이 될 수도 있다.

결합 컬럼 인덱스를 구성하는 컬럼의 순서가 기준에 의해 정해져야만 처리 범위 및 랜덤 엑세스를 감소시킬 수 있다. 올바른 결합 컬럼 인덱스를 이용한다면 SQL에서 처리 범위와 랜덤 엑세스를 감소시킬 수 있기 때문에 최적의 성능을 보장할 수 있을 것이다.

- 1순위 – 점 조건으로 사용된 컬럼
- 2순위 – 랜덤 엑세스 감소
- 3순위 – 정렬 제거
- 4순위 – 단일 컬럼의 분포도

위와 같이 4가지의 우선순위에 근거하여 결합 컬럼 인덱스의 컬럼 순서를 선정해야 할 것이다. 여기서는 각 우선 순위의 특성을 살펴본다. 위의 우선 순위에는 없지만 WHERE 조건, ORDER BY 조건, GROUP BY 조건 등에 있는 컬럼으로 결합 컬럼 인덱스를 생성해야 하는 것은 분명한 사실일 것이다.

```
예 제
SQL> SELECT 판매일자, 고객명, 상품이름, 제조사
     FROM 판매
     WHERE 고객번호 = '11111'
     AND 제조사 IN ('A공장', 'B공장')
     AND 판매일자 BETWEEN '20070401' AND '20070430'
     AND 처리단계 > 3
     ORDER BY 판매일자;
```

위의 SQL을 최적화하기 위해 컬럼 순서를 어떻게 정해서 결합 컬럼 인덱스를 생성해야 하는가? 위의 SQL에는 WHERE 조건으로 4개의 조건이 있으며 ORDER BY 절에 1개의 컬럼이 있다. WHERE 조건만

본다면 4개의 조건으로 만들 수 있는 인덱스는 4*3*2*1(4!)=24가지이다. 이 중에서 해당 SQL에 최적인 인덱스는 몇 개 없다. 그러므로 많은 생각을 하지 않는다면 최적의 인덱스를 선정할 수 없다. 최적의 인덱스를 이용하지 못하고 비효율적인 인덱스를 이용한다면 SQL은 성능 저하를 야기할 것이다.

위의 예제를 이용하여 앞에서 언급한 4가지 우선 순위에 따라 결합 컬럼 인덱스의 컬럼 순서를 선정해 보자.

첫 번째로, 점 조건으로 사용된 컬럼을 살펴보자. WHERE 조건에 사용할 수 있는 연산자는 매우 많이 있다. 하지만 이들 연산자를 점 조건과 선분 조건, 2가지로 구분할 수 있다는 것을 아는 사람은 별로 없다. 인덱스 선정 및 SQL 최적화에서 컬럼이 점 조건으로 사용되는지 아니면 선분 조건으로 사용되는지는 매우 중요한 항목임을 명심하기 바란다.

- 점 조건(POINT CONDITION) - =, IN
- 선분 조건(LINE CONDITION) - BETWEEN, LIKE, 〈, 〉, 〈〉

SQL에서 최적의 인덱스는 처리 범위를 최소로 감소시키는 인덱스다. 처리 범위가 최소로 감소해야만 랜덤 엑세스도 최소로 감소할 수 있기 때문이다. 동일 SQL에서 많은 데이터에 엑세스하는 것보다는 적은 데이터에 엑세스하면 당연히 랜덤 엑세스가 적을 것이다. 그렇다면 위의 두 연산자와 처리 범위를 최소로 감소시키는 최적의 인덱스 사이에는 어떤 관계가 있는가? 언뜻 생각해보면 둘 사이에서 연관 관계를 찾기가 힘들 수도 있다. 하지만 연산자와 처리 범위 사이에는 매우 밀접한 연관 관계가 있다.

회원의 이름을 저장하는 성명 컬럼을 예로 들어 보자. 성명 컬럼에 동명이인이 있더라도 일반적으로 성명 컬럼의 분포도가 좋다는 것은 누구나 인정하는 사실이다. 성명 중에 '대조영' 이라는 이름을 가진 사람이 몇 명이나 있겠는가? 어떤 이름은 어느 정도 동일한 값을 많이 가질 수도 있지만 일반적으로 성명 컬럼의 분포도는 좋다. 여기서 우리가 잊고 있는 것이 하나 있다. 성명 컬럼의 분포도가 좋다는 것은 한 가지 가정을 전제로 한다. 그 가정이 바로 연산자다. 성명 컬럼을 동일(=) 연산자로 조회한다면 분포도는 좋을 것이다. 하지만 LIKE 연산자라면 전혀 다른 이야기가 될 것이다. 성명이 '이' 로 시작하는 사람을 조회한다면 어떠한가? 우리나라에는 이씨 성을 가지는 사람이 매우 많다. 그렇기 때문에 LIKE 연산자로 조회한다면 해당 컬럼의 분포도는 좋지 않을 것이다.

여기서 한 가지를 확인할 수 있다. 컬럼의 분포도가 좋으려면 동일(=) 연산자와 같은 점 조건으로 조회를 해야 한다는 것이다.

위의 예에서는 하나의 컬럼에 대해서만 언급했다. 하지만 실무에서 WHERE 조건을 확인해 보면 대부분의 SQL이 여러 컬럼을 WHERE 조건으로 설정하고 있는 경우가 다반사다. 이와 같이 여러 컬럼이 결합되어 있으면 어떠한 현상이 발생하는가?

사전에서 GI??FRIEND 형태의 단어와 GRILFRIE?? 형태의 단어 중 어느 것의 단어 개수가 더 적은가? 여기서 ?는 미지의 알파벳을 의미한다. 따라서 ?에는 어떤 알파벳이든 모두 들어갈 수 있다. 그렇다면 당연히 GRILFRIE?? 형태의 단어가 더 적을 것이다. 결국 동일 패턴의 단어를 찾을 경우 앞에서부터 몇 번째 자리까지 정확히 알파벳을 아는가에 따라 해당 형태를 만족하는 단어의 개수가 달라진다. GI??FRIEND 형태의 단어는 앞의 2자리까지만 확정된 단어이고 GRILFRIE??는 앞의 8자리까지 확정된 단어다. 따라서 GRILFRIE?? 형태의 단어가 더 적을 것이다. 이는 GRILFRIE??로 사전에서 단어를 찾는 것이 GI??FRIEND로 사전에서 단어를 찾는 것보다 더 적은 처리 범위가 된다는 것을 의미한다. 이처럼 중간에 미지의 변수가 포함된다면 해당 형태를 만족하는 단어는 많아진다. 이러한 현상은 데이터베이스의 인덱스에도 동일하게 적용된다. 점 조건은 미지의 값을 포함하지 않는다. 왜냐하면 동일(=) 연산자나 IN 연산자를 사용하기 때문에 미지의 값은 존재하지 않는다. 하지만 선분 조건은 미지의 값을 가진다. LIKE 연산자는 당연히 미지의 값을 가지며 BETWEEN 연산자도 동일하다. BETWEEN '200711' AND '200712',에는 많은 값이 포함된다. 200711.99 값도 이 조건을 만족할 것이다. 이처럼 선분 조건은 반드시 미지의 값을 포함한다. 따라서 미지의 값이 없는 컬럼이 앞에 있어야만 처리 범위를 감소시킬 수 있다.

거래일자 컬럼과 카드번호 컬럼이 WHERE 조건에 있다고 가정하자. 거래일자 컬럼은 BETWEEN 연산자를 사용하여 BETWEEN '20070701' AND '20070730'이며, 카드번호 컬럼은 동일(=) 연산자를 사용하여 '11111'이라고 가정하자. 그렇다면 이들 컬럼으로 생성할 수 있는 인덱스는 두 가지가 존재할 것이다. 거래일자+카드번호 또는 카드번호+거래일자 인덱스를 생성할 수 있다. 거래일자+카드번호로 인덱스를 생성한다면 BETWEEN 연산자는 선분 조건이므로 거래일자 조건을 만족하는 값은 '20070701'부터 '20070730' 사이의 모든 실수가 된다. 이는 미지의 값을 뒤에 포함하는 것이다. 하지만 카드번호 조건은 점 조건을 사용했으므로 '11111'인 값만을 의미한다. 따라서 사전의 예와 마찬가지로 거래일자+카드번호 인덱스를 구성하는 것보다는 카드번호+거래일자 인덱스를 구성하는 것이 처리 범위를 감소시킬 수 있다. 이는 카드번호 조건은 점 조건으로 확정된 값을 의미하며 거래일자 조건은 선분 조건으로 미지의 값을 포함하고 있기 때문이다. 카드번호+거래일자 인덱스를 이용하면 카드번호 컬럼의 값이 '111111'인 데이터 중에 거래일자 컬럼의 값이 '20070701'과 '20070730' 사이에 있는 데이터만 엑세스한다. 하지만 거래일자+카드번호 인덱스를 생성하면 거래일자 컬럼의 값이 '20070701' 과 '20070730' 사이에 있는 데이터를 모두 엑세스한 후에 그 중에서 카드번호 컬럼이 '111111'인 데이터를 추출하고 나머지는 버린다.

위의 SQL에서 점 조건+선분 조건으로 인덱스를 생성하면 엑세스한 데이터에 대해 버려지는 데이터가 있을 수 없으며, 선분 조건+점 조건으로 인덱스에 생성하면 인덱스에 엑세스한 후 버려지는 데이터가 생긴다. 이는 점 조건+선분 조건 인덱스가 엑세스하는 처리 범위가 더 적다는 것을 의미한다. 그 이유는 어느 인덱스에 엑세스해도 추출되는 결과는 동일하며 점 조건+선분 조건 인덱스는 버려지는 데이터가 없기 때문이다. 결국, 점 조건+선분 조건 인덱스는 두 개의 조건에 의해 처리 범위가 감소한다. 반면에, 선분 조건+점 조건 인덱스는 선분 조건에 의해서만 처리범위가 감소하며 뒤의 점 조건은 확인의 역할만 수행하게 된다. 뒤의 점 조건이 확인의 역할만 수행하기 때문에 버려지는 데이터가 있을 수 있다.

점 조건+점 조건으로 인덱스를 생성하면 어떻게 되겠는가? 예를 들어, 카드번호 조건이 동일(=) 연산자로 조회되고 거래일자 조건이 동일(=) 연산자로 수행된다면 어떠한가? 두 조건 모두 동일(=) 연산자를 사용한다면 사전에서 미지의 알파벳이 없이 확정된 단어를 찾는 것과 같다. GIRLFRIEND라는 단어를 사전에서 찾는다면 어떻게 되겠는가? 다른 단어에 엑세스할 필요없이 바로 해당 단어를 찾아갈 수 있을 것이다. 이는 찾고자 하는 데이터에 미지의 값이 없기 때문이다. 데이터베이스의 인덱스도 이와 동일하다. 점 조건+점 조건으로 인덱스를 생성한다면 두 조건에 의해 처리 범위는 동시에 감소한다. 또한, 두 개의 컬럼 순서를 변경해도 두 조건 모두 점 조건이므로 동일하게 두 조건에 의해 처리 범위가 감소할 것이다. 그렇기 때문에 처리 범위만을 본다면 점 조건들의 순서가 변경되어도 처리 범위는 변하지 않게 된다.

선분 조건+선분 조건 인덱스를 생성하면 처리 범위는 어떻게 변하는가? 이는 사전에서 A???B???인 형태의 단어를 찾는 것과 동일하다. 이와 같은 단어를 찾는다면 A로 시작하는 모든 단어를 찾아봐야 할 것이다. 결국 앞에 있는 선분 조건에 의해서만 처리 범위가 감소할 것이다.

앞서 언급한 모든 사항을 조합해 본다면 아래와 같은 결론에 도달하게 될 것이다. 아래의 결론은 인덱스를 선정함에 있어 매우 중요한 역할을 수행하며 인덱스 선정 시 가장 먼저 고려해야 할 사항이다.

- 점 조건+점 조건 - 두 개의 점 조건에 의해 처리 범위 감소
- 선분 조건+선분 조건 - 앞의 선분 조건에 의해 처리 범위 감소
- 점 조건+선분 조건 - 두 개의 조건에 의해 처리 범위 감소
- 선분 조건+점 조건 - 앞의 선분 조건에 의해 처리 범위 감소

선분 조건과 점 조건의 결합 순서에 의해 인덱스에서 처리 범위가 변한다. 처리 범위가 위와 같다면 SQL을 최적화하기 위해 어떤 인덱스를 생성해야 하는가?

- 점 조건+······+점 조건+선분 조건+······+선분 조건

위와 같이 WHERE 절에 많은 조건이 있다면 점 조건들을 앞에 위치시키고 선분 조건을 뒤에 위치시켜 인덱스를 생성해야 처리 범위를 최소화할 수 있을 것이다. 위의 규칙을 결합 컬럼 인덱스의 처리 범위 최소화 규칙이라 한다.

```
예 제
SQL> SELECT 판매일자, 고객명, 상품이름, 제조사
       FROM 판매
       WHERE 고객번호 = '11111'
       AND 제조사 IN ('A공장', 'B공장')
       AND 판매일자 BETWEEN '20070401' AND '20070430'
       AND 처리단계 > 3
       ORDER BY 판매일자;
```

위의 SQL에서 고객번호 컬럼의 값을 만족하는 데이터는 반드시 고객번호 컬럼의 값이 '11111'인 값이 된다. 따라서, 고객번호 컬럼은 점 조건이 될 것이다. 제조사 조건은 어떠한가? 제조사 조건의 값을 만족하기 위해서는 제조사 컬럼의 값이 'A공장' 또는 'B공장' 이어야 할 것이다. 따라서 해당 조건을 만족하는 값이 확정적이므로 점 조건이 된다. 하지만 판매일자 조건의 경우에는 조건을 만족하는 데이터가 수 없이 많이 존재한다. '20070401' 부터 '200704030' 사이의 모든 실수가 조건을 만족하는 데이터가 된다. 따라서, 판매일자 조건을 만족하는 값이 무한하므로 선분 조건이 된다. 처리단계 컬럼도 마찬가지로 선분 조건이 될 것이다. 결국, 점 조건은 =과 IN 연산자에 의해 WHERE 조건절에 사용되는 조건이며 다른 연산자를 사용하는 조건들은 선분 조건이 될 것이다.

이와 같은 상황에서 위의 SQL에 대해 처리 범위를 최소화시킬 수 있는 결합 컬럼 인덱스를 선정해 보자. 점 조건으로 사용된 컬럼은 고객번호 컬럼과 제조사 컬럼이다. 점 조건으로 사용된 컬럼들 사이는 어떻게 구성해도 처리 범위가 감소한다. 따라서, 고객번호+제조사나 제조사+고객번호 인덱스 중 어떠한 인덱스로 생성해도 처리 범위는 두 개의 점 조건에 의해 감소한다. 위의 SQL에서 사용된 선분 조건은 판매일자 컬럼과 처리단계 컬럼이다. 여러 개의 선분 조건으로 인덱스를 구성한다면 가장 앞에 있는 선분 조건에 의해서만 처리 범위가 감소한다. 따라서 판매일자+처리단계로 인덱스를 생성하면 판매일자 조건에 의해서만 처리 범위가 감소하며 처리단계+판매일자로 인덱스를 생성하면 처리단계 컬럼에 의해서만 처리 범위가 감소한다.

이제 선분 조건과 점 조건을 합쳐 하나의 인덱스를 선정해 보자. 제조사+고객번호+처리단계+판매일자 인덱스를 생성하면 제조사, 고객번호, 처리단계 컬럼에 의해 처리 범위가 감소할 것이다. 이는 처음 나오는

선분 조건까지만 처리 범위가 감소하기 때문이다. 만약, 처리단계+판매일자+제조사+고객번호로 인덱스를 생성하면 처리단계 컬럼까지만 처리 범위를 감소시킨다.

처리 범위를 최소화하기 위해서는 점 조건이 앞에 위치하고 선분 조건이 뒤에 위치해야 한다. 따라서 제조사+고객번호+처리단계+판매일자 인덱스로 생성해야 한다. 물론, 제조사 컬럼과 고객번호 컬럼은 동일한 점 조건이므로 순서가 변경되어도 처리 범위는 동일할 것이다. 처리단계 컬럼과 판매일자 컬럼의 경우 순서가 변경되면 앞에 있는 선분 조건까지만 처리 범위를 감소시킨다. 결국 처리 범위를 최소화하기 위해서는 제조사+고객번호+처리단계+판매일자 인덱스나 제조사+고객번호+판매일자+처리단계 인덱스가 생성되어야 하며 동일한 점 조건에 대해서는 순서를 변경해도 무방하다. 두 개의 인덱스 중에 처리 범위를 최소화하는 인덱스는 처리단계 컬럼과 판매일자 컬럼에 의해 좌우된다. 두 개의 컬럼은 선분 조건이므로 연산자에 의해 추출되는 데이터의 양을 비교하여 연산자에 의한 분포도가 더 좋은 컬럼이 앞에 있어야 처리 범위를 더 감소시킬 수 있다. 만약, 처리단계 컬럼 보다 판매일자 컬럼에 의해 추출되는 데이터의 양이 더 적다면 제조사+고객번호+판매일자+처리단계 인덱스로 생성해야 처리 범위를 최소화할 수 있다. 예를 들어, 판매일자는 한 달 동안의 일자를 조건으로 제공하며 처리 단계는 1과 3 사이에 있는 값이라고 가정하자. 그렇다면 두 조건 모두 선분 조건에 해당할 것이다. 이와 같을 경우 처리 단계가 1부터 3까지는 대부분의 데이터이며, 해당 테이블이 12개월의 판매일자를 관리한다면 판매일자 컬럼이 선분 조건에 의해 처리단계 컬럼보다 처리 범위가 더 적을 것이다. 이는 판매일자 컬럼을 만족하는 데이터가 더 적다는 의미가 되므로 인덱스를 제조사+고객번호+판매일자+처리단계로 구성해야 처리 범위를 최소화할 수 있다. 이는 인덱스 선정의 우선 순위 중 네 번째에 해당된다.

```
예 제
SQL> SELECT 판매일자, 고객명, 상품이름, 제조사
     FROM 민원
     WHERE 민원인 LIKE '김%'
     AND 지역 = '서울'
     AND 등록일자 = '20070401'
     AND 처리부서 = '민원상담팀'
     AND 연령 LIKE '2%';
```

위의 예제에서 단일 컬럼의 분포도가 가장 좋은 컬럼은 민원인 컬럼이라고 가정하자. 그렇다면 많은 경우, 민원인 컬럼으로 시작하는 결합 인덱스를 생성하려고 할 것이다. 이와 같이 인덱스를 생성하는 순간 SQL은 성능 저하를 발생시킨다. 단일 컬럼의 분포도로는 민원인 컬럼이 가장 좋을지는 몰라도 이는 동일(=) 연산자에 대해 분포도가 좋은 것이지 선분 조건인 LIKE 연산자에 대해서는 분포도가 나쁠수 있다. 또

한, 결합 컬럼 인덱스는 결합되는 컬럼들에 의해 처리 범위가 감소해야 처리 범위를 많이 감소시킬 수 있다. 하지만 선분 조건이 인덱스의 가장 앞에 있다면 해당 컬럼으로만 처리 범위가 결정될 것이다. 따라서, 민원인 컬럼으로 시작하는 인덱스를 생성하는 것은 매우 위험한 인덱스 선정 결정이다.

위의 SQL에서 처리 범위를 최소화할 수 있는 결합 컬럼 인덱스를 선정해 보자. 점 조건으로는 지역 조건, 등록일자 조건, 처리부서 조건이 있다. 처리 범위 최소화 규칙에 의해 점 조건의 컬럼이 결합 컬럼 인덱스의 앞에 위치해야 한다. 이와 같이 인덱스가 구성되어야만 점 조건의 컬럼에 의해 처리 범위가 감소한다. WHERE 조건 중 선분 조건으로 연령 조건과 민원인 조건이 있다. 선분 조건은 점 조건보다 뒤에 위치해야 하며 선분 조건 중에는 연산자에 의해 추출되는 데이터 양이 적은 컬럼을 앞에 위치시켜야 한다. 따라서, 민원인 컬럼이 연령 컬럼 보다 연산자에 의한 분포도가 더 좋다면 지역+등록일자+처리부서+민원인+연령으로 인덱스가 선정되어야 할 것이다. 물론, 여기서 점 조건들 사이에는 순서가 변경되어도 지역 컬럼, 등록일자 컬럼, 처리부서 컬럼, 민원인 컬럼에 의해 처리 범위가 감소한다. 선분 조건은 반드시 점 조건 뒤에 위치해야 하며 선분 조건 중에는 가장 앞에 위치하는 하나의 선분 조건만이 처리 범위를 감소시킬 수 있다. 그러므로 선분 조건 중에는 처리 범위를 가장 많이 감소시킬 수 있는 선분 조건을 가장 앞에 위치시켜야 한다.

그렇다면 인덱스 선정에서 처리 범위를 감소시키는 것이 왜 가장 중요한가? 이에는 두 가지 이유가 있다. 처리 범위를 감소시킴으로써 인덱스에 대한 블록 엑세스를 감소시킬 수 있으며, 처리 범위가 적다면 인덱스 엑세스 후 테이블에 엑세스하는 랜덤 엑세스도 줄일 수 있기 때문이다. 처리 범위가 많다면 랜덤 엑세스의 양도 많아질 가능성이 높아지며, 처리 범위가 적다면 랜덤 엑세스의 발생 확률도 낮아지기 때문이다. 결국 결합 컬럼 인덱스를 구성하는 경우에 가장 먼저 고려해야 할 사항은 해당 조건이 사용하는 연산자. 아직 컬럼의 분포도만을 고려하는 경우가 많다. 하지만 컬럼의 분포도만을 고려한다는 것은 동일 조건일 경우에만 해당하는 것이며 그렇기 때문에 잘못된 선택을 할 수도 있다. 연산자를 고려하여 결합 컬럼 인덱스를 선정할 경우에는 점 조건을 앞으로 선분 조건을 뒤로 해서 결합 컬럼 인덱스를 구성해야만 처리 범위를 최소화시킬 수 있다는 것을 명심하기 바란다. 물론 선분 조건들 중에는 연산자에 의해 추출되는 데이터가 가장 적은 조건이 가장 앞에 위치해야 할 것이다.

두 번째로, 랜덤 엑세스의 감소에 대해 살펴보자. 랜덤 엑세스의 감소는 처리 범위를 감소시키는 것 다음으로 우선 순위가 높다. 물론 처리 범위를 최소화한다면 랜덤 엑세스도 감소한다. 여기서 이야기하는 랜덤 엑세스 감소는 처리 범위를 감소시키지 못하는 컬럼들에 대한 것이다. 물론 처리 범위를 감소시키는 컬럼은 랜덤 엑세스도 감소시킨다. 앞서 인덱스의 이용 여부에 대해 언급할 때 SQL 최적화를 위한 랜덤 엑세스의 중요성을 강조했었다. 이런 이유에서 랜덤 엑세스는 결합 컬럼 인덱스 선정에서도 중요한 위치를 차지한다.

SQL의 성능은 처리 범위와 랜덤 엑세스에 의해 결정된다. 처리 범위와 랜덤 엑세스 사이에는 많은 연관 관계가 있다. 처리 범위가 적다면 랜덤 엑세스도 적을 가능성이 높다. 왜냐하면 인덱스에서 엑세스한 데이터가 적기 때문에 인덱스 스캔 후 테이블에 엑세스하는 랜덤 엑세스는 적을 것이기 때문이다. 반면에, 처리 범위가 많다면 랜덤 엑세스의 양도 많을 가능성이 높다. 인덱스에서 추출되는 데이터가 많기 때문에 인덱스 스캔 후 테이블에 엑세스하는 데이터가 많아질 수 있다. 그렇다고 완전한 비례 관계에 있지는 않다. 이는 결합 컬럼 인덱스의 컬럼 순서에 의해 좌우된다. 결합 컬럼 인덱스의 컬럼 순서에 의해 랜덤 엑세스를 어떻게 제거할 수 있는가? 랜덤 엑세스는 인덱스에 엑세스한 후 테이블에 엑세스할 때 발생하는 현상이므로 인덱스를 이용한 후 테이블에 최소한으로 엑세스하도록 SQL을 수행해야 할 것이다.

인덱스를 이용하여 랜덤 엑세스를 제거하기 위해서는 랜덤 엑세스가 왜 발생하는지, 어떤 종류의 랜덤 엑세스가 있는지를 정확하게 이해해야 할 것이다. 랜덤 엑세스의 종류로는 아래와 같이 3가지가 있다.

- 확인 랜덤 엑세스 - 확인 랜덤 엑세스는 WHERE 조건을 인덱스에서 확인할 수 없을 경우 테이블에 엑세스해서 확인하는 랜덤 엑세스다.
- 추출 랜덤 엑세스 - 추출 랜덤 엑세스는 SELECT 절의 컬럼 값을 추출하기 위해 테이블에 엑세스하는 랜덤 엑세스다.
- 정렬 랜덤 엑세스 - 정렬을 수행하는 ORDER BY 및 GROUP BY를 수행하기 위해 테이블에 엑세스하는 랜덤 엑세스다.

SQL에서 발생하는 랜덤 엑세스의 종류에 따라 SQL 최적화 수행 방법을 결정해야 한다. 이를 위해서는 가장 먼저 SQL에서 발생하는 랜덤 엑세스의 종류를 정확히 파악해야 한다. 아래 예제를 통해 랜덤 엑세스의 종류에 대해 살펴보자.

```
예 제
SQL> SELECT 판매일자, 고객명, 상품이름, 제조사
       FROM 판매
       WHERE 고객번호 = '11111'
       AND 제조사 IN ('A공장', 'B공장')
       AND 판매일자 BETWEEN '20070401' AND '20070430'
       AND 처리단계 > 3
       ORDER BY 승인일자;
```

판매 테이블에는 고객번호+제조사+판매일자 인덱스를 설정했다고 가정하자. 이런 경우 처리단계 컬럼을 인덱스의 앞에 추가한다면 처리 범위는 처리단계 컬럼에 의해서만 감소하므로 처리 범위를 최소한으로 감소시킬 수 없다. 그렇다고 처리단계 컬럼을 인덱스의 마지막에 추가하여도 해당 컬럼은 선분 조건 뒤에 위치하므로 처리 범위를 감소시키지 못한다. 결국 위의 SQL에서는 고객번호+제조사+판매일자 인덱스만으로도 처리 범위가 최대한으로 감소한다. 물론 연산자에 의해 판매일자 조건을 만족하는 데이터가 처리단계 조건을 만족하는 데이터보다 적어야 할 것이다.

```
실행 계획
SELECT STATEMENT
  SORT(ORDER BY)
    TABLE ACCESS (BY INDEX ROWID) OF 판매
      INDEX (RANGE SCAN) OF 고객번호_제조사_판매일자_IDX
```

실행 계획이 위와 같이 생성되며, 여기서 BY INDEX ROWID 실행 계획이 랜덤 엑세스에 해당된다. 인덱스를 통해 처리 범위를 최소화했음에도 불구하고 랜덤 엑세스가 발생한다. 앞서도 언급했듯이 처리 범위를 감소시키면 랜덤 엑세스는 감소하지만 처리 범위를 최소화한다고 랜덤 엑세스가 발생하지 않는 것은 아니다. 물론, 인덱스만 이용하여 SQL을 수행한다면 랜덤 엑세스는 제거될 것이다. 그렇다면 이와 같은 랜덤 엑세스는 무엇 때문에 발생하는가? 랜덤 엑세스는 WHERE 절, ORDER BY 절, GROUP BY 절, SELECT 절에 의해 발생한다. 고객번호+제조사+판매일자 인덱스에 의해 조건을 만족하는 데이터가 10,000건 추출되었다고 가정하자. WHERE 절의 처리단계 조건을 어떻게 확인해야 하는가? 처리단계 컬럼은 인덱스에 없기 때문에 테이블에 엑세스해서 해당 컬럼의 값을 확인해야만 조건에 만족하는 데이터를 추출할 수 있을 것이다. 이처럼 인덱스에 원하는 컬럼이 없다면 어쩔 수 없이 테이블에 엑세스해서 확인하는 방법밖에 없다. 이와 같은 이유에서 인덱스 엑세스 후 테이블에 엑세스해야 하는 랜덤 엑세스가 발생한다. 판매 테이블에 엑세스하여 처리단계 컬럼을 확인한 결과, 조건을 만족하는 데이터가 100건이었다고 가정하자. 그렇다면 10,000건 중 9,900건의 데이터는 랜덤 엑세스를 발생시켰지만 처리단계 조건을 만족시키지 못했기 때문에 버려지는 현상이 발생한다. 10,000건의 데이터에 대해 테이블에 엑세스하는 랜덤 엑세스에서도 성능 저하가 발생하지만 이 중에서 대부분의 데이터를 버릴 때도 성능 저하가 발생한다. 결국 이 SQL에서는 불필요한 랜덤 엑세스의 발생으로 성능이 저하될 수 있다. 물론 10,000건의 데이터에 대해 랜덤 엑세스를 수행하여 10,000건의 결과를 추출했다면 버려지는 데이터가 없으므로 버려지는 과정에서 발생하는 성능 저하는 발생하지 않을 것이다. 하지만 랜덤 엑세스의 증가만으로도 성능 저하가 발생할 수 있다.

처리단계 컬럼이 인덱스에 포함된다면 어떻게 되는가? 인덱스는 고객번호+제조사+판매일자+처리단계로 생성될 것이다. 물론 인덱스 컬럼의 순서에서 처리단계 컬럼의 앞에 판매일자 컬럼이 있으며 이 컬럼은 선분 조건이므로 처리단계 컬럼이 처리 범위를 감소시키지는 못한다. 하지만 인덱스에 처리단계 컬럼이 있으므로 처리단계 컬럼의 값을 확인하기 위해 테이블에 엑세스하지는 않게 된다. 결국 WHERE 조건을 만족하는 100건의 데이터만 테이블에 엑세스한다. 랜덤 엑세스에서도 100건의 데이터만 발생할 것이다. 처리단계 컬럼이 처리 범위를 감소시키지는 못하지만 테이블에 엑세스해서 확인해야 하는 랜덤 엑세스를 제거하는 역할을 수행한다. 이와 같이 인덱스에 없는 WHERE 조건의 값을 만족하는지 확인하기 위해 테이블에 랜덤 엑세스하는 경우를 확인 랜덤 엑세스라고 한다.

그렇다면 고객번호+제조사+판매일자+처리단계로 인덱스를 생성하면 랜덤 엑세스는 모두 제거되는 것인가? 그것은 아닐 것이다. 고객번호+제조사+판매일자+처리단계 인덱스를 사용하면 처리단계 컬럼의 값을 확인하기 위해 테이블에 엑세스해야 하는 확인 랜덤 엑세스는 제거될 것이다. 하지만, SELECT 절에 있는 컬럼인 고객명 컬럼과 상품이름 컬럼을 추출하기 위해 테이블에 엑세스해야 할 것이다. 이와 같이 결과로 추출하기 위해 필요한 값을 확인하는 랜덤 엑세스를 추출 랜덤 엑세스라고 한다. 추출 랜덤 엑세스는 확인 랜덤 엑세스와 다른 특징을 갖는다. 확인 랜덤 엑세스는 테이블에 엑세스한 후 조건에 맞지 않는다면 해당 데이터를 버리지만 SELECT 절에 사용된 컬럼을 추출하기 위해 수행하는 추출 랜덤 엑세스는 랜덤 엑세스를 통해 테이블에 엑세스한 모든 데이터를 추출한다. 물론 확인 랜덤 엑세스나 추출 랜덤 엑세스 모두 많은 양이 발생하면 성능 저하가 발생하는 점은 같다. 예를 들면, 인덱스에서 100건이 추출되어 테이블에 엑세스했다면 100번의 랜덤 엑세스가 발생한다. 100건의 데이터 중 추출 랜덤 엑세스는 버려지는 데이터 없이 모두 결과로 추출될 것이다. 랜덤 엑세스 후 버려지는 데이터가 없으므로 부하가 발생하지 않지만 이 또한 양이 많다면 랜덤 엑세스가 발생하는 것이므로 성능은 저하된다. 그렇다면 추출 랜덤 엑세스를 제거하기 위해 인덱스를 어떻게 선정해야 하는가? 추출 랜덤 엑세스를 발생시키는 컬럼을 인덱스 컬럼으로 추가한다면 추출 랜덤 엑세스도 제거될 것이다. 따라서 위의 SQL에서 추출 랜덤 엑세스도 제거하려면 고객번호+제조사+판매일자+처리단계+고객명+상품이름으로 인덱스를 생성하면 된다. 추출 랜덤 엑세스를 제거하는 컬럼은 항상 인덱스의 마지막에 위치한다. 그 이유는 추출 랜덤 엑세스는 테이블 엑세스 방지 역할만 수행하며 처리 범위의 감소나 증가와는 무관하기 때문이다.

위와 같이 인덱스를 구성한다면 모든 랜덤 엑세스가 제거되는가? 물론, 확인 랜덤 엑세스와 추출 랜덤 엑세스는 제거될 것이다. 하지만 랜덤 엑세스는 여전히 발생할 것이다. 아직 남은 랜덤 엑세스는 ORDER BY 절에 의한 랜덤 엑세스이며 이를 정렬 랜덤 엑세스라고 한다. 위의 SQL에는 ORDER BY 승인일자 조건이 존재한다. 승인일자 컬럼으로 정렬을 수행하기 위해서는 반드시 승인일자 컬럼의 값을 추출해야 할 것이다. 인덱스에 해당 컬럼이 존재하지 않기 때문에 어쩔 수 없이 테이블에서 해당 컬럼의 값을 확인해야 할 것이다. 따라서 정렬을 수행하는 컬럼의 값을 확인하기 위해 랜덤 엑세스가 발생한다. 이 컬럼도 인덱스에 추가된다면 정렬 랜덤 엑세스가 발생한다. 정렬 랜덤 엑세스는 추출 랜덤 엑세스와 유사한 성격을 가진다. 정렬 랜덤 엑세스의 경우에도 랜덤 엑세스에 의해 엑세스한 데이터에 대해 버려지는 데이터는 없다.

정렬 랜덤 엑세스까지 제거하기 위해서 고객번호+제조사+판매일자+처리단계+고객명+상품이름+승인일자로 인덱스를 선정해야 한다. 이와 같이 인덱스를 생성한다면 실행 계획은 아래와 같이 생성될 것이다.

실행 계획
```
SELECT STATEMENT
  SORT(ORDER BY)
    INDEX (RANGE SCAN) OF 판매_IDX
```

결국, 인덱스를 통해 확인 랜덤 엑세스, 추출 랜덤 엑세스, 정렬 랜덤 엑세스를 제거함으로써 인덱스 스캔 후 테이블에 엑세스하는 랜덤 엑세스를 완전히 제거할 수 있을 것이다. 그렇다면 확인 랜덤 엑세스, 추출 랜덤 엑세스, 정렬 랜덤 엑세스를 발생시키는 컬럼의 인덱스 순서는 어떻게 되어야 하는가? 처리 범위를 감소시키는 역할이 아니라 랜덤 엑세스를 제거하는 역할로 인덱스에서 사용된다면 확인 랜덤 엑세스 및 추출 랜덤 엑세스의 순서는 상관이 없다. 하지만 정렬 랜덤 엑세스를 제거하는 컬럼의 경우에는 인덱스의 컬럼 순서를 고려해야 한다.

위의 예제에서 고객번호+승인일자+제조사+판매일자+처리단계+고객명+상품이름 인덱스를 선정했다고 가정하자. 동등 연산자(=)를 사용하는 점 조건들 다음에 정렬을 수행하는 컬럼이 위치한다면 실행 계획에서 SORT 실행 계획이 제거될 것이다. 고객번호 컬럼은 동등 연산자(=)를 사용했으므로 고객번호 컬럼 뒤에 승인일자 컬럼이 있다면 해당 인덱스를 이용하는 순간 동일한 고객번호 컬럼의 값에 대해서는 승인일자 컬럼에 의해 자동으로 정렬된 값이 추출될 것이다. 그 이유는 추출되는 데이터는 인덱스를 이용하기 때문에 인덱스의 첫 번째 컬럼에 의해 정렬되며, 인덱스의 첫 번째 컬럼의 값이 동일하다면 인덱스의 두 번째 컬럼에 의해 정렬되어 데이터가 추출되기 때문이다. 마찬가지로 인덱스의 첫 번째 컬럼의 값도 하나의 값으로 동일하고 두 번째 컬럼의 값도 하나의 값으로 동일하다면 세 번째 컬럼에 의해 데이터가 정렬되어 추출된다. 따라서, 고객번호+승인일자+제조사+판매일자+처리단계+고객명+상품이름로 인덱스를 생성한다면 고객번호 컬럼의 값은 동등 연산자(=)를 사용하므로 승인일자 컬럼에 의해 정렬된 데이터가 추출된다.

```
실행 계획
    SELECT STATEMENT
      SORT(NO SORT)
        INDEX (RANGE SCAN) OF 판매_IDX
```

실행 계획에는 SORT 실행 계획이 생성되지만 NO SORT 실행 계획이 생성되어 내부적으로 정렬이 수행되지 않고 정렬된 데이터를 추출한다. 경우에 따라서는 SORT(NO SORT) 실행 계획마저 실행 계획에 생성되지 않게 된다.

위와 같이 인덱스를 생성하면 고객번호 컬럼만 처리 범위를 감소시킨다. 실제로 정렬은 발생하지 않지만 처리 범위를 감소시키는 컬럼이 고객번호 컬럼, 제조사 컬럼, 판매일자 컬럼에서 고객번호 컬럼 하나로 변경됨으로써 처리 범위가 증가할 것이다. 물론, 랜덤 엑세스의 양은 동일하다. 처리 범위를 감소시키는 역할을 수행하던 제조사 컬럼 및 판매일자 컬럼은 랜덤 엑세스를 감소시키는 역할을 수행한다. 고객번호 컬럼에 의해 처리 범위가 충분히 감소되고 정렬에 의해 부하가 많다면 위와 같이 고객번호 컬럼으로만 처리 범위를 감소시키고 승인일자 컬럼에 의한 정렬을 제거할 수 있다. 물론 나머지 컬럼들은 랜덤 엑세스를 제거할 것이다.

고객번호+승인일자+제조사+판매일자+처리단계+고객명+상품이름 인덱스는 많은 컬럼으로 구성되어 있다. 하나의 인덱스에 너무 많은 컬럼이 추가된다면 어떤 문제가 발생하는가? 보통의 경우에 두 가지 문제가 발생한다. 첫 번째는 인덱스의 크기가 커질 수 있다는 것이다. 인덱스는 조회를 위한 아키텍쳐이지 데이터를 관리하는 아키텍쳐는 아니다. 그렇기 때문에 인덱스의 크기가 커진다면 좋을 것이 없다. 특히 인덱스를 관리하는 작업에서 인덱스의 크기가 크다면 소요 시간이 증가할 수 있다. 또한, 인덱스가 커지면 인덱스 깊이가 깊어질 수 있으므로 인덱스를 조회하는 SQL의 성능이 다소 저하될 수 있다. 두 번째 문제점은 처리 범위의 감소다. 위의 컬럼으로 인덱스를 생성하고, 7개의 컬럼 모두 처리 범위를 감소시킨다고 가정하자. 인덱스의 모든 컬럼이 처리 범위를 감소시킬 수 있더라도 모든 컬럼에 의해 처리 범위가 감소되지는 않는다. 오라클에는 처리 범위를 감소시켜 주는 컬럼의 개수가 정해져 있으며, 그 이상의 컬럼이 처리 범위를 감소시키려 한다면 해당 컬럼은 처리 범위를 감소시키지 않게 된다. 결국 처리 범위를 감소시켜 주는 컬럼이 인덱스에 매우 많다면 뒤의 컬럼은 처리 범위를 감소시킬 수 있는 조건을 갖추고 있더라도 랜덤 엑세스를 제거하는 역할만 수행한다.

인덱스 컬럼의 개수를 많이 선정하면 위와 같은 문제가 발생할 수 있다. 하지만, 이들 문제를 해결할 수 있다. 보통의 경우에 인덱스의 크기가 커지더라도 파티션 인덱스 및 병렬 프로세싱으로 작업을 빠르게 수행할 수 있다. 물론, 작은 크기의 인덱스보다는 작업 소요 시간이 증가하는 것은 자명한 사실일 것이다. 하지만 파티션 인덱스 및 병렬 프로세싱으로 납득할 만한 작업 시간이 소요된다면 그렇게 큰 문제가 되지는 않을 것이다. 인덱스 깊이 증가에 의한 문제도 파티션 인덱스를 통해 해결할 수 있다. 실무에서 컬럼이 많은 인덱스 뒤에 선정되는 컬럼들은 거의 랜덤 엑세스를 제거하기 위한 것이므로 이와 같은 문제에도 전혀 손해 볼 일은 없을 것이다. 사실 실무에서는 인덱스 컬럼이 많아서 발생하는 문제점은 거의 없다.

인덱스를 생성할 때 인덱스에 많은 컬럼이 들어가면 문제가 될 것이라고 생각하는 사람이 많을 수 있다. 하지만, 어느 누구도 문제의 정확한 근거를 말하지는 못하는 것 같다. 앞서 언급한 대로 몇 가지 문제가 발생할 수는 있다. 이러한 문제도 많은 고려를 한다면 해결할 수 있음에는 틀림이 없다. 그렇더라도 적은 개수의 컬럼으로 인덱스를 생성하는 것이 유리한 점이 많을 것이다. 물론 인덱스에 엑세스하는 모든 SQL이 최적화되어야 하는 것은 당연한 이야기다. 많은 컬럼으로 인덱스를 생성하더라도 성능에 큰 문제가 발생하지는 않는다. SQL만 본다면 랜덤 엑세스를 제거해서 성능을 향상시킬 수 있다. 인덱스의 컬럼 개수보다는 인덱스를 구성하는 모든 컬럼이 처리 범위를 감소시키거나 랜덤 엑세스를 제거하는 역할을 수행하는지가 SQL의 성능에 더 중요하다. 그렇다고 하더라도 SQL에 사용되는 모든 컬럼을 인덱스 컬럼으로 선정하는 것도 좋은 방법은 아니다. 모든 컬럼을 인덱스로 만들면 인덱스의 크기가 커지기 때문에 앞서 언급한 인덱스 관리에 대한 부하가 발생할 수 있기 때문이다. 운영을 고려하여 적당한 개수로 인덱스 컬럼을 선정하여 처리 범위를 최대한 감소시키고, 랜덤 액세스까지 최소화시킬 수 있는 인덱스 컬럼을 선정해야 할 것이다. 이와 같은 이유에서 인덱스 선정이 쉽지만은 않을 것이다.

확인, 추출, 정렬 랜덤 엑세스의 제거는 처리 범위의 감소 다음으로 SQL의 성능에 있어 매우 중요하다. 그러나 많은 개발자나 데이터베이스 관리자가 처리 범위 최소화는 고려하지만 랜덤 엑세스는 많이 고려하지 않는 것 같다. 인덱스를 선정할 경우에 랜덤 엑세스를 최소화하기 위한 작업은 반드시 필요하다. 특히 확인 랜덤 엑세스의 감소는 매우 중요하다. 확인 랜덤 엑세스는 랜덤 엑세스의 횟수와 동일하거나 아니면 적은 데이터를 추출한다. 그렇기 때문에 랜덤 엑세스를 수행한 데이터에 대해 버리는 현상이 발생할 수 있다. 힘들게 엑세스한 데이터를 버린다면 이 또한 안타깝지 않겠는가?

세 번째로, 정렬을 제거하는 인덱스를 살펴보자. 인덱스는 인덱스를 구성하는 컬럼의 순서에 의해 정렬되어 디스크에 저장되어 있다. 따라서 인덱스를 선정할 때 정렬을 고려한다면 많은 부분에서 정렬을 제거할 수 있다. 그렇다고 해서 인덱스를 이용하여 모든 정렬을 제거할 수 있지는 않다.

Chapter 2. 대용량 테이블에서 많은 데이터와 적은 데이터 엑세스하기

> **예 제**
>
> ```
> SQL> SELECT 판매일자, 고객명, 상품이름, 제조사
>        FROM 판매
>        WHERE 고객번호 = '11111'
>        ORDER BY 승인일자;
> ```

위의 SQL에서 많은 사람들은 WHERE 조건에 사용된 고객번호 컬럼으로만 인덱스를 생성하려는 경향이 강하다. 왜 ORDER BY 절이나 GROUP BY 절에 사용된 컬럼을 인덱스 컬럼으로 생각하지 않는가? 위의 SQL에서 고객번호+승인일자 인덱스를 생성해 보자. 추출되는 데이터는 고객번호 컬럼의 값이 동일하게 '11111' 이며 고객번호+승인일자 인덱스에 엑세스하여 데이터를 추출한다. 인덱스의 첫 번째 컬럼의 값이 동일할 경우에 인덱스의 두 번째 컬럼에 의해 정렬되어 데이터가 추출된다. 그 이유는 인덱스는 인덱스를 구성하는 컬럼 순서대로 정렬되어 저장되기 때문이다. 따라서 승인일자 컬럼의 값에 의해 오름차순으로 자동 정렬되어 결과가 추출될 것이다. 이렇듯 ORDER BY 절과 GROUP BY 절에 사용된 컬럼도 인덱스 컬럼이 될 수 있다는 것을 반드시 기억하기 바란다.

> **실행 계획**
>
> ```
> SELECT STATEMENT
>   SORT(NO SORT)
>     TABLE ACCESS (BY INDEX ROWID) OF 판매
>       INDEX (RANGE SCAN) OF 고객번호_승인일자_IDX
> ```

실행 계획에는 위와 같이 SORT(NO SORT)로 실행 계획이 생성되거나 SORT 실행 계획이 생성되지 않게 된다. 실행 계획이 어떤 형태로 생성되더라도 결국에는 인덱스를 통해 정렬을 수행한다.

위에서는 정렬을 제거하기 위해 승인일자 컬럼을 인덱스에 추가하였다. 정렬을 제거하는 인덱스 선정에도 규칙이 있다. 정렬을 제거하기 위한 인덱스 컬럼에서 정렬을 제거하는 인덱스 컬럼의 앞에는 반드시 점 조건만이 있어야 하며 점 조건 중에서도 동일(=) 연산자를 사용한 조건만 있어야 한다.

> **예 제**
>
> ```
> SQL> SELECT 판매일자, 고객명, 상품이름, 제조사
>        FROM 판매
>        WHERE 제조사 = 'A공장'
>        AND 고객번호 IN ( '11112', '11111' )
>        ORDER BY 고객번호;
> ```

정렬을 수행하는 컬럼을 인덱스에 추가할 경우에 인덱스의 위치에서 정렬 컬럼의 앞에는 점 조건 중 동일(=) 조건의 컬럼만 있어야 정렬을 제거할 수 있다. 점 조건 중의 하나인 IN 연산자의 경우 부분적으로 인덱스를 이용하여 정렬을 제거할 수 있다.

위의 예제에서 판매 테이블에 제조사+고객번호 인덱스를 생성했다고 가정하자. 제조사 조건과 고객번호 조건 모두 점 조건이므로 제조사+고객번호 인덱스나 고객번호+제조사 인덱스 모두 처리 범위는 동일하게 감소한다. 그렇다면 두 인덱스에서 데이터 정렬은 어떻게 되는가? 결론은 두 인덱스 모두 고객번호 컬럼의 값으로 정렬된 데이터를 추출할 수 있다. 어떤 이유에서 두 인덱스 모두 고객번호 컬럼으로 정렬된 데이터를 추출할 수 있는지 살펴보자.

제조사+고객번호 인덱스를 생성하고 이용한다면 위의 SQL은 제조사가 'A공장' 인 데이터 중에서 고객번호 컬럼의 값이 '11111' 인 데이터를 먼저 추출한다. 고객번호 컬럼의 값이 '11111' 인 데이터가 추출되고 나서야 비로서 고객번호 컬럼의 값이 '11112' 인 데이터가 추출될 것이다. 그렇기 때문에 위의 경우는 ORDER BY 절을 사용하지 않고 고객번호 컬럼으로 정렬된 데이터를 추출할 수 있게 된다. 왜 이런 현상이 발생하는 것일까? 그 이유는 간단하다. 위의 SQL은 데이터베이스 내부적으로 아래와 같이 SQL이 변경되기 때문이다. 물론 이렇게 되려면 CONCATNATION 실행 계획이 생성되어야 한다.

```
예 제
SQL> SELECT 판매일자, 고객명, 상품이름, 제조사
     FROM 판매
     WHERE 제조사 = 'A공장'
     AND 고객번호 = '11111'
     UNION ALL
     SELECT 판매일자, 고객명, 상품이름, 제조사
     FROM 판매
     WHERE 제조사 = 'A공장'
     AND 고객번호 = '11112';
```

ORDER BY 절을 제외한 앞의 SQL은 IN 절에 의해 위와 같이 수행된다. UNION ALL 집합 연산자는 위의 SQL과 아래 SQL에서 추출된 데이터를 합쳐주는 역할만을 수행한다. 따라서, 고객번호 컬럼의 값이 '11111' 인 데이터를 결과로 추출하며, 해당 결과가 모두 추출된 후에 고객번호 컬럼의 값이 '1112' 인 데이터를 추출한다. 이와 같기 때문에 앞의 IN 연산자를 사용한 SQL은 ORDER BY를 수행할 필요가 없다. 만약, 고객번호 컬럼의 값이 '11112' 인 데이터를 결과로 추출하고 싶다면 SQL을 어떻게 수행하면 되는가?

IN 절에 있는 상수의 위치를 변경하면 된다. 물론 실행 계획에는 CONCATENATION 실행 계획이 생성되어야 할 것이다. 이 경우에 INLIST 실행 계획이 생성된다면 아래 SQL은 고객번호 컬럼의 값이 '11111'인 데이터를 먼저 추출할 것이다.

> 예 제
>
> SQL> SELECT 판매일자, 고객명, 상품이름, 제조사
> FROM 판매
> WHERE 제조사 = 'A공장'
> AND 고객번호 IN ('11111' , '11112');

IN 절 안에서 고객번호 값의 순서를 변경하면 원하는 정렬된 데이터가 추출될 것이다. 이는 IN 절이 뒤에 있는 상수부터 데이터를 추출하기 때문이다. 인덱스를 고객번호+제조사로 구성해도 원하는 정렬된 데이터를 동일하게 추출할 수 있을 것이다. 결국 IN 절에 사용된 컬럼으로 정렬을 수행하면 인덱스를 이용하여 정렬을 제거할 수 있다는 결론에 도달하게 된다.

이와 같은 방법을 사용하여도 모든 정렬을 인덱스로 제거할 수는 없다. 하지만, 인덱스를 효과적으로 이용하여 많은 SQL에서 정렬을 제거한다면 SQL의 성능 향상은 물론이고 부하를 많이 발생시키는 정렬이 제거됨으로써 시스템의 성능이 전체적으로 향상될 것이다.

네 번째로, 결합 인덱스를 생성할 경우에 단일 컬럼의 분포도를 어떻게 고려해야 하는지 살펴보자. 단일 컬럼의 분포도는 사실 결합 컬럼 인덱스를 선정함에 있어 중요한 항목은 아니다. 가장 중요한 항목은 컬럼에 사용되는 연산자다. 컬럼의 분포도가 아무리 좋아도 연산자를 선분 조건으로 사용해야 한다면 분포도는 나빠진다. 또한 분포도가 나쁜 컬럼이더라도 점 조건을 사용하여 여러 컬럼을 결합한다면 분포도가 좋아질 수 있다. 예를 들어, 성별 컬럼은 일반적으로 분포도가 좋지 않다. 하지만 이 컬럼이 점 조건으로 사용되고 인덱스를 선정할 경우에 점 조건을 사용하는 성명 컬럼으로 결합 인덱스를 생성한다면 인덱스는 성별+성명이 될 것이다. 분명 성별 컬럼은 분포도가 좋지 않지만 성별+성명은 분포도가 좋을 것이다. 이렇게 되는 이유는 두 컬럼이 점 조건으로 엑세스 결합 인덱스로 구성되어서 처리 범위가 감소하기 때문이다. 이와 같이 단일 컬럼에 의한 분포도는 중요치 않다. 중요한 것은 연산자에 의한 결합 컬럼의 분포도다.

그렇다면 단일 컬럼의 분포도가 왜 결합 인덱스 선정의 네 번째 우선 순위에 포함되는 것인가? 그 이유는 점 조건이나 선분 조건 사이에 순서를 정하기 위한 우선 순위를 선정할 경우에 단일 컬럼의 분포도를 고려해야 하기 때문이다.

> **예제**
> ```
> SQL〉 SELECT 판매일자, 고객명, 상품이름, 제조사
>        FROM 판매
>        WHERE 고객번호 = '11111'
>        AND 제조사 IN ('A공장', 'B공장')
>        AND 판매일자 BETWEEN '20070401' AND '20070430'
>        AND 처리단계 > 3
>        ORDER BY 판매일자;
> ```

위의 SQL에 대한 인덱스를 선정해 보자. 첫 번째로 연산자에 의한 우선 순위를 고려하여 고객번호+제조사+판매일자+처리단계로 인덱스를 생성해야 한다. 물론, 고객번호 컬럼과 제조사 컬럼은 점 조건을 사용하므로 순서를 변경해도 고객번호 조건, 제조사 조건, 판매일자 조건에 의해 처리 범위가 감소할 것이다. 마지막 컬럼인 처리단계 컬럼은 앞의 컬럼인 판매일자 컬럼이 선분 조건이므로 처리 범위를 감소시키지 못한다. 선분 조건인 제조사 컬럼과 처리단계 컬럼의 위치를 변경한다면 어떤 현상이 발생하는가? 점 조건의 순서를 변경하면 어떻게 되는가? 동일한 점 조건 사이에서 순서를 변경하더라도 처리 범위는 동일하다.

그렇다면 점 조건 및 선분 조건 사이의 순서는 어떻게 결정되는가? 점 조건 및 선분 조건 사이의 순서는 단일 컬럼의 분포도에 의해 결정된다.

선분 조건을 먼저 살펴보자. 위의 SQL에는 두 개의 선분 조건이 있다. 판매일자 컬럼과 처리단계 컬럼이 선분 조건에 해당된다. 판매일자 컬럼이 처리단계 컬럼보다 앞에 위치하면 고객번호 조건, 제조사 조건, 판매일자 조건에 의해 처리 범위가 감소한다. 처리단계 컬럼이 판매일자 컬럼보다 앞에 위치한다면 처리 범위는 고객번호 조건, 제조사 조건, 처리단계 조건에 의해 처리 범위가 감소한다. 그렇다면 과연 어떤 순서로 선정된 것이 최적의 인덱스인가? 판매일자 컬럼이 처리단계 컬럼보다 분포도가 좋다고 가정하자. 판매일자 컬럼의 경우는 BETWEEN 연산자를 사용하며, 처리단계 컬럼은 부등호 연산자인 >를 사용한다. 이 경우에는 해당 컬럼의 속성 및 업무를 확인해야 할 것이다. 판매일자 컬럼은 보통의 경우 BETWEEN으로 1개월 단위로 조회된다고 가정하자. 이에 반해 처리단계 컬럼은 '1', '2', '3'으로 설정된다고 가정하자. 이와 같은 경우에 판매일자 컬럼의 BETWEEN 조건을 만족하는 데이터가 더 적다면 판매일자 컬럼이 처리단계 컬럼보다 앞에 위치해야 한다. 선분 조건에서는 단일 컬럼 자체의 분포도가 아니라 단일 컬럼의 분포도와 연산자에 의해 추출되는 데이터의 양을 업무에 적용하여 비교해야 한다. 이와 같이 비교하여 더 적게 추출되는 컬럼을 앞에 위치시켜야 처리 범위가 더 많이 감소한다.

점 조건은 어떠한가? 점 조건에는 해당 컬럼의 분포도를 그대로 적용하면 된다. 하지만 주의해야 할 점

이 있다. 위의 예제에서 점 조건은 고객번호 조건과 제조사 조건 두 개다. 이와 같은 점 조건은 연산자에 상관 없이 해당 컬럼의 분포도에 의존한다.

고객번호 컬럼의 분포도가 매우 좋다고 가정하자. 하나의 고객번호 조건이 설정되면 10건 이내로 데이터가 추출되며, 이는 해당 테이블의 전체 데이터와 비교하여 0.1% 미만이라고 가정하자. 하지만, 제조사 컬럼의 경우에 전체 고객사가 20개라고 한다면 하나의 고객사 컬럼의 값은 대략 5% 정도의 데이터를 추출한다. WHERE 조건에 고객사 조건도 있고 고객번호 조건도 있다면 고객번호+제조사 인덱스나 제조사+고개번호 인덱스의 처리 범위가 동일하므로 SQL은 같은 성능을 보장한다. 그렇다면 WHERE 조건에 각각 조건이 설정되어 SQL이 수행되면 어떠한가? 제조사+고객번호로 인덱스를 생성한 경우와 고객번호+고객사로 인덱스를 생성한 경우를 살펴보자.

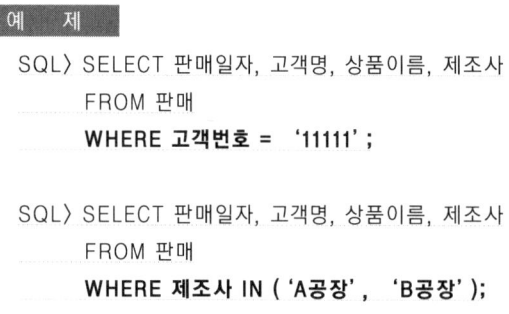

두 SQL 모두 제조사+고객번호 인덱스를 이용한 경우를 살펴보자. 첫 번째 SQL에서는 제조사+고객번호 인덱스를 이용하지 못할 것이다. 따라서 고객번호 컬럼으로 생성된 다른 인덱스가 필요하다. 두 번째 SQL에서는 WHERE 조건의 제조사 컬럼이 인덱스의 첫 번째 컬럼이므로 제조사+고객번호 인덱스를 사용할 수 있을 것이다. 하지만 SQL이 제조사+고객번호 인덱스를 이용함으로써 인덱스 스캔 후 테이블에 엑세스하는 랜덤 엑세스가 10% 정도 발생한다. 그러므로 해당 테이블이 대용량이라면 랜덤 엑세스에 의한 성능 저하가 발생할 것이다. 이와 같다면 제조사 조건만 설정되는 경우에는 전체 스캔 방식이 인덱스 스캔 방식보다 더 좋은 성능을 보장할 수 있을 것이다.

고객번호+제조사 인덱스는 어떠한가? 이 인덱스를 생성하면 위의 예제에서 첫번째 SQL은 정상적으로 분포도가 좋은 고객번호 컬럼으로 구성된 인덱스를 이용하게 되므로 성능을 보장받을 수 있다. 두 번째 SQL은 WHERE 절에 고객번호 조건이 없으므로 이 인덱스를 이용하지 못하고 테이블 전체 스캔을 이용할 것이다.

앞서 언급한 SQL에서는 고객번호+제조사 인덱스와 제조사+고객번호 인덱스의 성능이 동일했다. 하지만 테이블이 엑세스하는 SQL이 하나만 있는 것은 아니다. 테이블에 엑세스하는 다른 SQL을 고려한다면 점 조건에 대해서는 분포도가 좋은 컬럼을 인덱스의 앞에 위치시켜야 할 것이다. 이것이 인덱스 선정의 핵심이다. 하나의 SQL을 최적화할 수 있는 인덱스는 누구나 쉽게 생성할 수 있을 것이다. 하지만 테이블의 데이터에 엑세스하는 SQL은 매우 많이 있다. 테이블에 엑세스하는 SQL 하나 하나에 최적화된 인덱스를 생성하는 것은 쉽겠지만 그렇게 인덱스를 생성한다면 수 없이 많은 인덱스가 만들어질 것이다. 위와 같이 테이블에 엑세스하는 많은 SQL을 고려하여 최적화된 인덱스를 선정해야 할 것이다.

제조사+고객번호 인덱스를 생성했다고 가정하자. 그렇다면 위의 SQL들은 성능 저하를 발생시킬 것이다. 그렇다고 운영 중인 시스템의 인덱스를 변경하거나 추가하는 것은 쉽지 않다. 이와 같이 인덱스를 잘못 생성할 경우에는 SQL을 어떻게 최적화해야 하는가?

예 제

```
SQL> SELECT 판매일자, 고객명, 상품이름, 제조사
     FROM 판매
     WHERE 고객번호 = '11111';

SQL> SELECT 판매일자, 고객명, 상품이름, 제조사
     FROM 판매
     WHERE 고객번호 = '11111'
     AND 제조사 IN (SELECT 제조사
                  FROM 제조사_MASTER);
```

첫 번째 SQL은 위와 같이 최적화가 가능할 것이다. 앞서 제조사 컬럼에 20개의 서로 다른 값이 있다고 가정했다. 또한 20개의 제조사 컬럼의 값을 판매 테이블의 부모 테이블인 제조사 테이블에서 관리한다고 가정하자. 이와 같은 전제 조건에서 두 번째 SQL과 같이 최적화한다면 판매 테이블은 제조사 컬럼과 고객번호 컬럼을 제공받기 때문에 제조사+고객번호 인덱스를 이용할 수 있게 된다.

WHERE 조건에 제조사 조건만 있을 경우에 힌트를 설정하여 제조사+카드번호 인덱스를 이용하지 못하게 하고 판매 테이블을 전체 스캔하게 하여 SQL을 최적화할 수 있다. 인덱스를 이용한다면 인덱스 스캔 후 테이블에 엑세스하는 랜덤 엑세스의 비율이 10%에 해당하기 때문에 인덱스 스캔보다는 테이블 전체 스캔이 성능에 더 유리할 것이다. 아래의 두 번째 SQL과 같이 힌트를 이용하여 SQL을 수행한다면 판매 테이블을 전체 스캔하여 결과를 추출할 수 있을 것이다.

> **예 제**
>
> ```
> SQL> SELECT 판매일자, 고객명, 상품이름, 제조사
>        FROM 판매
>        WHERE 제조사 IN ( 'A공장', 'B공장' );
>
> SQL> SELECT /*+ FULL */
>              판매일자, 고객명, 상품이름, 제조사
>        FROM 판매
>        WHERE 제조사 IN ( 'A공장', 'B공장' );
> ```

이처럼 인덱스가 잘못 선정되어 있어도 힌트 및 여러 가지 방법을 통해 SQL을 최적화할 수 있다. 하지만 모든 SQL에 대해 이와 같이 처리한다는 것이 쉬운 작업은 아니다. 따라서, 처음 인덱스를 선정하는 시점에 효과적인 인덱스를 선정해야 할 것이다. 그러기 위해서는 하나의 SQL만을 고려해서는 안 되며 테이블에 엑세스하는 대부분의 SQL을 함께 고려하는 것이 최적의 인덱스를 선정하는 지름길임을 명심하기 바란다.

많은 데이터에 엑세스하는 SQL은 테이블 전체 스캔을 이용하라.

앞서 언급한 내용들은 테이블의 적은 데이터에 엑세스하는 경우에 해당된다. 대용량 테이블에서 적은 데이터를 추출하는 경우에 반드시 인덱스를 이용해야 할 것이다. 일반적으로 말하는 적은 양의 데이터 엑세스라는 것은 테이블의 3%~5% 미만의 데이터에 엑세스할 경우를 의미한다. 테이블의 데이터가 많으면 많을수록 랜덤 엑세스의 증가에 의해 이 수치는 낮아진다.

그렇다면 대용량 테이블에서 3%~5% 이상의 데이터를 추출하는 경우는 어떻게 해야 하는가? 많은 데이터에 엑세스하는 경우에 인덱스를 이용하면 처리 범위 및 랜덤 엑세스의 증가로 인해서 엄청난 성능 저하가 발생한다. 이와 같은 경우에는 테이블 전체 스캔을 고려해야 할 것이다.

예제
```
SQL> SELECT 판매일자, 고객명, 상품이름, 제조사
     FROM 판매;
```

실행 계획
```
SELECT STATEMENT
  TABLE ACCESS (FULL) OF '판매'
```

위에서 판매 테이블이 대용량 테이블이라고 가정하자. 이 SQL에 WHERE 조건이 없으므로 어떠한 인덱스도 이용하기 힘들 것이다. 이러한 경우에는 당연히 판매 테이블을 전체 스캔할 것이다. 그러므로 판매 테이블을 전체 스캔하는 실행 계획이 생성될 것이다.

예제
```
SQL> SELECT 판매일자, 고객명, 상품이름, 제조사
     FROM 판매
     WHERE 판매자_이름 LIKE '이%';
```

판매 테이블에서 판매자_이름 컬럼의 분포도가 좋다고 가정하자. 판매자_이름 컬럼을 점 조건으로 사용하는 SQL이 있다면 판매자_이름 인덱스를 생성했을 것이다. 판매자_이름 컬럼에 인덱스가 있다면 위의 SQL도 판매자_이름 인덱스를 이용할 것이다. 하지만 위의 SQL에서 판매자_이름 조건은 점 조건이 아니다.

또한 판매자_이름 컬럼은 분포도가 좋지만 데이터의 50%가 성이 '이'로 시작한다고 가정하자. 그렇다면 위의 SQL은 판매자_이름 인덱스의 50%에 엑세스하여 모두 랜덤 엑세스를 발생시키므로 테이블의 50%에 해당하는 데이터에 대해서 랜덤 엑세스가 발생한다. 이와 같은 현상이 대용량 테이블에서 발생한다면 랜덤 엑세스의 급증으로 도저히 성능을 보장받을 수 없을 것이다. 따라서 위의 경우에는 강제로라도 테이블을 전체 스캔하도록 해야 할 것이다.

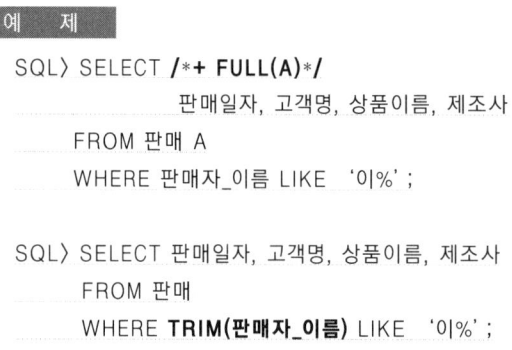

```
예 제
SQL> SELECT /*+ FULL(A)*/
            판매일자, 고객명, 상품이름, 제조사
     FROM 판매 A
     WHERE 판매자_이름 LIKE '이%';

SQL> SELECT 판매일자, 고객명, 상품이름, 제조사
     FROM 판매
     WHERE TRIM(판매자_이름) LIKE '이%';
```

두 가지 방법으로 판매 테이블을 전체 스캔하도록 실행 계획을 생성할 수 있다. 첫 번째 방법은 힌트를 이용하는 것이다. 첫 번째 SQL과 같이 힌트로 /*+ FULL(A) */를 설정하면 판매 테이블은 전체 스캔을 수행한다. 두 번째 방법은 인덱스 컬럼에 데이터를 변경시키지 않는 함수를 사용하는 것이다. WHERE 절의 인덱스 컬럼에 함수를 사용한다면 판매자_이름 인덱스를 이용할 수 없게 된다. 따라서, 판매 테이블을 전체 스캔한다. 인덱스에는 가공되지 않은 판매자_이름 컬럼의 값이 있으므로 인덱스 컬럼이 가공되면 해당 인덱스를 이용할 수 없다. 이는 인덱스의 고유한 특징 때문이다.

결국, 위의 두 방법 중 하나를 이용하여 테이블 전체 스캔을 수행할 수 있다. 실행 계획은 아래와 같이 생성될 것이다.

```
실행 계획
SELECT STATEMENT
    TABLE ACCESS (FULL) OF 판매
```

대용량 테이블에서 많은 양의 데이터를 추출할 경우에 테이블을 전체 스캔 하는 이유는 랜덤 엑세스 때문이다. 테이블 전체 스캔은 랜덤 엑세스를 제거할 수 있으므로 많은 데이터에 엑세스하는 SQL의 경우에 인덱스를 이용하는 것보다 더 좋은 성능을 보장받을 수 있다. 또한, 테이블 전체 스캔은 다중 블록 I/O를 수행하기 때문에 대용량의 데이터를 추출하는 SQL에 대해서는 인덱스 스캔보다 성능적으로 유리할 수 있다.

많은 데이터에 엑세스하여 결과를 추출하는 SQL이 1초만에 수행되기를 원하지는 않을 것이다. 또한, 대용량 테이블에서 많은 양의 데이터를 한 번에 추출한다면 이는 통계 작업이나 배치 작업일 것이다. 이와 같은 상황이라면 테이블 전체 스캔으로 수행하여도 납득할 수 있는 수행 시간을 기대할 수 있을 것이다. 몰론, 테이블 전체 스캔에 병렬 프로세싱을 적용한다면 기대한 수행시간 보다 빠른 성능을 보장할 수 있을 것이다.

그렇다면 온라인 SQL에서 많은 데이터를 추출한다면 어떻게 해야 하는가? 온라인 SQL에서 많은 데이터를 추출한다면 잘못된 업무일 가능성이 많다. 온라인 SQL에서 10,000건의 데이터를 추출한다면 추출한 10,000건의 데이터를 어떻게 화면에 보여 줄 것인가? 10,000건의 데이터를 하나의 화면에 보여줄 수는 없을 것이다. 이와 같은 경우라면 첫 번째 화면에 몇 건을 보여주고 나머지는 숨겨두었다가 다음 화면에서 몇 건씩 보여 주는 경우가 대부분일 것이다. 이와 같다면 온라인 SQL의 추출 데이터가 10,000건이라고 이야기할 수 있는가? 처음에 보이는 몇 건의 데이터가 온라인 SQL에서 추출되는 데이터의 건수가 된다. 다음 화면에 보여줄 데이터를 미리 추출하는 작업 자체가 잘못된 것이다. 그렇기 때문에 온라인 SQL이라면 적은 양의 데이터를 추출해야 할 것이다. 예외적으로 온라인 통계 작업이라면 GROUP BY 절이나 집합 함수를 사용하므로 엑세스한 데이터는 10,000건이지만 보여주는 데이터는 몇 건 안될 수도 있다. 이와 같은 경우라면 SQL 최적화를 좀 더 신중하게 수행해야 할 것이다. 이와 같은 경우를 제외하고는 많은 양을 추출하는 온라인 SQL은 없을 것이다. 결국, 많은 양을 추출하는 SQL은 대부분 배치나 통계 작업이며 이와 같은 SQL을 최적화하기 위해서는 테이블 전체 스캔을 이용하는 것이 유리한 경우가 많다. 또한, 테이블 전체 스캔 시 다음에서 언급할 병렬 프로세싱을 적용하여 성능을 향상시킬 수 있을 것이다.

> ☑ 대용량 테이블의 전체 스캔의 성능 향상은 병렬 프로세싱에 달려 있다.

대용량 테이블이 전체 스캔을 이용하는 경우에 항상 고려해야 할 사항이 병렬 프로세싱이다. 병렬 프로세싱은 어떤 아키텍쳐를 가지고 있기 때문에 테이블 전체 스캔 시 병렬 프로세싱을 항상 고려해야 하는가?

병렬 프로세싱은 하나의 작업을 여러 프로세스가 나누어 수행하는 것을 의미한다. 기본적으로 오라클에서는 하나의 SQL에는 하나의 프로세스가 기동되어 필요한 데이터에 엑세스한다. 하지만 병렬 프로세싱을 이용하면 설정한 개수만큼의 프로세스가 기동하여 작업을 나누어 수행한다. 대용량 테이블에 엑세스하는 경우에 하나의 프로세스로 엑세스하는 수행 방식보다는 여러 개의 프로세스로 테이블을 나누어 엑세스하는 방식이 성능을 향상시킨다.

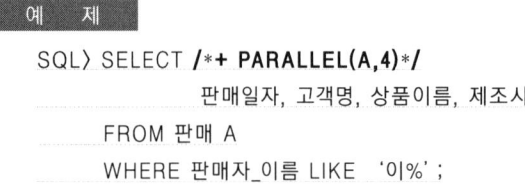

힌트의 설정을 통해 병렬 프로세싱의 구현이 가능하다. 물론, 테이블의 DEGREE 옵션에 의해 병렬 프로세싱이 자동으로 기동할 수도 있다. 하지만, 명시적으로 힌트를 이용하는 것이 사용에 있어서 더 용이할 것이다. 위의 SQL은 판매 테이블에 엑세스하는 프로세스를 4개 기동시킨다. 한 개의 프로세스로 대용량 데이터에 엑세스하는 경우보다는 4개의 프로세스로 테이블에 엑세스하는 경우에 더 빠른 성능이 보장될 것이다. 시스템의 디스크 I/O 속도와 자원에 따라 성능 향상의 폭은 달라진다. 시스템이 소유하고 있는 자원에 비해 병렬 프로세싱의 개수를 많이 할당한다면 이는 오히려 성능 저하를 발생시킨다. 위에서 사용한 PARALLEL 힌트는 내부적으로 테이블 전체 스캔을 포함하고 있다. 그렇기 때문에 보통의 경우에는 별도로 테이블을 전체 스캔하기 위해 FULL 힌트를 설정할 필요가 없다.

그렇다면 어째서 병렬 프로세싱이 테이블 전체 스캔의 성능을 향상시키는가? 앞서 언급했듯이 여러 개의 프로세스를 기동시켜 대상 테이블의 데이터를 나누어 엑세스하기 때문에 성능이 향상되는 것은 맞는 말이다. 하지만 한 단계 더 들여 본다면 여러 개의 프로세스가 각 시스템의 자원을 사용하기 때문에 병렬 프로세싱이 성능을 향상시킬 수 있다. 아무리 여러 개의 프로세스를 기동시킨다고 하더라도 동일한 자원을 사용한다면 경합이 발생할 것이다. 이렇다면 하나의 프로세스를 기동시킨 경우와 비교하여 좋아지는 점이 별로 없을 것이다. 차라리 성능이 더 저하될 수도 있다. 이와 같은 이유에서 병렬 프로세싱을 효과적으로 이용하기 위해서는 시스템에 CPU도 많고 테이블이 모든 디스크로 분산되어 있는 것이 유리하다. 하나의 디스크에 테이블이 저장되어 있다면 모든 프로세스는 하나의 디스크로 집중되어 디스크 경합이 발생할 수도 있다.

그렇다면 테이블을 전체 스캔해야 하는 모든 테이블에 대해 병렬 프로세싱을 적용해야 하는 것인가? 모든 테이블에 병렬 프로세싱을 적용한다고 테이블 전체 스캔의 성능이 향상되는 것은 아니다. 그렇다면 왜 모든 병렬 프로세싱을 이용할 경우 반드시 성능 향상을 기대할 수 없는 것인가? 이는 병렬 프로세싱의 내부 아키텍쳐 때문이다.

병렬 프로세싱을 수행하기 위해서는 앞서 언급했듯이 여러 프로세스를 기동시켜야 한다. 운영 체제에서 여러 개의 프로세스를 기동하기 위해서는 운영 체제의 자원을 사용해야 한다. 그렇기 때문에 여러 개의 프로세스를 기동시키기 위한 시간이 소요된다. 프로세스를 많이 기동시킬수록 운영 체제의 병렬 프로세스 기동 시간은 증가한다. 따라서, 크기가 작은 테이블에 병렬 프로세싱을 적용하면 테이블에 엑세스하는 시간보다 프로세스를 기동시키는 시간이 더 많이 소요될 수 있기 때문에 성능이 저하될 수 있다. 정확한 기준은 없지만 경험에 의하면 1GB 이상의 테이블에서 병렬 프로세싱을 이용하는 것이 많은 시스템에서 효과적이었다. 물론, 시스템의 사양에 따라 달라질 수 있기 때문에 운영 중인 시스템이나 프로젝트에 사용되고 있는 시스템에 병렬 프로세싱을 적용하기 위해서는 많은 테스트를 진행하여 병렬 프로세싱의 기준을 수립해야 할 것이다. 또한, 병렬 프로세싱은 데이터베이스 내부 자원을 많이 사용하기 때문에 작은 테이블의 경우에는 자원 사용에 소요되는 시간에 따라 성능이 저하될 수 있다.

병렬 프로세싱을 사용하기 위해서는 데이터베이스 파라메터의 설정 또는 파라메터 확인이 필요하다.

- PARALLEL_MIN_SERVER - 시스템에서 사용할 수 있는 최소 병렬 프로세싱 개수
- PARALLEL_MAX_SERVER - 시스템에서 사용할 수 있는 최대 병렬 프로세싱 개수
- PARALLEL_AUTOMATIC_TUNING - 병렬 프로세싱의 메시지 저장 공간과 병렬 프로세스 사이의 통신을 위한 I/O 단위를 설정
- PARALLEL_AUTOMATIC_MESSAGE_SIZE - 병렬 프로세스 사이의 통신을 위한 I/O 크기

PARALLEL_MIN_SERVER 파라메터 및 PARALLEL_MAX_SERVER 파라메터의 경우는 해당 시

스템에서 동시에 기동시킬 수 있는 병렬 프로세스의 개수를 의미한다. 예를 들어, PARALLEL_MAX_SERVER 파라미터가 8로 설정되어 있다고 가정하자. 하나의 SQL에서 8개의 병렬 프로세싱을 사용할 경우에 다른 SQL에서는 병렬 프로세싱을 수행하지 못하게 된다. 이 파라미터는 시스템에서 한 번에 기동할 수 있는 병렬 프로세싱의 개수를 제한하는 파라미터가 된다. PARALLEL_AUTOMATIC_TUNING 파라미터는 TRUE 또는 FALSE로 설정된다. TRUE로 설정될 경우에 병렬 프로세스 사이에 통신을 수행하기 위해 사용하는 메시지는 오라클 메모리 공간 중에서 LARGE POOL 공간을 사용한다. 파라미터가 TRUE로 설정되지 않는다면 메시지는 오라클 메모리 공간의 SHARED POOL 공간을 사용한다. SQL에 대한 파싱(PARSING) 정보를 저장하는 SHARED POOL 영역을 사용한다면 메모리 사용에 비효율이 발생한다. 또한 파라미터를 TRUE로 설정함으로써 병렬 프로세스 사이에서 통신을 하기 위한 I/O의 크기가 1KB에서 2KB로 변경된다. 그러므로 병렬 프로세스 사이에서 메시지를 주고받는 I/O의 횟수를 감소시켜 성능을 향상시킬 수 있다. 이와 같기 때문에 병렬 프로세싱을 사용하는 시스템에서는 PARALLEL_AUTOMATIC_TUNING 파라미터를 TRUE로 설정하는 것이 효과적일 것이다. 물론, PARALLEL_AUTOMATIC_MESSAGE_SIZE 파라미터로 병렬 프로세스 사이에서 통신하는 I/O의 크기를 변경할 수도 있다.

병렬 프로세싱은 여러 개의 프로세스를 기동시켜 한 테이블의 데이터를 나누어 엑세스한다. 일련의 작업을 수행하면서 각 프로세스는 시스템 자원을 사용한다. 이와 같기 때문에 하나의 프로세스로 작업을 수행하는 방식보다는 더 많은 시스템 자원을 사용한다. 이와 같이 병렬 프로세싱은 최대한의 자원을 사용하여 대용량 데이터에 빠르게 엑세스하는 방식이다. 최대한의 자원을 사용하여 최대한의 효과를 이끌어 내는 방식이 병렬 프로세싱이라고 말할 수 있을 것이다. 이 말은 무엇을 의미하는가? 최대한의 자원을 사용할 수 있기 때문에 빠른 응답 속도를 기대할 수 있으며, 최대한의 자원을 사용할 수 있기 때문에 해당 시스템에 부하를 증가시킬 수도 있다. 병렬 프로세싱은 대용량의 데이터에 대해 자원을 최대한 사용하여 최소한의 시간으로 작업을 수행하겠다는 사상을 가지고 있는 아키텍처다. 그렇기 때문에 병렬 프로세싱을 이용한다면 대용량의 테이블에서 많은 데이터를 추출하는 SQL에 대해 성능을 향상시킬 수 있다. 하지만, 병렬 프로세싱 자체는 많은 자원을 사용하는 방식이므로 효율적으로 사용하는 것이 중요하다.

C.h.a.p.t.e.r 03

조인은 필수 불가결하다.

■□□

조인을 사용하지 않고는 프로그램을 개발할 수 없는 시대다. 이 말은 무엇을 의미하는가? 조인을 이해하지 않고서는 최적의 성능을 보장하는 프로그램을 개발할 수 없다는 것이다. 프로그램 개발에서 중요한 조인을 그 동안 등한시해왔던 것이 사실이다. 조인의 역할이 단지 테이블을 연결해서 원하는 데이터를 추출하는 것이 전부라고 생각하는 경우가 많다. 조인의 수행 방식이 변화무쌍함에 대해 이해하지 못한다면 이와 같이 생각할 수밖에 없다. 이제는 프로그램 개발의 필수 요소인 조인의 최적화에 집중해야 할 것이다. 이 장에서는 조인의 기본 개념과 다양한 예제를 통해 조인을 어떻게 수행해야 하는지 심도 있게 분석한다.

> ☑ 데이터의 연결은 조인이 책임진다.

개발자들은 많은 프로그램에서 조인을 사용한다. 그렇다면 조인을 왜 사용해야 하는 것인가? 당연한 이야기이지만 데이터를 연결하기 위해서 조인을 사용한다. 그렇다면 데이터를 왜 연결해야 하는지 물어보는 개발자가 있을지도 모르겠다. 이에 대한 답은 어려울 수도 있고 쉬울 수도 있다.

예를 들어, 사원 테이블에 사원 이름, 부서번호, 급여 정보가 저장되어 있고, 부서 테이블에 부서번호, 부서 이름, 부서 위치 정보가 저장되어 있다고 가정하자. 사원 이름, 급여, 사원이 소속되어 있는 부서 이름, 부서 위치를 한 번에 추출하려면 SQL을 어떻게 수행해야 하는가? 이를 위해서는 두 테이블에서 원하는 데이터를 동시에 추출해야 할 것이다. 원하는 데이터가 하나의 테이블에만 있다는 보장이 없기 때문에 여러 테이블에서 필요한 데이터를 연결해야 한다. 이와 같이 두 테이블을 연결하면 두 테이블에 있는 모든 데이터를 추출할 수 있다.

두 테이블에서 데이터를 연결하려면 두 테이블 사이에서 데이터를 연결할 컬럼이 필요하다. 이와 같이 두 개 이상의 테이블에서 데이터를 연결하는 컬럼을 조인 컬럼이라고 한다. 사원번호가 '03489'인 사원이 있고, 한 명의 사원이 한 부서에 소속되어 있다고 가정하자. 이와 같다면 사원 테이블에 저장되어 있는 한 명의 사원에 대한 데이터와 부서 테이블에 저장되어 있는 한 부서에 대한 데이터가 연결되어야 한다. 그러기 위해서 두 테이블에는 데이터를 연결할 수 있는 컬럼이 있어야 한다. 위의 경우에는 부서번호 컬럼이 두 테이블에 있고 해당 조건이 두 테이블 사이의 데이터를 연결하는 조인 컬럼의 역할을 수행한다. 두 테이블의 조인 컬럼을 원하는 연산자로 연결하는 것을 조인 조건이라 한다. 이와 같이 부서번호 컬럼에 의해 두 개의 테이블을 조인한다면 두 테이블의 데이터를 연결하여 원하는 데이터를 추출할 수 있을 것이다. 물론, 두 개 이상의 테이블에 있는 데이터를 연결할 경우에 조인 조건을 설정하지 않아도 된다. 하지만, 조인 조건 없이 데이터의 연결을 수행한다면 두 테이블에 있는 모든 데이터가 데이터 연결에 성공하기 때문에 원하는 결과가 추출되지 못할 가능성이 높아진다.

> **예 제**
> ```
> SQL> SELECT A.사원이름, A.급여, B.부서이름, B.부서위치
>        FROM 사원 A,
>             부서 B
>        WHERE A.부서번호 = B.부서번호;
> ```

위와 같이 SQL을 수행함으로써 두 테이블에서 원하는 결과 데이터를 추출할 수 있을 것이다. 위의 SQL에서 사원 테이블의 부서번호 컬럼과 부서 테이블의 부서번호 컬럼은 조인 조건에 해당하며, 이 두 컬럼이 동일한 데이터에 대해 데이터 연결을 수행한다.

그렇다면 이러한 조인을 수행하지 않기 위해 하나의 테이블에 모든 컬럼을 생성하여 관리하는 것은 어떨까? 이렇게 한다면 조인을 수행하지 않고 하나의 테이블에 엑세스하여 원하는 데이터를 모두 추출할 수 있을 것이다.

예를 들어, 사원 테이블에 사원번호, 사원이름, 부서이름, 부서위치 컬럼 등 모든 값이 저장되어 있다고 가정하자. 그렇다면 위의 조인 SQL은 아래와 같이 일반 SQL로 변경될 것이다.

> **예 제**
> ```
> SQL> SELECT 사원이름, 급여, 부서이름, 부서위치
>        FROM 사원;
> ```

위와 같이 SQL이 단순해지고 조인을 수행하지 않기 때문에 사용하기 편리하다는 장점이 있을 것이다. 하지만, 하나의 테이블에 모든 데이터를 저장한다면 얻을 수 있는 혜택보다 잃는 것이 더 많다는 것을 아는가? 그 중 한가지가 바로 데이터의 급증이다. 데이터의 급증은 엄청난 피해를 일으킬 수 있다. 그렇다면 하나의 테이블로 생성하는 것이 왜 데이터를 급증하게 만드는가?

예를 들어, 부서 테이블과 사원 테이블이 별도로 존재한다고 가정하자. 부서 테이블에 저장되어 있는 한 데이터의 길이가 500BYTE이며, 사원 테이블에 저장되어 있는 한 데이터의 길이는 1,000BYTE라고 가정하자. 그리고 1,000명의 신입사원이 입사했다고 가정하자. 그렇다면 1,000BYTE × 1,000건이므로 1,000,000 BYTE의 크기가 된다. 약 1MB의 데이터가 증가한다. 하지만 부서 테이블을 별도로 관리하지 않고 사원 테이블에 모든 컬럼을 저장했다고 가정하자. 그렇다면 한 데이터의 길이는 1,500BYTE가 될 것이다. 마찬가지로 1,000명의 직원이 새로 입사 했다면 1,500BYTE × 1,000건이므로 1,500,000BYTE의 데이터가 된다. 결국 1.5MB 정도의 데이터가 증가한다. 이와 같은 구조에서 테이블이 분리되어 있는 시스템에

서 하루에 10GB의 데이터가 증가한다면 하나의 테이블로 구성된 시스템에서는 하루에 15GB의 데이터가 증가한다. 이러한 현상은 실무에서도 매우 자주 발생한다.

위의 예에서 하나의 테이블로 구성하는 경우와 테이블을 분리했을 경우를 비교하면 50%의 데이터 차이가 발생한다. 결국, 테이블을 분리하는 것이 데이터의 급증을 억제시킬 수 있는 방법이다. 데이터의 증가를 억제한다는 것은 데이터베이스를 보다 더 안정적으로 관리할 수 있다는 것을 의미한다. 데이터가 증가하면 증가할수록 성능 저하, 백업, 복구, 관리 등의 문제가 발생한다. 테이블을 분리하면 데이터를 연결하기 위해 조인이 필요하다. 조인을 사용하면 단일 테이블로 구성할 때보다 적은 양의 데이터에 엑세스할 수 있기 때문에 상황에 따라서는 성능 향상을 기대할 수 있다는 점을 기억하기 바란다.

어떤 사이트를 지원했을 때다. 이 시스템은 하루에 150,000,000건의 데이터가 저장되는 대용량 데이터베이스였다. 한 건의 데이터 크기는 500BYTE 정도였고, 일일 데이터 크기는 70GB 정도였다. 이 테이블을 두 개의 테이블로 구성하여 하나의 데이터를 400BYTE로 감소시킨다면 일일 데이터의 크기는 약 57GB가 된다. 물론, 분리된 데이터에 의해 테이블이 하나 더 생성되겠지만 해당 테이블이 부모 테이블로 구성된다면 대용량 테이블이 되지는 않을 것이다. 또한 이러한 부모 테이블의 데이터는 매일 발생하는 것이 아니라 한 번 만들어지면 계속 재사용될 것이다. 결국 위와 같이 한 데이터의 크기를 감소시키면 하루에 13GB의 데이터가 감소하며, 1개월을 30일로 계산해도 390GB의 데이터가 감소한다. 테이블의 데이터를 6개월 보관 주기로 관리한다면 2TB 이상의 데이터가 감소한다. 이 어찌 놀랍지 않은가? 이와 같은 엄청난 장점이 있는데 어찌 테이블을 분리하지 않고, 또한 조인을 사용하지 않겠는가?

이와 같은 이유에서 테이블의 분리가 필요하며, 그에 따라 데이터의 연결도 반드시 필요하다. 이러한 데이터의 연결은 조인으로 해결이 가능하며, 앞선 예제와 같이 FROM 절에 원하는 테이블을 모두 설정하여 필요한 데이터를 추출할 수도 있지만 서브쿼리, 인라인 뷰, 스칼라 서브쿼리, 순환 전개 등도 모두 데이터를 연결하는 역할을 수행하므로 조인에 해당된다. 물론 집합 연산자로도 테이블을 연결하여 조인으로 사용할 수 있다.

하나의 테이블에 저장되어 있는 데이터를 추출하기 위해서는 테이블을 전체 스캔하거나 인덱스에 엑세스한 후 테이블에 엑세스하는 방법밖에 없다. 그렇다면 여러 테이블에 있는 데이터를 연결하기 위해서는 데이터베이스 내부적으로 어떻게 수행되어야 하는가? 데이터베이스에서 여러 테이블에 대한 조인을 해결하기 위해 중첩 루프 조인(NESTED-LOOP JOIN), 해쉬 조인(HASH JOIN), 소트 머지 조인(SORT MERGE JOIN)과 같은 조인 방식(JOIN METHOD)을 사용하면 된다.

데이터 연결이 반드시 필요한 이유를 살펴보았으며, 데이터 연결을 수행하기 위한 기본 기법인 조인 방식의 성능에 관련된 내용을 살펴보자.

✓ 중첩 루프 조인은 조인의 시작이자 끝이다.

조인을 처음 접하는 개발자들이 가장 처음 듣는 용어가 아마도 중첩 루프 조인일 것이다. 그만큼 중첩 루프 조인은 조인의 시작이라고 볼 수 있다. 중첩 루프 조인은 조인 방식 중에서 가장 처음 소개된 방식이다. 가장 오래된 조인 방식임에도 불구하고 지금까지도 많은 SQL에서 중첩 루프 조인을 사용하고 있다. 아직까지도 널리 사용되고 있다는 것은 무엇을 의미하는가? 그 만큼 중첩 루프 조인에 효용 가치가 있다는 뜻은 아닐까? 이제부터 중첩 루프 조인의 효용 가치를 살펴보자.

조인은 두 개 이상의 테이블에서 데이터를 연결하여 원하는 결과를 추출하는 SQL이다. 그렇기 때문에 두 개 이상의 테이블에 엑세스해야 한다. 중첩 루프 조인도 조인이므로 이러한 규칙에서 예외일 수는 없다. 두 개 이상의 테이블에 엑세스하기 때문에 먼저 엑세스되는 테이블이 있고 나중에 엑세스되는 테이블이 있다. 중첩 루프 조인에서는 먼저 엑세스되는 테이블과 뒤에 엑세스되는 테이블을 아래와 같이 구분한다.

- DRIVING 테이블 - 먼저 엑세스하는 테이블
- INNER 테이블 - 뒤에 엑세스하는 테이블

이러한 용어가 중요하지는 않다. 하지만 중첩 루프 조인에서 조인에 참여하는 테이블이 어떤 역할을 수행하는가에 따라 SQL 최적화를 위한 인덱스 등이 변한다. 따라서, 조인에 참여하는 테이블이 어떻게 수행되는지는 조인 SQL의 최적화에 있어서 매우 중요한 항목임을 명심하기 바란다.

```
예 제
SQL> SELECT A.카드번호, B.거래일자, B.가맹점_이름, B.사용금액
       FROM 카드 A,
            거래내역 B
      WHERE A.카드번호 = B.카드번호
        AND A.주민번호 = '111111'
        AND B.거래일자 > '20070101';
```

위의 조인 SQL이 중첩 루프 조인으로 수행된다고 가정하자. 조인이 이루어지려면 FROM 절에 두 개 이

상의 테이블이 설정되어야 한다. 두 개 이상의 테이블에 엑세스해야 하므로 먼저 엑세스되는 테이블과 뒤에 엑세스되는 테이블이 있다. 중첩 루프 조인에서는 먼저 엑세스되는 테이블을 DRIVING 테이블이라고 하며 뒤에 엑세스되는 테이블을 INNER 테이블이라고 한다. 중첩 루프 조인으로 수행된 위의 SQL에서 조인은 어떻게 수행되는지 살펴보자.

첫 번째로, 카드 테이블이 먼저 엑세스되면 카드 테이블이 DRIVING 테이블이 되고 거래내역 테이블이 INNER 테이블로 수행될 것이다. 카드 테이블에는 주민번호 컬럼에 인덱스가 있고 거래내역 테이블에는 카드번호 컬럼에 인덱스가 있다고 가정하자.

위와 같다면 카드 테이블에 엑세스하는 과정에서 주민번호 인덱스가 이용될 것이다. 주민번호 인덱스에서 '111111'을 만족하는 인덱스 값을 하나 엑세스한다. '111111' 주민번호 값을 만족하는 인덱스 값을 하나 엑세스하면 해당 값은 ROWID와 함께 저장되어 있게 된다. ROWID는 테이블의 데이터에 엑세스하는 주소의 역할을 수행한다. 인덱스로부터 획득한 ROWID를 이용하여 카드 테이블에 엑세스하는 순간 '111111'번 주민번호에 해당하는 카드번호 컬럼의 값을 확인할 수 있다. 확인된 카드번호 컬럼의 값으로 거래내역 테이블에 엑세스하며 거래내역 테이블은 카드번호 컬럼에 인덱스가 존재하므로 카드번호 인덱스를 이용한다. 카드 테이블로부터 제공받은 카드번호 컬럼의 값으로 거래내역 테이블의 카드번호 인덱스에 엑세스하고 추출된 ROWID를 이용하여 거래내역 테이블에 엑세스한다. 거래내역 테이블에서 거래일자 조건을 확인하여 조건을 만족하면 결과로 추출한다. 이와 같은 과정을 거쳐서 주민번호 컬럼의 값이 '111111'인 고객의 한 카드번호 값에 대한 조인이 완료된다. 다시, 카드 테이블의 주민번호 인덱스에 엑세스하여 주민번호 컬럼의 값이 '111111'을 만족하는 두 번째 인덱스 값을 엑세스한다. 두 번째 값이 존재하지 않는다면 여기서 수행은 종료되며 두 번째 값이 존재한다면 해당 값으로 앞의 절차를 다시 수행한다.

주민번호 컬럼의 값이 '111111'인 고객의 카드가 100개라면 100개의 카드번호 값이 존재하므로 위와 같은 절차를 100번 수행해야 한다. 여기서 중요한 점은 먼저 엑세스되는 DRIVING 테이블의 경우에는 조건을 만족하는 데이터를 추출하기 위해 한 번만 엑세스를 수행하지만 뒤에 엑세스되는 테이블은 DRIVING 테이블에서 추출되는 데이터 건 수만큼 반복 수행된다는 것이다. 또한, 중첩 루프 조인에서 중요한 사항은 INNER 테이블은 조인 조건을 상수로 제공받는다는 것이다. 이는 중첩 루프 조인의 성능을 향상시키기 위한 중요한 요소로 작용한다. 결국, 중첩 루프 조인 수행의 가장 큰 특징은 아래와 같다.

- DRIVING 테이블 - 조건을 만족하는 데이터에 대해 한 번만 엑세스하며 조인 조건을 상수로 제공받지 못한다.
- INNER 테이블 - DRIVING 테이블에서 추출되는 데이터 건수만큼 반복 수행하며 조인 조건을 상수로 제공받는다.

중첩 루프 조인은 위와 같은 특징에 의해 성능에서 많은 차이를 발생시킨다. 앞서 언급한 중첩 루프 조인의 수행 방식을 그림으로 표현하면 아래와 같다.

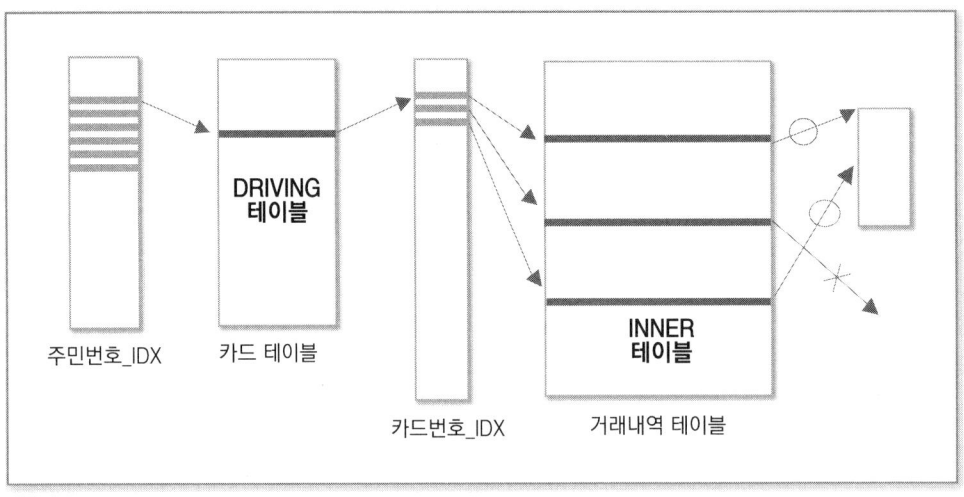

카드 테이블이 DRIVING 테이블이며 거래내역 테이블이 INNER 테이블이라면 위와 같이 카드 테이블이 먼저 엑세스된다. 카드 테이블에는 주민번호 인덱스가 존재하므로 주민번호 인덱스가 이용된다. 주민번호 인덱스에서 주민번호 컬럼의 값이 '111111'을 만족하는 인덱스의 값 중 처음 값에 엑세스한다. 인덱스 값에 엑세스하여 획득한 ROWID를 이용하여 카드 테이블에 엑세스한다. 카드 테이블에 엑세스하는 순간 조인 조건인 카드번호 컬럼은 상수화가 된가다. 먼저 엑세스된 카드 테이블로부터 조인 조건인 카드번호 컬럼의 값이 상수화되기 때문에 뒤에 엑세스되는 거래내역 테이블은 처리 범위를 감소시킬 수 있는 조건으로서 조인 조건을 사용할 수 있게 된다. 카드 테이블로부터 제공받은 카드번호 값으로 거래내역 테이블에 엑세스하며 거래내역 테이블의 카드번호 컬럼에 인덱스가 존재하므로 해당 인덱스를 이용하게 된다. 카드 테이블로부터 제공받은 카드번호 값과 동일한 카드번호 값을 가지는 인덱스 값에 엑세스하게 된다. 위의 그림에서는 카드 테이블로부터 제공받은 카드번호 값과 동일한 카드번호 값을 가지는 데이터가 거래내역 테이블의 카드번호 인덱스에 3건이 있는것으로 표현되어 있다. 거래내역 테이블의 카드번호 인덱스에서 3건의 데이터에 대해 획득한 ROWID를 이용하여 거래내역 테이블에 엑세스하며 거래내역 테이블에서 거래일자 컬럼의 값을 확인한다. 거래일자 컬럼의 값이 조건을 만족하면 데이터를 결과로 추출하며 조건을 만족하지 않으면 버린다. 이와 같이 수행되어 중첩 루프 조인의 1 싸이클이 종료된다. 카드 테이블의 주민번호 인덱스에서 '111111'을 만족하는 두 번째 인덱스 값으로 중첩 루프 조인의 사이클을 다시 수행한다. 이처럼 DRIVING 테이블에서 추출되는 데이터에 의해 중첩 루프 조인의 싸이클이 반복 수행된다. DRIVING 테이블에서 10건이 추출된다면 중첩 루프 조인의 싸이클도 10번 수행된다. 이러한 특징 때문에 조인 이름에 중첩 루프라는 단어가 붙은 것이기도 하다.

> **실행 계획**
> ```
> SELECT STATEMENT
>   NESTED LOOPS
>     TABLE ACCESS (BY INDEX ROWID) OF '카드'
>       INDEX (RANGE SCAN) OF '주민번호_IDX'
>     TABLE ACCESS (BY INDEX ROWID) OF '거래내역'
>       INDEX (RANGE SCAN) OF '카드번호_IDX'
> ```

중첩 루프 조인의 실행 계획이 위와 같이 생성된다면 카드 테이블이 DRIVING 테이블로 수행되고 거래내역 테이블이 INNER 테이블로 수행된 것이다. 그 이유는 중첩 루프 조인의 실행 계획에서 위에 있는 테이블이 먼저 엑세스되는 테이블이며 밑에 생성되는 테이블이 뒤에 엑세스되는 테이블이기 때문이다. 위의 실행 계획을 통해서 중첩 루프 조인의 특징을 다시 정리하면 다음과 같다.

- DRIVING 테이블 - 실행 계획에서 위에 생성되는 카드 테이블이 DRIVING 테이블의 역할을 수행하며 처리 범위를 감소시키는 역할로 조인 조건을 사용할 수 없게 된다. 그렇기 때문에 주민번호 컬럼만이 처리 범위를 감소시키는 역할을 수행한다. 또한 카드 테이블에서 주민번호 조건을 만족하는 데이터에 한 번만 엑세스한다.
- INNER 테이블 - 거래내역 테이블은 실행 계획에서 밑에 생성되기 때문에 INNER 테이블의 역할을 수행한다. 거래내역 테이블이 INNER 테이블로 수행되기 때문에 조인 조건인 카드번호 컬럼을 처리 범위 감소 조건으로 사용할 수 있다. 그렇기 때문에 거래내역 테이블은 카드번호 인덱스를 이용할 수 있게 된다.

위와 같이 중첩 루프 조인의 특징을 이용하여 조인 SQL을 수행할 수 있다.

두 번째로, 거래내역 테이블이 DRIVING 테이블 역할을 수행하고 카드 테이블이 INNER 테이블로 수행될 경우를 살펴보자. 인덱스는 앞의 예제와 동일한 구조라고 가정한다.

거래내역 테이블이 먼저 엑세스되고, 거래내역 테다이블에는 카드번호 컬럼에 대한 인덱스가 있다. 하지만 WHERE 조건 절에 거래내역 테이블의 카드번호 컬럼에 대한 조건이 없으며 카드번호 컬럼은 조인 조건으로만 사용되고 있다. 중첩 루프 조인에서 조인 조건인 카드번호 컬럼은 DRIVING 테이블에서는 상수로 제공받지 못하므로 처리 범위를 감소시키는 역할로 사용될 수 없으며, INNER 테이블은 조인 조건을 상수로 제공받기 때문에 처리 범위를 감소시키는 조건으로 사용될 수 있다. 따라서 거래내역 테이블이 DRIVING 테이블로 수행되는 순간 카드번호 인덱스를 이용할 수 없게 된다. 또한 WHERE 조건에 있는 등록일자 컬럼에 대해서는 인덱스가 없으므로 거래내역 테이블을 전체 스캔한다. 거래내역 테이블을 전체 스캔하여 등록일자 조건을 만족하는 하나의 데이터를 찾으면 이 데이터로 카드 테이블과의 조인을 수행한다. 카드 테이블의 WHERE 조건은 주민번호 컬럼과 DRIVING 테이블로부터 상수로 제공받는 카드번호 컬럼이므로 주민번호 인덱스를 이용할 수 있다. 따라서 카드 테이블의 주민번호 인덱스를 이용하여 주민번호 컬럼의 값이 '111111'을 만족하는 데이터로 카드 테이블에 엑세스한다. 엑세스한 데이터가 거래내역 테이블에서 제공받은 카드번호 값과 동일하면 결과로 추출된다. 거래내역 테이블에서 제공한 카드번호 값과 동일하지 않으면 해당 데이터를 버린다. 여기까지가 SQL에 대한 중첩 루프 조인의 1 싸이클이 된다. 이렇게 해서 거래내역 테이블에서 등록일자 조건을 만족하는 하나의 데이터에 대해 중첩 루프 조인을 완료한다. 거래내역 테이블에서 등록일자 조건을 만족하는 데이터가 100건이라면 각 데이터에 대해 중첩 루프 조인 사이클을 100번 반복 수행한다. 어느 테이블이 먼저 엑세스되더라도 아래에 제시된 중첩 루프 조인의 특징은 그대로 유지된다.

- DRIVING 테이블 – 조건을 만족하는 데이터에 한 번 엑세스하며 조인 조건을 상수로 제공받지 못한다.
- INNER 테이블 – DRIVING 테이블에서 추출되는 데이터의 건수만큼 반복 수행하며 조인 조건을 상수로 제공받는다.

이와 같이 어느 테이블이 먼저 엑세스되는가에 따라 성능이 변하지만 테이블의 엑세스 순서에 의해 각 테이블의 특징은 유지된다. 중첩 루프 조인은 DRIVING 테이블에서 추출되는 데이터의 건수 만큼 INNER 테이블을 반복 수행해야 한다. 위의 실행 상황을 그림으로 정리하면 아래와 같다.

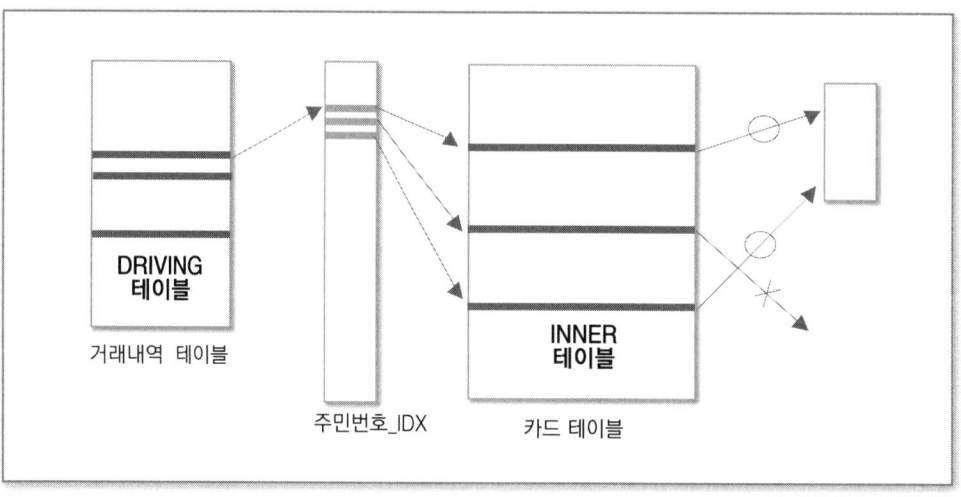

거래내역 테이블에는 등록일자 컬럼으로 구성된 인덱스가 없으므로 인덱스를 이용할 수 없다. 따라서 거래내역 테이블을 전체 스캔하여 등록일자 컬럼의 값을 만족하는 첫 번째 데이터에 엑세스한다. 거래내역 테이블에서 등록일자 조건을 만족하는 하나의 데이터에만 엑세스하고 카드 테이블과 조인을 수행한다. 이 SQL에는 주민번호 조건이 설정되어 있으므로 카드 테이블에 엑세스할 경우 주민번호 인덱스를 이용한다. 주민번호 인덱스를 이용하여 카드 테이블에 엑세스하고 카드 테이블의 카드번호 컬럼을 확인한다. 거래내역 테이블로부터 제공받은 카드번호 값과 카드 테이블의 카드번호 컬럼의 값이 동일하다면 해당 데이터를 결과로 추출하며, 카드번호 값이 다르다면 해당 데이터를 버린다. 이렇게 해서 중첩 루프 조인의 한 싸이클이 이루어진다. 거래내역 테이블에서 등록일자 조건을 만족하는 데이터가 100건이라면 중첩 루프 조인의 한 싸이클을 100번 수행한다.

실행 계획
```
SELECT STATEMENT
  NESTED LOOPS
    TABLE ACCESS (FULL) OF '거래내역'
    TABLE ACCESS (BY INDEX ROWID) OF '카드'
      INDEX (RANGE SCAN) OF '주민번호_IDX'
```

위와 같이 실행 계획이 생성된다면 거래내역 테이블은 DRIVING 테이블로 수행되며 카드 테이블은 INNER 테이블로 수행된 것이다. 그 이유는 중첩 루프 조인의 실행 계획에서 위에서부터 먼저 나오는 테이블이 DRIVING 테이블이며 뒤에 나오는 테이블이 INNER 테이블이기 때문이다. 거래내역 테이블은 사용할 인덱스가 없으므로 테이블 전체 스캔을 실행했으며, 카드 테이블은 주민번호 인덱스를 이용하여 실행 계획이 생성되었다. 위의 실행 계획을 통해서 중첩 루프 조인의 특징을 다시 정리하면 다음과 같다.

- DRIVING 테이블 - 실행 계획에서 위에 생성되는 거래내역 테이블이 DRIVING 테이블 역할을 수행하며, 처리 범위를 감소시키는 역할로 조인 조건을 사용할 수 없게 된다. 물론, 거래내역 테이블은 한 번만 엑세스된다.
- INNER 테이블 - 카드 테이블은 실행 계획에서 밑에 생성되기 때문에 INNER 테이블의 역할을 수행한다. 카드 테이블은 INNER 테이블로 수행되기 때문에 조인 조건인 카드번호 컬럼과 주민번호 컬럼은 처리 범위를 감소시키는 조건으로 사용될 수 있다. 하지만 카드 테이블에는 카드번호 컬럼으로 인덱스가 존재하지 않기 때문에 주민번호 인덱스를 이용한다.

여기서 중요한 점은 두 개의 테이블 중 어느 테이블이 DRIVING 테이블로 수행되고 어느 테이블이 INNER 테이블로 수행되는가에 따라 수행 방식은 동일하지만 엑세스하는 인덱스의 사용에 차이가 생긴다는 것이다. 다른 인덱스를 이용함으로써 엑세스하는 처리 범위에도 차이가 생긴다. 이것이 중첩 루프 조인의 성능을 좌우한다. 결국, 조인에 참여하는 테이블 중 어느 테이블이 먼저 엑세스되는지에 따라 사용되는 인덱스가 변경될 수 있다. 이러한 변경은 SQL의 성능 저하를 야기할 수 있으므로 주의해야 할 것이다.

✓ 향상된 중첩 루프 조인을 이해하자.

향상된 중첩 루프 조인이란 무엇인가? 향상된 중첩 루프 조인은 앞서 언급한 중첩 루프 조인의 방식을 그대로 이용한다. 하지만, 향상된 중첩 루프 조인은 기존 중첩 루프 조인보다 진보된 방식이다. 이름 그대로라면 향상된 중첩 루프 조인을 통해 일반 중첩 루프 조인에서 얻을 수 없는 이득을 얻을 수 있다. 향상된 중첩 루프 조인을 통해 얻을 수 있는 것은 무엇인가? 향상된 중첩 루프 조인으로 효과를 기대할 수 있다면 이의 사용을 주저해서는 안될 것이다. 향상된 중첩 루프 조인을 통해 기대할 수 있는 효과를 살펴보자.

예제
```
SQL> SELECT A.카드번호, B.거래일자, B.가맹점_이름, B.사용금액
       FROM 카드 A,
            거래내역 B
       WHERE A.카드번호 = B.카드번호
       AND A.주민번호 = '111111'
       AND B.거래일자 > '20070101';
```

실행 계획
```
SELECT STATEMENT
  NESTED LOOPS
    TABLE ACCESS (BY INDEX ROWID) OF '카드'
      INDEX (RANGE SCAN) OF '주민번호_IDX'
    TABLE ACCESS (BY INDEX ROWID) OF '거래내역'
      INDEX (RANGE SCAN) OF '카드번호_IDX'
```

위의 예제는 중첩 루프 조인에서 언급한 예제와 동일하다. 카드 테이블과 거래내역 테이블을 조인했으며 카드 테이블이 먼저 엑세스되는 DRIVING 테이블의 역할을 수행하였다고 가정하자. 그렇다면 거래내역 테이블은 뒤에 엑세스되는 INNER 테이블의 역할을 수행한다. 중첩 루프 조인에 대한 실행 계획이 위와 같이 생성될 수도 있지만 위의 SQL이 향상된 중첩 루프 조인으로 수행된다면 실행 계획이 아래와 같이 생성된다.

```
실행 계획
   SELECT STATEMENT
      TABLE ACCESS (BY INDEX ROWID) OF  '거래내역'
         NESTED LOOPS
            TABLE ACCESS (BY INDEX ROWID) OF  '카드'
               INDEX (RANGE SCAN) OF  '주민번호_IDX'
            INDEX (RANGE SCAN) OF  '카드번호_IDX'
```

이 실행 계획과 앞서 언급한 실행 계획의 차이는 무엇인가? 단순하게 실행 계획의 차이를 확인해 보면 거래내역 테이블의 엑세스에 대한 실행 계획의 위치만 변경되었다. 실제로 일반 중첩 루프 조인과 향상된 중첩 루프 조인과의 차이는 이와 같이 실행 계획의 위치가 다르다는 점 밖에 없다.

그렇다면 왜 향상된 중첩 루프 조인이라고 하는가? 향상된 중첩 루프 조인을 이해하기 위해서는 우선 1:M 관계를 이해해야 한다. 카드 테이블과 거래내역 테이블이 1:M이라고 가정하자. 그렇다면 카드 테이블의 한 데이터에 대해 여러 건의 거래내역 데이터가 존재할 것이다. 거래내역 테이블에 있는 한 건의 데이터에 대해 카드번호 값으로 카드 테이블과 조인을 수행한다면 한 건의 데이터가 추출될 것이다. 이와 같은 방식으로 테이블 사이에 관계가 성립될 때 카드 테이블과 거래내역 테이블을 1:M 관계라고 한다. 1:M 관계를 정확히 이해하고, 이제부터 향상된 중첩 루프 조인을 살펴보자.

기존 중첩 루프 조인은 카드 테이블로부터 하나의 카드번호 값을 제공받으면 거래내역 테이블의 카드번호 인덱스에 엑세스한다. 카드 테이블과 거래내역 테이블이 1:M 관계라면 여러 건의 데이터가 인덱스에서 추출될 것이다. 기존 중첩 루프 조인은 이와 같은 경우에 각 데이터에 대해 거래내역 테이블을 랜덤 엑세스한다. 하지만 향상된 중첩 루프 조인은 하나 하나에 대해 랜덤 엑세스를 수행하는 것이 아니라 제공받은 하나의 카드번호 값으로 거래내역 테이블의 카드번호 인덱스에서 추출되는 여러 건에 대해 한 번에 값을 모아 거래내역 테이블에 엑세스한다. 이와 같은 경우 거래내역 테이블의 카드번호 인덱스에서 추출된 데이터는 동일한 카드번호 값을 갖게 될 것이다. 따라서 거래내역 테이블의 데이터가 동일한 카드번호 컬럼의 값으로 정렬되어 저장되어 있다면 몇 개의 블록만 엑세스하더라도 해당 카드번호 값에 대한 모든 결과를 추출할 수 있다.

카드 테이블의 한 카드번호 값에 대해 여러 건의 데이터가 추출되는 경우 거래내역 테이블의 카드번호 인덱스를 이용하여 한건 한건씩 거래내역 테이블을 엑세스하던 방식에 비해 한 번에 거래내역 테이블을 엑세스하는 방식이 향상된 중첩 루프 조인이다. 예를 들어, 카드번호 컬럼의 값이 '111111'인 데이터를 거래내역 테이블이 제공받았다고 가정하자. 거래내역 테이블에는 카드번호 컬럼의 값이 '111111'인 데이터가 여러 건 있을 것이다. 이는 카드 테이블과 거래내역 테이블이 1:M 관계이기 때문이다. 거래내역 테이블에서 카드번호 컬럼의 값이 '111111'인 데이터가 10건이라고 가정하자. 일반 중첩 루프 조인이라면 한 건씩 거래내역 테이블과 조인을 수행할 것이다. 각 데이터가 다른 블록에 저장되어 있다면 10번의 디스크 I/O가 발생하며, 모든 데이터가 동일 블록에 있다면 한 번의 디스크 I/O와 9번의 메모리 I/O가 발생할 것이다. 하지만 향상된 중첩 루프 조인의 경우에 카드번호 컬럼의 값이 '111111'인 10건의 데이터를 한 번에 조인한다. 이 경우 10건의 데이터가 하나의 블록에 있다면 디스크 I/O는 한 번만 발생하게 되어 성능이 향상될 것이다. 이처럼 향상된 중첩 루프 조인을 사용하면 INNER 테이블로 수행되는 거래내역 테이블에 엑세스하는 I/O의 횟수를 감소시킬 수 있다.

향상된 중첩 루프 조인이 효과적으로 사용되기 위해서는 클러스터링 팩터(CLUSTERING FACTOR)가 양호해야 한다. 예를 들어, 카드 테이블의 한 카드번호 값에 대해 거래내역 테이블과 조인을 수행하여 여러 건의 데이터가 추출된다고 가정하자. 제공받은 데이터들이 동일 카드번호 값이고 동일 카드번호 값에 대한 데이터가 다른 블록에 저장되어 있다면 향상된 중첩 루프 조인을 사용하더라도 효과를 기대할 수 없다. 동일 카드번호 값이 같은 블록에 저장되어 있다면 하나의 블록만 엑세스하여 카드 테이블의 하나의 카드번호 값과 거래내역 테이블의 조인을 완료할 수 있을 것이다. 따라서 거래내역 테이블은 카드번호 컬럼으로 정렬되어 있어 동일 카드번호 값이 같은 블록에 저장되는 것이 중요하다. 이처럼 특정 컬럼으로 데이터가 모여서 저장되어 있는지 아닌지를 클러스터링 팩터(CLUSTERING FACTOR)라고 한다. 특정 컬럼으로 데이터가 정렬되어 같은 값들이 같은 블록에 저장된다면 해당 컬럼에 대한 클러스터링 팩터는 양호하다고 이야기하며, 특정 컬럼의 동일한 데이터가 서로 다른 블록에 저장된다면 해당 컬럼에 대해 클러스터링 팩터는 불량하다고 말한다. 위의 경우에 거래내역 테이블의 데이터가 카드번호 컬럼으로 정렬되어 저장되어 있다면 카드번호 컬럼에 대해 클러스터링 팩터가 양호하게 된다. 따라서 향상된 중첩 루프 조인은 클러스터링 팩터가 최적화되어 있는 경우에 그 효과를 극대화할 수 있다.

위와 같은 향상된 중첩 루프 조인은 1:M 관계에서 발생한다. 테이블들의 관계가 1:1이라면 향상된 중첩 루프 조인으로 효과를 기대할 수 없다. DRIVING 테이블에 있는 하나의 값에 대해 INNER 테이블에서 하나의 값이 추출된다면 INNER 테이블의 디스크 I/O 효율화를 기대할 수 없다. 또한 1:M 관계의 조인에서 1에 해당하는 테이블이 DRIVING 테이블로 수행되고 M에 해당하는 테이블이 INNER 테이블로 수행되어야 향상된 중첩 루프 조인을 효과적으로 사용할 수 있다.

향상된 중첩 루프 조인을 효과적으로 이용하려면 아래와 같은 조건을 만족해야 한다.

- 1:M 관계의 테이블들에 대한 중첩 루프 조인
- 1에 해당하는 테이블이 DRIVING 테이블로 수행되며 M에 해당하는 테이블이 INNER 테이블로 수행
- M에 해당하는 테이블은 조인 조건에 의해 정렬되어 데이터 저장
  (조인 컬럼에 의해 M에 해당하는 테이블은 클러스터링 팩터 양호)

향상된 중첩 루프 조인은 앞서 확인한 것과 같이 1:M 관계에 있는 테이블들의 조인에서 M에 해당하는 테이블의 I/O를 효과적으로 향상시키는 방식이다. 혹자는 향상된 중첩 루프 조인을 사용하기 위한 조건이 너무 제한적이지 않냐고 말하기도 한다. 그러나 조금만 생각해본다면 이와 같은 전제 조건이 까다로운 조건은 아닐 것이다. 논리적 모델링을 수행하는 과정에서 테이블들의 관계가 정의될 것이다. 많은 테이블은 1:M 관계를 가지는 것이 일반적이다. 자식은 여러 부모를 가질 수 없지만 부모에게는 여러 자식이 있듯이 일반적으로는 데이터도 이러한 성격을 갖는다. 그렇기 때문에 1:M 관계에 있는 테이블을 찾는 일이 어렵지는 않을 것이다. 또한, 두 개의 테이블을 조인하는 경우 M에 해당 하는 테이블을 INNER 테이블로 수행시키고 1에 해당하는 테이블을 DRIVING 테이블로 수행시키는 것은 어려운 일이 아니다. 이와 같이 수행될 수 있게 실행 계획을 제어하는 것도 어려운 일이 아니다. 이에 대한 자세한 내용은 중첩 루프 조인의 마지막 부분에서 언급하겠다. 향상된 중첩 루프 조인에서 고려해야 할 사항은 클러스터링 팩터다. 조인에 참여하는 테이블들이 아무리 1:M을 만족하고 원하는 방향으로 실행 계획을 제어하더라도 M에 해당하는 테이블의 클러스터링 팩터가 최적화되어 있지 않다면 향상된 중첩 루프 조인으로 원하는 효과를 기대할 수 없을 것이다.

Chapter 3. 조인은 필수 불가결하다

> ☑ 단순 중첩 루프 조인의 성능을 100배 향상시키자.

중첩 루프 조인의 성능은 무엇에 의해 결정되는가? 중첩 루프 조인의 기본적인 성능은 2가지에 의해 결정된다. 중첩 루프 조인에서 성능을 좌우하는 항목은 바로 INNER 테이블의 효과적인 엑세스와 DRIVING 테이블에서 추출되는 데이터의 건수다. 추가로 한 가지를 더 고려한다면 DRIVING 테이블의 효과적인 엑세스다.

- INNER 테이블의 효과적인 엑세스
- DRIVING 테이블에서 추출되는 데이터 건수
- DRIVING 테이블의 엑세스 최적화

첫 번째로, INNER 테이블의 효과적인 엑세스를 살펴보자. INNER 테이블의 엑세스가 최적화되어 있지 않다면 중첩 루프 조인을 사용하는 조인 SQL은 무조건 악성 SQL로 변할 것이다. 그렇다면 INNER 테이블의 효과적인 엑세스가 왜 중요한가?

```
예  제
SQL> SELECT A.카드번호, B.거래일자, B.가맹점_이름, B.사용금액
     FROM 카드 A,
          거래내역 B
     WHERE A.카드번호 = B.카드번호
     AND A.주민번호 = '111111'
     AND B.거래일자 > '20070101';
```

중첩 루프 조인이 어떻게 수행되는지는 앞에서 언급하였다. 카드 테이블이 DRIVING 테이블이고 카드 테이블에서 주민번호 컬럼의 값이 '111111'인 데이터가 100건이라고 가정하자. 그렇다면 카드 테이블에 먼저 엑세스하여 100건의 데이터가 추출되고, 카드 테이블로부터 100개의 카드번호 값을 상수로 제공받아 INNER 테이블로 수행되는 거래내역 테이블에 100번 반복 엑세스되어야 한다. 이는 중첩 루프 조인의 1 싸이클이 100번 수행된다는 의미이다. 거래내역 테이블의 데이터가 100,000건이고 INNER 테이블인 거래내역 테이블에 대해서 전체 스캔을 100번 수행한다면 100,000,000건의 데이터 엑세스가 이루어질 것이다. 이와 같이 수행된다면 위의 SQL이 어찌 성능을 보장받을 수 있겠는가? 중첩 루프 조인에서 INNER 테이블의 엑세스 최적화가 중요한 이유를 다음과 같이 정리할 수 있다.

- INNER 테이블 - DRIVING 테이블에서 추출되는 데이터 건수 만큼 반복 엑세스

INNER 테이블의 반복 엑세스가 최적화되지 않으면 엄청난 성능 저하 현상이 일어난다. 그렇다면 INNER 테이블의 반복 엑세스를 어떻게 최적화할 것인가? 그 해답은 최적화된 인덱스에 있다.

위의 예제에서 카드 테이블이 DRIVING 테이블일 경우 거래내역 테이블은 INNER 테이블이 된다. 이와 같은 경우 거래내역 테이블이 사용할 수 있는 WHERE 조건에는 무엇이 있는가? 카드번호 컬럼과 거래일자 컬럼이 INNER 테이블인 거래내역 테이블에서 사용할 수 있는 조건이 될 것이다. 예제 SQL에서 카드번호 컬럼은 변수처럼 보이지만 중첩 루프 조인에서 INNER 테이블은 조인 조건을 상수로 제공받기 때문에 WHERE 조건으로 사용할 수 있게 된다. 카드번호 컬럼과 거래일자 컬럼으로 생성할 수 있는 인덱스는 카드번호+거래일자 인덱스 또는 거래일자+카드번호 인덱스가 된다. 그렇다면 과연 어떤 인덱스를 생성해야 하는가? 거래일자 조건은 선분 조건이며 카드번호 조건은 점 조건이다. 인덱스는 점 조건+선분 조건으로 생성해야 하므로 카드번호+거래일자 인덱스를 생성해야 할 것이다. 이와 같이 인덱스를 생성해야만 두 컬럼에 의해 처리 범위가 감소해서 처리 범위를 최소화시킬 수 있다. 거래일자+카드번호 인덱스를 생성하면 거래일자 컬럼은 처리 범위를 감소시키는 역할을 수행하지만 카드번호 컬럼은 처리 범위를 감소시키는 역할을 수행하지 못한다. 물론, 카드번호 컬럼은 랜덤 엑세스를 감소시키는 역할을 수행한다. 랜덤 엑세스를 감소시키는 역할도 중요하지만 인덱스에서 가장 중요한 것은 처리 범위를 감소시키는 역할이다. 따라서 최적의 인덱스는 카드번호+거래일자 인덱스가 될 것이다.

반대의 경우를 살펴보자. 거래내역 테이블이 DRIVING 테이블이라면 어떻게 되겠는가? 카드 테이블의 카드번호 컬럼이 UNIQUE 컬럼이라고 가정하자. 거래내역 테이블이 DRIVING 테이블이라면 카드 테이블은 INNER 테이블로 수행될 것이다. INNER 테이블의 최적화된 엑세스가 중요하기 때문에 INNER 테이블로 수행되는 카드 테이블의 WHERE 조건을 확인해야 할 것이다. 카드 테이블의 WHERE 조건은 카드번호 컬럼과 주민번호 컬럼이다. 앞서 언급한 것과 마찬가지로 카드 테이블이 INNER 테이블로 수행될 경우 카드번호 조인 조건을 상수로 제공받으므로 처리 범위를 감소시키는 조건으로서의 자격을 갖게 된다. 카드번호 컬럼과 주민번호 컬럼으로 생성할 수 있는 인덱스는 카드번호+주민번호 인덱스 또는 주민번호+카드번호 인덱스가 된다. 두 컬럼 모두 연산자는 동일(=) 연산자이므로 점 조건으로 사용되고 있다. 따라서 카드 테이블이 INNER 테이블로 수행될 경우 어떠한 인덱스를 생성해도 성능을 보장받을 수 있을 것이다. 하지만 주민번호 컬럼으로만 인덱스를 생성한다면 카드번호+주민번호 인덱스 또는 주민번호+카드번호 인덱스와 비교하여 처리 범위가 증가한다. 거래내역 테이블로부터 어떤 카드번호 값을 상수로 제공받는지에 상관 없이 카드 테이블은 모든 카드번호 값애 엑세스해야 한다. 거래내역 테이블로부터 100건의 카드번호 값을 제공받는다면 주민번호 값이 '111111'인 데이터를 100번 엑세스하는 비효율이 발생한다. 그러나

카드번호 컬럼으로만 인덱스를 생성한다면 카드 테이블에서 카드번호 컬럼은 유일한 값을 가지므로 주민번호 컬럼보다 효과적인 엑세스를 수행한다. 따라서 위의 경우에 주민번호 인덱스 보다는 카드번호 인덱스가 더 효과적이며 최적의 인덱스는 카드번호+주민번호 인덱스 또는 주민번호+카드번호 인덱스가 된다.

중첩 루프 조인의 성능 최적화에서 가장 중요한 요소는 INNER 테이블의 반복 엑세스를 최적화하는 것이다. INNER 테이블의 반복 엑세스를 최적화하기 위해서는 처리 범위를 최대한 감소시킬 수 있는 인덱스가 선정되어야 한다. 중첩 루프 조인에서 INNER 테이블은 조인 조건을 상수로 제공받고, 일반적으로 조인 조건에서는 점 조건을 사용하기 때문에 INNER 테이블의 인덱스 선정은 성능의 핵심이 될 것이다. INNER 테이블에서는 조인 조건과 그외 점 조건으로 인덱스를 구성하고 선분 조건을 인덱스 뒤에 추가하는 것이 가장 효과적이다. 중첩 루프 조인에서 최적의 인덱스를 선정하여 INNER 테이블의 반복 엑세스를 최적화해야 할 것이다.

두 번째로, 중첩 루프 조인의 성능과 DRIVING 테이블의 처리 범위에 대해 살펴보자. INNER 테이블의 반복 엑세스가 최적화되었다면 그 다음으로 DRIVING 테이블의 처리 범위를 고려해야 할 것이다.

DRIVING 테이블에서 10건의 데이터가 추출될 경우와 100건의 데이터가 추출될 경우에 어떤 현상이 발생하는가? DRIVING 테이블로부터 10건의 데이터가 추출된다면 INNER 테이블과 조인을 10번 수행한다. DRIVING 테이블로부터 100건의 데이터가 추출된다면 INNER 테이블과 조인을 100번 수행해야 한다. 중첩 루프 조인의 성능을 최적화하는 해답은 여기에 있다. DRIVING 테이블의 처리 범위가 적어서 DRIVING 테이블로부터 적은 데이터가 추출된다면 조인의 횟수는 감소한다. INNER 테이블의 반복 엑세스가 최적화된 상태에서 DRIVING 테이블에서 추출되는 데이터가 적을 경우 조인 횟수의 감소로 중첩 루프 조인의 성능은 최적화될 것이다.

```
예  제
SQL> SELECT A.카드번호, B.거래일자, B.가맹점_이름, B.사용금액
       FROM 카드 A,
            거래내역 B
      WHERE A.카드번호 = B.카드번호
        AND A.주민번호 = '111111'
        AND B.거래일자 > '20070101' ;
```

주민번호 컬럼의 값 하나에 대해 카드번호 컬럼의 값이 몇 건 존재하는가? 이는 해당 고객이 소지하고 있는 카드의 개수를 의미한다. 위의 경우 '111111' 주민번호에 대해 발급받은 카드가 5개라고 한다면 해당

주민번호 값으로 카드 테이블에 엑세스하는 순간 5개의 데이터가 추출될 것이다. 그렇다면 카드 회사에서 '20070101'부터 발생한 거래내역 데이터는 몇 건일까? 이는 고객이 카드를 얼마만큼 사용하는가에 따라 결정될 것이다. '20070101'부터 현재까지 100,000번의 카드를 사용했다고 가정하자. 그렇다면 거래내역 테이블을 조회하는 순간 100,000건의 데이터가 추출될 것이다. 이와 같다면 중첩 루프 조인에서 어느 테이블이 DRIVING 테이블로 수행되어야 하는가?

카드 테이블이 DRIVING 테이블이라면 거래내역 테이블과 5번 조인을 수행한다. 반대로, 거래내역 테이블이 DRIVING 테이블이라면 카드 테이블과 100,000번 조인을 수행한다. 결국, 카드 테이블이 DRIVING 테이블이 되어야만 해당 조인은 최적의 성능을 보장받을 수 있을 것이다. 물론, INNER 테이블로 수행되는 거래내역 테이블에는 카드번호+등록일자 인덱스가 존재해야 INNER 테이블의 반복 엑세스가 최적화될 것이다. 이와 같이 수행된다면 이 SQL은 최적의 조인 성능을 보장받을 수 있다.

```
실행 계획
SELECT STATEMENT
 NESTED LOOPS
  TABLE ACCESS (BY INDEX ROWID) OF  '카드'
   INDEX (RANGE SCAN) OF  '주민번호_IDX'
  TABLE ACCESS (BY INDEX ROWID) OF  '거래내역'
   INDEX (RANGE SCAN) OF  '카드번호_등록일자_IDX'
```

위의 실행 계획은 카드 테이블이 DRIVING 테이블로 수행되고 거래내역 테이블이 INNER 테이블로 수행된 경우다. INNER 테이블로 수행되는 거래내역 테이블은 카드번호+등록일자 인덱스를 이용해야 최적의 성능을 보장받을 수 있다.

DRIVING 테이블에서 추출되는 데이터의 건수는 조인 횟수를 결정하게 되고 조인 횟수는 결국 INNER 테이블의 반복 엑세스 횟수를 의미한다. 그렇기 때문에 DRIVING 테이블에서 추출되는 데이터의 건수가 적으면 적을수록 조인에 의해 발생하는 부하는 감소할 것이다. 물론, INNER 테이블로 수행하는 테이블에는 최적화된 인덱스가 있어야 한다.

세 번째로, DRIVING 테이블의 엑세스 최적화를 살펴보자. DRIVING 테이블의 최적화된 엑세스는 그 중요도에 있어서 앞서 언급한 두 경우보다 낮다고 볼 수 있다. 하지만 어느 한 요소만 최적화되어 있다고 해서 SQL의 성능 최적화가 확보되는 것은 아니다. 모든 요소가 최적화될 때 비로서 SQL의 성능이 최적화될 수 있다. 그렇기 때문에 DRIVING 테이블의 엑세스 최적화도 중첩 루프 조인의 성능에서 중요한 요소가 될 것이다.

```
예제
SQL> SELECT A.카드번호, B.거래일자, B.가맹점_이름, B.사용금액
     FROM 카드 A,
          거래내역 B
     WHERE A.카드번호 = B.카드번호
     AND A.주민번호 = '111111'
     AND B.거래일자 > '20070101' ;
```

두 번째 항목에서 확인한 것처럼 처리 범위가 적은 테이블을 DRIVING 테이블로 적용한다면 카드 테이블은 DRIVING 테이블로 수행되고 거래내역 테이블은 INNER 테이블로 수행되어야 한다. DRIVING 테이블 역할을 수행하는 카드 테이블의 엑세스에 대해 살펴보자. 카드 테이블이 처리 범위를 감소시키기 위해 WHERE 조건에서 사용할 수 있는 조건은 무엇인가? 주민번호 컬럼만이 카드 테이블에서 사용할 수 있는 처리 범위 감소 조건이 된다. 카드 테이블의 카드번호 컬럼은 중첩 루프 조인에서 먼저 엑세스되는 테이블인 DRIVING 테이블에서 상수로 제공받지 못하게 되므로 카드 테이블이 사용할 수 있는 조건이 될 수는 없다. 그러므로 인덱스를 생성한다면 주민번호 컬럼으로 인덱스를 생성해야 한다.

가장 먼저, 인덱스를 사용해야 할지 인덱스를 사용하면 안 될지를 결정해야 한다. 대용량의 카드 테이블에서 3%~5% 이상의 데이터가 추출된다면 인덱스를 이용하지 않고 카드 테이블을 전체 스캔하여 데이터를 추출하는 것이 효과적이다. 하지만, 카드 테이블에서 추출되는 데이터가 3%~5% 이하라면 인덱스를 이용해야 할 것이다. 물론, 카드 테이블의 데이터 양이 매우 많다면 3%~5%의 기준 값은 더 낮아질 것이다. 인덱스를 이용하지 않고 테이블 전체 스캔을 이용하여 데이터에 엑세스해야 한다면 병렬 프로세싱도 고려해야 할 것이다.

```
예제
SQL> SELECT /*+ PARALLEL(A,4) */
            A.카드번호, B.거래일자, B.가맹점_이름, B.사용금액
     FROM 카드 A,
          거래내역 B
     WHERE A.카드번호 = B.카드번호
     AND A.주민번호 = '111111'
     AND B.거래일자 > '20070101' ;
```

위와 같이 힌트를 이용하여 DRIVING 테이블인 카드 테이블만 병렬 프로세싱으로 엑세스할 수 있다.

카드 테이블을 병렬 프로세싱으로 수행하는 순간 카드 테이블은 테이블 전체 스캔과 병렬 프로세싱을 수행한다. 물론 카드 테이블에서 추출되는 데이터의 건수가 적다면 주민번호 컬럼에 인덱스를 생성해서 이를 이용해야 할 것이다.

결국, 중첩 루프 조인의 성능은 앞에서 설명한 3가지 항목에 의해서 결정되며, 그 중에서 INNER 테이블의 효과적인 반복 엑세스가 가장 중요하다. 두 번째는 처리 범위가 적은 테이블이 DRIVING 테이블의 역할을 수행해야 한다. 세 번째로 DRIVING 테이블의 엑세스를 최적화해야 한다. 세 가지 항목에 우선 순위는 있지만 세 가지 항목을 모두 만족해야만 중첩 루프 조인이 성능을 보장받을 수 있다.

> ☑ 단순 중첩 루프 조인의 성능을 고려한 테이블 조인 순서를 결정하자.

중첩 루프 조인에서는 어느 테이블이 먼저 엑세스되고 어느 테이블이 뒤에 엑세스되는지에 따라 믿기 힘들 정도의 성능 차이가 발생한다. 앞에서는 중첩 루프 조인의 성능을 최적화하기 위한 우선 순위를 확인해 보았다. 중첩 루프 조인의 경우에 조인에 참여하는 테이블의 엑세스 순서에 따라 우선 순위의 최적화에 필요한 인덱스 등이 변한다. 그렇기 때문에 조인 SQL의 성능을 최적화할 경우 테이블의 조인 순서를 고려하지 않을 수 없을 것이다. 그렇다면 중첩 루프 조인으로 수행되는 테이블의 엑세스 순서를 어떻게 결정해야 최적의 성능을 보장할 수 있겠는가? 조인 테이블의 엑세스 순서는 중첩 루프 조인의 성능을 최적화하기 위한 우선 순위와는 다른 방법으로 정해져야 한다. 많은 사람들은 INNER 테이블의 최적화된 반복 엑세스가 가장 중요하므로 INNER 테이블의 선택이 가장 중요하다고 생각할 것이다. 그러나 중첩 루프 조인에서 테이블의 조인 순서를 고려할 때 가장 중요한 것은 DRIVING 테이블의 선정이다. 그 다음이 INNER 테이블의 선정일 것이다.

물론, 이미 운영 중이고 테이블에 인덱스가 모두 선정되어 있으며 추가적인 인덱스를 생성할 수 없다면 INNER 테이블의 선정이 제일 중요할 것이다. 하지만 최초의 중첩 루프 조인 SQL에 대해 최적화를 수행하기 위해서 가장 중요한 항목은 DRIVING 테이블의 선정이다.

DRIVING 테이블은 앞에서 언급했듯이 조인에 참여하는 테이블 중 처리 범위가 가장 적은 테이블로 선정되어야 한다. 그렇다면 과연 조인에서 어느 테이블의 처리 범위가 가장 적은가? 처리 범위가 가장 적은 테이블을 확인하기 위한 방법으로 다음 두 가지를 들 수 있다.

- 조인 조건을 제외한 WHERE 조건이 없을 경우 - 1:M 관계의 모델링에서 1에 해당하는 테이블을 DRIVING 테이블로 선정해야 한다. 1:1 관계에서는 어느 테이블이든 DRIVING 테이블이 될 수 있다. M:N 관계에서는 COUNT 함수를 수행하여 가장 작은 값을 추출하는 테이블을 DRIVING 테이블로 선정해야 한다. 물론, 1:M 및 1:1 관계에서도 COUNT를 수행하여 DRIVING 테이블을 선정할 수 있다.
- 조인 조건을 제외한 WHERE 조건이 있을 경우 - 각 테이블의 WHERE 조건으로 COUNT 함수를 수행하여 가장 작은 값을 추출하는 테이블을 DRIVING 테이블로 선정해야 한다. 또는 업무적인 부분을 고려하여 최소의 데이터가 추출되는 테이블을 DRIVING 테이블로 선정할 수도 있다.

첫 번째로, 조인 조건을 제외한 WHERE 조건이 없는 경우에 대해 살펴보자. 이 경우는 매우 간단하다. 조건이 없기 때문에 데이터의 건수가 더 적은 테이블을 DRIVING 테이블로 선정하면 된다. 조건이 없다면 해당 테이블의 모든 데이터가 조인에 참여해야 하며, 그렇기 때문에 더 적은 데이터가 저장되어 있는 테이블이 선정되면 조인 횟수를 감소시킬 수 있을 것이다. 그렇다면 데이터가 적은 테이블을 어떻게 확인할 수 있겠는가? 데이터의 건수를 확인하는 방법에는 여러가지가 있다. 실제 테이블의 COUNT를 수행해 볼 수 있을 것이다. 또는 논리적 모델링에서 부모에 해당하는 테이블에 더 적은 데이터가 저장되어 있을 가능성이 높으므로 이 특징을 이용할 수도 있다. 이와 같은 방법으로 우리는 DRIVING 테이블을 선정할 수 있을 것이다.

> **예 제**
>
> ```
> SQL> SELECT A.카드번호, B.거래일자, B.가맹점_이름, B.사용금액
>        FROM 카드 A,
>             거래내역 B
>        WHERE A.카드번호 = B.카드번호;
> ```

위의 SQL에서 어느 테이블의 처리 범위가 적은가? 위의 SQL에는 조인 조건 이외의 어떤 WHERE 조건도 없다. 따라서 각 테이블이 DRIVING 테이블로 수행될 경우 처리 범위를 감소시켜 주는 조건은 없다. 그렇다면 무엇을 확인해야 하는가? 이런 경우에 논리적 모델링을 통해 확인하는 방법을 알아보자.

카드 테이블과 거래내역 테이블의 관계가 1:M이라고 가정하자. 이는 무엇을 의미하는가? 하나의 카드번호 값에 대해서 여러 개의 거래내역 데이터가 있으며, 하나의 거래내역 데이터에 대해서는 하나의 카드번호 값이 연결될 것이다. 이와 같은 관계이기 때문에 카드 테이블과 거래내역 테이블 사이에는 1:M의 관계가 성립한다. 조인 조건을 제외하고는 WHERE 조건에 다른 조건이 없으므로 DRIVING 테이블의 처리 범위는 해당 테이블의 총 건수가 될 것이다. 그렇다면 위의 경우 어느 테이블의 총 건수가 더 적겠는가? 이는 COUNT를 수행해 보지 않아도 보통의 경우에는 카드 테이블에 더 적은 데이터가 저장되어 있다는 것을 누구나 알 수 있을 것이다. 1:M 관계에서 WHERE 조건에 조인 조건 외의 다른 조건이 없다면 1에 해당하는 카드 테이블의 처리 범위가 M에 해당하는 거래내역 테이블의 처리 범위보다 훨씬 적다. 따라서 위의 SQL에서는 카드 테이블이 DRIVING 테이블로 수행되어야 할 것이다. 물론 카드 테이블에 있는 많은 카드 데이터가 자식 테이블에 해당하는 거래내역 테이블에 연결되어 있지 않다면 1에 해당하는 카드 테이블에 더 많은 데이터가 저장되어 있을 수도 있다. 그렇기 때문에 업무적인 것도 고려를 해야 할 것이다.

위의 SQL은 두 개의 테이블에 의한 조인이므로 카드 테이블이 DRIVING 테이블이 되었다면 다른 테이블인 거래내역 테이블은 INNER 테이블로 수행될 것이다. 결국 처리 범위에 의해 DRIVING 테이블이 선

정되면 나머지 테이블은 INNER 테이블로 수행될 것이다. 테이블의 조인 순서가 결정되었다면 이제는 각 테이블에서 최적의 인덱스를 선정해야 할 것이다. 그렇다면 SQL의 성능 최적화를 위해 각 테이블의 인덱스를 어떻게 구성해야 하는가?

DRIVING 테이블인 카드 테이블에는 WHERE 조건이 없으므로 인덱스가 필요없다. 인덱스를 이용하겠다면 카드번호 컬럼으로 인덱스를 생성하여 카드번호 인덱스를 전체 스캔할 수 있을 것이다. 카드번호 컬럼만으로 인덱스를 생성한다면 인덱스 스캔만 발생하며 카드 테이블에 엑세스할 필요가 없기 때문에 랜덤 엑세스도 발생하지 않는다. 크기가 큰 테이블이 아닌 크기가 작은 인덱스만 엑세스하므로 디스크 I/O 감소에 따른 성능 향상을 기대할 수 있다. 인덱스 전체 스캔을 이용하는 경우 정렬을 수행하지 않는다면 빠른 인덱스 전체 스캔을 이용할 수 있을 것이다. 물론 인덱스 전체 스캔은 단일 블록 I/O를 수행하므로 전체 테이블 스캔보다 속도가 저하될 수 있다. 위의 SQL에서는 카드번호 인덱스를 이용하여 빠른 인덱스 전체 스캔을 생성했다고 가정하자. INNER 테이블인 거래내역 테이블의 WHERE 조건에는 조인 조건 이외의 다른 조건이 존재하지 않는다. 하지만 중첩 루프 조인의 가장 큰 특징은 무엇인가? INNER 테이블이 조인 조건을 상수로 제공받는다는 것에서 그 답을 얻을 수 있다. 그렇기 때문에 조인 조건인 카드번호 조건은 거래내역 테이블에서 처리 범위를 감소시키는 조건으로 역할을 수행할 수 있다. 따라서 거래내역 테이블에는 카드번호 컬럼에 인덱스가 존재해야 한다. 이와 같이 인덱스를 구성한다면 실행 계획은 아래와 같이 생성될 것이다.

> 실행 계획
> SELECT STATEMENT
>   NESTED LOOPS
>   INDEX (FAST FULL SCAN) OF '카드번호_IDX'
>   TABLE ACCESS (BY INDEX ROWID) OF '거래내역'
>   INDEX (RANGE SCAN) OF '카드번호_IDX'

하지만 위와 같이 실행 계획을 생성하기 위해서는 앞의 SQL을 그대로 수행하면 안 된다. 그 이유는 보통의 경우 빠른 인덱스 전체 스캔(FAST FULL SCAN)은 쉽게 생성되지 않는 실행 계획이기 때문이다. 그러므로 힌트를 이용하여 실행 계획을 제어해야 할 가능성이 높아진다.

```
예제
SQL> SELECT /*+ INDEX_FFS(A, 카드번호_IDX) */
            A.카드번호, B.거래일자, B.가맹점_이름, B.사용금액
       FROM 카드 A,
            거래내역 B
       WHERE A.카드번호 = B.카드번호;
```

위와 같이 힌트를 설정해야 원하는 실행 계획이 생성될 것이다. 또한 거래내역 테이블에 대해 랜덤 엑세스를 발생시키지 않기 위해서는 인덱스를 카드번호+거래일자+가맹점_이름+사용금액으로 생성해야 한다. 랜덤 엑세스가 발생하지 않으면 위의 SQL은 더욱 빠른 수행 속도를 보장할 것이다.

WHERE 조건에 조인 조건만 있고 대용량 데이터에 엑세스해야 한다면 중첩 루프 조인보다 해쉬 조인을 이용하는 것이 유리할 것이다. 대용량 데이터에 대해서 인덱스를 이용하면 성능 저하가 발생하며, 중첩 루프 조인은 인덱스에 의해 처리되는 조인이기 때문에 서로 대립된다. 그러므로 대량의 데이터를 처리하기 위해서는 해쉬 조인이 유리하다. 실무에서도 WHERE 조건에 조인 조건을 제외한 다른 조건이 없는 경우는 대부분 배치 작업이나 통계 작업이다. 이와 같은 경우에 중첩 루프 조인 방식이 성능을 저하시킬 수 있다는 것을 명심하기 바란다.

두 번째로, 조인 조건을 제외한 WHERE 조건이 있을 경우에 대해 살펴보자. 조인 조건을 제외한 WHERE 조건이 있다는 것은 적은 데이터를 추출할 가능성이 높다는 의미가 된다. 그렇다면 대용량의 데이터 처리가 아니므로 일반적으로 중첩 루프 조인을 이용하는 것이 올바른 선택일 것이다.

```
예제
SQL> SELECT A.카드번호, B.거래일자, B.가맹점_이름, B.사용금액
       FROM 카드 A,
            거래내역 B
       WHERE A.카드번호 = B.카드번호
         AND A.주민번호 = '111111'
         AND B.거래일자 > '20070101';
```

위의 조인 SQL에서 DRIVING 테이블은 어떤 테이블이 되어야 하는가? 위의 SQL도 앞서 언급한 방법에 따라 DRIVING 테이블을 선정하면 될 것이다. 논리적 모델링부터 확인해 보자. 논리적 모델링에서는 카드 테이블이 1에 해당하는 테이블이며 거래내역 테이블이 M에 해당하는 테이블이 되어 1:M의 관계를 유지할 것이다. 이렇게만 본다면 앞서 언급한 경우와 마찬가지로 카드 테이블이 DRIVING 테이블로 수행되어

야 할 것이다. 하지만 문제는 WHERE 조건에 조인 조건 이외의 다른 조건이 있다는 것이다. 그렇기 때문에 1:M 관계라고 하더라도 1에 해당하는 카드 테이블의 처리 범위가 거래내역 테이블 보다 적다고 단정지을 수는 없을 것이다.

예를 들어, '111111' 주민번호에 속한 카드가 10장이고 2007년 1월 1일부터 현재까지 총 거래내역이 5건이라면 어떻게 되겠는가? 이와 같다면 거래내역 테이블이 DRIVING 테이블 역할을 수행해야 할 것이다. 따라서 가장 정확한 방법은 각각의 COUNT 값을 추출하는 것이다. 물론, 업무적으로 논리적인 데이터 건수를 추론할 수도 있을 것이다.

> 예 제
```
SQL> SELECT COUNT(*)
     FROM 카드 A,
     WHERE 주민번호 = '111111';

SQL> SELECT COUNT(*)
     FROM 거래내역 B
     WHERE 거래일자 > '20070101';
```

위와 같이 수행하여 추출된 COUNT 값을 기준으로 더 적은 값이 추출되는 테이블을 DRIVING 테이블로 하면 된다. 위의 경우에 거래내역 테이블에서 더 적은 데이터가 추출된다고 가정하자. DRIVING 테이블인 거래내역 테이블에는 거래일자 컬럼에 인덱스가 있어야 한다. 또한 INNER 테이블로 수행되는 카드 테이블에 카드번호+주민번호 인덱스 또는 주민번호+카드번호 인덱스가 있으면 최적의 실행 계획이 생성될 것이다.

결국 WHERE 조건에 조인 조건 이외의 다른 조건이 있다면 논리적 모델링을 통한 조인 순서의 결정이 힘들 수 있다. 이런 경우에는 해당 값들을 확인하여 처리 범위가 적은 테이블을 DRIVING 테이블로 선택해야 한다. COUNT 함수의 수행 결과를 통해 확인할 수도 있으나 업무를 정확히 분석하여 더 적은 데이터를 추출하는 테이블을 DRIVING 테이블로 선정할 수도 있다.

중첩 루프 조인에서 테이블을 조인할 때 처리 범위가 적은 테이블을 DRIVING 테이블로 지정해서 가장 먼저 엑세스되도록 하는 것이 중요하다. 그 다음에 INNER 테이블의 반복 엑세스를 최적화하기 위한 인덱스 선정을 고려해야 할 것이다. 그리고 마지막으로 DRIVING 테이블이 인덱스를 이용할 것인지 이용하지 않을 것인지를 판단해야 할 것이다. 이와 같이 중첩 루프 조인을 최적화하여 최적의 성능을 보장해야 할 것이다.

✓ 복잡한 중첩 루프 조인의 성능도 향상시킬 수 있다

가장 기본적인 조인은 두 테이블에 있는 데이터를 연결하는 것이다. 앞에서 기본적인 조인 SQL의 성능 향상 및 조인 테이블의 순서에 대해 살펴보았다. 지금부터는 2개의 테이블에 대한 중첩 루프 조인이 아닌 그 이상의 테이블에 대한 중첩 루프 조인에 대해 설명한다.

실제 프로그램을 개발하다 보면 두 개의 테이블을 이용하여 조인 SQL을 작성하는 경우도 많지만 세 개 이상의 테이블을 이용하여 조인 SQL을 수행하는 경우도 매우 많다.

```
예 제
SQL> SELECT A.카드번호, D.고객이름, D.고객_연락처
            B.거래일자, C.가맹점_이름, B.사용금액
       FROM 카드 A,
            거래내역 B,
            가맹점 C,
            고객 D
      WHERE A.카드번호 = B.카드번호
        AND B.가맹점_번호 = C.가맹점_번호
        AND A.고객번호 = D.고객번호
        AND B.거래일자 > '20070101'
        AND C.지역 = '대구'
        AND D.주민번호 = '111111';
```

위와 같이 4개의 테이블을 조인하는 경우를 살펴보자. 4개의 테이블에 대해서 조인이 수행되므로 조인 순서는 매우 많은 경우의 수를 갖게 될 것이다. 4개의 테이블에 대한 조인 순서의 경우의 수는 24(4×3×2×1)개가 된다.

여기서 중요한 것은 많은 조인 순서 중 가장 최적의 조인 순서를 찾아야 된다는 점이다. 4개의 테이블로 생성되는 조인 순서는 24가지다. 그렇다면 위의 조인 SQL에는 정말로 24가지의 조인 방법이 존재하는 것일까? 수학적으로는 24가지의 조인 방법이 존재하지만 실제 실행 계획에 생성될 수 있는 조인 방법은 조인 조건에 따라 제한될 수 있다. 그렇다면 몇 개의 조인 SQL로 제한되는가? 카드 테이블이 DRIVING 테이블

의 역할을 수행한다면 그 다음에 엑세스되는 테이블은 거래내역 테이블이나 카드 테이블이어야 한다. 이는 카드 테이블이 DRIVING 테이블일 경우 가맹점 테이블을 그 다음에 바로 엑세스할 수는 없다는 것을 의미한다. 왜 그럴까? 가맹점 테이블과 카드 테이블의 데이터를 연결할 수 있는 조인 조건이 없으므로 조인이 수행될 수 없기 때문이다. 만약, 가맹점 테이블과 카드 테이블을 강제로 조인한다면 카테시안 조인이 발생하여 악성 SQL로 변할 수 있다. 물론 정상적이라면 옵티마이저가 위의 조인 SQL에 대해 카테시안 조인으로 실행 계획을 생성하지 않는다. 카테시안 조인이 수행되기 위해서는 위의 SQL에 힌트가 설정되어야 한다. 카테시안 조인에 대해서는 뒤에서 자세히 설명한다. 아래 그림을 통해 조인 순서에 대해 좀 더 논의해 보자.

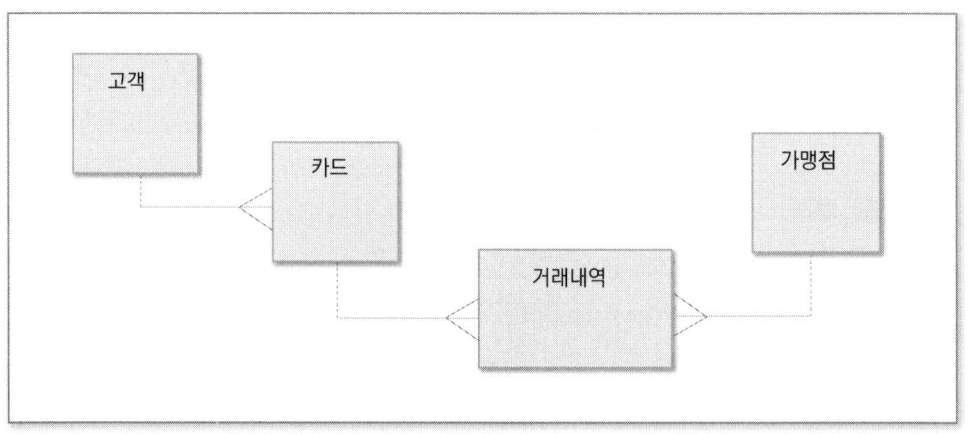

4개의 테이블이 위와 같은 관계를 가진다고 가정하자. 또한, 거래내역 테이블이 고객 테이블의 유일 키인 고객번호 컬럼을 상속받지 못했다고 가정하자. 그렇다면 4개의 테이블로 만들어지는 조인 순서의 경우의 수는 8가지가 된다. 왜 24가지에서 8가지로 감소하였는가? 고객 테이블이 먼저 DRIVING될 경우 두 번째로 거래내역 테이블이 엑세스될 수 없다. 두 테이블 사이의 경우에는 WHERE 조건에 조인 조건이 없으므로 두 테이블을 조인하면 카테시안 조인이 발생할수 있기 때문이다. 결국 WHERE 조건의 조인 조건에 의해 조인 순서의 경우의 수와 조인 순서가 결정될 것이다. 고객 테이블의 고객번호 컬럼을 손자에 해당하는 테이블인 거래내역 테이블에 상속했다면 고객 테이블과 거래내역 테이블은 조인을 바로 수행할 수 있다. 하지만 이런 경우라도 조인을 바로 수행할 수 있도록 두 테이블 사이의 조인 조건이 WHERE 절에 있어야 하므로 조인 순서는 조인 조건에 의해 결정될 것이다.

앞의 SQL에서는 고객 테이블의 주민번호 조건이 점 조건으로 제공되고, 해당 조건을 만족하는 데이터가 다른 테이블의 처리 범위보다 적다고 가정하자. 그렇다면 당연히 고객 테이블이 DRIVING 테이블로 수행되어야 할 것이다. 이와 같이 고객 테이블이 DRIVING 테이블로 수행된다면 두 번째 엑세스되는 테이블은 카드 테이블이 될 것이다. 이는 고객 테이블의 경우에 거래내역 테이블이나 가맹점 테이블과 조인 조건이 없기 때문이다. 고객 테이블이 DRIVING 테이블이 되는 순간 조인 순서는 고객 테이블, 카드 테이블, 거래내역 테이블, 가맹점 테이블 순으로 정해진다.

이와 같이 수행된다면 최적의 성능을 고려하여 인덱스를 어떻게 구성해야 하는가? 고객 테이블이 DRIVING 테이블로 수행되며 주민번호 조건에 의해 처리 범위가 충분히 감소한다고 말했다. 그러므로 고객 테이블은 주민번호 인덱스를 반드시 이용해야 할 것이다. 두 번째로 수행되는 카드 테이블은 INNER 테이블로 수행되므로 고객 테이블로부터 조인 조건인 고객번호 조건을 상수로 제공받는다. 이는 INNER 테이블이 DRIVING 테이블로부터 조인 조건을 상수로 제공받기 때문이다. 그러므로 카드 테이블은 고객번호 컬럼에 인덱스를 생성해야 할 것이다. 세 번째로 엑세스되는 거래내역 테이블은 카드 테이블의 입장에서 볼 때 INNER 테이블에 해당된다. 물론, 거래내역 테이블의 DRIVING 테이블은 카드 테이블이 될 것이다. 그러므로 거래내역 테이블은 카드 테이블과의 조인 조건인 카드번호 조건을 상수로 제공받는다. 따라서 거래내역 테이블의 경우에 카드번호 컬럼에 반드시 인덱스가 존재해야 할 것이다. 가맹점 테이블은 가장 마지막에 엑세스되며 가맹점_번호 조건을 상수로 제공받는다. 그러므로 가맹점_번호 컬럼에 인덱스가 존재해야 한다.

```
실행 계획
  SELECT STATEMENT
    NESTED LOOPS
      NESTED LOOPS
        NESTED LOOPS
          TABLE ACCESS (BY INDEX ROWID) OF '고객'
            INDEX (RANGE SCAN) OF '주민번호_IDX'
          TABLE ACCESS (BY INDEX ROWID) OF '카드'
            INDEX (RANGE SCAN) OF '고객번호_IDX'
        TABLE ACCESS (BY INDEX ROWID) OF '거래내역'
          INDEX (RANGE SCAN) OF '카드번호_거래일자_IDX'
      TABLE ACCESS (BY INDEX ROWID) OF '가맹점'
        INDEX (RANGE SCAN) OF '지역_가맹점번호_IDX'
```

결국 위와 같이 실행 계획이 생성될 것이다. 실행 계획을 이렇게 생성한 이유는 가장 먼저 엑세스되어야 하는 DRIVING 테이블은 처리 범위가 가장 적어야 하므로 가장 먼저 엑세스되는 테이블로 고객 테이블을 선정했기 때문이다. 따라서 조인 조건과 논리적 모델링에 의해 조인 순서는 위의 실행 계획과 같이 확정될 것이다.

또 다른 예제를 통해 살펴보자. 앞의 예제와 유사하지만 주민번호 조건이 없는 경우다.

```
예 제
SQL> SELECT A.카드번호, D.고객이름, D.고객_연락처
            B.거래일자, C.가맹점_이름, B.사용금액
       FROM 카드 A,
            거래내역 B,
            가맹점 C,
            고객 D
       WHERE A.카드번호 = B.카드번호
       AND B.가맹점_번호 = C.가맹점_번호
       AND A.고객번호 = D.고객번호
       AND B.거래일자 = '20070501'
       AND C.지역 = '대구' ;
```

위와 같이 중첩 루프 조인이 수행되었다고 가정하자. 여기서 처리 범위가 가장 적은 테이블은 거래내역 테이블이라고 가정하자. 거래내역 테이블의 경우에 WHERE 조건에는 거래일자 컬럼에 대한 점(=) 조건이 설정되어 있다. 해당 조건을 만족하는 데이터가 가장 적다면 거래내역 테이블을 DRIVING 테이블로 선정해야 할 것이다. 거래내역 테이블이 DRIVING 테이블이 된다면 조인 조건에 의해 가맹점 테이블이나 카드 테이블이 다음에 엑세스될 수 있을 것이다. 거래내역 테이블이 DRIVING 테이블이 되고 고객 테이블이 INNER 테이블이 된다면 조인 조건이 존재하지 않기 때문에 카테시안 조인이 발생할 수 있다. 그렇다면 가맹점 테이블과 고객 테이블 중 어느 테이블이 먼저 엑세스되는 것이 성능에 유리한가?

4개의 테이블에서 조인이 수행된다면 DRIVING 테이블은 3개가 존재하며 INNER 테이블도 3개가 존재한다. 왜 3개씩 존재하는가? 예를 들어, 고객 테이블, 카드 테이블, 거래내역 테이블, 가맹점 테이블 순서로 조인을 수행했다면 고객 테이블이 DRIVING 테이블이라는 것은 너무나 자명한 사실이다. 이와 같다면 카드 테이블은 INNER 테이블이 된다. 그렇다면 거래내역 테이블은 어떠한가? 거래내역 테이블은 뒤에 엑세스되었으므로 INNER 테이블은 당연할 것이다. 거래내역 테이블의 DRIVING 테이블은 어떤 테이블인가? 거래내역 테이블의 DRIVING 테이블은 카드 테이블이 된다. 이는 조인 조건의 값을 카드 테이블로부터 상수로 제공받기 때문이다. 따라서 카드 테이블은 INNER 테이블로 수행되지만 DRIVING 테이블로도 수행된다. 이처럼 DRIVING 테이블로도 수행되고 INNER 테이블로도 수행되는 테이블은 카드 테이블과 거래내역 테이블이 될 것이다. 이와 같다면 가맹점 테이블이나 고객 테이블이 2번째로 조인을 수행하므로 2번째 수행되는 테이블은 DRIVING 테이블도 되면서 INNER 테이블로도 수행될 것이다. 따라서 카드 테이블과 거래내역 테이블 중 처리 범위가 더 적은 테이블이 먼저 수행되어야 할 것이다.

카드 테이블과 거래내역 테이블 중 어느 테이블의 처리 범위가 더 적은가? 이를 판단하기 위해서는 각 테이블에서 처리 범위를 감소시키는 조건을 확인해야 할 것이다. 카드 테이블의 경우에는 카드번호 컬럼이 처리 범위를 감소시키는 조건이 된다. 이는 거래내역 테이블로부터 카드번호 조건을 상수로 제공받기 때문이다. 가맹점 테이블의 조건은 가맹점_번호 컬럼과 지역 컬럼이다. 결국, 이러한 조건들을 상수로 받았을 경우 어떤 테이블이 처리 범위를 더 감소시키는지를 확인하여 처리 범위를 더 감소시키는 테이블이 먼저 엑세스되어야 할 것이다. 여기서는 가맹점 테이블이 가맹점_번호 조건과 지역 조건에 의해 처리 범위를 더 많이 감소시킨다고 가정하자. 그렇다면 처음에 거래내역 테이블이 엑세스된 후 가맹점 테이블이 엑세스되어야 할 것이다.

거래내역 테이블이 엑세스되고 그 뒤에 가맹점 테이블에 엑세스하였다. 그렇다면 그 다음에 엑세스되어야 하는 테이블은 무엇인가? 만약, 고객 테이블에 엑세스된다면 어떻게 되겠는가? 이미 엑세스한 거래내역 테이블, 가맹점 테이블, 고객 테이블에는 조인 조건이 없다. 따라서 고객 테이블에 세 번째로 엑세스한다면 카테시안 조인이 발생할 것이다. 결국 조인은 거래내역 테이블, 가맹점 테이블, 카드 테이블, 고객 테이블 순으로 수행되어야 할 것이다. 이와 같이 수행되어야만 조인 조건에 의해 카테시안 조인이 발생하지 않고 데이터의 연결을 정상적으로 종료할 수 있을 것이다.

마지막으로, 조인 순서가 결정되었다면 성능을 최적화할 수 있는 인덱스를 선정해야 할 것이다. 가장 먼저 엑세스되는 거래내역 테이블의 경우에 거래일자 컬럼에 인덱스가 있어야 한다. 두 번째로 엑세스되는 테이블인 가맹점 테이블은 가맹점_번호 컬럼과 지역 컬럼으로 인덱스가 있어야 한다. 따라서, 가맹점_번호+지역 인덱스 또는 지역+가맹점_번호 인덱스가 있어야 한다. 두 조건 모두 점 조건이므로 해당 SQL에서는 어느 인덱스를 이용하여도 성능은 동일하다. 세 번째로 엑세스되는 테이블인 카드 테이블의 경우에 카드번호 컬럼에 인덱스가 있어야 할 것이다. 그래야만 INNER 테이블로 수행될 경우 반복 엑세스를 효과적으로 수행할 수 있다. 마직막으로 엑세스되는 고객 테이블의 경우에 고객번호 컬럼에 인덱스가 존재해야만 INNER 테이블로 수행될 경우 최적의 반복 엑세스를 수행할 수 있다.

이와 같이 중첩 루프 조인에서는 처리 범위를 가장 많이 감소시킬 수 있는 테이블이 DRIVING 테이블로 수행되어야 한다. 또한, INNER 테이블의 반복 엑세스 최적화는 중첩 루프 조인의 성능 향상을 위해 가장 중요한 항목이다.

중첩 루프 조인에서는 처리 범위가 가장 적은 테이블이 DRIVING 테이블 역할을 수행하여 적은 데이터로 조인을 수행해야 성능을 보장받을 수 있다. 또한 DRIVING 테이블로부터 제공받은 조인 조건의 상수 값을 효과적으로 이용하기 위해서 INNER 테이블은 조인 조건으로 시작하는 인덱스를 필요로 할 것이다.

이와 같은 개념을 이해하고 중첩 루프 조인의 순서가 조인 조건과 논리적 모델링에 의해 결정된다는 것을 정확히 이해하고 있다면 중첩 루프 조인이 마냥 어렵지만은 않을 것이다.

복잡한 중첩 루프 조인 사용 시 SQL 작성에 신중해야 한다.

중첩 루프 조인의 성능은 어느 테이블이 먼저 엑세스되느냐에 따라 큰 차이를 보인다. 어느 테이블이 먼저 엑세스되느냐는 논리적 모델링과 조인 조건에 의해 많은 영향을 받는다. 물론 옵티마이져가 통계 정보를 참조하여 조인 순서를 정하기도 한다. 조인 SQL의 처리 범위가 많고 적고는 WHERE 조건에 의해 결정될 것이다. 따라서 SQL을 작성하면서 아래와 같은 점을 반드시 고려해야 중첩 루프 조인이 최적의 성능을 보장할 수 있을 것이다.

- 조인 조건의 작성에 대한 고려
- WHERE 절의 조건에 대한 고려

첫 번째로, 조인 조건의 작성에 대한 고려를 많이 해야 할 것이다. 조인 조건의 작성 방법에 따라 조인 순서가 결정될 수 있기 때문이다.

예제

```
SQL> SELECT A.ACOL2, D.DCOL1, D.DCOL2,
            B.BCOL1, C.CCOL2, B.BCOL2
     FROM TAB1 A,
          TAB2 B,
          TAB3 C,
          TAB4 D,
          TAB5 E
     WHERE A.KEY1 = B.KEY1
     AND B.KEY1 = C.KEY1
     AND C.KEY2 = D.KEY2
     AND D.KEY2 = E.KEY2
     AND C.CCOL1 = 'AAA'
     AND A.ACOL1 = '123'
     AND E.ECOL1 BETWEEN '100' AND '200';
```

위의 SQL의 경우에 TAB1 테이블, TAB3 테이블, TAB5 테이블에 대한 처리 범위를 감소시킬 수 있는 조건이 WHERE 조건에 설정되어 있다. WHERE 조건 및 논리적 모델링에 의한 처리 범위가 TAB3 테이블,

TAB1 테이블, TAB5 테이블, TAB2 테이블, TAB4 테이블 순으로 적다고 가정하자. 그렇다면 조인 순서는 어떻게 되어야 하는가? 중첩 루프 조인에서 최적의 성능을 보장받기 위해서는 처리 범위가 적은 순으로 조인이 수행되어야 하며, 이는 조인 조건의 설정에 의해서 결정된다.

위의 SQL을 확인해 보면 TAB3 테이블이 먼저 수행되는 것은 어려운 일이 아닐 것이다. 힌트를 이용하는 것과 같은 방법으로 TAB3 테이블에 먼저 엑세스하도록 만들 수 있을 것이다. 문제는 두 번째로 엑세스되어야 하는 TAB1 테이블이다. TAB1 테이블에는 TAB3 테이블과의 조인 조건이 없다. 그렇기 때문에 TAB3 테이블에 엑세스한 후 TAB1 테이블에 엑세스하면 카테시안 조인이 발생한다. 하지만, 여기서 재미있는 현상을 하나 확인할 수 있을 것이다. WHERE 조건을 보면 A.KEY1 = B.KEY1 조인 조건과 B.KEY1 = C.KEY1 조인 조건이 있다. 이는 무엇을 의미하는가? 학교를 다닐 때 3단 논법을 누구나 배웠을 것이다. 3단 논법에 의하면 위의 조건은 A.KEY1 = C.KEY1을 의미한다. SQL에 이와 같은 조건을 추가한다면 TAB3 테이블에 엑세스한 후에 TAB1 테이블에 엑세스하는 부분에서는 카테시안 조인이 발생하지 않고 정상적인 중첩 루프 조인을 수행할 수 있을 것이다.

A.KEY1 = C.KEY1 조인 조건을 추가한다면 TAB3 테이블을 DRIVING 테이블로 수행하고 TAB1 테이블을 INNER 테이블로 수행하는 부분은 문제가 없을 것이다. 세 번째로, TAB5 테이블이 엑세스되어야 할 것이다. 이 또한 WHERE 조건에 C.KEY2 = D.KEY2 조인 조건과 D.KEY2 = E.KEY2 조인 조건이 존재하므로 C.KEY2 = E.KEY2를 만족한다. 따라서 이 조건을 추가하면 세 번째로 TAB5 테이블을 엑세스하는 것도 어려운 일이 아니다. 이와 같이 3개의 테이블을 엑세스한 후에 TAB2 테이블과 TAB4 테이블에 엑세스하는 것은 어렵지 않을 것이다.

이 처럼 조인 조건을 어떻게 작성하는가에 따라 원하는 조인 순서를 만들어 낼 수 있다. 조인 조건을 고려하지 않는다면 실행 계획에 최적의 조인 순서가 생성될 수 없을 것이다. 위의 SQL을 아래와 같이 변경하여 수행한다면 TAB3 테이블, TAB1 테이블, TAB5 테이블, TAB2 테이블, TAB4 테이블 순으로 조인을 수행할 수 있다. 원하는 실행 계획이 생성되지 않는다면 힌트 등을 이용해야 할 것이다.

복잡한 중첩 루프 조인 사용 시 SQL 작성에 신중해야 한다

예 제

```sql
SQL> SELECT /*+ ORDERED */
            A.ACOL2, D.DCOL1, D.DCOL2,
            B.BCOL1, C.CCOL2, B.BCOL2
       FROM TAB3 C,
            TAB1 A,
            TAB5 E,
            TAB2 B,
            TAB4 D,
      WHERE A.KEY1 = B.KEY1
        AND B.KEY1 = C.KEY1
        AND A.KEY1 = C.KEY1
        AND C.KEY2 = D.KEY2
        AND D.KEY2 = E.KEY2
        AND C.KEY2 = E.KEY2
        AND C.CCOL1 = 'AAA'
        AND A.ACOL1 = '123'
        AND E.ECOL1 BETWEEN '100' AND '200';
```

조인 조건을 추가하고 조인 순서를 힌트로 설정하여 중첩 루프 조인을 수행하면 원하는 실행 계획을 생성할 수 있을 것이다. 조인 SQL이 이와 같이 수행될 경우 최적의 성능을 보장하기 위해 각 테이블의 인덱스를 어떻게 구성해야 하는지 살펴보자.

- **TAB3 테이블** – DRIVING 테이블로 수행되므로 조인 조건을 상수로 제공받지 못한다. 이 테이블에는 처리 범위를 충분히 감소시키는 조건인 CCOL1 컬럼이 있으므로 CCOL1 컬럼으로 인덱스를 생성하여 이 인덱스를 이용해야 한다.
- **TAB1 테이블** – TAB1 테이블은 INNER 테이블로 수행되며 TAB3 테이블이 먼저 엑세스되어 조인 조건인 KEY1 조건을 상수로 제공받게 된다. 또한, WHERE 절에는 ACOL1 조건이 존재한다. KEY1 컬럼과 ACOL1 컬럼 모두 점 조건으로 사용되었으므로 ACOL1+KEY1 인덱스나 KEY1+ACOL1 인덱스가 존재하면 최적으로 수행된다.
- **TAB5 테이블** – TAB3 테이블이 먼저 엑세스되었으므로 TAB5 테이블은 조인 조건인 KEY2 컬럼을 상수로 제공받는다. 또한 WHERE 조건에는 ECOL1 조건이 존재하므로 인덱스는 KEY2+ECOL1로 구성되어야 한다. 이는 인덱스를 점 조건+선분 조건으로 생성해야만 처리 범위를 두 개의 컬럼으로 감소시킬 수 있기 때문이다.
- **TAB2 테이블** – 별도의 WHERE 조건은 존재하지 않는다. 하지만 INNER 테이블로 수행되므로 앞에서 엑세스된 테이블에 의해 조인 조건을 상수로 제공받는다. TAB3 테이블로부터 KEY1 컬럼을 상수로 제공받으므로 KEY1 컬럼에 반드시 인덱스가 존재해야 한다.
- **TAB4 테이블** – 이 테이블도 별도의 WHERE 조건이 없다. 하지만 INNER 테이블로 수행되므로 앞에서 엑세스된 테이블과의 조인 조건을 상수로 제공받는다. TAB5 테이블로부터 KEY2 컬럼을 상수로 제공받으므로 TAB4 테이블의 KEY2 컬럼에 인덱스가 반드시 존재해야 한다.

위와 같이 조인에 참여하는 테이블에 인덱스를 생성해야만 INNER 테이블의 반복 엑세스를 최적화할 수 있으며, DRIVING 테이블에도 효과적으로 엑세스할 수 있을 것이다. 위의 예제에서 아무런 고려 없이 사용한 테이블 사이의 조인 조건에 의해 엄청난 일이 발생할 수 있다는 것을 알 수 있을 것이다. 조인 조건은 테이블의 조인 순서를 결정하기 때문에 필요로 하는 조인 순서에 맞게 조인 조건을 작성해야 할 것이다. 또는 3단 논법에 의해 설정할 수 있는 모든 조건을 WHERE 조건에 조인 조건으로 설정한 후 처리 범위에 의해 조인 순서를 설정하는 것도 조인을 최적화하는 하나의 방법이 될 것이다.

두 번째로, WHERE 절의 조건 작성에 많은 고려를 해야할 것이다. WHERE 절의 조건이 어떻게 작성되느냐에 따라 조인 순서가 결정된다.

예제
```
SQL> SELECT A.ACOL2, B.BCOL1, C.CCOL2, B.BCOL2
       FROM TAB1 A,
            TAB2 B,
            TAB3 C
       WHERE A.KEY1 = B.KEY1
       AND B.KEY1 = C.KEY1
       AND C.KEY1 = 'AAA'
       AND A.COL1 = '123' ;
```

위의 SQL이 중첩 루프 조인으로 수행되었으며 WHERE 조건들은 각 테이블에서 처리 범위를 충분히 감소시키지 못한다고 가정하자. 그렇다면 어떤 테이블을 DRIVING 테이블로 수행해야 하는가? 여기서 WHERE 절의 조건을 확인해 보자.

C.KEY1 = 'AAA' 조건과 A.KEY1 = B.KEY1 조건, B.KEY1 = C.KEY1 조건을 보면 A.KEY1 = 'AAA'라는 것을 유추해낼 수 있다. 결국 TAB1 테이블은 COL1 컬럼과 KEY1 컬럼을 상수로 제공받는 SQL이다. 이를 위와 같이 작성했기 때문에 모든 테이블이 처리 범위가 많은 것처럼 보인 것이다. 온라인 프로그램이라면 어느 테이블에는 처리 범위를 많이 감소시키는 조건이 존재한다. 그렇기 때문에 처리 범위를 최대한 감소시킬 수 있는 조건을 찾는 것은 매우 중요한 일이다.

복잡한 중첩 루프 조인 사용 시 SQL 작성에 신중해야 한다

예 제

```
SQL> SELECT A.ACOL2, B.BCOL1, C.CCOL2, B.BCOL2
       FROM TAB1 A,
            TAB2 B,
            TAB3 C
      WHERE A.KEY1 = B.KEY1
        AND B.KEY1 = C.KEY1
        AND C.KEY1 = 'AAA'
        AND A.COL1 = '123'
        AND A.KEY1 = 'AAA';
```

위와 같이 SQL이 수행되어 TAB1 테이블은 COL1 컬럼과 KEY1 컬럼의 값을 상수로 제공받고 이들 조건에 의해 처리 범위를 충분히 감소시킬 것이다. 그렇기 때문에 TAB1 테이블에는 KEY1+COL1 인덱스나 COL1+KEY1 인덱스를 생성해야 할 것이다.

오라클 옵티마이져는 SQL을 수행할 때 A.KEY1='AAA'을 자동으로 추가한다. 오라클 옵티마이져가 WHERE 조건을 분석하여 논리적으로 타당한 조건을 자동으로 추가하는 현상을 TRANSITIVITY라고 한다. 오라클 옵티마이져가 앞서 언급한 조인 조건을 추가하지는 못하지만 위와 같은 단순 WHERE 조건은 자동으로 추가한다. 이와 같이 조건이 추가되고 최적화된 인덱스가 있다면 해당 SQL은 성능을 보장받을 수 있을 것이다. 하지만 옵티마이져가 이러한 조건을 추가할 수도 있지만 추가하지 않을 수도 있기 때문에 SQL을 작성하는 개발자가 항상 조심해야 할 것이다.

온라인 프로그램이라면 처리 범위를 감소시키는 분포도가 좋은 컬럼이 어딘가에 있을 것이다. 이러한 컬럼이 어떤 테이블에서 처리 범위를 감소시키고 해당 테이블을 DRIVING 테이블로 수행시킨다면 중첩 루프 조인의 성능을 최적화할 수 있을 것이다.

✓ 중첩 루프 조인에서 데이터의 증감을 확인해라.

중첩 루프 조인은 처리 범위를 감소시키는 것만으로도 성능을 향상시킬 수 있다. 여러 테이블을 이용하여 중첩 루프 조인을 수행한다면 앞의 단계에서 추출되는 데이터의 양에 의해 다음 테이블의 처리 범위가 결정될 것이다. 앞에서도 언급했지만 여러 테이블을 조인하는 과정에서 데이터의 증가 및 감소에 대한 확인이 반드시 필요하다.

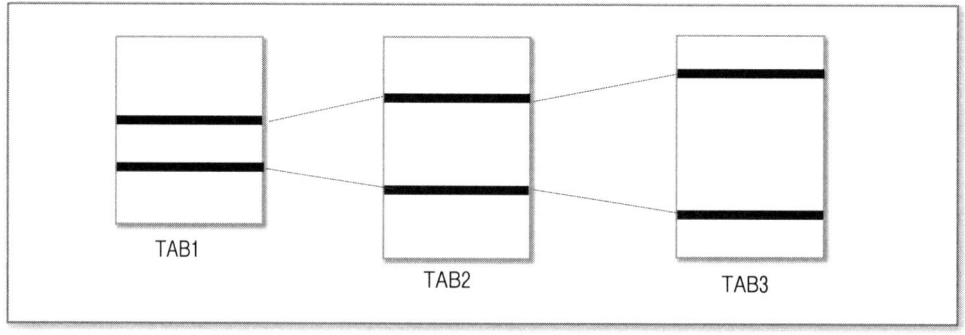

위와 같이 조인이 수행된다면 어떠한가? 조인의 수행 단계가 완료될 때마다 추출되는 데이터가 증가하고 있다. 이와 같이 조인의 수행 단계를 거치면서 추출되는 데이터가 증가한다면 성능을 보장할 수 있을 것이다. 이는 앞서 언급한 처리 범위가 가장 적은 테이블이 먼저 엑세스되는 DRIVING 테이블로 수행되어야 한다는 조건과 일맥 상통한다. 이와 같이 중첩 루프 조인에서는 조인이 수행될 때마다 데이터가 증가하는 형태로 조인의 순서가 결정되어야 최적의 성능을 보장할 수 있다. 반대의 경우를 확인해 보자.

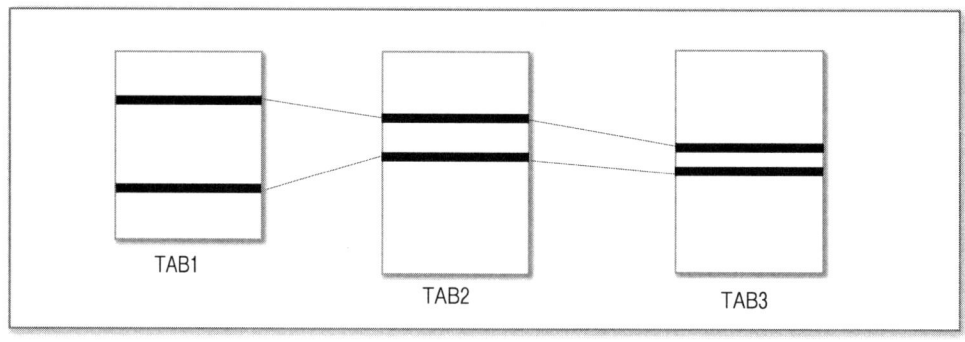

조인의 단계가 수행되면서 추출되는 데이터가 감소한다면 이는 중첩 루프 조인의 성능을 보장하지 못한다. 그렇다면 위와 같이 추출되는 데이터가 감소할 경우에 성능이 보장되지 못하는 이유가 무엇인가? 이는 처음 시작 데이터는 많지만 확인에 의해 계속 데이터를 버렸기 때문이다. 데이터를 추출하는 부분이 성능에 중요한 영향을 미치지만 데이터를 버리는 것도 성능에 중요한 요소가 된다. 어렵게 엑세스한 데이터에 대해 조인을 수행하고 확인한 다음에 버릴 때도 부하가 발생한다. 불필요한 조인의 횟수가 증가하면 성능 저하가 일어날 수 밖에 없다.

중첩 루프 조인에서는 조인이 수행될 때마다 데이터가 감소하는 경우보다는 데이터가 증가하는 경우에 성능을 보장받을 수 있다. 그러므로 다중 중첩 루프 조인에서는 단계별로 데이터가 증가하는지 혹은 감소하는지 확인하는 습관이 중요하다.

✓ 함수 기반 인덱스로 중첩 루프 조인을 최적화하자.

중첩 루프 조인을 최적화하는 과정에서 매우 어려운 상황이 발생할 수 있다. 많은 경우 중첩 루프 조인은 조인 순서 및 인덱스를 이용하여 최적화를 수행할 수 있을 것이다. 하지만 이렇게 하더라도 최적화가 안되는 경우가 많지는 않지만 있을 수는 있다. 이런 경우에 함수 기반 인덱스(FUNCTION BASE INDEX)를 이용한다면 많은 온라인 프로그램의 SQL을 최적화할 수 있을 것이다.

그렇다면 함수 기반 인덱스를 어떻게 이용하여 중첩 루프 조인을 최적화할 수 있는가? 우선, 함수 기반 인덱스에 대해 간단히 살펴보자. 함수 기반 인덱스는 테이블의 일반 컬럼 뿐만 아니라 함수를 기반으로 한 컬럼으로도 인덱스가 구성되도록 아키텍쳐를 구현한 것이다. 아래의 중첩 루프 조인 예제를 확인해 보자.

예제

```
SQL> SELECT A.ACOL2, B.BCOL1, B.BCOL2
       FROM TAB1 A,
            TAB2 B
      WHERE A.KEY1 = B.KEY1
        AND A.COL1 = '123'
        AND B.COL3 = 'AAA' ;
```

TAB1 테이블과 TAB2 테이블에서 각 조건을 만족하는 데이터가 매우 많다고 가정하자. 하지만 두 조건의 합에 의해 감소되는 양이 워낙 많기 때문에 최종 결과는 매우 적다고 가정하자. 이와 같다면 두 테이블의 처리 범위가 둘 다 크기 때문에 어느 테이블을 먼저 엑세스되는 DRIVING 테이블로 선정할지를 결정하기 힘들 것이다. TAB1 테이블이 DRIVING 테이블로 수행되거나 TAB2 테이블이 DRIVING 테이블로 수행되더라도 처리 범위가 많기 때문에 조인 횟수의 증가로 성능을 보장하기 힘들 것이다. 이와 같은 경우 함수 기반 인덱스를 이용하여 중첩 루프 조인의 성능을 최적화할 수 있다.

함수 기반 인덱스로 중첩 루프 조인을 최적화하자

```
SQL> CREATE OR REPLACE FUNCTION GET_COL3
        (v_key1 VARCHAR2)
        RETURN VARCHAR2 DETERMINISTIC IS RES_COL3 VRCHAR2(8);
     BEGIN
        SELECT COL3 INTO RES_COL3
        FROM TAB2
        WHERE KEY1 = v_key1;
     RETURN RES_COL3;
     END GET_COL3;

SQL> CREATE INDEX COL1_COL3_IDX
        ON TAB1(COL1,GET_COL3(KEY1));
```

위와 같이 함수를 생성하고 이 함수를 기준으로 함수 기반 인덱스를 생성했다고 가정하자. 그렇다면 COL1_COL3_IDX는 어떠한 인덱스가 되는가? COL1_COL3_IDX는 TAB1 테이블의 KEY1 컬럼의 값과 TAB2 테이블의 KEY2 컬럼의 값이 동일한 데이터에 대해 TAB1 테이블의 COL3 컬럼의 값을 이용하여 COL1+COL3로 인덱스를 구성하고 있다. 인덱스에서 함수를 이용하므로 TAB1 테이블의 KEY1 값에 대해 TAB2 테이블에서 2건 이상의 데이터가 추출되면 안 된다. 따라서, TAB1 테이블과 TAB2 테이블은 M:1의 관계가 되어야 한다. 만약, 반대의 관계라면 인덱스도 반대로 생성되어야 할 것이다. 참고로 함수 기반 인덱스를 생성하기 위해 함수를 생성한다면 RETURN 값의 데이터 타입을 정의하는 부분에는 DETERMINISTIC을 반드시 설정해야 한다.

함수 기반 인덱스를 생성한다면 TAB1 테이블의 COL1 컬럼과 TAB2 테이블의 COL3 컬럼을 각 테이블의 KEY1 컬럼으로 연결하여 하나의 인덱스로 생성할 수 있다. 인덱스를 생성한 후 앞의 SQL을 아래와 같이 변경할 수 있을 것이다.

```
SQL> SELECT A.ACOL2, B.BCOL1, B.BCOL2
     FROM TAB1 A,
          TAB2 B
     WHERE A.KEY1 = B.KEY1
     AND A.COL1 = '123'
     AND GET_COL3(A.KEY1) = 'AAA';
```

위와 같이 SQL을 수행하면 TAB1 테이블은 WHERE 조건에서 조인 조건을 제외한 나머지 두 개의 조건으로 처리 범위를 감소시킨다. 앞서 가정했듯이 최종적으로 적은 양의 데이터가 추출되고 전체 SQL에서 두 조건만으로도 충분히 처리 범위가 감소한다. TAB1 테이블이 DRIVING 테이블로 수행되는 순간 COL1_COL3_IDX 인덱스를 이용하여 적은 처리 범위를 엑세스하고 TAB2 테이블의 KEY1 컬럼에만 인덱스가 있다면 SQL의 성능이 보장받을 수 있을 것이다. 이번 예제는 다른 테이블에 있는 조건에 의해 적은 양의 데이터가 추출되고, 다른 테이블에 있는 조건이 하나의 테이블에 있는 것처럼 함수 기반 인덱스를 이용하여 구성한 경우다. 이와 같이 구성하여 TAB1 테이블은 DRIVING 테이블 역할을 수행하게 하며 TAB2 테이블은 INNER 테이블 역할을 수행하게 한다면 SQL은 최적의 성능을 보장받을 수 있을 것이다. 물론 TAB2 테이블에는 최적의 인덱스가 있어야 할 것이다.

앞서 온라인 조인 SQL이라면 적은 양의 데이터를 추출하는 경우가 대부분이며 그렇다면 어디엔가는 처리 범위를 최소화시켜 주는 조건이 존재한다고 언급했었다. 위의 SQL은 처리 범위를 최소화시키는 조건이 다른 테이블에 분리되어 있는 경우일 것이다. 이와 같은 경우 두 개의 조건이 하나의 테이블에 있는 것처럼 함수 기반 인덱스를 구성한다면 최종적으로 추출되는 결과 데이터만큼만 엑세스할 수 있도록 처리 범위를 감소시킬 수 있을 것이다.

성능 최적화가 어려운 중첩 루프 조인에서 함수 기반 인덱스를 이용하여 손 쉽게 최적화를 수행할 수도 있다. DML이 함수 기반 인덱스를 많은 테이블에 적용하면 인덱스 유지보수 비용이 증가할 수 있다는 사실에 주의하기 바란다. 이는 인덱스에 함수를 사용했기 때문이다. 하지만 이와 같이 최적화가 어려운 조인을 함수 기반 인덱스로 해결할 수 있다는 것은 SQL 최적화에 희망을 불어넣는 요소가 아닌가 생각한다. 또한, 이러한 방식의 SQL 최적화는 해쉬 조인에서도 사용이 가능하다.

중첩 루프 조인의 실행 계획을 제어하자.

중첩 루프 조인의 실행 계획은 데이터베이스의 옵티마이져에 의해 결정된다. 하지만 이러한 실행 계획을 옵티마이져에만 맡길 수 없는 것이 현실이다. 따라서 개발자나 데이터베이스 관리자가 이러한 실행 계획을 제어하여 SQL의 성능 최적화를 수행해야 할 것이다. 물론 중첩 루프 조인에서 실행 계획을 제어한다는 것은 중첩 루프 조인을 사용하여 조인을 수행하게 하며 최적화된 인덱스를 이용할 수 있도록 하는 것이다. 또한 테이블의 조인 순서를 제어하는 것이다.

- 힌트를 이용한 실행 계획 제어
- INNER 테이블의 반복 수행에 의한 실행 계획 제어

첫 번째로, 힌트를 이용하여 중첩 루프 조인의 조인 순서를 제어하는 경우를 살펴보자. 힌트를 이용한 중첩 루프 조인의 실행 계획 제어는 어렵지 않다. 그렇기 때문에 힌트를 이용하여 실행 계획을 제어하는 경우가 많다. 하지만 힌트를 많이 사용하면 유지 보수에 어려움이 따르므로 적절하게 사용하는 것이 중요하다.

예 제

```sql
SQL> SELECT /*+ ORDERED USE_NL(D,A,B,C) */
            A.카드번호, D.고객이름, D.고객_연락처
            B.거래일자, C.가맹점_이름, B.사용금액
     FROM 고객 D,
          카드 A,
          거래내역 B,
          가맹점 C
     WHERE A.카드번호 = B.카드번호
     AND B.가맹점번호 = C.가맹점_번호
     AND A.고객번호 = D.고객번호
     AND B.거래일자 > '20070101'
     AND C.지역 = '대구'
     AND D.주민번호 = '111111';
```

위와 같이 힌트를 이용하여 실행 계획을 제어할 수 있다. 여기서 ORDERED 힌트는 FROM 절의 순서대로 테이블에 엑세스하여 SQL을 수행하라는 의미가 된다. 그렇기 때문에 고객 테이블, 카드 테이블, 거래 내역 테이블, 가맹점 테이블 순서로 테이블에 엑세스한다. USE_NL(a,b) 힌트는 a 테이블과 b 테이블에 대해 중첩 루프 조인 방식으로 조인을 수행하라는 의미가 된다. 이 경우 앞에 설정하는 a 테이블은 DRIVING 테이블로 수행하며 뒤에 설정하는 b 테이블은 INNER 테이블로 수행된다.

힌트는 힌트에 불과하다. 옵티마이져가 힌트를 무시한다면 해당 SQL은 힌트대로 수행되지 않을 수 있다. 하지만 ORDERED 힌트는 매우 강력한 힌트이므로 대부분의 경우에는 적용된다고 생각해도 무리는 없을 것이다. 대신, ORDERED 힌트는 매우 강력한 힌트이므로 FROM 절의 테이블 순서에 주의해야 한다. 또한 아무리 강력한 힌트라도 힌트를 사용한 후에는 원하는 형태로 실행 계획이 생성되었는지를 확인해야 할 것이다.

두 번째로, 중첩 루프 조인의 성능에서 가장 중요한 항목인 INNER 테이블의 반복 수행을 이용하여 조인 순서를 제어하는 방법에 대해 살펴보자. 이 방법은 옵티마이져의 특성을 이용한다. 옵티마이져도 중첩 루프 조인이 어떻게 수행되는지를 이해하고 있다. 그렇기 때문에 최악의 성능이 예상되는 실행 계획은 생성하지 않게 된다. 이는 무엇을 의미하는가? 중첩 루프 조인에서 INNER 테이블이 테이블 전체 스캔으로 수행된다면 이 조인 SQL은 악성 SQL이 될 것이다. 따라서 INNER 테이블로 수행되면 안 되는 테이블을 INNER 테이블로 수행시켜서 테이블 전체 스캔이 발생되도록 SQL이 작성된다면 옵티마이져는 해당 테이블을 INNER 테이블로 선택하지 않을 것이다.

```
예 제
SQL> SELECT A.카드번호, B.거래일자, B.가맹점_이름, B.사용금액
     FROM 카드 A,
          거래내역 B
     WHERE A.카드번호 = TRIM(B.카드번호)
     AND A.주민번호 = '111111'
     AND B.거래일자 > '20070101' ;
```

위와 같이 조인 조건에 함수를 사용하면 어떻게 수행되는가? 거래내역 테이블이 INNER 테이블로 수행되면 카드 테이블로부터 카드번호 컬럼의 값을 상수로 제공받을 것이다. 그렇다면, 거래내역 테이블은 '상수값' = TRIM(B.카드번호)가 WHERE 조건이 된다. 옵티마이져는 인덱스 컬럼에 함수가 적용되어 있으면 해당 컬럼으로 인덱스를 이용할 수 없게 된다. 그렇기 때문에 위의 조인 SQL은 거래내역 테이블의 카드번호 인덱스를 이용하지 못하게 된다. 따라서 옵티마이져는 거래내역 테이블이 INNER 테이블로 수행될 경

우 거래내역 테이블에 대해서 전체 스캔을 반복적으로 수행하게 되므로 중첩 루프 조인의 성능이 저하된다고 인식하여 거래내역 테이블을 INNER 테이블이 아닌 DRIVING 테이블로 수행한다.

이와 같이 두 가지 방법으로 조인 순서를 제어할 수 있다. 조인 조건에 함수를 이용하여 실행 계획을 제어하면 필요없는 함수가 사용되므로 CPU 사용량이 약간 증가할 수 있다. 하지만 이것이 큰 문제를 일으키지는 않는다. 이 방법들 중에서 힌트를 이용하여 조인 순서를 제어하는 것이 더 쉽고 유리할 것이다.

> ☑ 해쉬 조인은 대용량 데이터의 연결을 해결하기 위한 조인 방법이다.

데이터를 연결하기 위해 중첩 루프 조인 만큼 많이 사용하는 것이 해쉬 조인(HASH JOIN)이다. 일반적으로 해쉬 조인은 대용량 데이터에 대해 조인을 수행할 경우 많이 사용된다. 그렇다고 해서 온라인 프로그램에서 사용하지 못하는 조인 방법은 아니다. 일부 온라인 프로그램에서도 효과적으로 사용할 수 있는 조인 방식이다. 그렇다면 어떤 이유에서 해쉬 조인이 대용량 데이터를 조인하는 방식에 최적화되어 있는지 살펴보자. 그 전에 해쉬 조인의 수행 방식부터 확인해 보기로 하자.

```
예   제
SQL〉 SELECT A.카드번호, B.거래일자, B.가맹점_이름, B.사용금액
      FROM 카드 A,
           거래내역 B
      WHERE A.카드번호 = B.카드번호
      AND A.생성일자 〉 '20060101'
      AND B.거래일자 〉 '20070101' ;
```

위의 SQL이 해쉬 조인으로 수행되었다고 가정하자. 해쉬 조인으로 수행되어도 먼저 엑세스되는 테이블과 나중에 엑세스되는 테이블이 존재한다. 해쉬 조인에서는 먼저 엑세스되는 테이블을 BUILD 테이블이라고 하며 뒤에 엑세스되는 테이블을 PROBE 테이블이라고 한다. 먼저 엑세스되는 테이블은 해쉬 영역을 만드는 역할을 수행하므로 BUILD 테이블이라고 하며, 뒤에 엑세스되는 테이블은 해쉬 영역을 증명하는 역할을 수행하므로 PROBE 테이블이라고 부른다.

해쉬 조인은 대용량 데이터의 연결을 해결하기 위한 조인 방법이다

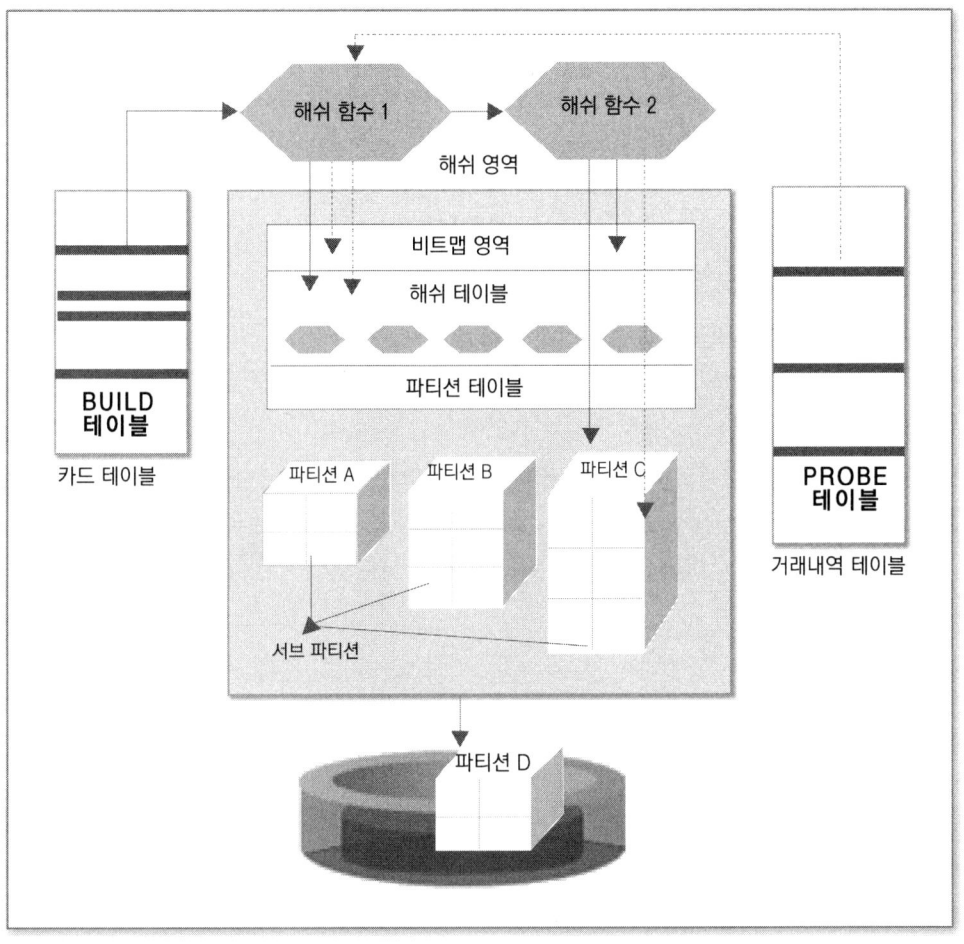

위의 그림을 통해 해쉬 조인의 수행 방식을 자세히 확인해 보자. 해쉬 조인은 데이터베이스의 내부 자원과 요소를 많이 사용한다. 해쉬 조인은 오라클에서 제공하는 해쉬 함수를 이용한다. 오라클에서는 해쉬 함수를 구체적으로 공개하고 있지 않다. 예를 들어, MOD(n,10)이라는 함수가 해쉬 함수라고 하자. 이는 어떤 값을 10으로 나눈 후 나머지 값을 함수의 결과 값으로 제공할 것이다. 100,000건의 데이터에 대해 이 해쉬 함수를 적용했다고 가정하자. 각 데이터는 0부터 9까지 10개의 값 중에 하나의 값을 결과 값으로 제공받을 것이다. 결국 해쉬 함수는 데이터가 많든 데이터가 적든 어떤 범위의 값 중에서 함수의 결과 값을 제공한다. 100,000건의 데이터는 10개의 값 중 하나의 값을 결과 값으로 제공받으므로 동일한 값을 결과 값으로 받은 데이터는 약 10,000건이 될 것이다. 이렇게 동일한 결과 값을 갖는 데이터를 그룹핑하는 함수를 해쉬 함수라고 한다. 해쉬 조인이 MOD(n,10)과 같은 간단한 해쉬 함수를 이용하지는 않는다. 매우 복잡한 해쉬 함수를 이용하지만 MOD(n,10) 함수와 동일한 역할을 수행한다. 오라클은 해쉬 함수에 대한 아키텍쳐를 해쉬 조인 뿐만 아니라 많은 곳에서 사용하고 있다.

위의 그림에서 카드 테이블은 BUILD 테이블로 수행되고 거래내역 테이블은 PROBE 테이블로 수행되었다고 가정하자. 어떤 테이블이 BUILD 테이블이 되고 어떤 테이블이 PROBE 테이블이 되어야 성능을 향상시킬 수 있는지는 뒤에서 언급하도록 하겠다. 카드 테이블이 BUILD 테이블로 수행된다면 카드 테이블을 먼저 엑세스할 것이다. 카드 테이블에 엑세스하기 전에 해쉬 조인에서 사용할 파티션의 개수를 결정한다. 파티션의 개수를 결정할 경우 카드 테이블의 분포도 등과 같은 통계 정보를 참조하여 파티션의 개수를 결정한다. 파티션의 개수가 결정되었다면 카드 테이블에 먼저 엑세스하여 WHERE 조건에 만족하는 데이터를 추출한다. 위의 SQL에서는 카드 테이블에서 생성일자 컬럼의 조건에 만족하는 데이터를 추출한다. 카드 테이블에서 조건에 만족하는 하나의 값을 추출하여 조인 컬럼에 해쉬 함수를 적용한다. 해쉬 함수를 적용하여 추출된 값을 통해 해당 데이터가 저장될 파티션을 결정한다. 그 다음에 두 번째 해쉬 함수를 적용한다. 두 번째 해쉬 함수를 적용하여 추출된 결과 값으로 해당 파티션 내의 어느 서브파티션에 카드 테이블의 데이터가 저장될지를 결정한다. 서브파티션이 결정되었다면 SQL을 수행하기 위해 필요한 카드 테이블의 데이터에서 필요 컬럼들을 추출하여 해당 서브파티션에 저장한다. 그리고 첫 번째 해쉬 함수가 적용된 값을 이용하여 해쉬 테이블을 생성하며 이는 추후 PROBE 테이블이 참조하는 값이 될 것이다. 또한 해쉬 조인의 성능을 향상시키기 위해 조인 컬럼의 값을 비트맵 영역에 저장한다. 이 단계까지가 해쉬 조인에서 BULID 테이블의 1주기(CYCLE)가 된다. 카드 테이블에서 조건을 만족하는 모든 데이터에 대해 BUILD 테이블의 1주기를 수행한다. 카드 테이블에서 생성일자 조건을 만족하는 데이터가 100건이라면 BUILD 테이블의 1주기는 100번 수행된다. BUILD 테이블에 대한 엑세스가 종료되면 해쉬 영역이 완성된다. 해쉬 영역이 완성되었다면 BUILD 테이블의 역할을 수행하는 카드 테이블의 엑세스가 종료된다. 이와 같은 과정을 거쳐서 BUILD 테이블이 해쉬 영역을 구성한다.

위에서 하나의 파티션은 서브파티션을 가지며 서브파티션에 저장되어 있는 데이터들은 두 개의 해쉬 함수를 적용한 값이 각각 동일한 데이터다. 그렇다면 왜 이와 같이 두 개의 파티션으로 구성하는가? 해쉬 영역이 생성된 후에는 PROBE 테이블의 데이터에 해쉬 함수를 적용하여 이미 구성된 해쉬 영역과 조인을 수행한다. 이와 같이 조인을 수행하는 과정에서 조인을 수행하는 집합의 기준은 무엇인가? PROBE 테이블의 데이터에 해쉬 함수를 적용하여 추출된 결과와 이미 구성된 해쉬 영역에서 동일한 해쉬 함수 값을 가지는 파티션과 조인을 수행하면 원하는 결과를 추출할 수 있을 것이다. 조인 조건을 기준으로 BUILD 테이블이나 PROBE 테이블이 동일한 해쉬 함수를 적용했기 때문에 조인 조건의 값이 동일한 데이터라면 해쉬 함수에 의해 동일한 결과 값을 제공받는 것은 당연한 일이다. 그렇기 때문에 동일한 해쉬 함수 값을 결과 값으로 받은 파티션과 조인을 수행하면 된다. 하지만 대용량 테이블이라면 파티션에 매우 많은 데이터가 있을 것이다. 그래서 조인의 단위가 되는 파티션의 크기를 감소시키기 위해 파티션을 한번 더 분리하는 것이다. 이와 같이 수행하여 조인의 기준인 파티션의 크기를 감소시켜 조인의 성능을 향상시킨다. 서브파티션은 첫 번째 해쉬 함수에 의해 동일한 해쉬 값을 가지는 데이터를 추가로 세분화하기 위해서다. 하나의 해쉬 함수로 데이터를 분리하면 파티션의 크기가 클수 있으며 그렇다면 PROBE 테이블과 비교하기 위해 많은 데이터를 비교해야 할 수도 있다. 따라서 파티션을 더 세분화하기 위해 해쉬 함수를 한 번 더 적용하게 된다. 이렇게 하여 두 번째 해쉬 함수에 의해 파티션을 더 세분화한 것이 서브파티션이다.

이번에는 PROBE 테이블로 수행되는 거래내역 테이블을 확인해 보자. 해쉬 영역의 구성이 종료되면 이때부터는 PROBE 테이블의 역할을 수행하는 거래내역 테이블을 엑세스하게 된다. 거래내역 테이블의 조건인 거래일자 조건을 만족하는 데이터가 적다면 거래일자 인덱스를 생성하여 이를 이용해야 할 것이다. 하지만, 거래일자 조건을 만족하는 데이터가 많다면 인덱스를 이용하기 보다는 테이블 전체 스캔을 이용하는 것이 유리하다. 또한 테이블 전체 스캔을 이용할 경우 성능 향상을 위해 병렬 프로세싱을 이용할 수도 있다.

PROBE 테이블에서 WHERE 조건을 만족하는 첫 번째 데이터에 엑세스하여 첫 번째 해쉬 함수를 적용하게 된다. 첫 번째 해쉬 함수를 적용하여 해쉬 함수의 결과 값으로 비트맵 영역을 확인한다. 비트맵 영역은 BUILD 테이블에 대해 해쉬 함수를 적용한 값들에 대해 UNIQUE하게 생성된 인덱스와 같은 영역이다. 따라서 PROBE 테이블의 데이터를 엑세스하여 해쉬 함수를 적용한 결과 값이 해당 비트맵 영역에 존재해야 해당 데이터가 조인에 성공할 수 있을 것이다. 결국 비트맵 영역에 동일한 값이 없다면 조인에 실패할 것이고 동일한 값이 있다면 조인에 성공한다. 첫 번째 해쉬 함수를 적용한 값이 비트맵 영역에 존재하는 거래내역 테이블의 데이터에 대해 두 번째 해쉬 함수를 적용하게 된다. 두 번째 해쉬 함수를 적용하여 추출한 값으로 해쉬 테이블에 엑세스한다. 해쉬 테이블에 엑세스하는 순간 조인을 수행해야 하는 BUILD 테이블의 데이터가 어느 파티션의 어느 서브파티션에 저장되어 있는지 확인할 수 있다. 왜냐하면 이미 BUILD 테이블의 데이터는 두 개의 해쉬 함수의 값으로 해쉬 테이블을 생성하고 해쉬 테이블에 있는 파티션의 주소에 실제 데이터가 저장되어 있기 때문이다. 조인을 수행할 데이터가 어느 서브파티션에 존재하는지를 확인한 PROBE 테이블의 데이터는 해당 서브파티션으로 이동하여 조인을 수행한다. 이렇게 해서 거래내역 테이블과 카드 테이블의 조인을 완료한다.

해쉬 조인을 수행하면서 위의 그림에서 언급되지 않은 부분이 있다. 바로 파티션 테이블과 임시 테이블스페이스다. 파티션 테이블과 임시 테이블스페이스는 무슨 역할을 수행하는가? 위의 해쉬 영역은 메모리에 생성된다. 메모리 중에서도 접속하는 유저에게 할당되는 PGA(PROGRAM GLOBAL AREA) 영역에 할당된다. 메모리에 할당되기 때문에 BUILD 테이블에 엑세스하여 해쉬 영역을 생성할 경우 공간이 부족할 수 있다. 공간이 부족하면 어떻게 되겠는가? 해쉬 영역을 생성하기에 메모리 공간이 부족할 경우에는 해쉬 영역의 일부를 디스크로 저장하여 여유 공간을 확보한다. 이 작업을 수행하는 과정에 임시(TEMP) 테이블스페이스와 파티션 테이블을 이용한다.

예를 들어, PGA 메모리 공간이 부족할 경우 파티션들을 임시 테이블스페이스에 저장하고 메모리에서는 임시 테이블스페이스로 저장된 파티션의 공간을 재사용한다. 임시 테이블스페이스에 저장되고 메모리에 없는 파티션에 대해서는 그 정보를 파티션 테이블에 기록한다. 이와 같이 BUILD 테이블에 엑세스하여 해쉬 영역을 만드는 과정에서 메모리가 부족할 경우 일부 파티션을 임시 테이블스페이스에 저장한다. 임시 테이블스페이스를 이용하여 해쉬 영역을 모두 구성한 후에야 비로서 PROBE 테이블에 엑세스한다. PROBE 테이블에 엑세스하면서 메모리에 있는 파티션과의 조인은 바로 수행된다. 하지만 디스크의 임시 테이블스페이스에 저장된 파티션과 조인을 수행하기 위해서는 디스크에 저장된 파티션을 메모리로 다시 엑세스해야 할 것이다. 이는 분명한 성능 저하이며 그 양이 많다면 성능 저하는 더 심해진다. 디스크 I/O에 의한 성능 저하를 감소시키기 위해 메모리에 있는 해쉬 영역의 파티션들과 조인이 수행되는 모든 데이터에 대해서만 조인을 수행한다. 조인을 수행해야 하는 파티션이 디스크에 저장되어 있어 조인을 수행할 수 없는 데이터에 대해서는 임시 테이블스페이스에 파티션을 생성하여 저장한다. 이와 같이 수행하여 메모리의 해쉬 영역에 존재하는 모든 파티션이 조인을 종료한 후에 임시 테이블스페이스에 저장되어 있는 BUILD 테이블의 파티션과 PROBE 테이블의 파티션을 동시에 엑세스한다. 이 경우 임시 테이블스페이스로 저장된 파티션 정보를 파티션 테이블을 통해 확인하여 수행한다. 임시 테이블스페이스에 존재하는 파티션들에 대한 조인을 마지막에 한 번에 수행함으로써 임시 테이블스페이스를 한 번에 엑세스하여 성능을 최적화한다.

결국, 위와 같은 현상이 발생하는 이유는 BUILD 테이블에 엑세스하여 해쉬 영역을 PGA 영역에 생성하기에는 메모리가 부족하기 때문이다. 해쉬 조인에는 먼저 엑세스되는 BUILD 테이블과 PROBE 테이블이 존재하게 된다. BUILD 테이블은 해쉬 영역을 생성하고 PROBE 테이블은 생성된 해쉬 영역을 검증하여 조인을 수행한다. 앞의 SQL에서 카드 테이블에는 생성일자 컬럼에 인덱스가 있고, 거래내역 테이블에는 거래일자 컬럼에 인덱스가 있다면 아래와 같이 실행 계획이 생성된다.

```
실행 계획
SELECT STATEMENT
  HASH
    TABLE ACCESS (BY INDEX ROWID) OF '카드'
      INDEX (RANGE SCAN) OF '생성일자_IDX'
    TABLE ACCESS (BY INDEX ROWID) OF '거래내역'
      INDEX (RANGE SCAN) OF '거래일자_IDX'
```

HASH 실행 계획 바로 밑에 생성되는 테이블이 BUILD 테이블이며, 그 아래에 생성되는 테이블이 PROBE 테이블이 된다. 그러므로 카드 테이블은 BUILD 테이블이 되고 거래내역 테이블은 PROBE 테이블이 된다. 이 처럼 해쉬 조인에서 특정 테이블이 BUILD 테이블로 수행되는지 PROBE 테이블로 수행되는지 실행 계획에서 확인해야 한다.

중첩 루프 조인의 성능은 인덱스에 의해 좌우된다. 그 이유는 INNER 테이블을 반복 스캔하기 때문에 인덱스를 효과적으로 이용하지 못하면 성능이 저하되기 때문이다. 이런 이유에서 인덱스의 이용이 필수이므로 인덱스 스캔 후 테이블에 엑세스하는 랜덤 엑세스는 자연히 증가할 것이다. 대용량 데이터를 처리해야 하는 SQL에서는 인덱스 스캔 후 테이블에 엑세스해야 하므로 랜덤 엑세스가 엄청나게 증가하며, 이로 인해 성능이 저하된다. 그렇기 때문에 대용량의 데이터를 추출하는 SQL에서는 중첩 루프 조인이 적합하지 않다. 하지만 해쉬 조인은 조인을 수행하는 각 테이블에 한 번씩만 엑세스하기 때문에 랜덤 엑세스가 많이 발생하지 않는다. 따라서 대용량 데이터를 처리할 때 성능 향상을 이루기 위해서는 해쉬 조인을 사용해야 할 것이다.

> ☑ 단순 해쉬 조인의 성능을 100배 향상시키자.

해쉬 조인의 성능은 무엇에 의해 좌우되는가? 해쉬 조인의 성능은 세 가지에 의해 좌우된다. 해쉬 조인도 중첩 루프 조인과 마찬가지로 테이블의 조인 순서 및 인덱스 등에 의해 그 성능이 좌우되지만 중첩 루프 조인과는 몇 가지 항목에서 차이가 있다. 이 차이는 해쉬 조인이 최적으로 수행되는지 아닌지를 좌우할 것이다.

- BUILD 테이블의 빠른 해쉬 영역 생성
- PROBE 테이블에 대한 최적의 엑세스
- BUILD 테이블에 대한 최적의 엑세스

위의 세 항목에 의해 해쉬 조인의 성능이 좌우된다. 위의 세 항목은 해쉬 조인에서 성능을 좌우하는 우선 순위대로 나열한 것이다. 아래 예제를 통해 각 항목에 대해 자세히 살펴보자.

```
예  제
SQL> SELECT A.카드번호, B.거래일자, B.가맹점_이름, B.사용금액
       FROM 카드 A,
            거래내역 B
      WHERE A.카드번호 = B.카드번호
        AND A.생성일자 > '20060101'
        AND B.거래일자 > '20070101';
```

첫 번째로, BUILD 테이블이 해쉬 영역을 생성하는 부분에 대해 살펴보자. 해쉬 영역을 생성하는 항목이 해쉬 조인에서 왜 성능을 좌우하는가? 해쉬 영역의 생성 과정을 보면 그 이유를 알 수 있다.

해쉬 영역을 생성하기 위해서는 카드 테이블에서 생성일자 조건을 만족하는 모든 데이터를 추출해야 한다. 생성일자 조건을 만족하는 카드 테이블의 데이터에 대해 조인 조건인 카드번호 컬럼에 해쉬 함수를 적용하여 해쉬 영역을 생성한다. 그렇다면 카드 테이블이 BUILD 테이블로 수행되는 것이 더 유리한지 아니면 거래내역 테이블이 BUILD 테이블로 수행되는 것이 더 유리한지 어떻게 판단할 것인가? 해쉬 영역의 크기는 BUILD 테이블에 의해 추출되는 데이터의 건수에 의해 좌우된다. 해쉬 영역의 크기가 크다면 앞에서 언급한 것과 같이 모든 데이터가 메모리에 구성되지 못하고 임시 테이블스페이스를 사용한다. 임시 테이블

스페이스는 디스크에 존재한다. 따라서 해쉬 영역의 크기가 크다면 그 만큼 임시 테이블스페이스에 많이 엑세스해야 할 것이다. 디스크에 있는 임시 테이블스페이스에 많이 엑세스한다는 것은 디스크 I/O의 증가를 의미하므로 성능은 저하된다.

이 문제를 줄이기 위해서는 어떤 방법이 최선인가? 정답은 하나일 것이다. 해쉬 영역의 크기를 최소화해야 이와 같은 문제를 최소화해야 한다. 이를 위해서는 해쉬 조인을 어떻게 수행해야 하는가? BUILD 테이블에서 데이터를 적게 추출하면 자연히 해쉬 영역의 크기는 감소할 것이다. 결국, BUILD 테이블은 조인에 참여하는 테이블 중 가장 적은 데이터를 추출하는 테이블이 되어야 한다. 이것이 해쉬 조인의 성능을 향상시키는 첫 번째 항목이자 가장 중요한 항목이다.

위의 예제에서 생성일자 조건을 만족하는 카드 테이블의 데이터 건수와 거래일자 조건을 만족하는 거래내역 테이블의 데이터 건수를 비교하여 더 적은 건수의 데이터를 추출하는 테이블이 반드시 BUILD 테이블로 수행되어야 한다.

두 번째로, PROBE 테이블에 대해 어떻게 최적의 엑세스를 수행하는가에 대해 살펴보자. 해쉬 조인에서 BUILD 테이블이 선택되었다면 PROBE 테이블도 자동으로 선택될 것이다. PROBE 테이블은 중첩 루프 조인과 달리 조인 조건을 상수로 제공받지 못한다. 앞서 언급한 그림을 확인해 보아도 먼저 엑세스된 테이블의 조인 컬럼의 값을 뒤에 엑세스하는 테이블이 이용하는 부분이 없을 것이다. 이 점이 중첩 루프 조인과 해쉬 조인의 가장 큰 차이점이기도 하다. 이와 같은 상황에서 PROBE 테이블로 수행되는 거래내역 테이블의 WHERE 조건을 확인해 보면 처리 범위를 감소시킬 수 있는 조건은 거래일자 컬럼밖에 없다. 이 경우에 거래일자 조건에 의해 추출되는 데이터가 거래내역 테이블의 3%~5% 미만이라면 거래일자 컬럼으로 생성된 인덱스를 이용하는 것이 유리하다. 하지만, 거래내역 테이블로부터 추출되는 데이터가 3%~5% 이상이라면 인덱스 스캔 후 테이블에 대한 랜덤 엑세스의 증가로 성능이 저하되므로 거래내역 테이블을 전체 스캔하는 것이 유리하다. 물론, 추출되는 데이터가 거래내역 테이블의 전체 데이터에 비해 3%~5% 미만이라 할지라도 거래내역 테이블이 대용량 테이블이라면 추출되는 데이터의 건수는 많을 것이다. 이와 같다면 3%~5%에 대한 기준 수치는 낮아진다. PROBE 테이블로 수행되는 거래내역 테이블을 전체 스캔한다면 해쉬 조인은 대부분의 경우에 대용량의 데이터를 처리하게 되므로 병렬 프로세싱으로 수행하는 것이 유리할 것이다.

> **예 제**
> ```
> SQL> SELECT /*+ ORDERED USE_HASH(A,B) PARALLEL(B,4) */
>            A.카드번호, B.거래일자, B.가맹점_이름, B.사용금액
>       FROM 카드 A,
>            거래내역 B
>      WHERE A.카드번호 = B.카드번호
>        AND A.생성일자 > '20060101'
>        AND B.거래일자 > '20070101' ;
> ```

위와 같이 거래내역 테이블에만 병렬 프로세싱 힌트를 설정하여 여러 개의 프로세스로 거래내역 테이블을 엑세스할 수 있다. 물론 병렬 프로세싱을 이용하면 거래내역 테이블이 테이블 전체 스캔으로 수행된다.

두 개의 테이블에 대한 조인에서 BUILD 테이블이 선정되면 PROBE 테이블은 자동으로 선택된다. 따라서, PROBE 테이블이 조건을 만족하는 데이터를 얼마나 빠르게 추출하는가에 의해 해쉬 조인의 성능이 좌우된다. 경우에 따라서 인덱스 스캔을 수행하거나 테이블 전체 스캔을 이용해야 한다. 테이블 전체 스캔을 이용하는 경우에는 병렬 프로세싱의 사용 여부를 고려하는 것도 매우 중요하다. 대부분의 경우 해쉬 조인은 대용량의 데이터 처리에 이용된다. 그렇기 때문에 조인에 참여하는 테이블 중 적어도 하나의 테이블이 많은 양의 데이터를 추출해야 할 가능성이 높다. 추출되어야 할 데이터가 많은 테이블이 BUILD 테이블로 수행된다면 첫 번째에서 언급한 사항에 어긋나기 때문에 조인 SQL의 성능이 저하될 것이다. 그러므로 보통의 경우 대량의 데이터가 추출되는 테이블은 PROBE 테이블로 수행되어야 할 것이다. 이와 같은 이유에서 PROBE 테이블에 대해서는 병렬 프로세싱이 이용되어야 할 가능성이 높아진다.

세 번째로, BUILD 테이블의 데이터에 빠르게 엑세스함으로써 해쉬 조인의 성능을 최적화는 방법을 살펴 보자. 모든 것이 최적화되어 있어도 BUILD 테이블의 데이터 추출 방법이 최적화되어 있지 않다면 BUILD 테이블의 데이터를 추출하는데 소요되는 시간이 증가할 것이다. 이 또한 해쉬 조인의 성능을 저하시키는 요인이 될 수 있다.

BUILD 테이블의 경우도 PROBE 테이블과 동일하게 최적화되어야 한다. BUILD 테이블에서 추출되는 데이터가 3%~5% 미만이라면 인덱스를 이용하는 것이 유리하다. 하지만 BUILD 테이블에서 추출되는 데이터가 3%~5% 이상이라면 인덱스 스캔 후 테이블 엑세스 시 발생되는 랜덤 엑세스 증가로 인해 성능이 저하될 수 있다. 물론 인덱스 스캔 후 테이블에 엑세스하지 않는다면 아무리 많은 데이터를 엑세스하더라도 랜덤 엑세스는 발생하지 않는다. 이와 같은 경우에는 테이블을 전체 스캔하거나 인덱스만 스캔하여 해결하는 것이 유리하다. 물론 추출되는 데이터가 테이블의 전체 데이터와 비교하여 3%~5% 미만이라 할지

라도 대용량 테이블이라면 추출되는 데이터의 건수가 많을 것이다. 이와 같다면 해당 3%~5%의 기준 수치는 낮아지게 된다.

BUILD 테이블에 대해 테이블 전체 스캔을 수행할 경우에는 병렬 프로세싱을 고려해야 할 것이다. BUILD 테이블에 병렬 프로세싱을 설정한다면 해쉬 영역은 여러 개의 프로세스에 의해 생성되므로 성능이 향상될 것이다. BUILD 테이블에 병렬 프로세싱을 사용했다면 PROBE 테이블도 병렬 프로세싱을 이용해야 할 가능성은 높아진다. 그 이유는 BUILD 테이블보다 PROBE 테이블에서 추출해야 할 데이터가 더 많을 것이기 때문이다.

해쉬 조인을 최적화하기 위해서는 BUILD 테이블의 선택이 가장 중요하다. 이러한 사실을 이해하지 못하고 해쉬 조인을 사용한다면 SQL은 악성 SQL로 수행될 가능성이 높아진다. 또한, 해쉬 조인은 대용량에서만 사용 가능하다고 생각하는 경우도 많은 것 같다. 분명한 것은 대용량 데이터를 처리하기 위해서는 대부분 해쉬 조인을 사용해야 하는 것은 맞는 말이다. 이는 해쉬 조인 방식이 조인 조건에 대해 인덱스를 이용하지 않으므로 랜덤 엑세스를 최소화하는 조인 방식을 이용하기 때문이다. 대용량에서 해쉬 조인을 사용함으로써 중첩 루프 조인에 비해 엄청난 성능 향상을 경험할 수 있을 것이다. 그렇다고 해서 온라인 프로그램에 해쉬 조인을 사용하면 안 되는 것은 아니다. 해쉬 조인은 소량의 데이터를 처리하는 온라인 프로그램에서도 효과적으로 사용될 수 있다. 온라인 프로그램에서는 대부분 중첩 루프 조인을 사용하지만 일부에서는 해쉬 조인으로 성능을 최적화할 수 있다.

✓ 복잡한 해쉬 조인의 성능도 향상시킬 수 있다.

중첩 루프 조인과 같이 해쉬 조인에서도 가장 기본적인 조인은 두 테이블의 데이터를 연결하는 것이다. 하지만 세 개 이상의 테이블에 대해 해쉬 조인을 수행하는 경우도 매우 많다. 세 개 이상의 테이블에 대해 해쉬 조인을 사용하더라도 SQL을 최적화하는 방법이 전혀 달라지는 것은 아니다. 해쉬 조인의 최적화에 대해 정확한 지식을 가지고 있다면 이 또한 어렵지 않게 해결할 수 있을 것이다.

```
예 제
SQL> SELECT A.카드번호, D.고객이름, D.고객_연락처
            B.거래일자, C.가맹점_이름, B.사용금액
     FROM 카드 A,
          거래내역 B,
          가맹점 C,
          고객 D
     WHERE A.카드번호 = B.카드번호
     AND B.가맹점번호 = C.가맹점_번호
     AND A.고객번호 = D.고객번호
     AND B.거래일자 > '20070101'
     AND C.지역 = '대구'
     AND D.주민번호 = '111111' ;
```

위의 SQL이 해쉬 조인으로 수행되어도 중첩 루프 조인과 마찬가지로 테이블 조인 순서의 모든 경우의 수는 24(4×3×2×1)개가 된다. 해쉬 조인에서도 많은 경우의 수 중 최적의 성능을 보장하는 테이블의 조인 순서를 결정해야 할 것이다. 모든 조인 방식에서 테이블 조인 순서의 경우의 수는 동일하다. 그렇기 때문에 위의 SQL이 해쉬 조인으로 수행되어도 중첩 루프 조인에서와 같이 경우의 수는 8가지만 존재한다. 결국 24가지의 조인 순서 중 8개 만이 가능하다. 중첩 루프 조인에서 언급했듯이 이러한 현상은 논리적 모델링과 조인 조건에 의한 것이다. 물론 카테시안 조인은 예외이다.

위의 SQL에서 고객 테이블의 처리 범위가 가장 적다고 가정하자. 그렇다면 최적의 해쉬 조인을 수행하기 위해서는 고객 테이블이 먼저 엑세스되어야 할 것이다. 고객 테이블이 먼저 엑세스되므로 고객 테이블이 BUILD 테이블로 수행될 것이다. 아래의 논리적 모델링을 살펴보자.

복잡한 해쉬 조인의 성능도 향상시킬 수 있다

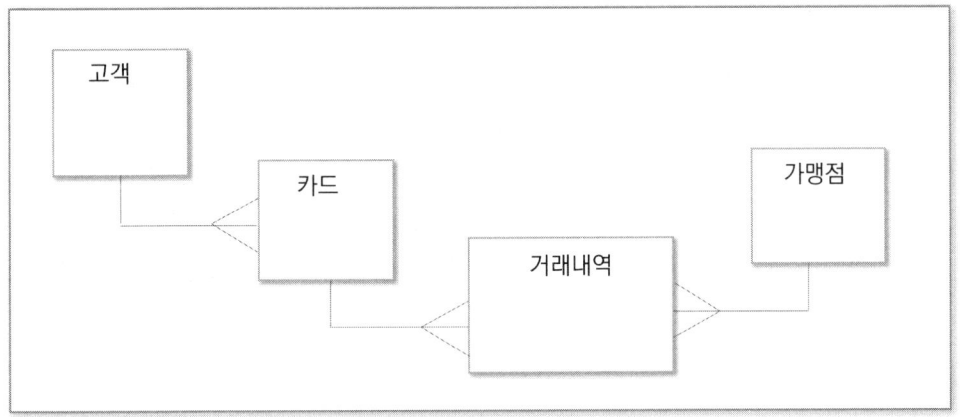

SQL에서 사용된 4개의 테이블이 위와 같은 관계를 가지고 있다면 고객 테이블과 카드 테이블, 카드 테이블과 거래내역 테이블, 거래내역 테이블과 가맹점 테이블 사이에 조인 조건이 설정된다. 물론 고객 테이블의 조인 조건을 거래내역 테이블이 상속받지 못한 경우다. 고객 테이블과 거래내역 테이블 사이에는 조인 조건이 없으므로 고객 테이블 엑세스 후 거래내역 테이블에 엑세스할 수는 없다. 두 개의 테이블을 조인하기 위해서는 중간에 카드 테이블에 엑세스해야 한다.

고객 테이블의 처리 범위가 가장 적어 BUILD 테이블로 수행되었다면 카드 테이블이 두 번째로 엑세스된다. 그렇다면 고객 테이블, 카드 테이블, 거래내역 테이블, 가맹점 테이블의 순서로 조인이 수행될 것이다. 이와 같이 수행되어야만 적은 데이터가 먼저 BUILD 테이블로 수행되어 작은 해쉬 영역을 생성할 것이다. 두 번째 엑세스되는 카드 테이블에는 WHERE 조건이 없고 해쉬 조인을 사용하므로 카드 테이블을 전체 엑세스해야 한다. 하지만 카드 테이블의 데이터 중 고객 테이블의 주민번호 조건을 만족하는 데이터와 동일한 주민번호 컬럼의 데이터만을 결과로 추출하게 된다. 그러므로 두 테이블의 조인 결과에 의해 만들어지는 해쉬 영역은 작을 것이다. 이와 같이 만들어진 적은 양의 해쉬 영역으로 세 번째 테이블인 거래내역 테이블과 조인을 수행한다.

위와 같이 수행된다면 성능을 고려한 최적의 인덱스를 어떻게 생성해야 하는가? 물론, 고객 테이블, 카드 테이블, 거래내역 테이블, 가맹점 테이블 순서로 조인이 수행된다. 여기서 중요한 것은 해쉬 조인의 경우에 뒤에 엑세스되는 테이블은 조인 조건을 상수로 제공받지 못한다는 점이다. 그러므로 중첩 루프 조인 처럼 조인 조건에 사용한 컬럼으로 인덱스를 구성할 필요는 없다. 그렇다면 인덱스를 어떻게 선정하면 되는가?

고객 테이블의 경우 주민번호 컬럼에 의해 데이터는 감소하지만 테이블의 3%~5% 미만의 데이터에만 엑세스해야 인덱스를 이용해서 효과를 얻을 수 있다. 따라서 '111111' 주민번호 조건을 만족하는 데이터가 테이블의 3%~5% 미만이라면 주민번호 인덱스를 생성해야 한다. 다른 테이블의 경우도 마찬가지다. 처리 범위를 감소시키는 조건에 의해 처리 범위가 테이블의 3%~5% 미만이라면 인덱스를 이용해야 하지만 아니라면 인덱스를 이용하지 않고 테이블을 전체 스캔하는 것이 더 유리할 것이다. 물론, 인덱스만 전체 스캔하는 경우에는 랜덤 엑세스가 발생하지 않으므로 엑세스하는 양이 3%~5%보다 더 높아도 성능을 보장받을 수 있을 것이다. 카드 테이블과 마찬가지로 다른 테이블에서도 WHERE 조건에 의해 3%~5% 미만의 데이터가 추출된다면 인덱스를 생성해야 한다. 인덱스를 생성한 후 실행 계획을 생성한다면 아래와 같이 될 것이다.

```
실행 계획
SELECT STATEMENT
  HASH
    HASH
      HASH
        TABLE ACCESS (BY INDEX ROWID) OF '고객'
          INDEX (RANGE SCAN) OF '주민번호_IDX'
        TABLE ACCESS (FULL) OF '카드'
      TABLE ACCESS (BY INDEX ROWID) OF '거래내역'
        INDEX (RANGE SCAN) OF '거래일자_IDX'
    TABLE ACCESS (BY INDEX ROWID) OF '가맹점'
      INDEX (RANGE SCAN) OF '지역_IDX'
```

위와 같이 실행 계획이 생성되면 HASH 실행 계획에서 가까운 테이블이 먼저 엑세스된 것이므로 고객 테이블이 BUILD 테이블로 수행되며 밑에 있는 카드 테이블은 PROBE 테이블로 수행된다. 거래내역 테이블과 가맹점 테이블도 세 번째와 네 번째로 엑세스된다.

위의 실행 계획에서 성능 저하를 일으키는 부분은 카드 테이블의 전체 스캔일 것이다. 다중 조인 방식을 이용하여 해당 부분만을 중첩 루프 조인으로 변경할 수도 있다. 이외에도, 카드 테이블의 전체 스캔 성능을 향상시키기 위해 카드 테이블의 엑세스만 병렬 프로세싱으로 수행할 수도 있을 것이다.

복잡한 해쉬 조인의 성능도 향상시킬 수 있다

예 제

```
SQL> SELECT /*+ PARALLEL(A,4) */
            A.카드번호, D.고객이름, D.고객_연락처
            B.거래일자, C.가맹점_이름, B.사용금액
     FROM 카드 A,
          거래내역 B,
          가맹점 C,
          고객 D
     WHERE A.카드번호 = B.카드번호
     AND B.가맹점번호 = C.가맹점_번호
     AND A.고객번호 = D.고객번호
     AND B.거래일자 > '20070101'
     AND C.지역 = '대구'
     AND D.주민번호 = '111111' ;
```

위와 같이 카드 테이블에만 병렬 프로세싱을 수행하여 성능을 향상시킬 수 있다. 해쉬 조인에서 성능과 관련하여 가장 중요한 것은 해쉬 영역의 크기이므로 이에 대한 많은 고려가 필요하다. 또한 각 테이블에 대한 엑세스 방식을 최적화하면 해쉬 조인은 최적의 성능을 보장할 수 있을 것이다.

해쉬 조인에 대해 또 다른 예제를 확인해 보자.

예 제

```
SQL> SELECT A.카드번호, D.고객이름, D.고객_연락처
            B.거래일자, C.가맹점_이름, B.사용금액
     FROM 카드 A,
          거래내역 B,
          가맹점 C,
          고객 D
     WHERE A.카드번호 = B.카드번호
        AND B.가맹점번호 = C.가맹점_번호
        AND A.고객번호 = D.고객번호
        AND C.지역 = '대구' ;
```

위와 같이 SQL을 수행한다고 가정하자. WHERE 조건을 보면 대부분의 테이블에 조인 조건만 있다는 것을 알 수 있다. 단지 가맹점 테이블의 WHERE 조건에만 지역 조건이 설정되어 있다.

가장 먼저 엑세스되어야 하는 BUILD 테이블을 선정해야 한다. BUILD 테이블은 반드시 적은 데이터가 추출되는 테이블이어야 한다. 위의 예제에서 가맹점 테이블이 WHERE 조건에 의해 처리 범위가 가장 적다고 가정하자. 가맹점 테이블이 먼저 엑세스된다면 조인 조건에 의해 거래내역 테이블이 두 번째로 엑세스되어야 할 것이다.

처음 엑세스되는 테이블이 설정되면 조인 순서가 정해진다. 가맹점 테이블이 먼저 엑세스되면 조인 조건에 의해 거래내역 테이블이 엑세스될 수 밖에 없다. 거래내역 테이블이 엑세스되었다면 조인 조건에 의해 카드 테이블이 엑세스되며 마지막으로 고객 테이블이 엑세스되어 해쉬 조인이 수행될 것이다.

```
실행 계획
SELECT STATEMENT
  HASH
    HASH
      HASH
        TABLE ACCESS (BY INDEX ROWID) OF '가맹점'
          INDEX (RANGE SCAN) OF '지역_IDX'
        TABLE ACCESS (FULL) OF '거래내역'
      TABLE ACCESS (FULL) OF '카드'
    TABLE ACCESS (FULL) OF '고객'
```

위의 실행 계획에서는 가장 안쪽에 들여쓰기된 실행 계획이 먼저 수행된다. 실행 계획에서 가장 안쪽에 들여쓰기된 테이블은 가맹점 테이블과 거래내역 테이블이다. 중첩 루프 조인에서 언급했듯이 들여쓰기가 동일하다면 위치상 위에 있는 실행 계획이 먼저 수행된다. 그러므로 가맹점 테이블이 먼저 엑세스되어 BUILD 테이블 역할을 수행했으며, 거래내역 테이블은 뒤에 엑세스되어 PROBE 테이블 역할을 수행한 것이다. 따라서 위와 같이 실행 계획이 생성되어야 가맹점 테이블, 거래내역 테이블, 카드 테이블, 고객 테이블의 순서대로 조인이 수행될 것이다.

거래내역 테이블과 같이 전체 스캔이 수행되는 테이블이 매우 크다면 성능은 저하될 것이다. 그 이유는 해당 테이블에 대해서 처음부터 끝까지 전체 스캔을 수행해야 하기 때문이다. 위와 같이 SQL이 수행된다면 이는 배치 작업일 것이며, 이 경우에 성능 향상을 위해 테이블 전체 스캔을 수행하는 부분에 병렬 프로세싱을 고려해야 할 것이다.

해쉬 조인에서는 처리 범위가 적은 테이블이 가장 앞에서 조인에 참여해야 성능을 최적화할 수 있을 것이다. 처리 범위가 적은 테이블이 BUILD 테이블로 수행되어야만 해쉬 영역을 생성하는 단계에서 최적의 수행 속도를 보장받을 수 있을 것이다. 이것이 해쉬 조인의 성능 최적화를 위한 첫 걸음이다.

> ✓ 해쉬 조인에서는 병렬 프로세싱을 고려해라.

해쉬 조인의 경우에는 병렬 프로세싱의 효과적인 사용이 매우 중요하다. 병렬 프로세싱은 시스템의 자원을 최대한 사용하여 대용량 데이터 엑세스에서 빠른 응답 속도를 기대할 수 있는 아키텍쳐다. 해쉬 조인이 온라인 프로그램에 사용되는 경우도 있지만 대부분의 경우에는 대용량 데이터에 조인을 수행할 때 자주 이용된다. 대용량 데이터를 처리하기 위해 해쉬 조인을 사용할 때 조인에 참여하는 두 테이블 중에서 PROBE 테이블로 수행되는 테이블의 처리 범위가 대용량 데이터에 해당될 것이다. 보다 빠른 엑세스를 수행하기 위해서는 해쉬 조인에서 병렬 프로세싱을 항상 고려해야 할 것이다.

```
예 제
SQL> SELECT A.카드번호, D.고객이름, D.고객_연락처
            B.거래일자, C.가맹점_이름, B.사용금액
       FROM 카드 A,
            거래내역 B,
            가맹점 C,
            고객 D
       WHERE A.카드번호 = B.카드번호
       AND B.가맹점번호 = C.가맹점_번호
       AND A.고객번호 = D.고객번호
       AND C.지역 = '대구';
```

앞에서 언급한 순서대로 해쉬 조인을 수행할 때 처리 범위가 가장 많은 테이블은 거래내역 테이블이었다. 그렇기 때문에 거래내역 테이블에 대한 병렬 프로세싱 수행을 고려해야 할 것이다. 물론 다른 테이블에서도 병렬 프로세싱이 필요하다면 그 또한 고려 대상이 될 것이다.

```
예 제
SQL> SELECT /*+ PARALLEL(B,4) */
             A.카드번호, D.고객이름, D.고객_연락처
             B.거래일자, C.가맹점_이름, B.사용금액
      FROM 카드 A,
           거래내역 B,
           가맹점 C,
           고객 D
      WHERE A.카드번호 = B.카드번호
      AND B.가맹점번호 = C.가맹점_번호
      AND A.고객번호 = D.고객번호
      AND C.지역 = '대구';
```

위와 같이 힌트를 설정하여 거래내역 테이블의 데이터를 4개의 프로세스로 빠르게 엑세스할 수 있을 것이다. 마찬가지로 카드 테이블에도 병렬 프로세스로 엑세스하고 싶다면 힌트를 설정하면 된다.

이와 같이 해쉬 조인에서 대량의 데이터를 엑세스하는 경우 병렬 프로세싱을 이용하여 성능을 향상시킬 수 있다.

✓ 해쉬 조인의 실행 계획을 제어하자.

해쉬 조인으로 수행되어야 할 SQL이 옵티마이져에 의해 중첩 루프 조인으로 수행될 수도 있다. 이와 같이 해쉬 조인으로 수행되어야 할 SQL이 중첩 루프 조인으로 수행된다면 이는 반드시 성능 저하로 이어진다. 또한 BUILD 테이블로 수행되면 안 되는 테이블이 BULID 테이블로 수행된다면 이 또한 성능 저하를 야기한다. 이와 같은 경우 SQL의 실행 계획을 적절하게 제어해야 할 것이다. 중첩 루프 조인과 달리 해쉬 조인의 실행 계획은 대부분 힌트에 의해서만 제어될 수 있다. 힌트의 사용 방법은 중첩 루프 조인과 비슷하다.

예 제

```
SQL> SELECT /*+ ORDERED USE_HASH(D,A,B,C) */
            A.카드번호, D.고객이름, D.고객_연락처
            B.거래일자, C.가맹점_이름, B.사용금액
     FROM 고객 D,
          카드 A,
          거래내역 B,
          가맹점 C
     WHERE A.카드번호 = B.카드번호
     AND B.가맹점번호 = C.가맹점_번호
     AND A.고객번호 = D.고객번호
     AND C.지역 = '대구' ;
```

위와 같이 힌트를 이용할 수 있으며 중첩 루프 조인에서 언급한 것과 같이 ORDERED 힌트는 FROM 절의 순서대로 조인을 수행하라는 뜻이 된다. 또한 USE_HASH 힌트는 해쉬 조인으로 테이블의 조인을 수행하라는 뜻이 된다. 이 힌트에는 USE_HASH(a,b)와 같이 두개의 값을 설정할 수 있으며 a는 BUILD 테이블로 b는 PROBE 테이블로 조인을 수행하라는 의미가 된다. USE_HASH(a,b,c,d)라면 이 순서대로 해쉬 조인을 수행하라는 의미가 된다.

중첩 루프 조인을 제어하는 힌트와 마찬가지로 해쉬 조인을 유도하는 힌트도 많이 사용된다. 이와 같이 힌트를 이용하여 해쉬 조인의 실행 계획을 제어할 수 있다.

소트 머지 조인의 사용을 자제하라.

데이터를 연결하기 위한 조인 방식 중 마지막이 소트 머지 조인(SORT MERGE JOIN)이다. 소트 머지 조인은 오라클에서 소개된지 오래된 조인 방식이다. 오래된 조인 방식임에도 불구하고 사용을 자제해야 한다고 이야기하는 이유는 무엇인가? 그 이유는 소트 머지 조인의 모든 장점을 제공하면서 소트 머지 조인의 단점까지 어느 정도 보완한 해쉬 조인이 소개되었기 때문이다. 이렇듯 해쉬 조인의 탄생으로 인해 소트 머지 조인의 사용이 감소되었다. 이제는 대부분의 SQL에서 소트 머지 조인을 사용할 필요가 없는 것 같다. 소트 머지 조인의 최적화보다는 수행되는 SQL을 최적화할 수 있는 다른 조인 방식을 사용하는 것이 더 효과적일 것이다. 여기서는 소트 머지 조인의 수행 방식을 이해하고 소트 머지 조인이 왜 성능 저하를 일으키는지 이해하도록 하자.

```
예제
SQL> SELECT A.카드번호, B.거래일자, B.가맹점_이름, B.사용금액
       FROM 카드 A,
            거래내역 B
      WHERE A.카드번호 = B.카드번호
        AND A.생성일자 > '20060101'
        AND B.거래일자 > '20070101';
```

위의 SQL이 소트 머지 조인으로 수행되었다고 가정하고 카드 테이블의 엑세스를 확인해 보자. 카드 테이블에 생성일자 컬럼으로 생성된 인덱스가 존재한다면 인덱스를 이용하여 데이터에 엑세스하며 인덱스가 없다면 테이블 전체 스캔을 이용하여 생성일자 조건에 만족하는 데이터를 추출한다. 추출된 데이터에 대해 조인 조건인 카드번호 컬럼으로 정렬을 수행한다. 거래내역 테이블의 엑세스는 어떠한가? 거래내역 테이블에 엑세스하여 거래일자 조건에 만족하는 데이터를 추출한다. 물론 거래일자 컬럼에 인덱스가 있다면 인덱스를 이용하여 거래일자 조건에 만족하는 데이터를 추출하며 인덱스가 없다면 테이블 전체 스캔을 이용하여 원하는 데이터를 추출한다. 거래내역 테이블에서 추출된 데이터는 조인 조건인 카드번호 컬럼으로 정렬을 수행하여 집합을 구성한다.

여기까지 수행하면 두 개의 정렬된 집합이 생성된다. 하나는 카드 테이블에서 추출한 데이터를 조인 조

건인 카드번호 컬럼으로 정렬한 집합이고, 또 다른 하나는 거래내역 테이블로부터 원하는 데이터를 추출하여 조인 조건인 카드번호 컬럼으로 정렬한 집합이다. 이와 같이 카드번호 컬럼으로 정렬된 두 개의 집합에 대해 카드번호 컬럼의 값을 기준으로 머지 조인을 수행하여 조인에 성공한 값을 결과로 추출하는 것이 소트 머지 조인이다.

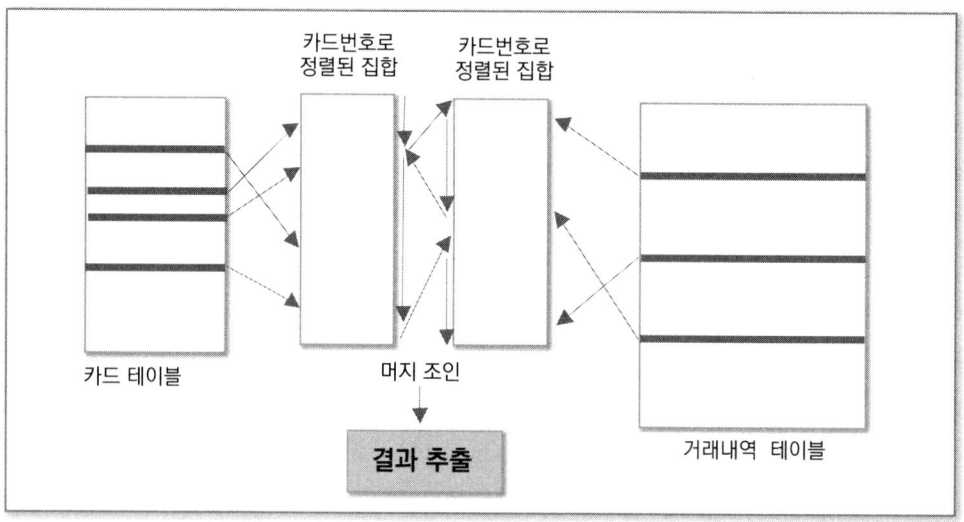

위의 그림은 소트 머지 조인의 수행 방식을 정리한 것이다. 중첩 루프 조인이나 해쉬 조인과 달리 어느 테이블이 먼저 엑세스되고 어느 테이블이 나중에 엑세스되는가는 소트 머지 조인에서 큰 영향을 미치지 않는다. 소트 머지 조인은 위와 같이 각 테이블에서 조건에 만족하는 데이터를 추출한 후 조인 조건으로 각 집합을 정렬한다. 위의 경우에 조인 조건이 카드번호 컬럼이므로 이 컬럼으로 정렬된 두 개의 집합이 존재한다. 정렬된 두 개의 집합에 대해 머지 조인을 수행한다. 머지 조인에서 조인에 성공한 데이터는결과로 추출되고 조인에 실패한 데이터는 버려진다.

소트 머지 조인은 다른 조인에 비해 더 많은 성능 저하를 일으킬 수 있는 조인 방식이다. 그 이유는 성능을 저하시키는 정렬 작업이 다른 어떤 조인 방식보다 많이 발생할 수 있기 때문이다. 또 다른 이유는 머지 조인의 알고리즘에 있다. 머지 조인 알고리즘은 오라클에서 많이 사용하는 해쉬 함수에 비해 그 성능이 보장되지 않는다. 따라서 대용량 데이터에 대해 소트 머지 조인보다는 해쉬 조인을 이용하는 것이 유리하며 적은 데이터를 추출하는 조인 SQL이라면 소트 머지 조인 대신 중첩 루프 조인을 이용하는 것이 더 유리할 것이다.

> **실행 계획**
>
> ```
> SELECT STATEMENT
>   MERGE JOIN
>     SORT(JOIN)
>       TABLE ACCESS (FULL) OF '카드'
>     SORT(JOIN)
>       TABLE ACCESS (FULL) OF '거래내역'
> ```

소트 머지 조인의 실행 계획은 위와 같이 생성된다. 소트 머지 조인을 사용할 때 신중해야 하며 대용량의 데이터를 처리해야 한다면 해쉬 조인이 더 유리하다. 물론, 적은 데이터를 추출하는 온라인 프로그램에서는 소트 머지 조인보다 중첩 루프 조인을 사용하는 것이 성능을 최적화할 수 있는 방법일 것이다.

소트 머지 조인은 조인 SQL의 조인 조건에 인덱스를 이용하지 못할 경우 자주 발생한다. 중첩 루프 조인의 경우에 INNER 테이블은 조인 조건을 인덱스에서 처리 범위를 감소시키는 조건으로 이용해야 성능을 보장 받을 수 있다. 조인 조건에 인덱스가 없으면 오라클 옵티마이져는 중첩 루프 조인을 선택하지 않는 경우가 많다. 소트 머지 조인이 발생하면 인덱스의 선정과 힌트를 이용하여 실행 계획을 제어할 필요가 있다.

✓ 카테시안 조인을 이해하자.

카테시안 조인(CATESIAN JOIN)이 소트 머지 조인과 동일하지는 않다. 그러나 실행 계획이 소트 머지 조인 실행 계획의 형식으로 주로 생성되므로 소트 머지 조인과 연관하여 언급하도록 하겠다. 카테시안 조인은 무엇인가? SQL 최적화를 수행하다 보면 카테시안 조인을 자주 접하게 된다. 카테시안 조인은 일반적으로 잘못된 SQL에서 생성되기 쉬운 실행 계획이다. 개발자들이 SQL을 작성하면서 일반 조인의 FROM 절에 많은 테이블을 연결하는 일이 다반사다. 이 경우에 WHERE 절에는 모든 테이블을 연결하는 여러 개의 조인 조건이 필요하다. 이들 조인 조건 중 하나라도 생략된다면 카테시안 조인이 발생한다.

```
예 제

SQL> SELECT A.카드번호, B.거래일자, B.가맹점_이름, B.사용금액
       FROM 카드 A,
            거래내역 B,
            고객정보 C
      WHERE A.카드번호 = B.카드번호
        AND A.생성일자 > '20060101'
        AND B.거래일자 > '20070101'
        AND C.주민번호 = '111111111';
```

위에 제시된 SQL의 WHERE 절을 보면 고객 정보 테이블과 다른 테이블을 연결하는 조인 조건이 생략되어 있음을 알 수 있다. 이렇게 되면 실행 계획에는 반드시 카테시안 조인이 발생한다.

카테시안 조인을 이해하자

```
실행 계획
    SELECT STATEMENT
     NESTES LOOPS
      MERGE JOIN (CARTESIAN)
       TABLE ACCESS (BY INDEX ROWID) OF '고객정보'
        INDEX (RANGE SCAN) OF '주민번호_IDX'
       BUFFER (SORT)
        TABLE ACCESS (BY INDEX ROWID) OF '카드'
         INDEX (RANGE SCAN) OF '생성일자_IDX'
      TABLE ACCDSS (BY INDEX ROWID) OF '거래내역'
       INDEX (RANGE SCAN) OF '카드번호_거래일자_IDX'
```

위의 실행 계획을 살펴보자. 고객정보 테이블과 카드 테이블이 MERGE JOIN (CARTESIAN) 실행 계획으로 생성되었다. 이는 두 테이블을 카테시안 조인으로 수행하여 데이터를 추출한 후 거래내역 테이블을 중첩 루프 조인으로 수행하여 최종 결과를 추출하는 실행 계획이다. 카테시안 조인에서 고객정보 테이블이 먼저 엑세스되었으며 카드 테이블이 뒤에 엑세스되었다. 뒤에 엑세스되는 카드 테이블은 BUFFER 단위로 데이터를 조인하여 결과를 추출한다.

위와 같이 조인 조건이 없는 테이블에 대해서는 실행 계획에 반드시 카테시안 조인이 발생한다. 그렇다면 카테시안 조인에 의해 어떤 결과가 추출되는가?

A 테이블과 B 테이블을 조인하는 SQL에서 조인 조건을 설정하지 않아 카테시안 조인을 수행한다고 가정하자. A 테이블에 10,000건의 데이터가 저장되어 있고 B 테이블에는 1,000건의 데이터가 저장되어 있다고 가정하자. 두 테이블이 카테시안 조인을 수행하는 순간 추출되는 데이터는 10000 × 1000 = 10,000,000이 된다. 왜 이와 같이 많은 데이터가 추출되는가? 카테시안 조인의 실행 계획에서는 MERGE JOIN 실행 계획이 생성되지만 의미적으로는 중첩 루프 조인 방식으로 수행된다. A 테이블이 먼저 엑세스되고 B 테이블이 뒤에 엑세스된다고 가정하자. A 테이블에서 한 건의 데이터를 추출하여 B 테이블과 조인을 수행하면 조인 조건이 없으므로 B 테이블의 모든 데이터와 조인에 성공한다. A 테이블에 있는 한 건의 데이터가 B 테이블과 조인을 수행하면 1,000건의 데이터가 결과로 추출된다. A 테이블에는 10,000건의 데이터가 있으므로 10,000,000건의 데이터가 추출된다.

이와 같이 모든 데이터가 조인에 성공하여 엄청난 양의 조인 결과가 추출되는 것이 바람직한 현상인가? 대부분의 경우 SQL을 작성하는 개발자가 조인 조건을 실수로 생략하여 카테시안 조인이 주로 발생한다.

Chapter 3. 조인은 필수 불가결하다

대용량 테이블에 카테시안 조인이 발생하면 많은 양의 조인 결과가 추출되며, 이는 엄청난 성능 저하로 이어진다. 잘못된 카테시안 조인 하나로 시스템이 정지된 경우도 있었다. 경미한 실수로 이와 같이 엄청난 결과가 발생할 수 있으므로 항상 주의해야 한다.

그렇다면 카테시안 조인은 사용되어서는 안 될 데이터 연결 방식인가? 앞에서 설명한 내용은 의도치 않은 카테시안 조인이 발생했을 때의 문제이며 카테시안 조인을 이용하여 SQL을 최적화할 수도 있다. 카테시안 조인을 이용하여 SQL을 최적화하는 방법은 가장 어려운 최적화 방법에 해당된다.

의도적인 카테시안 조인은 성능을 향상시킨다.

카테시안 조인이 의도치 않은 상황에서 발생한다면 SQL 뿐만 아니라 시스템에 엄청난 부하가 발생한다. 여기서는 이러한 문제를 안고 있는 카테시안 조인을 SQL 최적화에 효과적으로 이용하는 방법에 대해 살펴본다. 카테시안 조인을 이용하여 SQL을 최대한 최적화한다면 SQL 최적화의 다른 세상을 경험하게 될 것이다.

첫 번째로, 카테시안 조인을 이용하여 최적의 성능으로 원하는 데이터를 생성하는 경우를 확인해 보자. 이 예제에서는 카테시안 조인을 이용하여 1년전부터 현재까지의 일자를 YYYYMMDD 형식으로 생성하며, 각 일자에 대해서 00시부터 23시까지의 시간을 연결하여 최종 결과를 추출해야 한다고 가정하자. 최종 결과는 아래와 같은 형식으로 추출될 것이다.

```
예 제
일자
……
2007080100
2007080101
2007080102
2007080103
2007080104
2007080105
2007080106
2007080107
2007080108
2007080109
2007080110
……
```

위의 같이 1년전 일자부터 일자와 시간을 합친 결과가 추출될 것이다. 예제의 결과와 동일한 데이터를 결과로 추출하고 싶다면 SQL을 어떻게 작성해야 하는가? 물론, 예제의 결과와 동일한 데이터가 저장되어 있는 테이블은 없다고 가정하자.

예 제

```
SQL> SELECT DA_TIME||RNUM 일자
       FROM (SELECT TO_CHAR(ADD_MONTHS(SYSDATE,-12)+ROWNUM,
                       'YYYYMMDD') DA_TIME
               FROM TAB1
              WHERE ROWNUM <= 365
            ) A
          , (SELECT DECODE(GREATEST(10,ROWNUM),10,'0'||(ROWNUM-1),
                       ROWNUM-1) RNUM
               FROM TAB1
              WHERE ROWNUM <= 24
            ) B;
```

위와 같이 SQL을 수행하면 원하는 값을 추출할 수 있을 것이다. A 인라인 뷰에서는 SYSDATE 값에 대해 12개월 전의 일자를 추출하고 ROWNUM을 이용하여 하루씩 증가시켜 결과를 추출한다. 그렇기 때문에 WHERE 절에 ROWNUM <= 365를 설정한 것이다. 이와 같이 수행하면 여기서 원하는 1년 간의 YYYYMMDD 값이 추출될 것이다. B 인라인 뷰는 00~23의 값을 추출한다. ROWNUM 연산자를 사용했으며 0~9의 값은 한 자리로 추출되므로 GREATEST 함수를 사용하여 앞에 '0'을 붙여 주었으며 10 이상의 값에 대해서는 0의 값을 붙이지 않았다. B 인라인 뷰에서는 추출하려는 데이터가 01~24의 값이 아니라 00~23까지의 데이터이기 때문에 ROWNUM-1을 수행하였다. 참고로, TAB1 테이블은 365건 이상의 데이터가 저장되어 있다면 어떤 테이블이더라도 상관이 없다. 365개의 ROWNUM을 추출하기 위해 사용했을 뿐이다.

위에서 생성한 두 개의 인라인 뷰에 대해 조인 조건을 생략하고 조인을 수행하면 어떻게 되는가? 두 개의 인라인 뷰는 조인 조건없이 조인되었으므로 카테시안 조인을 수행한다. 그렇기 때문에 A 인라인 뷰에 있는 하나의 YYYYMMDD 값에 00~23 까지의 값이 붙어서 24개의 데이터가 추출될 것이다. 이렇게 하면 1년 간의 각 일자에 00~23의 시간이 붙은 데이터를 추출할 수 있다. 최종적으로 365개의 YYYYMMDD 값과 00~23 값이 카테시안 조인을 수행하므로 8760(365×24)개의 결과가 추출될 것이다.

위의 예에서는 카테시안 조인을 이용하여 원하는 데이터를 추출하였다. 그렇다면 성능은 어떠한가? A 인라인 뷰는 356개의 데이터이며 B 인라인 뷰는 24개의 데이터다. 이처럼 적은 양의 데이터에 대한 카테시안 조인에서는 성능 저하가 발생하지 않는다. 적은 양의 카테시안 조인이라면 성능을 보장할 수 있다. 즉 위와 같이 카테시안 조인을 수행하여 원하는 결과를 추출할 수 있으며, 더불어 적은 데이터를 가공했으므로 성능을 보장받을 수도 있다.

두 번째로, 카테시안 조인을 이용한 SQL 최적화를 확인해 보자. 이 또한 앞서 언급한 예제처럼 WHERE 조건에 존재하지 않는 조건을 가상으로 설정하여 SQL이 인덱스를 효과적으로 이용할 수 있게 실행 계획을 생성하도록 카테시안 조인을 사용할 수 있다.

```
예  제
SQL> SELECT 카드번호, 거래일자, 거래처
       FROM 거래내역
      WHERE 카드번호 = '1111111';
```

거래내역 테이블에는 거래일자+카드번호 인덱스만 있고 거래내역 테이블이 대용량 테이블이며 해당 SQL은 적은 양의 데이터를 추출한다고 가정하자. 또한, 거래내역 테이블에는 현재일을 기준으로 1년간의 데이터가 있다고 가정하자. 이와 같다면 위의 SQL은 인덱스를 이용하지 못하며 거래내역 테이블을 전체 스캔해야 하는 상황이 발생할 것이다. 대용량인 거래내역 테이블을 전체 스캔한다면 엄청난 성능 저하가 수반된다.

이와 같은 경우 어떻게 해결할 수 있겠는가? 거래내역 테이블에는 현재 인덱스를 추가할 수 없다고 가정하자. 위와 같이 기존 인덱스를 이용해야 하는 경우라면 카테시안 조인을 이용할 수 있을 것이다. 앞에서 1년간의 거래일자 값을 추출하는 SQL을 확인해 보았다. 앞서 언급한 일자를 추출하는 SQL을 이용하여 아래와 같이 SQL을 수행해보자. 거래일자 컬럼에는 YYYYMMDDHH의 형식으로 데이터가 저장되어 있다고 가정하자.

```
예 제
SQL> SELECT 카드번호, 거래일자, 거래처
     FROM 거래내역
     WHERE 카드번호 = '1111111'
     AND 거래일자 IN (SELECT DA_TIME||RNUM DATE_TIME
                     FROM (SELECT TO_CHAR(ADD_MONTHS(SYSDATE,-12)+ROWNUM,
                                  'YYYYMMDD' ) DA_TIME
                           FROM TAB1
                           WHERE ROWNUM <= 365
                          ) A,
                          (SELECT DECODE(GREATEST(10,ROWNUM),10,
                                         '0' ||(ROWNUM-1),ROWNUM-1) RNUM
                           FROM TAB1
                           WHERE ROWNUM <= 24
                          ) B
                    );
```

위와 같이 SQL을 수행하면 거래일자 컬럼의 값을 서브쿼리에서 모두 생성하여 상수 값을 주 쿼리로 제공하므로 거래일자+카드번호 인덱스를 효과적으로 이용할 수 있다. 결국 추가적인 인덱스의 생성없이 최적의 성능을 보장받을 수 있을 것이다.

앞서 언급한 바와 같이 의도적으로 사용된 것이 아니라면 카테시안 조인은 분명히 성능 저하를 일으킨다. 하지만 효과적으로 사용하면 SQL을 최적화할 수 있으므로 이의 사용에 많은 고려를 해야 할 것이다. 카테시안 조인을 이용하여 SQL을 최적화하는 것은 고난이도의 SQL 최적화 작업임에 틀림이 없다. 많은 생각과 연습만이 카테시안 조인을 이용한 SQL 최적화를 가능케 할 것이다.

☑ 조인 방식의 선택은 프로젝트의 성공을 좌우하는 요소가 된다

앞에서 확인한 바와 같이 조인에는 3가지 방식, 즉 중첩 루프 조인, 해쉬 조인, 소트 머지 조인이 있다. SQL 최적화를 수행하는 사람들은 수 많은 SQL에서 어떤 조인 방식을 사용해야 할지 매우 많은 고민을 한다. 소트 머지 조인은 거의 사용되지 않는다고 하더라도 중첩 루프 조인과 해쉬 조인 중 어느 조인을 사용해야 할지 결정하는 일은 항상 어려운 문제다. 또한 여러 테이블을 조인하는 경우 어느 테이블과는 중첩 루프 조인을 사용하는데 또 다른 테이블과 어떤 조인을 이용할지를 선택하는 것도 쉬운 일이 아니다. 이와 같은 어려움이 있지만 최적의 조인 방식을 어떻게 선택해야 하는지 그 방법을 자세히 살펴보자.

세 가지 조인 방식에서 데이터의 증가에 따른 실제 응답 속도는 어떠한 관계를 가지는지 확인해 보자. 조인 방식 별로 데이터 증가와 응답 속도 사이의 상관 관계를 확인하는 것에는 매우 큰 의미가 있다.

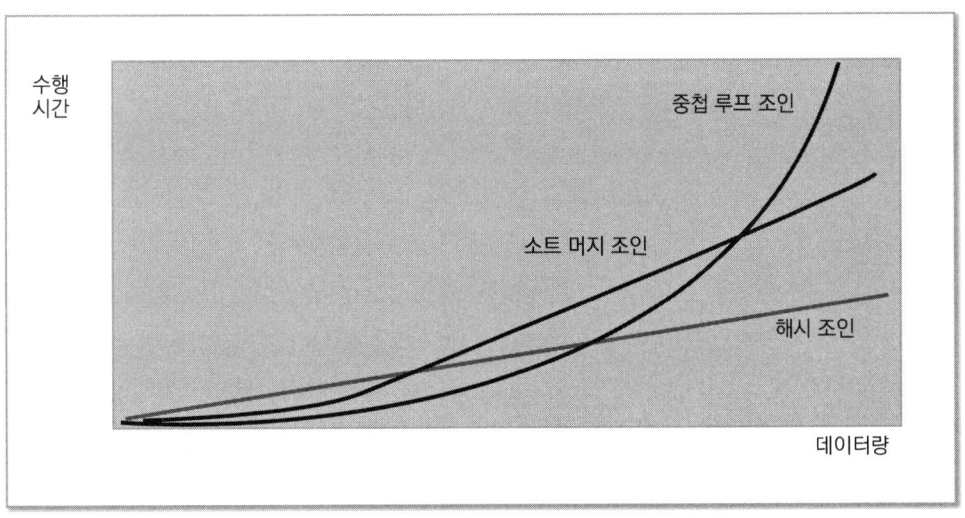

위의 그림에서 알 수 있듯이 중첩 루프 조인에서는 데이터가 증가하면 성능이 기하급수적으로 저하된다. 반면에 데이터가 적으면 가장 좋은 성능을 보여준다. 대용량 데이터 처리에서는 일반적으로 해쉬 조인이 유리하다. 이제 각 조인 방식을 어떤 경우에 사용하는 것이 효과적인지 자세히 확인해 보자.

첫 번째로, 중첩 루프 조인을 어떤 SQL에서 사용해야 하는지 살펴보자. 시스템을 개발하다 보면 크게

Chapter 3. 조인은 필수 불가결하다

두 가지 종류의 업무가 있을 것이다. 사용자에게 결과를 실시간으로 보여주어야 하는 어플리케이션이 있는가 하면 통계 어플리케이션과 같이 완전한 실시간을 요구하지 않는 어플리케이션이 있다. 결과를 실시간으로 추출하지 않아도 된다고 해서 결과를 빠른 시간 안에 추출하면 안 되는 것은 아닐 것이다. 하지만 많은 데이터를 조회해야 하는 SQL이 모든 결과 값을 1초만에 추출할 수는 없을 것이다.

일반적으로 중첩 루프 조인은 실시간 처리가 요구되는 어플리케이션에서 유용한 조인 방식이다. 그 이유는 무엇인가? 중첩 루프 조인을 이용하면 INNER 테이블은 조인 조건을 상수로 제공받으며, 이 조건으로 처리 범위를 감소시킬 수 있다. 그러므로 중첩 루프 조인은 적은 양에 엑세스하는 SQL에서는 다른 조인 방식에 비해 처리 범위를 가장 많이 감소시킬 수 있다. 중첩 루프 조인에서는 DRIVING 테이블과 INNER 테이블이 인덱스를 사용하는지 사용하지 않는지에 따라 엄청난 성능 차이가 발생한다. 특히, INNER 테이블로 수행되는 테이블이 인덱스를 이용하지 못한다면 해당 테이블을 반복해서 전체 스캔해야 하기 때문에 성능은 엄청 저하된다. 이와 같이 중첩 루프 조인은 인덱스에 의해 웃고 울 수 있는 조인 방식이다.

이것은 무엇을 의미하는가? 중첩 루프 조인이 인덱스에 의해 성능이 좌우되며 효과적인 인덱스를 이용해야 된다는 것은 인덱스를 이용해야 좋은 성능을 보장받을 수 있다는 뜻이다. 인덱스를 이용하여 성능을 최적화한다는 것은 해당 테이블의 적은 데이터를 엑세스한다는 의미가 될 것이다. 테이블의 많은 데이터를 인덱스로 엑세스하면 테이블 전체 스캔보다 성능이 저하된다. 일반적으로 결과를 실시간으로 처리해야 하는 온라인 업무는 테이블의 적은 데이터에 엑세스한다. 따라서 대부분의 온라인 어플리케이션은 실시간 응답 속도를 보장받기 위해 인덱스를 최대한 사용하는 중첩 루프 조인을 이용해야 할 것이다. 그렇다고 모든 온라인 어플리케이션에서 중첩 루프 조인이 유리한 것은 아니다. 때로는 해쉬 조인이 유리한 경우도 있다.

중첩 루프 조인에서 절대적인 사항이 하나 있다. 그것은 대용량 데이터를 처리하는 통계 SQL이나 배치 SQL에서 중첩 루프 조인을 사용하면 안 된다는 것이다. 대용량 데이터를 처리한다는 것은 테이블의 많은 부분에 엑세스한다는 의미다. 이런 경우라면 처리 범위 및 랜덤 엑세스 증가에 의해 성능이 저하된다. 오히려 테이블 전체 스캔이나 병렬 프로세싱을 이용해야 한다. 중첩 루프 조인에서는 인덱스를 이용하지 않는 순간 INNER 테이블의 반복 엑세스에 의해 성능이 저하된다. 따라서 대용량 데이터를 처리하는 SQL에서는 주로 해쉬 조인을 이용해야 한다. 물론 여러 테이블을 조인하여 대용량 데이터의 결과가 추출되는 경우에 중간 중간에 엑세스하는 적은 데이터에 대해서는 중첩 루프 조인을 사용할 수 있다. 하지만 이런 경우에도 대용량 데이터에 엑세스해야 하는 테이블에는 중첩 루프 조인을 사용하면 안 된다.

이상의 내용을 정리하면, 온라인 어플리케이션에서는 중첩 루프 조인을 많이 이용하며, 대용량 데이터를 처리해야 하는 배치 어플리케이션이나 통계 어플리케이션에서는 중첩 루프 조인의 사용을 자제해야 한다. 이것이 중첩 루프 조인의 운명이다.

두 번째로, 해쉬 조인을 어느 SQL에서 사용해야 하는지 확인해 보자. 중첩 루프 조인은 온라인 어플리케이션에서 주로 사용되며 대용량 데이터를 처리하는 어플리케이션에서 이를 사용하면 성능 저하가 발생한다고 앞에서 언급했다.

해쉬 조인은 중첩 루프 조인과 비슷한 점도 있고 다른 점도 있다. 해쉬 조인은 대용량의 데이터를 처리하는데 유리한 아키텍쳐를 가지고 있다. 해쉬 조인에서 BUILD 테이블로 수행되거나 PROBE 테이블로 수행되어도 한 번만 엑세스하여 모든 조인을 수행할 수 있다. 해쉬 조인에서는 조인에 참여하는 테이블에 한 번만 엑세스하면 되므로 해쉬 조인이 대용량 데이터 처리에 최적화되어 있다고 이야기할 수 있다. 조인에 참여하는 테이블에 한 번만 엑세스하므로 인덱스를 이용하더라도 중첩 루프 조인에 비해 랜덤 엑세스가 감소한다.

해쉬 조인을 온라인 어플리케이션에서는 사용하지 못하는가? 해쉬 조인이 대용량 데이터의 처리에 적합한 조인 방식이지만 이를 온라인 어플리케이션에서도 사용할 수 있다. 그렇다면 온라인 어플리케이션에서 해쉬 조인을 사용하는 경우는 언제인가?

```
예 제
SQL> SELECT A.카드번호, B.거래일자, B.가맹점_이름, B.사용금액
       FROM 카드 A,
            거래내역 B
       WHERE A.카드번호 = B.카드번호
       AND A.주민번호 = '111111'
       AND B.거래일자 = '20070410';
```

위의 예제를 분석해 보자. 중첩 루프 조인으로 수행된다면 INNER 테이블은 조인 조건을 상수로 제공받는다. 하지만 해쉬 조인으로 수행된다면 먼저 엑세스되는 테이블이든 뒤에 엑세스되는 테이블이든 조인 조건을 상수로 제공받아 이를 처리 범위 감소 조건으로 사용할 수는 없다. 여기에 정답이 있다. 조인 조건을 상수로 제공받아도 처리 범위가 많이 감소하지 않을 경우 온라인 어플리케이션에 해쉬 조인을 적용할 수 있다. 또는 이미 WHERE 조건에 설정된 조건만으로도 처리 범위가 충분히 감소할 경우 해쉬 조인을 사용하면 효과적이다. 이 경우에 해쉬 조인을 사용하면 처리 범위는 중첩 루프 조인과 비슷하지만 테이블

엑세스 횟수와 두 테이블 조인 시 발생하는 랜덤 엑세스를 감소시킬 수 있는 이점을 누릴 수 있다.

위의 예제에서 거래내역 테이블이 INNER 테이블로 수행된다고 가정하자. 중첩 루프 조인으로 수행된다면 거래내역 테이블이 사용할 수 있는 WHERE 조건은 거래일자 컬럼과 카드번호 컬럼이 된다. 해쉬 조인으로 수행되어 거래내역 테이블이 PROBE 테이블의 역할을 수행할 경우에 거래일자 컬럼만 처리 범위를 감소시킬수 있는 WHERE 조건이 된다. 거래일자 컬럼과 카드번호 컬럼에 의해 정해지는 처리 범위와 거래일자에 의해 정해지는 처리 범위가 거의 비슷하다면 해쉬 조인이 더 유리할 수 있다. 왜냐하면 해쉬 조인을 사용하면 두 테이블 조인 시 발생하는 랜덤 엑세스를 제거할 수 있기 때문이다. 거래내역 테이블의 거래일자 컬럼에만 인덱스가 있다면 카드번호 컬럼을 상수로 제공받더라도 어차피 사용하지 못하므로 해쉬 조인을 이용하는 것이 더 유리할 것이다. 이 처럼 조인 방식을 선정할 때 인덱스의 구조도 고려해야 한다.

반대로 중첩 루프 조인에서 카드 테이블이 INNER 테이블로 수행되었다고 가정하자. 카드 테이블이 처리 범위를 감소시킬 수 있는 조건으로 사용할 수 있는 조건은 카드번호 컬럼과 주민번호 컬럼이 된다. 해쉬 조인으로 수행되고 카드 테이블이 PROBE 테이블로 수행되었다면 처리 범위를 감소시키기 위해 카드 테이블이 사용할 수 있는 조건은 주민번호 컬럼뿐이다. 위의 경우에도 주민번호 컬럼에 의한 처리 범위와 카드번호 컬럼과 주민번호 컬럼에 의한 처리 범위가 비슷하다면 해쉬 조인으로도 효과적인 조인을 수행할 수 있다. 카드 테이블의 주민번호 컬럼에만 인덱스가 있을 경우에 해쉬 조인으로 성능을 향상시킬 수 있을 것이다.

이와 같이 해쉬 조인은 대용량 데이터의 처리에서 최적의 성능을 보장할 수 있으며 온라인 어플리케이션에서도 효과적으로 사용한다면 SQL 최적화에 많은 도움이 될 것이다.

세 번째로, 소트 머지 조인을 어느 SQL에서 사용해야 하는지 살펴보자. 일반적으로 소트 머지 조인을 사용하면 조인에 참여하는 각 테이블에 대해 정렬을 수행해야 하므로 대용량 데이터를 처리할 때 부하가 많이 발생한다. 온라인 어플리케이션에 대해서는 소트 머지 조인이 유리한가? 온라인 어플리케이션에서도 소트 머지 조인은 불리하다. 왜 이런 현상이 발생하는 것일까?

대용량 데이터를 처리하는 SQL에서 소트 머지 조인을 사용하면 조인에 참여하는 모든 테이블에 대해 조인 조건으로 정렬을 수행해야 한다. 대량의 데이터는 추출도 어렵지만 정렬이 수행되면 더 많은 부하가 발생한다. 만약, 3개의 테이블에 소트 머지 조인을 수행하면 3개의 테이블에서 추출되는 데이터에 대해 조인 컬럼을 기준으로 정렬을 수행해야 한다. 이러한 대용량의 정렬 작업은 절대 성능을 보장해 줄 수 없다.

온라인 어플리케이션이라면 조인에 참여하는 테이블에 대해 정렬을 수행하여도 부하가 적기 때문에 소트 머지 조인을 사용할 수도 있을 것이다. 하지만 소트 머지 조인보다 중첩 루프 조인이 더 효과적일 수 있다.

이와 같은 이유에서 소트 머지 조인을 자주 사용하지 않는다. 그렇다면 소트 머지 조인은 어떤 경우에 유용한가? 조인 조건에 사용되는 컬럼에 인덱스가 없는 경우에 소트 머지 조인을 자주 볼 수 있다. 조인에 참여하는 두 테이블의 조인 조건에 사용되는 컬럼에 인덱스가 없다면 중첩 루프 조인을 사용하지 않는다. 이는 INNER 테이블이 반복 수행되는 중첩 루프 조인의 특성 때문이다. 중첩 루프 조인에서 INNER 테이블은 반복 엑세스되며 INNER 테이블에 최적의 인덱스가 없다면 반복 엑세스에 의해 비효율이 발생한다. INNER 테이블이 테이블 전체 스캔으로 수행된다면 반복 테이블 전체 스캔이므로 성능은 매우 저하될 것이다. 이와 같은 이유에서 해쉬 조인이나 소트 머지 조인을 이용하게 된다. 보통의 경우 옵티마이져는 해쉬 조인 보다 소트 머지 조인을 자주 선택한다. 따라서 소트 머지 조인이 발생하면 해당 SQL을 정확히 분석하여 다른 조인 방식으로 최적화하는 작업이 필요하다.

이와 같이 조인 방식에는 3가지가 있으며 각 조인 방식에는 고유한 특징이 있다. 이러한 특징을 정확하게 이해해야만 조인을 최적화할 수 있다. 어떤 조인 방식을 선택하느냐는 SQL의 성능을 좌지우지할 수 있는 중요한 항목이다. 프로젝트를 진행하면서 조인 방식의 선택 지침을 제공하는 일은 매우 중요하다고 생각한다.

> ☑ 다중 조인 방식을 이용하여 성능을 향상시켜라.

다중 조인 방식은 무엇인가? 다중 조인 방식은 하나의 조인 SQL에 중첩 루프 조인과 해쉬 조인을 동시에 사용하는 조인 방식이다. 때로는 소트 머지 조인을 포함하여 조인을 수행할 수도 있다. 소트 머지 조인을 다중 조인에 사용하는 경우는 보통 카테시안 조인을 이용할 경우다. 혹자는 이와 같은 다중 조인이 가능하냐고 반문하는 경우가 있다. 다중 조인 방식의 이용은 언제나 가능하며 이를 어떻게 이용하는가에 따라 성능은 많이 향상될 수 있다.

하나의 조인 SQL에 대해 반드시 중첩 루프 조인만 사용하거나 해쉬 조인만 사용해야 하는 것은 아니다. 3개 이상의 테이블에 대해 조인을 수행할 경우 어떤 테이블들의 조인에는 중첩 루프 조인을 사용하고 어떤 테이블들의 조인에는 해쉬 조인을 사용할 수 있다. 이와 같은 이유에서 많은 테이블을 조인할 경우에는 SQL 성능 최적화가 더욱 어려워진다.

예를 들어, TAB1, TAB2, TAB3 테이블에서 조인을 수행하는데 TAB1과 TAB2 테이블에서는 중첩 루프 조인이 유리하고 TAB3 테이블의 경우 해쉬 조인이 유리하다고 가정하자. 이는 주위에서 흔히 발생하는 현상이다. 해당 SQL에서 TAB1 테이블과 TAB2 테이블에 대해서는 중첩 루프 조인으로 수행하고 TAB3 테이블과는 해쉬 조인으로 수행하게 할 수 있다. 하지만 다중 조인 방식에서는 실행 계획이 원하는 형태로 생성되지 않는 경우가 많다. 따라서, 많은 경우에는 힌트 등을 이용하여 다중 조인 방식의 실행 계획을 제어해야 할 것이다.

다중 조인 방식은 아래와 같은 경우 사용하게 되며 효과적으로 사용할 경우 성능 향상에 많은 도움이 될 것이다.

- 엑세스 성능 향상을 위한 사용
- 정렬 제거를 위한 사용

첫 번째로, 엑세스 성능 향상을 위한 다중 조인에 대해 확인해 보자. 엑세스 성능 향상을 위한 다중 조인은 다중 조인의 가장 기본적인 용도다. 중첩 루프 조인과 해쉬 조인을 동시에 사용함으로써 중첩 루프 조인과 해쉬 조인의 모든 장점을 사용할 수 있다는 것은 매우 매력적이며 많은 이점이 된다.

> **예 제**
> ```
> SQL> SELECT A.COL4, B.COL5, C.COL6
>        FROM TAB1 A,
>             TAB2 B,
>             TAB3 C,
>        WHERE A.KEY = B.KEY
>        AND B.KEY = C.KEY
>        AND A.COL1 = 'AAA'
>        AND B.COL2 = 'CCC';
> ```

위의 SQL을 이용하여 다중 조인 방식의 사용을 확인해 보자. 위의 SQL에서 TAB1 테이블과 TAB2 테이블의 조인에서는 매우 적은 데이터가 추출된다. TAB1 테이블은 WHERE 조건에 의해 TAB2 테이블은 INNER 테이블로 수행될 경우 테이블의 조인 조건에 의해 처리 범위가 많이 감소한다고 가정하자. 그러나 TAB3 테이블은 대용량 테이블이며 위의 SQL에서 처리해야 될 범위가 매우 많다고 가정하자. 그렇다면 TAB3 테이블은 중첩 루프 조인에서 DRIVING 테이블로 역할을 수행할 수는 없을 것이다. DRIVING 테이블로 수행되기 위해서는 적은 데이터를 추출해야 조인 횟수가 감소하여 성능을 향상시킬 수 있기 때문이다. 결국 TAB3 테이블은 뒤에 엑세스되어야 하며 뒤에 엑세스된다면 중첩 루프 조인에서는 조인 조건을 상수로 제공받는다. 하지만 TAB3 테이블은 조인 조건을 상수로 제공받아 엑세스할 경우 해당 테이블의 10%를 엑세스해야 한다고 가정하자. 이렇게 되면 TAB3 테이블은 DRIVING 테이블로 INNER 테이블로도 역할을 수행할 수 없게 된다.

결국 INNER 테이블로 수행되는 TAB2 테이블이 조인 조건에 의해 처리 범위가 많이 감소하므로 TAB1 테이블과 TAB2 테이블의 조인은 중첩 루프 조인을 사용해야 된다. TAB3 테이블의 경우는 중첩 루프 조인으로 수행될 경우 DRIVING 테이블이나 INNER 테이블로 수행되어서는 안 된다. 이와 같은 경우 TAB1 테이블과 TAB2 테이블은 중첩 루프 조인을 사용하며 TAB3 테이블과의 조인 수행 시에는 해쉬 조인을 이용하는 것이 유리할 것이다.

이와 같이 수행하는 것이 다중 조인 방식을 이용한 조인 SQL이 된다. 그렇다면 계획과 같이 수행하기 위해 SQL을 어떻게 작성해야 하는가? 옵티마이져가 원하는 실행 계획을 생성해 준다면 상관 없겠지만 그렇지 않다면 원하는 방식의 다중 조인을 사용하기 위해서 일반적으로 힌트를 이용해야 할 것이다.

```
예 제
SQL> SELECT /*+ ORDERED USE_NL(A,B) USE_HASH(B,C) */
             A.COL4, B.COL5, C.COL6
       FROM TAB1 A,
            TAB2 B,
            TAB3 C,
       WHERE A.KEY = B.KEY
       AND B.KEY = C.KEY
       AND A.COL1 = 'AAA'
       AND B.COL2 = 'CCC' ;
```

위와 같이 힌트를 이용하여 SQL을 수행한다면 TAB1 테이블과 TAB2 테이블에 대해서는 중첩 루프 조인을 사용하게 되며 TAB3 테이블과의 조인 시에는 해쉬 조인을 이용하게 된다. ORDERED 힌트를 설정하였으므로 FROM 절에 설정한 테이블 순서대로 조인을 수행한다. 또한 USE_NL과 USE_HASH 힌트를 사용하여 원하는 조인 방식을 유도하고 있다. 이와 같이 힌트를 설정하지 않는다면 다중 조인 방식을 이용한 SQL에서는 실행 계획이 원하는 방향으로 생성되기 힘들다.

다중 조인 방식을 사용하여도 일반 조인 방식을 사용하는 것과 마찬가지로 최적의 인덱스를 구성하는 것은 매우 중요하다. 그렇다면 각 테이블에는 어떠한 인덱스가 필요한지 확인해 보자.

TAB1 테이블의 경우 TAB2 테이블과 중첩 루프 조인을 이용하며 TAB1 테이블이 DRIVING 테이블의 역할을 수행한다고 가정하자. 두 테이블의 조인 결과에서 적은 데이터가 추출된다고 하였으므로 DRIVING 테이블에도 인덱스가 존재해야 할 것이다. TAB1 테이블은 WHERE 조건 절에 COL1 컬럼만 있으므로 COL1 컬럼에 인덱스가 있어야 한다.

TAB2 테이블의 경우 TAB1 테이블과 중첩 루프 조인으로 수행되며 INNER 테이블로 수행되므로 처리 범위를 감소시킬 수 있는 조건은 COL2 컬럼과 조인 조건인 KEY 컬럼이 된다. TAB2 테이블은 TAB1 테이블로부터 조인 조건을 상수로 제공받아 인덱스를 이용해야만 처리 범위를 많이 감소시킬 수 있다. 따라서 TAB2 테이블의 KEY 컬럼은 반드시 인덱스 컬럼으로 구성되어야 한다. 두 개의 컬럼 모두 점 조건으로 사용되므로 COL2+KEY 인덱스나 KEY+COL2 인덱스를 생성하면 INNER 테이블의 반복 수행을 최적화할 수 있다.

TAB1 테이블과 TAB2 테이블의 중첩 루프 조인의 결과로 해쉬 영역을 생성하게 되고 TAB3 테이블은 PROBE 테이블로 역할을 수행한다. TAB1 테이블과 TAB2 테이블의 조인 결과에서 데이터 건수가 적다고 가정했으므로 해쉬 조인의 BUILD 테이블로 수행되어도 성능에는 영향이 없을 것이다. TAB3 테이블은 PROBE 테이블로 수행하며 WHERE 조건 절에 범위를 감소시키는 컬럼이 없으므로 해당 테이블을 전체 스캔하여 해쉬 조인을 수행해야 한다. TAB3 테이블을 전체 스캔하는 경우 병렬 프로세싱의 이용 여부를 결정해야 한다. 보통의 경우 대용량 테이블이라면 병렬 프로세싱을 이용해야 응답 시간을 향상시킬 수 있다. 물론, 병렬 프로세싱을 이용할 경우에는 해당 시스템의 자원과 디스크 I/O를 고려해서 병렬 프로세싱의 개수를 정해야 한다.

실행 계획
```
SELECT STATEMENT
  HASH
    NESTED LOOPS
      TABLE ACCESS (BY INDEX ROWID) OF 'TAB1'
        INDEX (RANGE SCAN) OF 'COL1_IDX'
      TABLE ACCESS (BY INDEX ROWID) OF 'TAB2'
        INDEX (RANGE SCAN) OF 'KEY_COL2_IDX'
    TABLE ACCESS (FULL) OF 'TAB3'
```

실행 계획에는 중첩 루프 조인과 해쉬 조인이 동시에 생성되어야 한다. TAB1 테이블과 TAB2 테이블은 중첩 루프 조인으로 실행 계획이 생성되고 TAB1 테이블과 TAB2 테이블의 조인 결과와 TAB3 테이블은 해쉬 조인으로 수행되어야 원하는 형태의 실행 계획이 생성된 것이다. 만약, TAB3 테이블에 대해 병렬 프로세싱을 수행하다면 아래와 같이 SQL을 작성해야 한다.

예 제
```
SQL> SELECT /*+ ORDERED USE_NL(A,B) USE_HASH(B,C) PARLAALE(C,4) */
            A.COL4, B.COL5, C.COL6
       FROM TAB1 A,
            TAB2 B,
            TAB3 C,
            TAB3 C,
      WHERE A.KEY = B.KEY
        AND B.KEY = C.KEY
        AND A.COL1 = 'AAA'
        AND B.COL2 = 'CCC';
```

위와 같이 SQL을 수행하여 해쉬 조인으로 수행되는 TAB3 테이블에 대해 병렬 프로세싱을 수행할 수 있게 된다.

조인은 논리적 모델링에서부터 시작한다. 논리적 모델링에는 각 테이블의 관계가 표현된다. 보통의 경우라면 1:M 관계가 되며 1:M 관계에서 1인 테이블이 중첩 루프 조인에서는 DRIVING 테이블로 수행되며 해쉬 조인에서는 BUILD 테이블의 역할을 수행하는 것이 바람직한 조인일 것이다. 물론 WHERE 조건에 설정하는 조건이 없을 경우의 이야기다. WHERE 조건이 있다면 조건에 의해 처리 범위가 변한다. 그렇더라도 적은 데이터를 추출하는 테이블이 중첩 루프 조인에서는 DRIVING 테이블로 해쉬 조인에서는 BUILD 테이블로 수행되어야 한다. 이러한 사실은 여러 테이블을 조인하는 SQL이라고 해도 동일한다. 이런 사실을 이해하지 못하고 조인을 수행하기 때문에 우리 주위에서 수 없이 많은 악성 조인 SQL이 발생하는 것 같다.

두 번째로, 정렬을 제거하기 위한 다중 조인에 대해 살펴보자. 다중 조인을 통해 정렬을 제거하는 방법이 쉽지만은 않다. 하지만 다중 조인을 이용하여 ORDER BY 절을 제거하고 정렬을 수행할 수 있다면 어려움에 비해 얻을 수 있는 혜택은 더 많을 것이다.

예 제

```
SQL> SELECT A.COL4, B.COL5, C.COL6
       FROM TAB1 A,
            TAB2 B,
            TAB3 C,
      WHERE A.KEY = B.KEY
        AND B.KEY = C.KEY
        AND A.COL1 = 'AAA'
        AND B.COL2 = 'CCC'
        AND C.COL3 = 'DDD'
      ORDER BY B.COL4;
```

위의 SQL에서 TAB1 테이블, TAB2 테이블, TAB3 테이블 순서로 중첩 루프 조인 방식으로 조인이 수행되어야 최적이라고 가정하자. 이와 같다면 실행 계획은 아래와 같이 생성되어야 할 것이다.

> **실행 계획**
> ```
> SELECT STATEMENT
>   SORT (ORDER BY)
>     NESTED LOOPS
>       NESTED LOOPS
>         TABLE ACCESS (BY INDEX ROWID) OF 'TAB1'
>           INDEX (RANGE SCAN) OF 'COL1_IDX'
>         TABLE ACCESS (BY INDEX ROWID) OF 'TAB2'
>           INDEX (RANGE SCAN) OF 'KEY_COL2_IDX'
>       TABLE ACCESS (BY INDEX ROWID) OF 'TAB3'
>         INDEX (RANGE SCAN) OF 'KEY_COL3_IDX'
> ```

TAB1 테이블에는 COL1 인덱스가 있으며 TAB2 테이블에는 KEY+COL2 인덱스가 있다고 가정하자. 또한 TAB3 테이블에 KEY+COL3 인덱스가 있으면 위와 같이 각 인덱스를 이용하는 실행 계획이 생성될 것이다. 위의 SQL이 ORDER BY 절에 의해 부하가 많이 생긴다고 가정하자. ORDER BY 절에 의해 부하가 많다면 ORDER BY 절을 제거하는 방법밖에 없을 것이다. 과연 ORDER BY 절을 어떻게 제거할 수 있겠는가? ORDER BY 절의 제거가 가능한가?

중첩 루프 조인에서는 DRIVING 테이블의 인덱스 순서에 의해 정렬된 값이 추출된다. 위의 SQL에서 DRIVING 테이블은 TAB1 테이블이며 인덱스는 COL1 인덱스를 이용하므로 COL1 컬럼의 값으로 정렬된 데이터가 추출된다. 그렇다면 TAB2 테이블이 DRIVING 테이블로 수행되고 인덱스는 COL2+COL4 인덱스를 이용한다면 COL2 컬럼에 대해서는 'CCC' 값만을 추출하게 되므로 인덱스의 두 번째 컬럼인 COL4 컬럼에 의해 정렬된 값이 추출될 것이다.

> **예 제**
> ```
> SQL> SELECT /*+ ORDERED USE_NL(B,A) USE_NL(A,C) */
>             A.COL4, B.COL5, C.COL6
>        FROM TAB2 B,
>             TAB1 A,
>             TAB3 C,
>       WHERE A.KEY = B.KEY
>         AND B.KEY = C.KEY
>         AND A.COL1 = 'AAA'
>         AND B.COL2 = 'CCC'
>         AND C.COL3 = 'DDD';
> ```

위와 같이 SQL을 수행하면 ORDER BY 절을 생략해도 TAB2 테이블의 COL4 컬럼으로 정렬된 데이터가 추출된다. 물론, TAB2 테이블은 COL2+COL4 인덱스를 이용해야 하며 COL2 컬럼에 의해서만 처리 범위가 감소한다. TAB2 테이블이 DRIVING 테이블로 수행되어 성능을 보장받기 위해서는 COL2 컬럼에 의해 처리 범위가 많이 감소되어야 할 것이다.

TAB1 테이블에서 추출되는 데이터 건수가 가장 적었기 때문에 기존에는 TAB1 테이블을 DRIVING 테이블로 사용하며 중첩 루프 조인으로 수행했었다. 하지만 위의 경우에 추출되는 데이터가 TAB1 테이블 보다 많은 테이블인 TAB2 테이블을 DRIVING 테이블로 선택하였다. 대신 ORDER BY 절을 생략할 수 있게 되었다. 이와 같은 경우 어느 것이 유리한지를 고려해야 할 것이다. ORDER BY 절에 의한 정렬을 제거하는 것이 유리한지 아니면 추출되는 데이터가 가장 적은 테이블을 DRIVING 테이블로 유지하는 것이 더 유리한지를 판단해야 할 것이다.

```
실행 계획
    SELECT STATEMENT
      NESTED LOOPS
        NESTED LOOPS
          TABLE ACCESS (BY INDEX ROWID) OF 'TAB2'
            INDEX (RANGE SCAN) OF 'COL2_COL4_IDX'
          TABLE ACCESS (BY INDEX ROWID) OF 'TAB1'
            INDEX (RANGE SCAN) OF 'KEY_COL1_IDX'
        TABLE ACCESS (BY INDEX ROWID) OF 'TAB3'
          INDEX (RANGE SCAN) OF 'KEY_COL3_IDX'
```

이번 실행 계획에서는 SORT(ORDER BY) 실행 계획이 제거되며 실제로 정렬을 수행하지는 않지만 정렬된 데이터가 추출될 것이다. TAB2 테이블은 DRIVING 테이블이므로 조인 조건을 상수로 사용하지 못한다. 그러므로 COL2 컬럼으로 인덱스가 필요하다. 또한, TAB2 테이블의 COL4 컬럼으로 정렬된 값을 추출하기 위해서는 TAB2 테이블에는 COL2+COL4 인덱스가 존재해야 한다. TAB1 테이블의 경우에는 KEY+COL1으로 인덱스가 존재해야 하며 TAB3 테이블의 경우에는 KEY+COL3 인덱스가 존재해야 인덱스에 의한 성능 저하가 발생하지 않을 것이다.

위와 같이 중첩 루프 조인을 이용하여 정렬을 수행할 수도 있지만 다중 조인 방식을 이용하여 정렬을 수행할 수도 있다.

예제

```
SQL> SELECT /*+ ORDERED USE_HASH(A,B) USE_NL(B,C) */
            A.COL4, B.COL5, C.COL6
       FROM TAB1 A,
            TAB2 B,
            TAB3 C,
      WHERE A.KEY = B.KEY
        AND B.KEY = C.KEY
        AND A.COL1 = 'AAA'
        AND B.COL2 = 'CCC'
        AND C.COL3 = 'DDD';
```

TAB3 테이블은 KEY 컬럼이 처리 범위를 많이 감소시켜 주는 테이블이라고 가정하자. 그렇다면 TAB3 테이블은 중첩 루프 조인에서 반드시 INNER 테이블로 수행되어야 한다. 만약, 해쉬 조인으로 수행된다면 KEY 컬럼이 값을 상수로 제공받지 못하므로 처리 범위가 증가하여 성능이 저하될 수 있다. 또한 TAB1 테이블과 TAB2 테이블은 해쉬 조인이 유리하다고 가정하자.

예제의 힌트와 같이 SQL을 수행한다면 TAB1 테이블과 TAB2 테이블은 해쉬 조인을 수행하며 TAB3 테이블과는 중첩 루프 조인을 이용한다. 중첩 루프 조인에서는 DRIVING 테이블에서 이용하는 인덱스의 첫 번째 컬럼에 의해 정렬된 데이터가 추출된다. 반대로 해쉬 조인에서는 PROBE 테이블이 사용하는 인덱스의 첫 번째 컬럼에 의해 정렬된 데이터가 추출된다. 그러므로 TAB2 테이블의 컬럼으로 정렬을 수행하는 경우 ORDER BY 절을 생략하고 정렬된 데이터가 추출되도록 하려면 TAB2 테이블이 해쉬 조인에서는 PROBE 테이블로, 중첩 루프 조인에서는 DRIVING 테이블로 수행되어야 한다. 이와 같이 수행된다면 TAB2 테이블의 인덱스에 의해 데이터가 정렬되어 추출될 것이다. TAB1 테이블과 TAB2 테이블의 해쉬 조인이 성능을 보장한다면 이와 같이 두 개의 테이블은 해쉬 조인으로 수행하며 TAB3 테이블은 중첩 루프 조인을 이용하여 성능도 향상시키며 ORDER BY 절에 의해 발생하는 정렬을 제거할 수 있다. 이것이 바로 일석이조가 아니고 무엇이겠는가?

```
실행 계획
  SELECT STATEMENT
    NESTED LOOPS
      HASH
        TABLE ACCESS (BY INDEX ROWID) OF 'TAB1'
          INDEX (RANGE SCAN) OF 'COL1_IDX'
        TABLE ACCESS (BY INDEX ROWID) OF 'TAB2'
          INDEX (RANGE SCAN) OF 'COL2_COL4_IDX'
      TABLE ACCESS (BY INDEX ROWID) OF 'TAB3'
        INDEX (RANGE SCAN) OF 'KEY_COL3_IDX'
```

위와 같이 실행 계획이 생성된다면 TAB1 테이블과 TAB2 테이블은 해쉬 조인을 수행하며 TAB3 테이블과는 중첩 루프 조인을 수행한다. 추출되는 데이터는 해쉬 조인의 PROBE 테이블이 이용하는 인덱스의 첫 번째 컬럼에 의해 정렬된 값이 된다. 인덱스의 첫 번째 컬럼이 WHERE 절에서 동일(=) 조건으로 값이 정해져 있다면 인덱스의 두 번째 컬럼에 의해 정렬된 값이 자동으로 추출되므로 COL4 컬럼에 의해 정렬된 값이 추출된다.

다중 조인 방식을 이용하거나 중첩 루프 조인 및 해쉬 조인을 이용해서 정렬을 수행하지 않고 정렬된 값을 추출할 수 있다. 하지만 두 조인 방식은 필요로 하는 인덱스가 테이블마다 다르다. 테이블에 인덱스를 추가하고 제거하는 것은 쉬운 일이 아니다. 따라서 성능을 향상시킬 수 있는 다양한 방법을 이해하고 있다면 기존에 있는 인덱스를 이용하여 SQL을 최적화하기에 더 수월해질 것이다.

위와 같이 다중 조인 방식을 이용하여 SQL 자체의 성능 뿐만 아니라 정렬을 제거하여 성능을 향상시킬 수 있다. 많은 어플리케이션에서는 2개의 테이블만으로 조인을 수행하는 경우도 많지만 3개 이상의 테이블을 조인하는 경우도 매우 많다. 그러므로 다중 조인 방식을 이용한 조인의 최적화에 많은 노력을 기울여야 할 것이다. 다중 조인에 대한 성능 최적화를 이루려면 이론 뿐만 아니라 많은 생각 및 연습이 필요하다.

✓ 조인의 응답 속도를 향상시키는 요소를 이해해라.

각 조인 방식에서 응답 속도를 향상시키는 방법을 대부분 언급했다. 앞에서 언급한 내용들이 조인의 응답 속도를 향상시키는 가장 중요한 항목일 것이다. 이외에도 조인의 성능을 향상시키는 항목으로 세 가지를 추가로 고려할 수 있다.

- 처리 범위를 감소시키는 인덱스의 이용
- 랜덤 엑세스의 제거
- 데이터베이스 파라메터 최적화

첫 번째로, 처리 범위를 감소시키는 인덱스를 이용하여 SQL을 최적화하는 방법에 대해 알아 보자. 이는 중첩 루프 조인과 해쉬 조인 모두에 해당하는 항목이다.

예 제

```
SQL> SELECT A.카드번호, B.거래일자, B.가맹점_이름, B.사용금액
     FROM 카드 A,
          거래내역 B
     WHERE A.카드번호 = B.카드번호
     AND A.주민번호 = '111111'
     AND B.거래일자 = '20070410'
     AND B.가맹점_이름 = '백화점';
```

위의 SQL은 중첩 루프 조인으로 수행되며 조인에 참여하는 테이블 중 거래내역 테이블은 INNER 테이블로 수행된다고 가정하자. 거래내역 테이블에 카드번호+거래일자 인덱스가 구성되어 있다면 카드번호 컬럼과 거래일자 컬럼으로 처리 범위가 충분히 감소하기 때문에 INNER 테이블로 수행되어도 성능을 보장받을 수 있다고 가정하자.

예제의 SQL에서 성능을 더욱 향상시킬 수 있는 방법을 살펴보자. 거래내역 테이블의 인덱스에 가맹점_이름 컬럼을 추가한다면 어떠한 현상이 발생하는가? 거래내역 테이블은 INNER 테이블로 수행되기 때문에 DRIVING 테이블로 수행되는 카드 테이블로부터 카드번호 컬럼의 값을 제공받는다. 또한 거래일자 컬럼은 WHERE 조건에서 상수로 제공되는 컬럼이다. 해당 컬럼들로 인덱스를 생성하면 두 컬럼 모두 점 조

건이므로 두 컬럼에 의해 처리 범위는 감소한다. 카드번호+거래일자로 생성된 인덱스를 이용하여 1,000건이 인덱스에서 엑세스되었다고 가정하자. 가맹점_이름 컬럼은 인덱스에 없으므로 반드시 거래내역 테이블에 엑세스하여 가맹점_이름 컬럼의 값을 확인해야 한다. 가맹점 컬럼을 확인하여 1,000건 중 900건이 가맹점_이름 조건을 만족한다면 100건의 데이터에 대해 거래내역 테이블에 엑세스하여 데이터를 확인하고 버리는 결과가 된다. 카드번호+거래일자 인덱스로도 충분히 처리 범위를 감소시킬 수 있지만 테이블에 엑세스하여 가맹점_이름 값을 확인해서 데이터를 버려야 한다는 것이 얼마나 아쉬운 일인가? 만약 가맹점_이름 컬럼이 거래내역 테이블의 카드번호+거래일자 인덱스에 추가된다면 가맹점_이름 컬럼의 값을 확인하기 위해 거래내역 테이블에 엑세스해야 할 필요는 없을 것이다. 따라서 인덱스를 카드번호+거래일자+가맹점_이름으로 재구성하면 모든 조건이 점 조건이므로 3개의 컬럼에 의해 처리 범위가 감소하며, 확인 랜덤 엑세스의 감소로 인해 성능은 향상된다. 모든 조건이 점 조건이므로 인덱스를 구성하는 컬럼의 순서가 변경되어도 성능은 동일할 것이다.

WHERE 조건에 설정되어 있는 조건들은 테이블에 엑세스할 때 처리 범위를 감소시키는 역할을 수행해야만 본연의 의무를 다하는 것이다. 처리 범위를 감소시키는 역할을 수행하지 못한다면 엑세스한 후 버려야 하는 상황이 발생하며, 이로 인해 성능 저하가 일어날 수 있다. 버려지는 데이터의 양이 적다면 성능 저하가 적겠지만 버려지는 데이터의 양이 많다면 엄청난 성능 저하가 발생할 수 있다. 이는 버려지는 데이터에 의한 것과 불필요한 랜덤 엑세스의 증가 때문이다. WHERE 조건에 있는 조건이 처리 범위를 감소시키는 역할을 수행하지 못할 경우 최소한 랜덤 엑세스를 제거하는 컬럼으로 역할을 수행한다면 어느 정도 성능을 향상시킬 수 있을 것이다. 성능 향상은 먼 곳에 있는 것이 아니다. 가까운 곳에서 비효율을 하나씩 제거한다면 최적의 성능을 보장할 수 있는 SQL이 작성될 것이다. 여기서 말하는 비효율이라는 것은 바로 처리 범위와 랜덤 엑세스를 의미한다. 처리 범위와 랜덤 엑세스만 최소화할 수 있다면 어떤 SQL이든 최적화를 수행할 수 있을 것이다.

두 번째로, 랜덤 엑세스의 제거를 확인해 보자. 여기서 이야기하는 랜덤 엑세스는 추출 랜덤 엑세스다. 이 또한 조인에만 국한된 이야기는 아니다. 처리 범위를 감소시키는 것이 SQL 최적화를 위한 첫 단계라고 한다면 랜덤 엑세스를 제거하는 것은 두 번째 단계에 해당한다. 물론, 처리 범위를 감소시키는 것에도 랜덤 엑세스를 감소시키는 부분이 포함된다. 처리 범위의 증가는 디스크 I/O의 증가를 유발시킨다. 랜덤 엑세스도 디스크 I/O를 발생시키는 주범이 될 것이다. 앞서 언급한 경우에도 가맹점_이름 컬럼을 인덱스에 추가하여 처리 범위와 랜덤 엑세스를 모두 감소시킨다.

```
예 제
SQL> SELECT A.카드번호, B.거래일자, B.가맹점_이름, B.사용금액
       FROM 카드 A,
            거래내역 B
       WHERE A.카드번호 = B.카드번호
       AND A.주민번호 = '111111'
       AND B.거래일자 = '20070410'
       AND B.가맹점_이름 = '백화점';
```

동일한 예제를 확인해 보자. 위의 SQL이 중첩 루프 조인으로 수행되었으며 거래내역 테이블이 INNER 테이블로 수행되고 카드 테이블이 DRIVING 테이블로 수행되었다고 가정하자. 앞서 언급한대로 거래내역 테이블의 인덱스는 카드번호+거래일자+가맹점_이름으로 구성되어 있으며 카드 테이블은 주민번호 컬럼으로 구성되어 있다고 가정하자.

위와 같다면 앞서 중첩 루프 조인에서 언급한 성능을 최적화하기 위한 모든 조건을 만족하게 된다. 하지만, 여기서 추가적으로 알아야 할 것이 하나 있다. 그것이 추출 랜덤 엑세스다. 카드 테이블의 주민번호 인덱스에 엑세스한 후 카드번호 컬럼의 값을 확인해야만 조인을 수행할 수 있을 것이다. 그렇기 때문에 카드번호 컬럼의 값을 추출하기 위해 카드 테이블에 엑세스하는 추출 랜덤 엑세스가 발생한다. 또한 카드번호 조건을 상수로 제공받은 INNER 테이블인 거래내역 테이블의 경우에 WHERE 조건 절의 컬럼들이 모두 인덱스에 존재한다. 하지만 SELECT 절에 있는 사용금액 컬럼의 값을 확인하기 위해 거래내역 테이블에 엑세스해야 한다. 앞서 언급한대로 테이블로 랜덤 엑세스를 수행하면 성능 저하가 일어나며 랜덤 엑세스한 후 많은 데이터를 버려도 성능 저하가 발생한다. 버리는 데이터의 양이 많으면 많을수록 성능 저하는 심해진다. 하지만 카드 테이블의 카드번호 컬럼과 거래내역 테이블의 사용금액 컬럼은 추출 랜덤 엑세스를 발생시키므로 확인 후 버려지는 컬럼은 아니다. 그러나 이러한 추출 랜덤 엑세스도 감소시킨다면 성능은 향상될 것이다. 그렇다면 위의 SQL에서는 추출 랜덤 엑세스를 어떻게 제거할 수 있겠는가?

추출 랜덤 엑세스를 제거하기 위해서 카드 테이블에는 주민번호+카드번호로 인덱스가 구성되어야 한다. 주민번호 컬럼과 카드번호 컬럼으로 인덱스가 구성된다면 굳이 카드 테이블에 엑세스할 필요는 없을 것이다. 거래내역 테이블의 경우는 카드번호+거래일자+가맹점_이름+사용금액 인덱스를 생성한다면 INNER 테이블로 수행되는 거래내역 테이블에 엑세스할 필요없이 해당 인덱스 스캔으로 모든 것을 추출할 수 있을 것이다. 이처럼 인덱스를 어떻게 생성하는가에 따라 SELECT 절 및 조인 조건의 값을 추출하기 위해 발생하는 추출 랜덤 엑세스를 제거하여 성능을 더욱 향상시킬 수도 있다. 이와 같이 구성한다면 실행 계획에서는 테이블 엑세스 부분이 제거될 것이다.

```
실행 계획
   SELECT STATEMENT
    NESTED LOOPS
     INDEX (RANGE SCAN) OF  '주민번호_카드번호_IDX'
     INDEX (RANGE SCAN) OF  '카드번호_거래일자_가맹점_이름_사용금액_IDX'
```

위와 같이 실행 계획이 생성된다면 기존에 발생하는 모든 랜덤 엑세스는 일어나지 않는다. 물론 조인을 수행하는 단계에서 발생하는 랜덤 엑세스는 발생한다. 조인을 수행하는 단계에서 발생하는 랜덤 엑세스는 중첩 루프 조인으로 두 테이블을 조인하는 한 제거될 수 없다.

랜덤 엑세스를 제거하는 것은 조인에만 국한된 성능 향상 요소가 아니다. 이는 모든 SQL에 적용 가능한 성능 향상 요소라는 것을 기억하기 바란다. 앞서 언급한 처리 범위를 감소시키기 위해 인덱스 컬럼을 선정하는 것과 랜덤 엑세스를 제거하기 위해 인덱스 컬럼을 선정하는 것은 유사하다. 처리 범위를 감소시키는 컬럼은 랜덤 엑세스도 감소시키는 역할을 수행한다. 하지만 SELECT 절에 있는 컬럼 등은 처리 범위를 감소시키는 컬럼은 아니며 랜덤 엑세스만 감소시키는 컬럼으로 그 역할을 수행할 것이다. 이러한 점에 유의하여 처리 범위를 감소시키고 랜덤 엑세스도 최소로 발생하도록 인덱스를 선정하여 조인을 수행한다면 원하는 성능을 보장받을 수 있을 것이다.

세 번째로, 오라클에서 제공하는 파라메터의 최적화다. 파라메터를 설정하여 조인의 성능을 향상시킬 수 있으며 이는 SQL 자체의 최적화보다 효과가 두드러지지는 않지만 항상 확인해야 할 항목일 것이다. 파라메터에 의해 조인 SQL의 성능이 향상된다면 SQL의 성능을 좀 더 쉽게 향상시킬 수 있으며 파라메터 최적화에 의한 SQL의 성능 향상은 하나의 SQL에만 국한되지 않는다. 시스템의 모든 SQL이 영향을 받으므로 한 번에 많은 SQL의 성능을 향상시킬 수도 있을 것이다. 하지만 모든 SQL에 영향을 미치므로 항상 주의해야 한다.

HASH_AREA_SIZE 파라메터는 이름 그대로 해쉬 조인을 사용할 경우 이용된다. 해쉬 조인을 수행할 경우 먼저 엑세스되는 테이블을 BUILD 테이블이라고 했다. BUILD 테이블의 역할은 해쉬 영역의 생성이며 해쉬 영역은 시스템 메모리를 이용한다. 해쉬 영역이 할당된 메모리 영역보다 크다면 임시 테이블스페이스를 이용한다. 임시 테이블스페이스는 디스크에 있는 영역이다. 이와 같이 해쉬 영역은 메모리 공간을 이용하며 부족할 경우에는 디스크 I/O를 발생시켜 디스크를 이용한다. HASH_AREA_SIZE 파라메터는 해쉬 영역이 메모리에서 사용할 수 있는 최대 크기를 지정하며 기본 크기는 128KB이다. 대부분의 SQL에서 해쉬 영역을 메모리에만 생성하기에는 이 크기가 작을 수 있다. 이와 같은 경우 HASH_AREA_SIZE

파라미터의 크기를 증가시켜 해쉬 영역을 생성할 수 있는 공간을 크게 확보할 수 있다. 이 파라미터의 변경은 여유 메모리가 존재해야 가능하다.

HASH_AREA_SIZE 파라미터를 변경하기 위해서는 오라클의 파라미터 파일에서 HASH_AREA_SIZE의 값을 변경한 후 데이터베이스를 재 구동하면 된다. 또 다른 방법은 아래와 같다.

> 예 제
>
> SQL> ALTER SESSION SET HASH_AREA_SZE = 10000000;

위와 같이 세션 레벨에서 HASH_AREA_SIZE 파라미터를 변경할 수 있으며, 세션 연결이 계속 유지되는 동안 파라미터는 유효하다. 즉, 데이터베이스에 접속한 후 위의 명령어를 수행하면 해당 세션에서 HASH_AREA_SIZE 파라미터의 값이 10,000,000 BYTE로 설정되어 세션에서 수행하는 모든 SQL은 새롭게 설정된 값으로 수행된다. 모든 SQL을 수행한 후 세션을 종료하면 파라미터의 설정 값은 제거된다. 위의 명령어는 세션 레벨에서만 적용된다. 위의 명령어를 이용하여 원하는 어플리케이션에서만 HASH_AREA_SIZE 파라미터의 값을 설정할 수 있다. 실제 이 파라미터는 데이터베이스 레벨에서 설정하는 방법보다는 위와 같이 세션 레벨로 설정해서 사용하는 것이 효과적이다. 데이터베이스 레벨로 설정한다면 필요 없는 세션에도 해당 값이 적용되므로 비효율이 발생할 수 있기 때문이다.

HASH_AREA_SIZE 파라미터를 유용하게 사용한다면 해쉬 조인을 사용하는 SQL의 성능 최적화에 도움이 될 수 있다. WORKAREA_SIZE_POLICY 파라미터가 AUTO로 설정되어 있고 PGA_AGGREATE_TARGET 파라미터가 설정되어 있다면 HASH_AREA_SIZE 파라미터에 의해 해쉬 영역이 생성되지 않는다. 이는 해쉬 조인에 사용되는 모든 메모리가 PGA_AGGREATE_TARGET 파라미터에 의해 설정되기 때문이다. 이런 경우에는 해쉬 조인에서 사용하는 해쉬 영역의 메모리 공간을 크게 해야 하며, 이를 위해서 PGA_AGGREATE_TARGET 파라미터의 값을 증가시켜야 할 것이다.

SORT_AREA_SIZE 파라미터의 경우는 정렬을 수행하는 공간을 메모리에서 원하는 크기로 할당하는 파라미터다. 정렬 공간은 해쉬 영역을 생성하는 공간과 마찬가지로 기본적으로는 메모리 공간을 사용하지만 메모리의 크기에는 제한이 있기 때문에 많은 양의 정렬을 수행한다면 임시 테이블스페이스를 사용한다. 임시 테이블스페이스를 사용하기 때문에 디스크 I/O의 증가가 일어날 수 있으며 많은 디스크 I/O의 발생은 성능 저하로 이어진다.

예제
```
SQL> ALTER SESSION SET SORT_AREA_SZE = 10000000;
```

HASH_AREA_SIZE 파라메터를 변경하는 것과 같이 세션 레벨에서 정렬 공간의 변경이 가능하다. SORT_AREA_SIZE 파라메터도 HASH_AREA_SIZE 파라메터와 동일하게 WORKAREA_SIZE_POLICY 파라메터에 의해 사용 유무가 결정된다.

WORKAREA_SIZE_POLICY 파라메터가 AUTO로 설정되어 있어도 SORT_AREA_SIZE 파라메터와 HASH_AREA_SIZE 파라메터를 세션별로 아래와 같이 설정할 수도 있다.

예제
```
SQL> ALTER SESSION SET WORKAREA_SIZE_POLICY = MANUAL;
SQL> ALTER SESSION SET HASH_AREA_SZE = 10000000;
SQL> ALTER SESSION SET SORT_AREA_SZE = 10000000;
```

위와 같이 특정 세션에서만 WORKAREA_SIZE_POLICY 파라메터를 MANUAL로 변경하면 SORT_AREA_SIZE 파라메터와 HASH_AREA_SIZE 파라메터를 이용할 수 있게 된다.

조인에서 올바른 인덱스 선정에 따른 처리 범위 감소와 랜덤 엑세스의 감소는 성능 향상에 있어서 매우 중요한 항목이다. 여기에 조인을 위한 파라메터를 최적화한다면 추가적인 성능 향상을 기대할 수 있을 것이다. 이제 부터는 조인 SQL을 작성할 때 성능에 대해 많이 생각하고, 인덱스 선정에 대해서도 자신만의 철학을 가지기 바란다.

C.h.a.p.t.e.r 04

인라인 뷰는 반드시 사용된다.

■□□

프로그램 개발 프로젝트를 수행하다 보면 많은 부분에서 인라인 뷰를 사용한다. 대부분의 경우 데이터에 대해 절차적인 처리를 수행하기 때문에 반복된 인라인 뷰를 사용할 때가 많다. 절차적인 인라인 뷰의 사용은 동일 데이터에 대한 반복 엑세스를 증가시키므로 잘못하면 엄청난 성능 저하를 발생시킨다. 인라인 뷰는 사용하기에 편리하며, 올바르게 사용한다면 성능 향상을 기대할 수 있는 아키텍쳐다. 하지만 인라인 뷰의 내부 아키텍쳐를 이해하지 못하고 사용한다면 반드시 성능 저하에 직면한다. 또한 과다한 인라인 뷰의 사용은 SQL의 해석을 어렵게 만들기 때문에 SQL 최적화도 어렵게 만든다. 이 장에서 인라인 뷰의 효과적인 사용 방법을 심도 깊게 살펴본다.

Chapter 4. 인라인 뷰는 반드시 사용된다

☑ 인라인 뷰는 왜 사용하는가?

프로젝트를 수행하다 보면 인라인 뷰는 많이 사용되는 SQL 형식이다. 그렇다면 인라인 뷰를 왜 사용하는가? 보통의 경우 원하는 데이터를 한 번에 추출할 수 없다고 생각하여 동일 집합을 절차에 의해 반복하여 가공하기 위해 많이 사용된다. 이는 무엇을 의미하는가? 처음에 10,000건의 데이터에 엑세스한 후 업무를 처리하기 위해 인라인 뷰로 만들어 다시 인라인 뷰를 조회한다면 이미 한 번 엑세스를 수행한 10,000건의 데이터에 다시 엑세스해야 할 것이다. 프로젝트를 지원하면서 이와 같은 용도로 사용하는 인라인 뷰를 자주 보았다. 이것은 인라인 뷰의 올바른 사용 방법이 아니다. 사용하기 편리하다는 이유 하나만으로 인라인 뷰를 악용하는 것이다. 흔히 사용하는 인라인 뷰에 엄청난 비밀이 숨겨져 있다는 것을 알아야 데이터베이스의 성능 관리에 성공할 수 있을 것이다.

온라인 프로그램에서도 인라인 뷰를 많이 사용하지만 배치 프로그램에서 복잡한 방식으로 많은 인라인 뷰를 사용한다. 배치 프로그램이나 통계 프로그램을 작성하는 경우 많은 SQL에서 인라인 뷰를 2~3개 이상 사용하는 것은 기본인 것 같다. 이와 같이 인라인 뷰를 여러 번 사용하는 이유는 단 한가지다. 엑세스하는 테이블에서 원하는 형태의 데이터를 한 번에 추출하지 못하기 때문에 인라인 뷰를 계속 사용한다. 순차적인 프로그램에 익숙한 개발자들은 SQL도 순차적인 언어처럼 개발하려는 경향이 많다. 이제는 SQL을 작성함에 있어 순차적인 SQL을 작성해서는 안 될 것이다. SQL은 순차적인 언어도 아니며 프로그래밍 언어도 아니다. SQL은 무조건 한 단계씩 절차를 수행해야 원하는 데이터를 추출할 수 있는 절차적인 언어가 아니다. SQL은 여러 형태의 데이터를 한 번에 추출할 수 있는 집합적인 언어다.

인라인 뷰는 프로젝트에서 꼭 사용되어야 하는 요소다. 사용하지 않기 보다는 어떤 면에서는 남용하는 경우가 더 많은 것 같다. 물론, 인라인 뷰 자체가 응답 속도를 저하시키는 것은 아니다. 문제는 잘못된 인라인 뷰를 사용하기 때문에 성능을 저하시키고 있다는 것이다. 원하는 데이터가 추출되지 않으면 우선 인라인 뷰부터 만들고 보는 SQL 작성 습관은 프로젝트를 실패로 이끌 수 있다. 인라인 뷰의 속성을 모르면서 여기 저기서 많은 인라인 뷰를 사용하고 있는 것이 현실이다. 하지만 인라인 뷰의 속성을 정확히 이해하고 있다면 크나 큰 혜택을 기대할 수 있을 것이다. 이 얼마나 확실한가? 알고 사용한다면 큰 혜택을 받을 수 있고 모른다면 큰 피해를 볼 수 있다는 것은 너무 공평한 것이 아닐까?

지금 이 순간 인라인 뷰를 작성하고 있다면 잠시 멈추고 이 장을 통해 인라인 뷰의 실체를 이해하고 사용하기 바란다. 이 장이 끝나면 하나의 SQL에 몇 개의 인라인 뷰를 아무런 계획도 없이 사용하지는 않게 될 것이다. 이제부터라도 인라인 뷰의 속성을 정확히 파악하여 인라인 뷰로부터 크나 큰 혜택을 받아야 할 것이다.

Chapter 4. 인라인 뷰는 반드시 사용된다

> ☑ 인라인 뷰는 뷰이다.

뷰란 무엇인가? 뷰는 실제 데이터를 저장하고 있지는 않지만 어떤 테이블의 특정 데이터나 모든 데이터에 엑세스할 수 있는 SQL 문장을 저장하고 있다. 인라인 뷰도 이와 별반 다르지 않다. 인라인 뷰도 일반 뷰와 마찬가지로 인라인 뷰에서 정의하는 데이터를 테이블에 저장하고 있지 않다. 인라인 뷰에서 엑세스하는 테이블은 실제 디스크에 저장되어 있으며 인라인 뷰는 디스크에 저장되어 있는 테이블의 데이터 중에서 원하는 조건으로 결과를 추출하는 SQL에 불과하다. 그렇기 때문에 뷰와 별반 다르지 않다.

그렇다면 인라인 뷰와 일반 뷰는 완전 동일한 것인가? 내부적인 구조는 인라인 뷰와 일반 뷰가 동일하지만 사용하는 부분에 있어 차이가 있다.

항목	뷰	인라인 뷰
보안을 목적으로 사용	가능	불가능
재활용을 목적으로 사용	가능	불가능
수행 속도 향상을 목적으로 사용	부분 가능	가능
SQL 길이 감소를 목적으로 사용	가능	불가능
인덱스 생성 가능	불가능	불가능

첫 번째로, 보안을 목적으로 사용하는 경우에 대해 살펴보자. 일반 뷰는 대상 테이블의 중요 열에 대해 보안을 목적으로 사용할 수 있다. 보안이 중요한 열에 대해 뷰를 이용하여 추출 제한을 구현할 수 있기 때문이다. 예를 들어, 최근에 핸드폰 번호의 유출은 매우 민감하다. 그렇기 때문에 핸드폰 번호가 있는 테이블에서 핸드폰 번호 열을 제외하고 뷰를 생성하여 이 뷰만 조회할 수 있도록 권한을 부여한다면 뷰를 통해 핸드폰 번호를 추출할 수 없게 된다. 이와 같은 방법으로 특정 열 및 특정 데이터에 대해 보안을 유지할 수 있다. 테이블의 중요 데이터에 대한 보안을 목적으로 뷰를 사용할 수 있다. 하지만 인라인 뷰는 인라인 뷰의 FROM 절에 조회하고자 하는 테이블을 정의하고 해당 테이블에 대해 조회 권한을 부여받아야 하므로 보안을 위해 사용할 수 없다. 인라인 뷰는 보안을 목적으로 고안된 아키텍쳐가 아니다.

두 번째로, 재활용을 목적으로 사용하는 경우를 살펴보자. 데이터베이스 오브젝트(OBJECT)인 뷰로 생성한다면 특정 SQL에서만 사용할 수 있는 것이 아니라 다른 동일한 결과를 추출하고자 하는 모든 SQL에서 권한을 부여 받는다면 사용이 가능하다. 그렇기 때문에 일반 뷰를 사용한다면 재활용이 가능하다. 하지만 인라인 뷰는 오브젝트가 아니다. 인라인 뷰는 일반 뷰와 달리 데이터베이스에 정의가 저장되어 있지 않기 때문에 SQL 안에 모든 내용을 작성하게 된다. 그렇기 때문에 다른 SQL에서 재사용할 수 없다. 동일한 내용의 인라인 뷰를 다른 SQL에서 사용하려면 해당 인라인 뷰의 내용을 동일하게 작성해야 한다.

세 번째로, 수행 속도 향상을 목적으로 사용하는 경우를 살펴보자. 문제를 발생시키는 SQL을 보면 테이블을 불필요하게 전체 스캔하여 결과를 추출하는 경우가 발생한다. 불필요한 테이블 전체 스캔이 발생한다면 시스템의 응답 속도는 저하될 것이다. 이와 같은 성능 저하를 방지하기 위해 최적화된 실행 계획을 생성할 수 있도록 뷰를 생성하여 전체 스캔 등의 성능을 저하시키는 부분을 미리 최적화할 수 있다. 성능이 최적화된 뷰를 통해 해당 뷰를 엑세스하게 함으로써 이러한 문제를 일괄적으로 방지할 수 있다. 하지만 응답 속도를 향상시키는 부분에 대해서는 인라인 뷰가 더 유용하다. 수행 속도를 생각하여 일반 뷰를 생성한다면 해당 뷰를 사용하는 모든 SQL의 성능을 보장하는 것은 쉬운 일은 아니다. 많은 SQL이 해당 뷰를 사용하고 있을 경우 모든 SQL의 실행 계획을 확인해야 하기 때문이다. 실행 계획을 확인하여 문제가 있는 SQL은 최적화를 수행해야 할 것이다. 그런 점에서 하나의 SQL에서 사용하는 인라인 뷰는 좀 더 간편하고 독립적으로 성능을 유지할 수 있다.

뷰 자체가 성능을 향상시키는 오브젝트는 아니다. 뷰는 SQL로 작성되어 데이터베이스에 저장된다. 따라서 최적화된 실행 계획을 생성할 수 있게 뷰를 생성한다면 해당 뷰를 조회하는 SQL은 어느 정도 성능을 보장받을 수 있을 것이다. 결국 프로그램에서 사용하는 많은 SQL을 각각 최적화하는 것이 아니라 뷰를 통해 최적화된 데이터 엑세스를 제공하여 성능을 통제할 수 있다.

네 번째로, SQL의 길이 감소를 목적으로 사용하는 경우을 확인해 보자. 1차적인 업무를 적용하여 뷰로 생성할 경우 뷰를 사용하는 SQL에는 FROM 절에 테이블을 설정하는 것과 같이 뷰를 사용하면 된다. 이렇게 하면 SQL의 길이는 감소한다. SQL 길이의 감소로 유지 및 관리가 수월해 질 수 있다. 뷰를 많이 사용하면 그 만큼 관리해야 할 항목이 증가한다. 그렇기 때문에 적절하게 사용하는 것이 중요하다. 하지만 인라인 뷰에서는 원하는 SQL을 그대로 사용하므로 SQL의 길이를 감소시킬 수 없다. 반면에 뷰는 FROM 절에 해당 뷰의 이름만을 설정하므로 SQL의 길이를 감소시킬 수 있다.

다섯 번째로, 인덱스의 생성 불가에 대해 살펴보자. 결론부터 이야기하면 인라인 뷰나 뷰 자체에 인덱스를 생성할 수 없다. 이는 인라인 뷰를 사용하는 SQL이나 뷰를 사용하는 모든 SQL에서는 단점에 해당된다. 인라인 뷰나 뷰를 한 번만 엑세스하면 인라인 뷰나 뷰에서 엑세스한 테이블의 인덱스를 사용할 수 있다. 하지만 인라인 뷰나 뷰에 엑세스한 후 데이터의 일부분이나 전체를 다시 엑세스하는 경우 어떠한 인덱스도 사용할 수 없다는 것을 아는가? 이는 인라인 뷰나 뷰가 디스크에 저장되는 데이터가 아니라 원본 테이블로부터 데이터를 추출하는 SQL에 지나지 않기 때문이다. 이와 같이 인라인 뷰나 뷰에 인덱스를 만들 수 없기 때문에 인라인 뷰나 뷰에 엑세스한 후 불필요하게 다시 엑세스한다면 악성 SQL이 될 것이다. 이에 대한 자세한 내용은 이 장에서 계속 다루도록 하겠다.

위에서 확인한 사용상의 차이를 본다면 뷰가 좀 더 유리해 보일 수 있다. 그럼에도 불구하고 뷰보다 인라인 뷰를 더 많이 사용하는 이유는 무엇일까? 그것은 사용의 편리성 때문일 것이다. 개발 중인 SQL에 원하는 인라인 뷰를 바로 작성하면 되기 때문에 인라인 뷰를 많이 사용한다. 하지만 여기에도 문제는 있다. 사용이 편리하다는 것은 무엇을 의미하는가? 결국 인라인 뷰를 작성하는 개발자의 뜻대로 작성이 가능하다는 뜻이다. 프로젝트에서 모든 항목이 그렇겠지만 프로그램의 개발은 서로 공유되는 것이 매우 중요하다. 개별적으로 개발을 수행하다 보니 공통 부분을 뷰로 구현하기 힘든 특징 때문에 인라인 뷰가 더 많이 사용되는 것 같다.

인라인 뷰를 많이 사용하지만 인라인 뷰로 성능을 최적화하려는 개발자를 본적은 거의 없다. 인라인 뷰는 사용자 편의를 제공한다. 그리고 인라인 뷰가 사용된 SQL의 성능을 최적화하기도 한다. 그런데 SQL을 악성 SQL로 만들 수도 있다. 이로 인한 성능 저하는 인라인 뷰에 인덱스를 만들 수 없기 때문에 발생하는 경우가 많다. 이러한 점에 유의하여 인라인 뷰를 작성해야 할 것이다.

✓ 인라인 뷰는 사용 방법에 따라 최적화될 수 있다.

인라인 뷰를 어떤 목적으로 사용하느냐에 따라 SQL의 응답 속도가 좌우될 수 있다. 따라서 많은 생각 없이 보통 프로그램에서 구현하던 방식과 동일하게 절차적인 인라인 뷰를 작성하면 안 될 것이다. 절차적인 인라인 뷰는 작성하기는 쉬워도 그로 인해 발생하는 문제를 해결하기 위해서는 험난한 여정을 거쳐야 하기 때문이다.

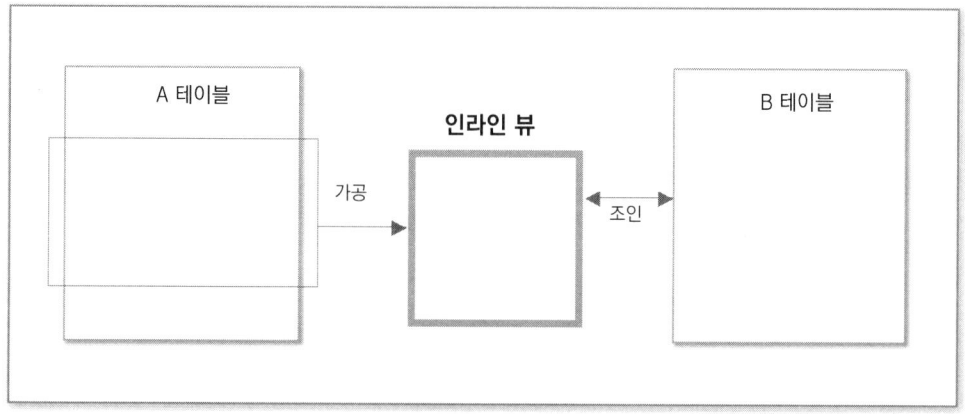

위와 같이 인라인 뷰는 원본 데이터가 저장되어 있는 A 테이블에서 원하는 데이터만 추출한다. 인라인 뷰는 A 테이블로부터 필요한 대상만 추출하는 경우와 A 테이블로부터 원하는 형태로 데이터를 가공하여 대상을 추출하는 경우로 사용될 수 있다. 물론 필요한 데이터만 가공하여 대상을 추출하는 경우로도 인라인 뷰를 사용할 수 있다. 이와 같은 인라인 뷰는 다른 테이블인 B 테이블과 조인을 수행할 수도 있다.

인라인 뷰의 목적은 테이블의 전체 데이터를 저장되어 있는 상태로 사용하는 것이 아니라 원하는 데이터로 가공하여 사용하는 것이다. 개발자들이 뷰에 인덱스를 생성할 수 있는지를 질문하는 경우가 많다. 앞서 언급했지만 뷰는 실제 데이터를 가지고 있지 않다. 데이터를 디스크에 저장하고 있지 않기 때문에 뷰에 인덱스를 생성할 수는 없다. 하지만 뷰가 엑세스하는 테이블에 인덱스가 있고 해당 인덱스를 이용할 수 있도록 뷰가 정의되어 있다면 뷰를 구성하는 원본 테이블의 인덱스를 이용할 수 있다. 인라인 뷰도 이와 동일하다. 하지만 중요한 것은 인라인 뷰나 뷰 모두 한 번 엑세스한 데이터를 다시 엑세스할 경우에는 어떠한 인덱스도 이용할 수 없다는 점이다. 인라인 뷰는 사용 목적에 의해 2가지로 구분될 수 있다.

- 필요 대상만 추출
- 가공하여 추출

물론 위의 두 가지 구분에서 인라인 뷰가 필요 대상만 가공하여 원하는 데이터를 추출하는 경우도 있다.

첫 번째로, 필요한 대상만 추출하는 인라인 뷰를 살펴보자. 이 인라인 뷰는 실제 테이블의 데이터를 가공하여 임시 집합을 생성하는 것이 아니며 단순히 테이블에서 원하는 데이터만 추출하여 임시 집합을 생성한다. 인라인 뷰를 수행하여 필요한 대상만 추출한다면 원본 테이블의 데이터보다 처리해야 할 데이터가 감소할 것이다. 이와 같이 처리해야 할 데이터가 감소한다면 성능적인 면에서 많은 혜택을 얻을 수 있을 것이다.

```
예 제
SQL> SELECT 사원명, 급여
     FROM (SELECT 부서번호
           FROM 부서
           WHERE 관리자='3489') A,
          사원 B
     WHERE A.부서번호 = B.부서번호;
```

위의 예제는 인라인 뷰의 사용에서 인라인 뷰를 구성하는 대상 테이블에 대해 데이터를 가공하지 않고 일부만 추출하는 경우다. 부서 테이블에서 데이터의 가공없이 관리자가 '3489'인 부서의 데이터만 추출한다. 그렇기 때문에 필요한 대상만 추출하는 인라인 뷰가 되며, 이 뷰는 추출되는 데이터만으로 임시 집합을 구성한다.

결국 이 테이블의 전체 데이터가 대상 집합이 되는 것이 아니며 조건에 맞는 데이터만 대상 집합이 되므로 처리 범위는 감소한다. 여기서 한 가지 주의사항은 데이터 엑세스에 대한 처리 범위 감소로 이득을 얻을 수 있지만 인라인 뷰가 한 번 엑세스된 후에는 추출된 데이터에 인덱스가 없으며, 인라인 뷰에 인덱스를 생성할 수도 없기 때문에 인라인 뷰에서 추출된 데이터의 반복 엑세스에 주의해야 할 것이다. 인라인 뷰에서 추출된 데이터에 반복 엑세스 시 첫 인라인 뷰에서 많은 데이터가 추출되었다면 해당 데이터에 다시 엑세스할 때 성능이 저하될 것이다.

두 번째로, 가공하여 대상 데이터를 추출하는 경우를 살펴보자. 이 인라인 뷰는 실제 테이블의 데이터를 가공하여 임시 집합을 생성한다. 이런 경우 실제 처리하려는 데이터의 양이 감소하지는 않을 것이다. 또한 데이터 가공 부분이 추가되므로 인라인 뷰 자체가 복잡해질 수 있다. 인라인 뷰 자체가 복잡해진다는 것은 함수 등을 많이 사용했다는 뜻이 될 수 있으므로 함수 처리 건수에 의한 성능 저하가 일어날 수 있다. 함수 자체에 의해 성능 저하가 발생하지는 않으며 함수의 수행 횟수에 의한 CPU 사용 증가로 인해 성능이 저하될 수 있으므로 주의해야 한다. 물론 유저가 생성한 함수를 사용한다면 함수의 수행 횟수에 의한 CPU 사용량 증가 이외에 디스크 I/O 증가 현상도 발생할 수 있다.

데이터를 가공하여 인라인 뷰를 통해 원하는 데이터를 추출하는 경우 중첩 인라인 뷰를 여러 번 사용하는 경우가 많다. 최종 추출된 총 건수와 최초 인라인 뷰에 의해 추출된 총 건수를 비교한 결과 많은 차이가 있다면 인라인 뷰의 사용을 고려해야 할 것이다. 예를 들어, 처음 인라인 뷰에서 함수 등으로 가공하여 10,000건의 데이터를 추출했고 두 번의 인라인 뷰를 통해 대부분 버리게 되어 최종적으로 1,000건의 데이터가 추출된다고 가정하자. 그렇다면 최초 10,000건의 데이터에 수행한 10,000번의 함수의 값 중 대부분을 버리고 1,000건만 추출한 결과가 된다. 함수를 마지막 인라인 뷰에 적용했다면 1,000건에만 함수를 적용하고 원하는 결과를 추출한다. 10,000건의 데이터에 대해 함수를 적용하여 9,000건의 데이터를 버리고 1,000건의 데이터를 추출하는 것과 1,000건의 데이터에 함수를 적용하고 1,000건의 데이터를 모두 추출하는 경우에 어떤 방식이 효율적이겠는가? 당연히 1,000건의 데이터에 함수를 적용하여 모든 데이터를 추출할 때 더 좋은 응답 속도가 보장될 것이다.

물론 인라인 뷰를 여러 번 사용해서 데이터가 감소하지 않는다면 인라인 뷰의 데이터에 반복 엑세스하게 되며, 인라인 뷰의 데이터에 반복 엑세스할 때 인덱스 등을 고려할 수 없으므로 이 또한 성능을 저하시킬 수 있다.

예 제

```
SQL> SELECT B.부서, A.사원번호, B.년차일수
       FROM (SELECT 사원번호, ROUND(근무년수/2) 년차일수
               FROM 사원) A,
             부서 B
      WHERE A.사원번호 = B.사원번호;
```

위의 SQL은 인라인 뷰에서 ROUND 함수를 사용하였다. 사원 테이블을 이용한 인라인 뷰에서 10,000건의 데이터가 추출되고 부서 테이블과 조인한 결과가 1,000건이었다면 ROUNR 함수를 10,000번 수행하여 10,000건의 데이터 중 9,000건의 데이터를 버리는 형식이 되므로 성능 저하가 일어날 수 있다.

Chapter 4. 인라인 뷰는 반드시 사용된다

예 제
```
SQL> SELECT B.부서, A.사원번호, ROUND(A.근무년수/2) 년차일수
       FROM (SELECT 사원번호, 근무년수
               FROM 사원) A,
            부서 B
      WHERE A.사원번호 = B.사원번호;
```

인라인 뷰를 위와 같이 변경한다면 ROUND 함수는 1,000번만 수행되고 함수의 반복 수행 후 버리는 현상이 발생하지 않으므로 성능은 향상될 것이다. 물론 다른 부분에 비효율이 없을 경우에 한해 성능은 향상될 것이다.

가공하여 추출하는 인라인 뷰는 필요한 대상만 추출하는 인라인 뷰와 달리 인라인 뷰를 구성하는 대상 테이블의 데이터에 대해 값을 가공한다. 데이터에 가공을 수행한다는 것은 해당 인라인 뷰를 구성하는 테이블에 1차적인 업무를 적용했다는 것과 동일한 뜻이다. 1차적인 업무를 적용한 후 주 쿼리에서는 간단하게 2차적인 업무를 적용하여 SQL을 종료시킬 수 있을 것이다. 당연히 1차적인 업무 적용만으로 모든 업무의 적용이 종료된다면 주 쿼리에는 업무를 포함시킬 필요가 없을 것이다. 결국 대상을 가공하여 인라인 뷰를 구성한다는 것은 업무를 적용하여 처리 대상 집합을 임시 집합으로 구성하는 것을 의미한다. 위와 같이 대상을 가공한 인라인 뷰는 부분적인 업무가 적용되어 있는 경우다. 따라서 인라인 뷰에서 단순 조회가 아닌 특정 계산 값을 적용한다.

앞에서 알아본 바와 같이 인라인 뷰는 필요한 부분만 추출하여 다른 테이블과 조인을 수행할 수 있다. 또한 인라인 뷰에 업무를 삽입하여 1차 업무를 적용할 수도 있다. 인라인 뷰는 위와 같이 사용될 수 있으며 필요한 대상만 추출하여 처리 범위를 감소시키는 인라인 뷰를 구성한 후 다른 집합과 조인을 수행하는 것이 인라인 뷰의 특성을 최대한 이용하여 성능을 보장받을 수 있는 방법일 것이다. 반면에 대상을 가공하여 추출하는 인라인 뷰는 데이터 양을 감소시키지 않으므로 다른 테이블과 조인 시 성능 저하를 야기할 가능성을 안고 있다.

위와 같이 인라인 뷰를 두 가지 방식으로 사용할 수 있으며 이를 합쳐서 사용할 수도 있다. 두 가지 방법을 합쳐 인라인 뷰를 사용한다면 필요한 데이터만 가공하여 추출하는 인라인 뷰가 될 것이다. 필요한 데이터만 가공하여 추출하는 인라인 뷰는 필요한 대상만 추출하는 인라인 뷰의 특징과 가공하여 대상을 추출하는 인라인 뷰의 모든 특징을 상속받는다. 따라서 처리 범위가 감소하므로 다른 테이블과 조인 시 유리할 수 있지만 많은 함수의 사용 후 추출한 데이터를 버리면 함수의 불필요한 수행 횟수의 증가와 함수를 적용한 후 버리는 부분에 대한 성능 저하가 발생할 수 있음에 주의해야 한다.

인라인 뷰는 사용 방법에 따라 최적화될 수 있다

예 제

```
SQL> SELECT B.부서이름, A.평균근무년수
       FROM (SELECT 부서번호, AVG(근무년수) 평균근무년수
             FROM 사원
             WHERE 성별 = '여자'
             AND 직급 = '과장'
             GROUP BY 부서번호) A,
            부서 B
       WHERE A.부서번호 = B.부서번호;
```

위의 예제는 필요한 데이터만 가공하여 추출하는 인라인 뷰에 해당한다. 위의 SQL을 인라인 뷰로 수행하지 않고 일반 SQL로 수행하면 아래와 같이 될 것이다.

예 제

```
SQL> SELECT B.부서이름, AVG(A.근무년수) 평균근무년수
       FROM 사원 A,
            부서 B
       WHERE A.부서번호 = B.부서번호
       AND A.부서번호 = B.부서번호
       AND A.성별 = '여자'
       AND A.직급 = '과장'
       GROUP BY B.부서이름;
```

두 SQL의 차이는 무엇인가? 만약, 여자 과장이 있는 부서가 10개이며 각 부서에 여자 과장이 평균 10명씩 있다고 가정하자. 첫 번째 SQL은 사원 테이블에서 성별이 '여자' 이고 직급이 '과장' 인 데이터를 추출하여 부서별로 하나의 데이터만 추출한다. 결국 10개의 부서번호 값이 인라인 뷰에서 추출되며, 그렇기 때문에 부서 테이블과는 10번만 조인을 수행할 것이다. 하지만 두 번째 SQL은 조건을 만족하는 데이터가 사원 테이블에서 100건이 되므로 부서 테이블과 100번의 조인을 수행한다.

필요한 데이터만 가공하여 추출하는 인라인 뷰를 사용하면 이처럼 조인 횟수를 감소시킬 수 있는 장점이 있다. 이외에도 필요한 데이터만 가공하여 추출하는 인라인 뷰는 여러 장점을 가진다. 결국 인라인 뷰를 효과적으로 사용하기 위해서는 처리 범위가 감소될 수 있는 인라인 뷰를 사용해야 한다. 인라인 뷰의 올바른 사용은 처리 범위를 감소시키는 형태로 수행되어야 하며, 한 번 수행한 인라인 뷰를 불필요하게 다시 엑세스하지 않도록 해야할 것이다. 이 사항만 지켜준다면 인라인 뷰는 성능 저하보다는 성능 향상이라는 혜택을 가져다 줄 것이다.

Chapter 4. 인라인 뷰는 반드시 사용된다

> ☑ 인라인 뷰의 SQL은 우리도 모르게 변경된다.

인라인 뷰의 SQL이 변경된다는 말은 무엇인가? 개발자가 작성한 인라인 뷰의 SQL이 변경된다는 말인가? 놀랍게도 우리가 실행하는 인라인 뷰의 SQL은 변경될 수 있다. 물론 인라인 뷰의 SQL만 변경될 수 있는 것은 아니다. 다른 SQL에서도 변경이 발생할 수 있다. 이렇게 까지만 언급한다면 많은 개발자들은 어이 없다고 생각할 수 있을 것이다. 본인이 작성한 인라인 뷰의 SQL이 데이터베이스 내부적으로 변경될 수 있다고 하니 이 얼마나 당혹스러운 이야기인가?

인라인 뷰를 사용한 SQL이 데이터베이스 내부적으로 변경된다면 이제부터 인라인 뷰를 사용하지 못한다는 이야기인가? 그것은 아니다. 인라인 뷰를 사용한 SQL은 데이터베이스에 의해 변경되어 실행될 수 있지만 변경되기 전의 결과 값과 변경 후의 결과 값은 항상 동일하게 된다. 그렇기 때문에 개발자들은 인라인 뷰를 사용할 수 있으며 단지 데이터베이스에서는 SQL을 효과적으로 수행하기 위해 인라인 뷰의 SQL을 수행하는 시점에 변경할 수 있다는 것이다. 이것이 인라인 뷰를 이용할 때만 발생하는 현상은 아니다. SQL 수행 시 데이터베이스에 의해 최적이라고 생각된다면 인라인 뷰는 변경된다.

옵티마이저에 의해 SQL이 변경되는 것을 쿼리 변환(QUERY TRANSFORMATION)이라 한다. 하지만 쿼리 변환이 발생하더라도 결과 값은 쿼리 변환이 발생하기 전과 동일하다. 쿼리 변환에 의해 최종 추출되는 결과가 변한다면 오라클 옵티마이져는 쿼리 변환을 수행하지 않게 된다.

인라인 뷰에서는 쿼리 변환이 발생할 수도 있고 발생하지 않을 수도 있다. 하지만 결과 값은 동일하므로 결과에 대해 의문을 가질 필요는 없을 것이다. 중요한 것은 인라인 뷰의 SQL에서 쿼리 변환이 발생함으로써 SQL의 성능이 좌우될 수 있다는 것이다. 인라인 뷰의 SQL이 재작성되는 경우를 병합 가능 인라인 뷰라 하며 재 작성되지 않는 경우를 병합 불가능 인라인 뷰라고 한다. 이러한 용어가 중요한 것은 아니며 인라인 뷰의 SQL이 변경되면서 성능에 어떠한 영향을 미치는지를 정확히 파악하는 것이 중요할 것이다. 인라인 뷰는 내부적인 실행 방식에 의해 아래와 같이 병합 가능 인라인 뷰와 병합 불가능 인라인 뷰로 구분된다.

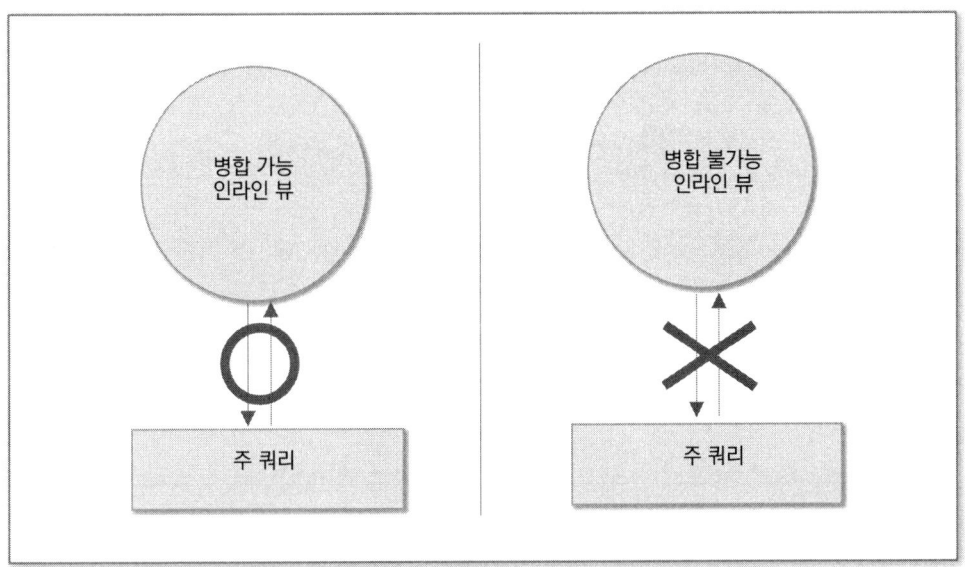

병합 가능 인라인 뷰에는 주 쿼리의 WHERE 조건이 인라인 뷰로 삽입되는 경우와 인라인 뷰가 주 쿼리로 합쳐지는 두 가지 형태의 인라인 뷰가 존재한다. 주 쿼리의 WHERE 조건이 주 쿼리로 삽입되지 않거나 인라인 뷰가 주 쿼리로 합쳐지지 않는 경우를 병합 불가능 인라인 뷰라 한다.

위에 제시된 두 종류의 인라인 뷰 중 어떤 종류의 인라인 뷰로 수행되는가에 따라 인라인 뷰의 수행 속도에 차이가 발생할 수 있다. 주 쿼리에 있는 WHERE 조건이 무조건 인라인 뷰로 삽입되어 수행되는 것은 아니다. 상황이나 조건에 따라 인라인 뷰로 삽입될 수 있다. 또한 상황과 조건에 따라 인라인 뷰가 주 쿼리와 인라인 뷰가 없는 하나의 SQL로 결합될 수 있다. 물론 주 쿼리와 인라인 뷰가 결합되지 못하는 경우도 발생한다. 인라인 뷰의 어떤 방식이 무조건 성능을 저하시킨고 말할 수는 없다. 모두 장점과 단점을 가지고 있으며, 이를 효과적으로 사용하는 것이 필요하다. 또 다른 경우에는 주 쿼리의 조건이 인라인 뷰로 삽입되어야 유리하며 또 다른 경우에는 인라인 뷰와 주 쿼리가 하나의 SQL로 합쳐져야 유리할 것이다. 아니면 인라인 뷰 병합이 발생하지 않는 것이 유리할 수도 있다. 이러한 현상은 어떤 방식으로 수행되는가의 문제가 아니며 어떻게 수행되어야 처리 범위를 최소화할 수 있는지에 달려 있다.

- 병합 가능 인라인 뷰
- 병합 불가능 인라인 뷰

첫 번째로, 병합 가능 인라인 뷰를 살펴보자. 주 쿼리의 조건이 인라인 뷰로 병합되거나 인라인 뷰의 SQL이 주 쿼리와 합쳐지는 인라인 뷰를 병합 가능 인라인 뷰라고 한다. 즉, 인라인 뷰의 모든 SQL이 주 쿼리와 합쳐져 인라인 뷰가 존재하지 않는 하나의 SQL로 수행되거나 주 쿼리에 있는 WHERE 절의 조건 중 특정 조건이나 모든 조건이 인라인 뷰 안으로 삽입되어 수행되는 인라인 뷰를 병합 가능 인라인 뷰라고 한다. 결국 병합 가능 인라인 뷰는 아래와 같이 두 가지로 구분될 것이다.

- 인라인 뷰의 SQL이 주 쿼리로 합쳐지는 인라인 뷰
- 주 쿼리의 조건이 인라인 뷰로 삽입되는 인라인 뷰

먼저 병합 가능 인라인 뷰 중 하나인 인라인 뷰의 SQL이 주 쿼리로 합쳐지는 경우를 확인해 보자. 인라인 뷰의 SQL이 주 쿼리로 합쳐지는 병합 가능 인라인 뷰는 아래와 같은 특징을 갖는다.

- 인라인 뷰의 조인 조건을 처리 범위 감소 조건으로 사용 가능

뒤에서 언급할 병합 불가능 인라인 뷰는 중첩 루프 조인에서 INNER 테이블의 역할을 수행하더라도 조인 조건은 처리 범위 감소 역할을 수행하지 못한다. 이러한 점은 추후 인라인 뷰의 성능 향상을 위해 중요한 요소로 작용할 것이다. 아래 예제를 통해 인라인 뷰의 SQL이 주 쿼리로 합쳐지는 병합 가능 인라인 뷰를 살펴보자.

> **예 제**
>
> ```
> SQL> SELECT B.사번, B.사원이름, A.부서이름, A.위치
>        FROM (SELECT 부서이름, 위치, 부서번호, 고유번호
>                FROM 부서
>               WHERE 위치 = '서울') A,
>             사원 B
>       WHERE A.부서번호 = B.부서번호
>         AND A.고유번호= '1234';
> ```

위의 SQL에서는 부서 테이블에 엑세스하는 인라인 뷰가 먼저 엑세스될 수도 있고 사원 테이블이 먼저 엑세스될 수도 있다. 물론 조인 방식도 중첩 루프 조인, 해쉬 조인, 소트 머지 조인 중 하나를 선택하여 수행할 것이다.

부서 테이블에 엑세스하는 인라인 뷰가 먼저 수행되고 조인 방식은 중첩 루프 조인으로 수행된다고 가정하자. 부서 테이블에는 위치 컬럼에 인덱스가 있으며 사원 테이블에는 부서번호 컬럼에 인덱스가 있다고 가정하자. 인덱스가 이와 같다면 실행 계획이 아래와 같이 생성될 수 있다.

```
실행 계획
SELECT STATEMENT
  NESTED LOOPS
    TABLE ACCESS (BY INDEX ROWID) OF '부서'
      INDEX (RANGE SCAN) OF '위치_IDX'
    TABLE ACCESS (BY INDEX ROWID) OF '사원'
      INDEX (RANGE SCAN) OF '부서번호_IDX'
```

위의 실행 계획을 살펴보자. 인라인 뷰가 먼저 수행되며 인라인 뷰의 WHERE 조건에는 위치 컬럼에 대한 점 조건이 존재한다. 위치 컬럼에 인덱스가 있으므로 이 인덱스를 이용하여 인라인 뷰를 만족하는 데이터를 추출한다. 인라인 뷰에서 추출되는 데이터는 부서번호 컬럼에 의해 사원 테이블과 조인을 수행한다. 사원 테이블과 조인을 수행할 경우 중첩 루프 조인에서 INNER 테이블은 DRIVING 테이블로부터 조인 조건을 상수로 제공받기 때문에 사원 테이블의 부서번호 인덱스를 이용한다.

위와 같이 수행되는 SQL은 최적의 성능을 보장할 수 있겠는가? 이와 같이 SQL을 작성하고 수행한 개발자는 무언가 하나를 고려하지 못한 것이 있다. 그것이 바로 인라인 뷰의 병합이다. 위의 예에서 부서 테이블의 고유번호 컬럼은 어떤 역할을 수행했는가?

고유번호 컬럼은 추출된 결과를 확인해서 조건을 만족하지 않으면 버리고 조건을 만족하면 결과로 추출하는 역할을 수행할 것이다. 고유번호 컬럼에 의해 확인 후 버려지는 데이터가 많다면 이는 반드시 성능 저하를 일으킨다. 또한 고유번호 컬럼이 처리 범위 감소 역할을 수행하지 않고 확인 역할을 수행하게 되었으므로 처리 범위는 증가할 것이다. 그렇다면 왜 고유번호 컬럼은 확인 역할을 수행하는가? 그 이유는 지역 컬럼으로만 구성된 인덱스를 이용하기 때문이다. 인덱스에 고유번호 컬럼이 없기 때문에 처리 범위 감소 역할을 수행하지 못하고 확인 역할만 수행하게 된 것이다. 그렇다면 지역+고유번호 인덱스나 고유번호+지역 인덱스를 생성한다면 SQL의 고유번호 컬럼은 처리 범위 감소 역할을 수행할 수 있는가? 예제 SQL은 아래와 같이 수행되므로 지역+고유번호 인덱스나 고유번호+지역 인덱스를 생성한다면 고유번호 컬럼이 처리 범위 감소 역할을 수행한다.

Chapter 4. 인라인 뷰는 반드시 사용된다

```
예 제
SQL> SELECT B.사번, B.사원이름, A.부서이름, A.위치
       FROM 부서 A,
            사원 B
       WHERE A.부서번호 = B.부서번호
       AND A.위치 = '서울'
       AND A.고유번호 = '1234';
```

앞서 언급한 SQL은 위와 같이 변환되어 수행된다. 결국 인라인 뷰의 SQL이 주 쿼리와 합쳐져 인라인 뷰가 제거된다. SQL이 이와 같이 수행된다면 부서 테이블의 인덱스는 고유번호+위치 인덱스나 위치+고유번호 인덱스로 구성되어야 고유번호 컬럼과 위치 컬럼으로 처리 범위가 동시에 감소하게 되므로 최적의 성능을 보장할 수 있을 것이다. 하지만 앞의 경우에서는 이러한 인라인 뷰의 병합을 인지하지 못하고 인덱스를 위치 컬럼으로만 생성했기 때문에 일반적으로 분포도가 나쁜 위치 컬럼으로 생성한 인덱스를 이용하게 된 것이다. 인라인 뷰가 위치 인덱스를 이용하는가 아니면 고유번호+위치 인덱스나 위치+고유번호 인덱스를 이용하는가에 따라 처리될 데이터의 차이가 많다면 엄청난 성능 차이를 발생시킬 수 있다. 인라인 뷰의 병합을 고려하지 않고 단순히 위치 컬럼으로 생성된 인덱스를 이용했다면 고유번호 컬럼은 인덱스에서 확인이 안 되기 때문에 위치 컬럼의 값이 '서울'인 모든 부서는 테이블에 엑세스하여 고유번호 컬럼의 값을 확인해야 할 것이다. 이 단계에서 확인 랜덤 엑세스가 발생한다. 대부분의 부서가 '서울'에 위치하고 있고 해당 부서의 데이터에 대해 테이블에 엑세스하여 고유번호 컬럼의 값을 확인한 결과 1건이 추출됐다면 엑세스한 대부분의 데이터를 버리고 1건의 데이터만 추출한 결과가 될 것이다. 이 얼마나 비효율적인가? 그러나 고유번호+위치 인덱스나 위치+고유번호 인덱스를 생성하여 해당 인덱스를 이용했다면 인덱스에서 한 건의 데이터에만 엑세스하게 되고 필요한 컬럼에 엑세스하기 위해 테이블로 한 번의 추출 랜덤 엑세스만 발생할 것이다. 부서 테이블에 고유번호+위치 인덱스를 생성했다면 아래와 같이 실행 계획이 만들어질 것이다.

```
실행 계획
SELECT STATEMENT
  NESTED LOOPS
    TABLE ACCESS (BY INDEX ROWID) OF '부서'
      INDEX (RANGE SCAN) OF '고유번호_위치_IDX'
    TABLE ACCESS (BY INDEX ROWID) OF '사원'
      INDEX (RANGE SCAN) OF '부서번호'
```

인라인 뷰의 병합을 이해하지 못한다면 올바른 인덱스를 선정하지 못할 것이다. 인라인 뷰의 정확한 이해가 없다면 잘못된 인덱스에 의해 성능 저하가 발생하며 많은 인라인 뷰를 사용한 복잡한 SQL의 최적화도 쉽지 않게 된다. 따라서 병합 가능 인라인 뷰인지 아닌지에 대해 정확하게 판단할 수 있어야 하며, 병합 가능 인라인 뷰라면 병합된 최종 SQL을 기준으로 SQL 최적화를 수행해야 할 것이다.

위의 SQL에서 부서 테이블이 아닌 사원 테이블이 먼저 엑세스된다고 가정해 보자. 조인 방식은 중첩 루프 조인으로 수행되며 부서 테이블에는 부서번호+고유번호+위치 인덱스가 생성되어 있다고 가정하자.

```
실행 계획
SELECT STATEMENT
  NESTED LOOPS
    TABLE ACCESS (FULL) OF  '사원'
    TABLE ACCESS (BY INDEX ROWID) OF  '부서'
      INDEX (RANGE SCAN) OF  '부서번호_고유번호_위치_IDX'
```

위의 실행 계획에서는 사원 테이블이 먼저 엑세스되었지만 WHERE 조건이 없으므로 테이블 전체 스캔이 수행될 수 밖에 없다. 사원 테이블을 전체 스캔하면 주 쿼리의 부서 테이블의 부서번호 컬럼은 상수화가 될 것이다. 인라인 뷰는 주 쿼리와 하나로 합쳐지기 때문에 부서 테이블에 부서번호+고유번호+위치 인덱스가 있다면 해당 인덱스를 효과적으로 이용할 수 있을 것이다. 이는 부서 테이블이 INNER 테이블로 수행되며 중첩 루프 조인에서 INNER 테이블은 DRIVING 테이블로부터 조인 조건을 상수로 제공받아 처리 범위를 감소시키는 역할을 수행할 수 있기 때문이다. 하지만 위와 같이 사원 테이블이 먼저 엑세스되는 경우는 부서 테이블이 먼저 엑세스되는 경우보다 일반적으로 성능이 저하될 것이다. 사원 테이블이 먼저 엑세스된다면 인덱스를 사용할 수 있는 WHERE 조건이 없으므로 사원 테이블을 전체 스캔해야 한다. 반대로 부서 테이블이 먼저 엑세스된다면 부서 테이블과 사원 테이블에서 효과적으로 인덱스를 이용할 수 있다. 물론 인라인 뷰의 병합에 따른 WHERE 조건이 변하므로 이런 변화에 대해 인덱스를 올바르게 선정해야 할 것이다.

그렇다면 병합 가능 인라인 뷰인지 병합 불가능 인라인 뷰인지를 어떻게 구분하는가? 이는 실행 계획에 의해서만 판단이 가능하다. 인라인 뷰가 주 쿼리로 합쳐지는 병합 가능 인라인 뷰라면 실행 계획에는 절대 VIEW 실행 계획이 생성되지 않는다. VIEW 실행 계획은 인라인 뷰나 뷰에서 생성될 수 있는 실행 계획이다. 인라인 뷰에서 VIEW 실행 계획이 생성된다면 인라인 뷰가 독립적으로 수행되어 임시 집합을 메모리에 생성하는 실행 계획이 된다. 하지만 인라인 뷰가 주 쿼리로 합쳐지는 병합 가능 인라인 뷰라면 변형된 SQL에서 인라인 뷰가 제거되므로 VIEW 실행 계획이 생성될 수 없다.

Chapter 4. 인라인 뷰는 반드시 사용된다

```
예제

SQL> SELECT B.사번, B.사원이름, A.부서이름, A.위치
     FROM (SELECT 부서이름, 위치, 부서번호, 고유번호
           FROM 부서) A,
          사원 B
     WHERE A.부서번호 = B.부서번호
     AND A.고유번호 = '1234';
```

```
실행 계획

SELECT STATEMENT
  NESTED LOOPS
    TABLE ACCESS (BY INDEX ROWID) OF '부서'
      INDEX (RANGE SCAN) OF '고유번호_IDX'
    TABLE ACCESS (BY INDEX ROWID) OF '사원'
      INDEX (RANGE SCAN) OF '부서번호'
```

위의 SQL에서 인라인 뷰 안에는 WHERE 조건이 없다. 하지만 실행 계획을 확인해 보면 분명히 고유번호 컬럼으로 구성된 인덱스를 이용하고 있다. 이렇다면 인라인 뷰안에 고유번호 조건이 추가되었다는 의미 밖에 되지 않는다. 인라인 뷰 안에 고유번호 조건이 추가되지 않았다면 고유번호 컬럼으로 생성된 인덱스를 인덱스 전체 스캔(INDEX FULL SCAN)으로 수행하거나 빠른 인덱스 전체 스캔(INDEX FAST FULL SCAN)으로 수행해야 할 것이다. 이와 같이 실행 계획을 통해 병합 가능 인라인 뷰를 유추할 수 있다. 위의 예제에서는 VIEW 실행 계획이 생성되지 않았기 때문에 그것만으로도 인라인 뷰가 주 쿼리로 합쳐지는 병합 가능 인라인 뷰로 수행되었다는 것을 예상할 수 있다.

```
예제

SQL> SELECT B.사번, B.사원이름, A.부서이름, A.위치
     FROM 부서 A,
          사원 B
     WHERE A.부서번호 = B.부서번호
     AND A.위치 = '서울'
     AND A.고유번호 = '1234';
```

앞의 SQL은 위와 같이 수행되었기 때문에 고유번호 인덱스를 이용할 수 있었을 것이다. 해당 SQL은 인라인 뷰의 SQL이 주 쿼리와 합쳐졌기 때문이다. 실행 계획을 통해서 병합된 인라인 뷰를 확인하는 것이 가장 정확할 것이다.

이번에는 병합 가능 인라인 뷰 중 주 쿼리의 조건이 인라인 뷰로 삽입되는 경우를 살펴보자. 주 쿼리의 조건이 인라인 뷰로 삽입되는 경우에 반드시 기억해야 할 사항이 몇 가지 있다.

- VIEW PUSH PREDICATE 실행 계획 생성
- 오라클 10g에서 지원(오라클 9i에서는 일부 지원)

주 쿼리의 조건이 인라인 뷰로 삽입될 경우에 인라인 뷰가 INNER 테이블로 수행된다면 조인 조건에 대해 상수로 값을 제공받아 사용이 가능하다. 인라인 뷰의 실행 계획에는 VIEW PUSH PREDICATE 실행 계획이 생성된다. VIEW PUSH PREDICATE 실행 계획이 생성된다면 주 쿼리의 조건이 인라인 뷰로 삽입된 것이다. 뒤에서 언급할 병합 불가능 인라인 뷰에서도 실행 계획에는 VIEW 실행 계획이 생성된다. 하지만 주 쿼리의 조건이 삽입된 인라인 뷰는 VIEW PUSH PREDICATE로 실행 계획이 생성되며 이는 인라인 뷰로 조건이 삽입된 실행 계획이 된다. 주 쿼리의 조건이 인라인 뷰로 삽입되는 경우가 오라클 9i에서는 자주 발생되지 않지만 오라클 10g에서는 자주 발생한다. 대신 OPTIMIZER_SECURE_VIEW_MERGING 파라메터가 TRUE로 설정되어 있어야 한다. 따라서 오라클 9i 버전에서는 주 쿼리의 조건이 인라인 뷰로 삽입되는 병합 가능 인라인 뷰가 병합 불가능 인라인 뷰로 수행되기 쉽다.

```
예 제
SQL> SELECT B.부서이름, B.팀장_이름, A.평균급여
       FROM (SELECT 본부, 부서번호, AVG(급여) 평균급여
               FROM 사원
              GROUP BY 본부, 부서번호) A,
            부서 B
      WHERE A.부서번호 = B.부서번호
        AND A.본부 = 'INFRA본부';
```

위의 인라인 뷰는 어떻게 수행되는가? GROUP BY 절에 의해 인라인 뷰의 SQL이 주 쿼리와 합쳐질 수 없다. 이런 경우에 옵티마이저는 주 쿼리의 WHERE 조건을 인라인 뷰에 삽입한다.

주 쿼리의 WHERE 조건 중 인라인 뷰에 해당하는 조건을 인라인 뷰에 삽입시키지 못했다면 위의 SQL은 어떻게 수행되겠는가? 위의 SQL이 인라인 뷰를 DRIVING 테이블로 부서 테이블을 INNER 테이블로 수행하는 중첩 루프 조인으로 수행되었다고 가정하자. 인라인 뷰부터 수행되므로 회사의 모든 사원을 엑세스한다. 사원 테이블을 모두 엑세스하여 부서번호 컬럼으로 GROUP BY 절을 수행하게 되므로 인라인 뷰에서는 회사의 부서 개수 만큼의 데이터가 추출될 것이다. 회사에 100개의 부서가 있다면 100개의 데이터가 추출된다. 인라인 뷰에서 추출된 100개의 데이터에 대해 WHERE 조건의 본부 조건을 만족하는 값

을 확인하게 된다. 인라인 뷰에서 생성된 데이터를 확인하기 위해 다시 엑세스하므로 100건의 데이터에 대해 다시 전체 스캔을 수행한다. 이 과정에서 인라인 뷰의 데이터에 다시 엑세스하므로 인덱스를 이용할 수 없게 된다. 이러한 현상이 발생하는 이유는 인라인 뷰에 인덱스가 없기 때문이다. 이와 같이 수행할 경우 INFRA 본부의 팀이 10개라면 100건의 데이터 중 90건의 데이터를 버리며 10건의 데이터에 대해서만 부서 테이블과 조인을 수행한다. 인라인 뷰의 병합이 발생하지 않는다면 이와 같이 SQL이 수행될 것이다. 이와 같이 수행된다면 불필요한 사원 테이블의 데이터에 대한 엑세스가 발생하므로 SQL의 성능이 저하될 수밖에 없다.

인라인 뷰의 병합이 일어나면 어떻게 수행되는가? 아래와 같이 주 쿼리의 조건이 인라인 뷰 안으로 삽입되어 수행될 것이다. 주 쿼리의 조건이 인라인 뷰 안으로 삽입되는 병합 가능 인라인 뷰라면 인라인 뷰 안의 SQL이 변형된다. 단순히 조건만 삽입된다면 기존 SQL과 인라인 뷰 병합이 발생한 SQL에서는 다른 결과가 추출될 것이다. 이러한 변형은 오라클 옵티마이져가 자동으로 수행하는 부분이지만 변형된 SQL이 어떻게 변형되는지 알수 있다면 SQL 최적화가 수월해질 수 있을 것이다.

```
예 제
SQL〉 SELECT B.부서이름, B.팀장_이름, A.평균급여
      FROM (SELECT 본부, 부서번호, AVG(급여) 평균급여
            FROM 사원
            WHERE 본부 = 'INFRA본부'
            GROUP BY 본부, 부서번호) A,
           부서 B
      WHERE A.부서번호 = B.부서번호;
```

위와 같이 주 쿼리의 WHERE 조건 중 인라인 뷰에 해당하는 조건이 인라인 뷰로 삽입되면 본부 조건이 인라인 뷰로 삽입될 것이다. 인라인 뷰의 조건 중 조인 조건도 인라인 뷰가 INNER 테이블로 수행된다면 삽입될 수 있다. 그렇다면 삽입된 조건에 의해 위의 SQL은 어떻게 수행되는가? 사원 테이블에서 본부 컬럼에 만족하는 데이터만 인라인 뷰에서 추출한다. 앞에서 INFRA 본부에 해당하는 부서는 10개라고 하였으므로 인라인 뷰의 결과에서는 10건이 추출된다. 인라인 뷰에서 추출된 10건의 데이터가 부서 테이블과 조인을 수행하여 모두 결과로 추출될 것이다. 과연 성능적인 면에서 인라인 뷰가 병합된 경우와 병합되지 않은 경우에 어떠한 차이가 발생하는가? 당연히 인라인 뷰의 병합이 발생한 위의 SQL이 더 적은 데이터에 엑세스할 것이다. 인라인 뷰의 병합이 발생하지 않는다면 사원 테이블에 엑세스하여 10건의 데이터를 추출하며 인라인 뷰의 병합이 발생한다면 본부 조건에 만족하는 데이터에만 엑세스하여 10건을 추출한다. 물론 사원 테이블의 본부 컬럼에 인덱스가 있어야 할 것이다. 본부 컬럼에 인덱스가 있다면 위의 SQL의

실행 계획은 아래와 같이 생성될 것이다.

```
실행 계획
    SELECT STATEMENT
     NESTED LOOPS
       VIEW PUSH PREDICATE
         SORT(GROUP BY)
           TABLE ACCESS (BY INDEX ROWID) OF '사원'
             INDEX (RANGE SCAN) OF '본부_IDX'
       TABLE ACCESS (BY INDEX ROWID) OF '부서'
         INDEX (RANGE SCAN) OF '부서번호_IDX'
```

병합 가능 인라인 뷰로 수행되었다면 위와 같이 실행 계획이 생성되어 사원 테이블의 본부 인덱스를 이용할 수 있게 된다. 인라인 뷰의 SELECT 절에 위와 같이 집합 함수가 사용되면 주 쿼리의 조건들이 인라인 뷰로 제대로 삽입되지 않는 현상이 발생할수 있으므로 이에 주의해야 할 것이다.

병합 가능 인라인 뷰는 위와 같이 두 가지로 수행되며 인라인 뷰의 병합을 통해 인라인 뷰는 처리 범위 감소 조건들을 제공받는다. 이러한 인라인 뷰 안으로 추가되거나 합쳐지는 조건을 고려하여 인덱스를 생성하지 않는다면 인라인 뷰의 병합이 일어나더라도 어떠한 이득을 얻지 못한다. 그렇기 때문에 인라인 뷰를 사용할 경우에는 인라인 뷰의 병합을 고려하여 인덱스를 올바르게 생성하여 인라인 뷰의 성능을 향상시켜야 한다.

두 번째로, 병합 불가능 인라인 뷰를 살펴보자. 병합 불가능 인라인 뷰는 인라인 뷰의 SQL이 주 쿼리와 합쳐지지 못하거나 주 쿼리의 조건이 인라인 뷰로 삽입되지 못하는 경우다. 대부분의 인라인 뷰에서는 인라인 뷰의 병합이 발생할 수 있다. 물론 주 쿼리의 WHERE 절에 인라인 뷰를 위한 조건이 존재해야 인라인 뷰의 병합이 발생해도 의미가 있을 것이다. 반대로 인라인 뷰가 병합되지 않을 수도 있다. 병합 가능 인라인 뷰로 수행되는지의 여부는 데이터베이스의 옵티마이져에 달려 있다. 옵티마이져를 움직일 수 있는 것은 인라인 뷰의 병합을 고려한 인덱스 선정에 달려 있다.

Chapter 4. 인라인 뷰는 반드시 사용된다

예 제

```
SQL> SELECT B.사번, B.사원이름, A.부서이름, A.위치
       FROM (SELECT 부서이름, 위치, 부서번호, 코드번호
               FROM 국내_부서
             UNION ALL
             SELECT 부서이름, 위치, 부서번호, 코드번호
               FROM 국외_부서
            ) A,
            사원 B
      WHERE A.부서번호 = B.부서번호
        AND A.코드번호 = '111';
```

인라인 뷰가 먼저 엑세스되고 조인 방식은 중첩 루프 조인을 이용하며 국내_부서 테이블과 국외_부서 테이블에는 인덱스가 없다고 가정하자. 또한 위의 SQL은 아래와 같이 실행 계획이 추출되었다고 가정하자.

실행 계획

```
SELECT STATEMENT
  NESTED LOOPS
    VIEW
      UNION-ALL
        TABLE ACCESS (FULL) OF '국내_부서'
        TABLE ACCESS (FULL) OF '국외_부서'
    TABLE ACCESS (BY INDEX ROWID) OF '사원'
      INDEX (RANGE SCAN) OF '부서번호'
```

위의 실행 계획에서는 인라인 뷰가 먼저 수행되었으며 인라인 뷰 안에는 WHERE 조건이 없고 UNION ALL 집합 함수로 두 집합을 합친다. 따라서 실행 계획은 국내_부서 테이블과 국외_부서 테이블을 전체 스캔한다. 국내_부서 테이블과 국외_부서 테이블을 전체 스캔하여 인라인 뷰로부터 추출한 데이터에 대해 사원 테이블과 조인을 수행한다. 사원 테이블에 부서번호 컬럼으로 인덱스가 존재한다면 사원 테이블은 INNER 테이블로 수행되므로 해당 인덱스를 이용할 수 있게 된다. 인라인 뷰가 병합되지 못하고 인라인 뷰가 먼저 수행된다면 인라인 뷰에 사용되는 모든 테이블을 한 번씩 전체 스캔해야 하는 상황이 발생한다.

그렇다면 반대로 사원 테이블이 먼저 엑세스되고 중첩 루프 조인 방식이 사용되었을 경우를 살펴보자.

```
실행 계획
    SELECT STATEMENT
     NESTED LOOPS
      TABLE ACCESS (FULL) OF  '사원'
      VIEW
       UNION-ALL
        TABLE ACCESS (FULL) OF  '국내_부서'
        TABLE ACCESS (FULL) OF  '국외_부서'
```

사원 테이블이 먼저 엑세스된다면 위와 같이 실행 계획이 수행될 것이다. 사원 테이블을 전체 스캔하며 사원 테이블의 모든 데이터에 대해 인라인 뷰와 조인을 수행한다. 사원 테이블의 데이터가 10,000건이라면 인라인 뷰와 10,000번을 조인한다. 사원 테이블이 먼저 엑세스되므로 인라인 뷰의 부서번호 컬럼은 상수화된다. 따라서 인라인 뷰에 제공되는 상수 값은 부서번호 컬럼의 값과 코드번호 컬럼의 값이 된다. 하지만 이 SQL은 병합 가능 인라인 뷰로 수행되지 못했으므로 인라인 뷰를 WHERE 조건 없이 엑세스한다. 인라인 뷰를 WHERE 조건 없이 엑세스하므로 인라인 뷰에 사용된 두 개의 테이블을 전체 스캔한다. 사원 테이블에서 10,000건의 데이터가 추출된다면 인라인 뷰와 10,000번 조인을 수행하므로 인라인 뷰에 있는 국내_부서 테이블과 국외_부서 테이블을 10,000번 전체 스캔한다. 이와 같이 수행된다면 엄청난 성능 저하를 발생시킬 것이다. 이 처럼 병합 불가능 인라인 뷰의 경우에 주 쿼리의 어떠한 조건도 처리 범위를 감소시키는 역할로 사용될 수 없으며, 확인 역할로만 수행된다.

인라인 뷰 중 성능을 가장 많이 저하시키는 경우는 병합 불가능 인라인 뷰로 수행된 인라인 뷰가 처리 범위를 감소시킬 수 있는 조건 없이 중첩 루프 조인에서 INNER 테이블로 수행될 때다. 결국 인라인 뷰의 병합이 발생하지 않고 중첩 루프 조인에서 INNER 테이블로 수행된다면 이는 반드시 최적화 대상이 될 것이다.

위와 같은 경우는 인라인 뷰의 병합이 발생하여 코드번호 컬럼과 부서번호 컬럼이 인라인 뷰로 삽입되고 테이블에 코드번호+부서번호 인덱스나 부서번호+코드번호 인덱스가 있다면 해결될 수 있는 문제일 것이다. 물론 코드번호 컬럼 및 부서번호 컬럼에 의해 처리 범위가 많이 감소해야 한다. 하지만 인라인 뷰 병합이 발생하지 않고 중첩 루프 조인에서 INNER 테이블로 인라인 뷰가 독립적으로 수행되므로 인라인 뷰의 반복 엑세스로 엄청난 성능 저하가 발생하는 것이다. 위의 실행 계획에서는 VIEW 실행 계획이 생성되었으므로 병합 불가능 인라인 뷰로 수행되었다. 비록 병합 가능 인라인 뷰로 수행되었더라도 코드번호 컬럼과 부서번호 컬럼에 인덱스가 없다면 병합 불가능 인라인 뷰와 별반 다르게 없을 것이다.

```
예    제
SQL> SELECT B.사번, B.사원이름, A.부서이름, A.위치
       FROM (SELECT 부서이름, 위치, 부서번호
              FROM 국내_부서
              WHERE 고유번호 = '1234'
              UNION ALL
              SELECT 부서이름, 위치, 부서번호
              FROM 국외_부서
              WHERE 고유번호 = '1234'
             ) A,
             사원 B
       WHERE A.부서번호 = B.부서번호;
```

    병합 불가능 인라인 뷰라면 위와 같이 명시적으로 주 쿼리의 조건을 인라인 뷰 안으로 삽입해야 한다. 위와 같이 SQL을 작성한 후 국내_부서 테이블과 국외_부서 테이블의 고유번호 컬럼에 인덱스를 생성한다면 인라인 뷰는 고유번호 컬럼의 값이 '1234'인 데이터만 엑세스하므로 SQL의 성능은 향상될 것이다. 물론 위의 SQL에서는 인라인 뷰가 먼저 엑세스되고 조인 방식은 중첩 루프 조인을 이용해야 할 것이다. 그렇다면 위의 SQL에서는 주 쿼리의 WHERE 조건 중 인라인 뷰의 조건을 인라인 뷰 안으로 어떻게 삽입시킬 수 있겠는가? 물론 옵티마이져가 인라인 뷰 안으로 조건을 삽입하여 인라인 뷰 병합으로 실행 계획을 생성했다면 더 이상 고려할 사항은 없을 것이다.

인라인 뷰의 SQL은 우리도 모르게 변경된다

예제

```
SQL> SELECT /*+ MERGE(A) */
            B.사번, B.사원이름, A.부서이름, A.위치
     FROM (SELECT 부서이름, 위치, 부서번호
            FROM 부서) A,
          사원 B
     WHERE A.부서번호 = B.부서번호
     AND A.고유번호 = '1234';

SQL> SELECT /*+ PUSH_PRED(A) */
            B.사번, B.사원이름, A.부서이름, A.위치
     FROM (SELECT 부서이름, 위치, 부서번호, 코드번호
            FROM 국내_부서
            UNION ALL
            SELECT 부서이름, 위치, 부서번호, 코드번호
            FROM 국외_부서
          ) A,
          사원 B
     WHERE A.부서번호 = B.부서번호
     AND A.코드번호 = '111';
```

위와 같이 MERGE 힌트나 PUSH_PRED 힌트를 이용하여 주 쿼리의 조건을 인라인 뷰 안으로 삽입시킬 수 있다. PUSH_PRED 힌트를 사용하면 주 쿼리의 WHERE 조건인 코드번호 조건 및 조인 조건인 부서번호 조건을 인라인 뷰 안으로 삽입하게 되며, 인라인 뷰는 UNION ALL 연산을 사용하였으므로 각 테이블에 코드번호 조건 및 부서번호 조건을 삽입한다. UNION ALL 연산을 기준으로 위의 SQL과 아래의 SQL에 삽입해야만 동일한 결과가 추출될 수 있기 때문이다. MERGE 힌트나 PUSH_PRED 힌트를 이용하면 주 쿼리와 인라인 뷰가 합쳐지는 형태의 병합 가능 인라인 뷰로 수행된다. 조인 조건을 삽입하는 경우에는 PUSH_JOIN_PRED 힌트를 이용할 수도 있다.

추가로, ROWNUM 연산자에 의한 병합 불가능 인라인 뷰를 살펴보자. ROWNUM 연산을 사용하는 경우에는 인라인 뷰가 병합 가능 인라인 뷰로 수행되지 않을 가능성이 높다. 하지만 ROWNUM 연산의 경우에는 STOPKEY 역할을 수행하여 처리 범위를 감소시킬 수 있으므로 뷰 병합이 발생하지 않아도 성능을 충분히 최적화할 수 있을 것이다.

Chapter 4. 인라인 뷰는 반드시 사용된다

> **예 제**
>
> ```
> SQL> SELECT B.사번, B.사원이름, A.부서이름, A.지역
>        FROM (SELECT 부서이름, 지역, 부서번호
>                FROM 부서
>                WHERE ROWNUM < 2) A,
>             사원 B
>        WHERE A.부서번호=B.부서번호
>        AND A.지역 = '서울';
> ```

위와 같이 SQL이 수행된다면 부서 테이블로부터 1건의 데이터만 추출하기 때문에 뷰 병합이 발생하지 않아도 실행 계획만 올바르게 생성된다면 성능을 최적화할 수 있다. 그렇다면 위의 SQL에 대한 실행 계획을 어떻게 생성해야 하는가? ROWNUM 연산이 인라인 뷰에 있다면 인라인 뷰는 중첩 루프 조인에서 DRIVING 테이블로 수행되어야 하며 해쉬 조인에서는 BUILD 테이블로 수행되어야 효과적이다. 물론 ROWNUM 연산자의 값이 100,000과 같이 매우 큰 값이라면 이는 다른 이야기일 것이다. 그러나 실제 프로젝트 진행이나 운영에서 ROWNUM <= 100,000과 같이 조건을 설정하는 경우는 거의 없을 것이다.

위의 SQL이 중첩 루프 조인을 이용하며 인라인 뷰가 DRIVING 테이블로 수행될 경우 인라인 뷰에서는 무조건 1건의 데이터만 추출한다. 인라인 뷰 안에는 별다른 WHERE 조건이 없으므로 부서 테이블을 전체 스캔하여 첫 번째 엑세스되는 데이터를 결과로 추출한다. 추출된 1건의 데이터를 이용하여 해당 데이터의 지역 컬럼의 값이 '서울'인지를 확인한다. 지역 컬럼의 값이 '서울'이면 사원 테이블과 조인을 수행한다. 물론 지역 컬럼의 값이 '서울'을 만족하지 않는다면 조인을 수행할 필요가 없을 것이다. 위의 SQL에서 부서 테이블에는 인덱스가 필요 없지만 INNER 테이블로 수행되는 사원 테이블에는 부서번호 컬럼에 인덱스가 있어야 할 것이다. 사원 테이블에 부서번호 인덱스가 있어야만 사원 테이블과 조인을 수행할 경우 INNER 테이블의 최적화된 엑세스를 수행할 수 있다. 부서번호 컬럼에 인덱스가 없다면 INNER 테이블로 수행되는 사원 테이블은 테이블 전체 스캔을 수행하며 DRIVING 테이블에서 1건의 데이터가 추출되므로 INNER 테이블은 테이블 전체 스캔을 한 번만 수행한다.

이 처럼 위의 SQL은 매우 간단하게 수행되며 뷰 병합의 발생 여부에 상관없이 인라인 뷰에서는 1건의 데이터만 추출하므로 실행 계획만 올바르게 생성된다면 성능을 보장받을 수 있을 것이다.

인라인 뷰의 SQL은 우리도 모르게 변경된다

```
예제
    SELECT STATEMENT
     NESTED LOOPS
       VIEW
         COUNT(STOPKEY)
           TABLE ACCESS (FULL SCAN) OF '부서'
       TABLE ACCESS (BY INDEX ROWID) OF '사원'
         INDEX (RANGE SCAN) '부서번호_IDX'
```

ROWNUM 연산을 사용하여 인라인 뷰의 병합이 수행되지 않은 경우에는 실행 계획이 위와 같이 생성된다. 실행 계획에서 VIEW 실행 계획 부분을 살펴보자. VIEW 실행 계획이 인라인 뷰에 해당되며 인라인 뷰에서 부서 테이블을 전체 스캔하고 있다. 주 쿼리에 지역 조건이 있으며 부서 테이블의 지역 컬럼에 인덱스가 있음에도 불구하고 병합 불가능 인라인 뷰이므로 테이블 전체 스캔을 수행한다. 실행 계획에서 COUNT(STOPKEY)는 ROWNUM 연산자에 의해 생성된 것으로 테이블 전체 스캔을 수행하는 과정에서 1건의 데이터만 추출되면 테이블 전체 스캔이 정지된다.

SQL의 인라인 뷰가 병합 가능인지 병합 불가능인지는 SQL의 문법보다 실행 계획을 통해 확인해야 한다.

위의 ROWNUM 연산을 사용한 SQL에서 PUSH_PRED 힌트, MERGE 힌트, 옵티마이져에 의해 인라인 뷰 병합이 발생했다면 SQL이 어떻게 수행되는가?

```
예제
    SQL> SELECT B.사번, B.사원이름, A.부서이름, A.지역
           FROM 부서 A,
                사원 B
          WHERE A.부서번호 = B.부서번호
            AND A.지역 = '서울'
            AND ROWNUM < 2;
```

위와 같이 뷰 병합이 발생하면 처음 SQL과 위의 SQL은 서로 다른 결과를 추출하므로 동일한 SQL이 될 수 없다.

인라인 뷰 병합이 발생하지 않은 SQL은 부서 테이블을 전체 스캔하여 처음에 엑세스되는 첫 번째 데이

터를 추출한 후 데이터의 지역 컬럼의 값이 '서울'이면 사원 테이블과 조인을 수행한다. 데이터의 지역 컬럼의 값이 '서울'이 아니면 사원 테이블과 조인을 수행하지 않는다. 하지만 주 쿼리와 인라인 뷰가 하나의 SQL로 합쳐지는 인라인 뷰 병합이 발생한 위의 SQL은 지역 컬럼의 값이 '서울'인 부서 테이블의 데이터 중 하나의 데이터를 추출하여 사원 테이블과의 조인을 수행한다. 이 경우에는 무조건 조인이 수행하므로 하나의 값이 항상 추출된다. 추출되는 데이터가 달라질 수 있으므로 위와 같이 뷰 병합이 발생하지 않는다. 결국 ROWNUM 연산자를 사용한 경우에는 WHERE 조건 중 인라인 뷰에 해당하는 조건이 인라인 뷰로 삽입되더라도 ROWNUM 연산이 수행된 후 삽입된 조건이 수행되어야 한다. SQL의 성능에는 뷰 병합이 발생하지 않아도 큰 차이가 발생하지 않게 된다. ROWNUM 연산자가 사용된다면 주 쿼리의 조건이 인라인 뷰로 삽입되는 병합 가능 인라인 뷰가 수행될 수 있다. ROWNUM 연산을 사용한 인라인 뷰에 뷰 병합이 발생하면 SQL과 실행 계획은 아래와 같이 생성된다.

```
예 제
SQL> SELECT B.사번, B.사원이름, A.부서이름, A.지역
     FROM (SELECT 부서이름, 지역, 부서번호
             FROM 부서
            WHERE ROWNUM < 2
            GROUP BY 부서이름, 지역, 부서번호, ROWID
           HAVING 지역='서울' ) A,
          사원 B
     WHERE A.부서번호=B.부서번호;

SELECT STATEMENT
  NESTED LOOPS
    VIEW
      FILTER
        HASH(GROUP BY)
          COUNT(STOP KEY)
            TABLE ACCESS (FULL SCAN) OF  '부서'
    TABLE ACCESS (BY INDEX ROWID) OF  '사원'
      INDEX (RANGE SCAN)  '부서번호_IDX'
```

위의 실행 계획에서 지역 조건은 ROWNUM 조건과 함께 사용될 수 없다. ROWNUM 조건과 지역 조건이 함께 사용된다면 지역 컬럼의 값이 '서울'인 데이터가 반드시 인라인 뷰를 통해 1건 추출되므로 인라인 뷰 병합이 발생하기 전의 결과와 달라질 수 있다. 그렇기 때문에 ROWNUM 연산이 수행된 후에 지역 조건이 실행되어야 할 것이다. 그러므로 옵티마이져는 GROUP BY 절을 추가하게 되고 추가한 GROUP BY

절에 추출하는 모든 컬럼과 ROWID를 설정하게 된다. ROWID는 모든 데이터에 대해 유일한 값을 가지므로 GROUP BY 절에 의해 데이터가 변하지 않게 한다. 이와 같이 GROUP BY 절을 수행한 이유는 밑의 HAVING 절을 사용하기 위해서다. HAVING 절은 WHERE 절 다음에 수행되기 때문에 HAVING 절을 이용하여 지역 조건을 설정하면 원본 SQL과 동일한 결과가 추출될 것이다. 위와 같이 ROWNUM 연산자를 사용한 경우 주 쿼리의 조건이 인라인 뷰로 삽입되어도 큰 효과를 보지 못한다. 하지만 인라인 뷰에 주 쿼리의 조건이 삽입되지 않아도 ROWNUM 연산자 자체가 처리 범위를 감소시킬 수 있는 중요한 조건이 되므로 ROWNUM 조건을 잘 이용한다면 성능을 최적화할 수 있을 것이다.

인라인 뷰에는 앞서 확인한 것과 같이 병합 가능 인라인 뷰와 병합 불가능 인라인 뷰가 있다. 병합 가능 인라인 뷰는 주 쿼리와 인라인 뷰가 합쳐지는 방식과 주 쿼리의 조건이 인라인 뷰로 삽입되는 두 가지 방식이 있다. 일반적으로 주 쿼리에 인라인 뷰의 처리 범위를 감소시킬 수 있는 조건이 존재한다면 인라인 뷰는 병합 가능 인라인 뷰로 수행되는 것이 유리할 것이다. 병합 불가능 인라인 뷰라면 중첩 루프 조인 시 DRIVING 테이블로 수행되어야 성능을 보장 받을 수 있다. 여기서 중요한 항목은 인라인 뷰 또한 인덱스의 구성이 가장 중요하다는 것이다. 병합 가능 인라인 뷰로 수행되어도 필요한 인덱스가 없다면 아무런 의미가 없을 것이다. 인라인 뷰의 병합과 최적의 인덱스가 인라인 뷰의 성능을 좌우할 수 있다는 것을 명심하기 바란다.

Chapter 4. 인라인 뷰는 반드시 사용된다

✓ 인라인 뷰의 병합에는 법칙이 있다.

앞에서도 언급했지만 인라인 뷰의 병합에는 법칙이 있다. 어려운 공식과 같은 법칙은 아니며 상식적으로 이해할 수 있는 법칙이 있다. 인라인 뷰 병합의 절대 법칙은 추출되는 결과 데이터가 상이하다면 인라인 뷰 병합이 발생되지 않는다는 것이다. 인라인 뷰 병합에서 어떤 경우는 인라인 뷰가 주 쿼리와 합쳐지며 어떤 경우에는 주 쿼리의 WHERE 조건이 인라인 뷰 안으로 삽입된다. 인라인 뷰의 어떤 속성에 의해 이와 같은 현상이 발생하는지 살펴보자.

```
예 제
SQL> SELECT B.사번, B.사원이름, A.부서이름, A.지역
       FROM (SELECT 부서이름, 지역, 부서번호
               FROM 부서
               WHERE ROWNUM < 2) A,
            사원 B
      WHERE A.부서번호 = B.부서번호
        AND A.부서번호 = '10';

SQL> SELECT B.사번, B.사원이름, A.부서이름, A.지역
       FROM 부서 A,
            사원 B
      WHERE A.부서번호 = B.부서번호
        AND A.부서번호 = '10'
        AND ROWNUM < 2;
```

두 개의 SQL은 주 쿼리와 인라인 뷰가 하나의 SQL로 합쳐져 인라인 뷰 병합이 발생한 경우와 발생하지 않은 경우다. 두 SQL에서 동일한 데이터가 추출되겠는가? 앞서 언급했듯이 위의 두 SQL에서는 동일한 결과가 추출되지 않는다. 첫번째 SQL은 부서 테이블에 저장되어 있는 데이터 중 첫 번째 데이터를 추출하여 부서번호 컬럼의 값이 '10'이면 사원 테이블과 조인을 수행하며 부서번호 컬럼의 값이 '10'이 아니면 사원 테이블과 조인을 수행하지 않게 된다. 하지만 두 번째 SQL은 부서번호 컬럼의 값이 '10'인 데이터 중 하나를 추출하여 무조건 사원 테이블과 조인을 수행한다. 이 두 SQL이 어찌 동일한 결과를 추출하겠는가? 따라서 첫 번째 SQL에서는 주 쿼리와 인라인 뷰가 합쳐지는 인라인 뷰 병합이 발생하지 않는다. 이러한 경

우에는 인라인 뷰 병합 중 주 쿼리의 WHERE 조건이 인라인 뷰로 삽입되며 ROWNUM 연산이 먼저 수행되고 그 후에 부서번호 조건이 수행된다.

이와 같이 인라인 뷰 병합 중 인라인 뷰의 SQL이 주 쿼리와 합쳐지지 못하는 경우는 어떤 경우에 발생하는가? 아래와 같은 연산자 및 함수가 인라인 뷰에 사용된다면 주 쿼리의 WHERE 조건이 인라인 뷰로 삽입되는 인라인 뷰 병합이 발생한다.

- GROUP BY 사용
- OUTER 조인 사용
- 집합 연산자 사용 (UNION, MINUS, UNION ALL 등)
- 모든 집합 함수
- ROWNUM 사용
- DISTINCT 사용
- START WITH/CONNECT BY

위와 같은 함수 및 연산자가 인라인 뷰에 사용된다면 주 쿼리의 WHERE 조건이 인라인 뷰로 삽입되는 인라인 뷰 병합이 발생한다. 그 이유는 인라인 뷰가 주 쿼리로 합쳐지면 서로 다른 결과 값을 추출할 수 있기 때문이다. 인라인 뷰의 SELECT 절에 집합 함수가 사용된다면 이는 병합 불가능 인라인 뷰로 수행될 가능성이 높아진다는 점을 유의하기 바란다.

이것이 인라인 뷰의 병합 법칙이다. 인라인 뷰는 모두 병합될 수 있으나 다른 결과가 추출되는 형태로 병합되지는 않는다는 것이 절대적인 법칙이다.

Chapter 4. 인라인 뷰는 반드시 사용된다

☑ 병합 불가능 인라인 뷰의 응답 속도를 최적화하자.

    인라인 뷰의 응답 속도를 최적화한다는 것은 많은 어플리케이션에서의 성능 향상을 의미한다. 그만큼 인라인 뷰는 많은 곳에서 사용되고 있기 때문이다. 이는 인라인 뷰에 대한 최적화 방법을 숙지한다면 이를 많은 SQL에 적용하여 성능을 최적화할 수 있다는 의미가 될 것이다. 하나의 항목으로 많은 SQL을 최적화할 수 있다면 매우 매력적이지 않은가? 이제부터 인라인 뷰의 성능 최적화를 자세히 살펴보자.

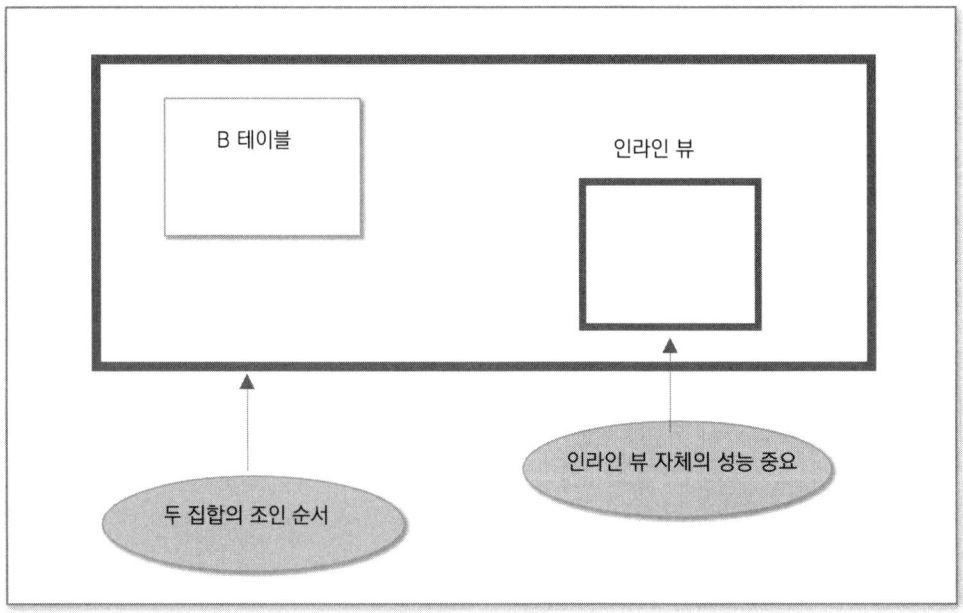

    인라인 뷰를 사용하는 SQL의 성능은 해당 SQL에서 사용되는 인라인 뷰 자체의 성능과 효과적인 조인의 사용에 의해 좌우된다. 인라인 뷰 자체의 성능에 대해서는 앞에서 병합 가능 인라인 뷰와 병합 불가능 인라인 뷰를 설명할 때 언급하였다. 병합 가능 인라인 뷰와 병합 불가능 인라인 뷰의 성능은 인라인 뷰의 수행 방식에 맞는 인덱스의 선정이라고 언급했다. 이번에는 가장 중요한 인라인 뷰에서의 효과적인 조인 사용을 살펴보자. 인라인 뷰에서의 조인도 병합 가능 인라인 뷰인지 아닌지에 따라 많이 달라진다.

    첫 번째로, 병합 불가능 인라인 뷰가 중첩 루프 조인(NESTED LOOP JOIN)으로 수행되는 경우를 살펴보자.

```
예 제
SQL> SELECT B.예금주, B.연락처, A.거래금액, A.거래일
     FROM 입출금_내역 A,
          (SELECT 계좌번호, 예금주, 연락처, 계좌_지역
           FROM 개인_계좌
           WHERE 이체_한도액 > '1000000'
           AND 인터넷_뱅킹 = 'Y'
           UNION ALL
           SELECT 계좌번호, 예금주, 연락처, 계좌_지역
           FROM 법인_계좌
           WHERE 이체_한도액 > '1000000'
           AND 인터넷_뱅킹 = 'Y'
          ) B
     WHERE A.계좌번호 = B.계좌번호
     AND A. 거래일자 > '20070101'
     AND A. 거래_지역 = '서울'
     AND B.계좌_지역 = '서울';
```

위의 SQL은 병합 불가능 인라인 뷰로 수행되었다고 가정하자. 위의 SQL에서 입출금_내역 테이블이 먼저 수행되었을 경우와 인라인 뷰가 먼저 수행되었을 경우로 구분하여 살펴보자.

입출금_내역 테이블이 먼저 엑세스되는 경우를 보자. 입출금_내역 테이블이 먼저 엑세스된다는 것은 입출금_내역 테이블이 DRIVING 테이블로 조인을 수행한다는 뜻이 된다. 입출금_내역 테이블이 먼저 엑세스되기 때문에 인라인 뷰는 INNER 테이블의 역할을 수행할 것이다. 테이블과 인라인 뷰의 역할이 정해졌다면 과연 각 집합은 어떻게 수행되겠는가?

입출금_내역 테이블부터 보자. 입출금_내역 테이블에서 거래일자 조건과 거래_지역 조건을 만족하는 데이터를 먼저 추출한다. 이 경우 거래일자 컬럼이나 거래_지역 컬럼으로 구성된 인덱스가 있다면 해당 인덱스를 이용하며, 존재하지 않는다면 테이블 전체 스캔을 수행한다. 이와 같기 때문에 거래일자 조건과 거래_지역 조건을 만족하는 데이터가 입출금_내역 테이블에서 적은 양의 데이터라면 반드시 인덱스를 생성해야 한다. 그렇다면 거래_지역+거래일자 인덱스를 생성하는 것이 거래일자+거래_지역 인덱스를 생성하는 것보다 좋은 응답 속도를 보장할 수 있는가? 당연히 거래_지역+거래일자 인덱스가 거래일자+거래_지역 인덱스보다 더 좋은 성능을 보장할 수 있을 것이다. 그 이유는 점 조건과 선분 조건이 동시에 있다면 점 조건+선분 조건으로 인덱스를 생성해야 두 개의 조건에 의해 처리 범위가 감소하기 때문이다. 선분 조건+점 조건으로 인덱스를 생성한다면 앞의 선분 조건에 의해서만 처리 범위가 감소하며 뒤의 점 조건은 확인

랜덤 엑세스를 제거하는 역할을 수행한다. 따라서 입출금_거래 테이블에서 추출되는 데이터가 테이블의 3%~5% 미만이라면 거래_지역+거래일자 인덱스를 이용하여 입출금_내역 테이블에 엑세스해야 할 것이다.

입출금_내역 테이블로부터 1,000건의 데이터가 추출되었다고 가정하자. 1,000건의 데이터는 인라인 뷰와 1,000번의 조인을 수행할 것이다. 입출금_내역 테이블과의 조인을 1,000번 수행하는 것이 문제가 아니라 어떻게 수행하는지가 문제일 것이다. 조건을 만족하는 입출금_내역 테이블의 데이터에 대해 조인을 수행하기 위해 인라인 뷰가 한 번 수행될 것이다. 이 경우 인라인 뷰가 사용할 수 있는 WHERE 조건은 무엇인가? 인라인 뷰 안에는 이체_한도액 조건과 인터넷_뱅킹 조건이 있으며 주 쿼리에는 계좌_지역 조건과 조인 조건인 계좌번호 조건이 존재한다. 중첩 루프 조인에서는 DRIVING 테이블이 먼저 엑세스되면서 조인 조건이 상수화된다. 그렇기 때문에 뒤에 엑세스되는 INNER 테이블은 조인 조건을 상수로 제공받으므로 WHERE 조건으로 사용이 가능해진다. 이처럼 인라인 뷰가 사용할 수 있는 조건은 4개다. 하지만 병합 불가능 인라인 뷰이기 때문에 계좌_지역 조건과 조인 조건인 계좌번호 조건은 마지막에 확인하는 컬럼으로 그 역할을 수행한다. 결국 인라인 뷰는 이체_한도액 조건과 인터넷_뱅킹 조건을 이용하여 처리 범위를 감소시킨다. 두 조건을 만족하는 데이터가 적다면 인덱스는 점 조건+선분 조건으로 인덱스를 생성해야 하므로 인터넷_뱅킹+이체_한도액으로 인덱스를 생성해야 할 것이다. 이 처럼 인라인 뷰의 처리 범위는 이체_한도액 조건과 인터넷_뱅킹 조건에 의해 결정되며 계좌_지역 조건과 계좌번호 조건은 확인하는 역할만 수행한다. 또한 중요한 것은 입출금_내역 테이블에서 조건을 만족하는 하나의 데이터에 대해 이처럼 인라인 뷰가 한 번 수행된다는 것이다. 입출금_내역 테이블에서 조건을 만족하는 데이터가 1,000건이라고 가정했으므로 인라인 뷰는 1,000번 수행된다. 따라서 인라인 뷰는 이체_한도액 조건과 인터넷_뱅킹 조건을 만족하는 데이터를 1,000번 반복 엑세스하고 반복 엑세스한 데이터에 대해 계좌_지역 조건과 계좌번호 조건을 확인하는 절차를 1,000번 반복 수행한다. 이 얼마나 비효율적인가? 동일한 인라인 뷰의 데이터를 1,000번 수행한다는 것은 비효율이 많이 발생된다는 뜻이다. 이 처럼 인라인 뷰에 비효율이 존재한다면 인라인 뷰의 반복 엑세스로 엄청난 성능 저하가 발생할 것이다. 병합 불가능 인라인 뷰가 중첩 루프 조인에서 INNER 테이블로 수행된다면 동일한 데이터에 반복 엑세스해서 조건에 맞지 않는 데이터를 버리는 비효율이 증가한다. 주 쿼리에 있는 조건들에 의해 처리 범위가 매우 많이 감소한다면 해당 컬럼들은 반드시 처리 범위를 감소시키는 역할을 수행해야 한다. 하지만 병합 불가능 인라인 뷰는 주 쿼리의 WHERE 조건을 인라인 뷰의 처리 범위를 감소시키는 조건으로 이용할 수 없기 때문에 비효율이 발생한다.

```
실행 계획
   SELECT STATEMENT
     NESTED LOOPS
       TABLE ACCESS (BY INDEX ROWID) OF '입출금_내역'
         INDEX (RANGE SCAN) OF '거래지역_거래일자_IDX'
       VIEW
         UNION-ALL
           TABLE ACCESS (BY INDEX ROWID) OF '개인_계좌'
             INDEX (RANGE SCAN) OF '인터넷뱅킹_이체한도액_IDX'
           TABLE ACCESS (BY INDEX ROWID) OF '법인_계좌'
             INDEX (RANGE SCAN) OF '인터넷뱅킹_이체한도액_IDX'
```

앞의 인라인 뷰가 병합 불가능 인라인 뷰라면 위와 같이 실행 계획이 생성된다. 여기서 VIEW 실행 계획은 인라인 뷰에 해당된다. 중첩 루프 조인에서 INNER 테이블의 역할을 수행한다면 반복 엑세스되므로 인라인 뷰는 반복 엑세스된다. 병합 불가능 인라인 뷰이므로 주 쿼리에 있는 인라인 뷰의 조건들은 처리 범위를 감소시키는 조건이 아니라 결과를 확인하는 역할만 수행한다. 결국 병합 불가능 인라인 뷰가 중첩 루프 조인에서 INNER 테이블로 수행된다면 인라인 뷰는 필요 여부에 상관없이 동일한 영역의 데이터에 반복 엑세스하여 응답 속도 저하를 야기한다.

반대의 경우를 살펴보자. 이번에는 인라인 뷰가 먼저 엑세스되는 DRIVING 테이블로 역할을 수행하는 경우다. 이번 예제 SQL도 중첩 루프 조인으로 수행되었다고 가정하자. 중첩 루프 조인에서 먼저 엑세스되는 DRIVING 테이블은 한 번만 엑세스된다. 따라서 인라인 뷰는 한 번만 엑세스되어 원하는 결과를 추출한다. 인라인 뷰의 조건이 이체_한도액 조건과 인터넷_뱅킹 조건이므로 해당 컬럼에 대해 점 조건+선분 조건으로 인덱스를 생성하면 될 것이다. 물론 주 쿼리에 있는 인라인 뷰의 조건인 거래_지역 컬럼은 추출한 데이터에 대해 확인하는 역할만 수행할 것이다. 먼저 엑세스되는 DRIVING 테이블의 경우 조인 조건은 상수화가 되지 않기 때문에 조건으로 사용될 수는 없다. 또한 병합 불가능 인라인 뷰에서는 조인 조건 자체를 이용할 수 없다. 그러므로 계좌번호 컬럼은 미지수가 되므로 처리 범위를 감소시키거나 확인을 수행하는 컬럼으로 사용되지 않는다. 이와 같이 수행하여 인라인 뷰에서 10,000건이 추출되었다고 가정하자. INNER 테이블로 수행되는 입출금_내역 테이블은 10,000번 반복 수행될 것이다. 그렇다면 입출금_내역 테이블이 이용할 수 있는 조건에는 어떠한 것이 있는가? 사용 가능한 조건으로는 거래일자 조건, 거래_지역 조건, 조인 조건인 계좌번호 조건이 있다. 점 조건+선분 조건으로 인덱스를 생성해야 두 개의 조건에 의해 처리 범위가 감소하므로 인덱스는 계좌번호+거래_지역+거래일자 인덱스나 거래_지역+계좌번호+거래일자 인덱스를 생성해야 한다. 인라인 뷰가 INNER 테이블로 수행되었을 경우와 비교하면 많은 차이가 발생한다. 조인 SQL에서는 일반적으로 조인 조건이 처리 범위를 가장 많이 감소시킨다. 병합 불가능 인라인 뷰가 INNER 테이블로 역할을 수행하면 조인 조건이 처리 범위를 감소시키는 역할을 수행하는 것이 아니라 확인하는 조건이 될 뿐이었다. 하지만 병합 불가능 인라인 뷰가 DRIVING 테이블로 수행되고 다른 테이블이 INNER 테이블로 수행될 경우 인덱스만 올바르게 선정한다면 INNER 테이블에서는 일반 조인과 마찬가지로 조인 조건이 처리 범위를 감소시키는 역할을 수행한다. 그러므로 INNER 테이블이 반복 엑세스되어도 성능을 보장받을 수 있다.

```
실행 계획
 SELECT STATEMENT
  NESTED LOOPS
   VIEW
    UNION-ALL
     TABLE ACCESS (BY INDEX ROWID) OF  '개인_계좌'
      INDEX (RANGE SCAN) OF  '인터넷뱅킹_이체한도액_IDX'
     TABLE ACCESS (BY INDEX ROWID) OF  '법인_계좌'
      INDEX (RANGE SCAN) OF  '인터넷뱅킹_이체한도액_IDX'
   TABLE ACCESS (BY INDEX ROWID) OF  '입출금_내역'
    INDEX (RANGE SCAN) OF  '계좌번호_거래지역_거래일자_IDX'
```

병합 불가능 인라인 뷰로 수행된 인라인 뷰가 DRIVING 테이블로 수행된다면 위와 같이 실행 계획이 생성될 것이다. 인라인 뷰는 한 번만 수행되므로 추출되는 데이터가 많다면 개인_계좌 테이블과 법인 계좌 테이블을 전체 스캔하는 것이 성능에 더 유리하며 추출되는 데이터가 적다면 인덱스 스캔을 수행해야 할 것이다. 비록 조인 조건인 계좌번호 조건과 계좌_지역 조건이 처리 범위를 감소시키지는 못하지만 인라인 뷰를 한 번만 엑세스하므로 성능 면에서는 그나마 다행일 것이다. 물론 계좌_지역 컬럼이 처리 범위를 감소시키지 못한다는 점에서는 아직도 비효율이 존재한다. 계좌_지역 조건을 확인 랜덤 엑세스를 발생시키는 조건이 아니라 확인 랜덤 엑세스를 제거하는 역할로 수행하고 싶다면 인덱스를 인터넷_뱅킹+이체_한도액+계좌_지역으로 생성하여 인라인 뷰에 엑세스하는 부분에서 확인 랜덤 액세스를 감소시킬 수 있다. 물론 계좌번호 컬럼 및 다른 조건을 인덱스에 추가한다면 추출 랜덤 엑세스도 감소한다.

위와 같은 이유에서 병합 불가능 인라인 뷰는 중첩 루프 조인에서 DRIVING 테이블로 역할을 수행하여 한 번만 엑세스되도록 하는 것이 INNER 테이블로 수행되는 방식보다 훨씬 효율적일 것이다. 병합 불가능 인라인 뷰가 INNER 테이블로 수행된다면 동일 처리 범위에 대한 반복 엑세스가 수행되므로 엄청난 성능 저하가 일어날 수 있다. 물론 해당 인라인 뷰가 병합 가능 인라인 뷰로 수행되어 성능을 최적화할 수 있다면 PUSH_PRED 힌트나 MERGE 힌트 등을 사용하여 주 쿼리의 조건이 인라인 뷰로 삽입되게 할 수도 있다. 병합 불가능 인라인 뷰로 수행되기 위해서는 NO_MERGE 힌트나 NO_PUSH_PRED 힌트를 이용한다.

추가로 하나의 예제를 확인해 보자. 아래 예제는 ROWNUM 연산자를 사용한 SQL이 병합 불가능 인라인 뷰로 수행된 경우다.

예 제
```
SQL> SELECT B.사원번호, B.사원이름, A.부서이름, A.지역
     FROM 사원 B,
          (SELECT 부서이름, 지역, 부서번호
           FROM 부서 C
           WHERE ROWNUM < 1000) A
     WHERE A.부서번호=B.부서번호
     AND B.사원번호 BETWEEN '0001' AND '0003';
```

예제의 SQL은 ROWNUM 연산자를 사용하여 병합 불가능 인라인 뷰로 수행되었으며 조인 방식 중 중첩 루프 조인(NESTED LOOP JOIN) 방식을 사용했다고 가정하자. 앞에서도 확인해 보았지만 중첩 루프 조인에서는 어떤 테이블이 먼저 엑세스되느냐에 따라 응답 속도에 많은 차이를 보인다. 물론 부서 테이블과 사원 테이블의 데이터가 많으면 많을수록 테이블들의 조인 순서에 의한 성능 차이는 더욱 심하게 발생할 것이다.

예제의 SQL에서는 사원 테이블이 먼저 엑세스되었다고 가정하자. 사원 테이블이 DRIVING 테이블로 수행되고 인라인 뷰가 INNER 테이블로 수행된 경우다. 이러한 조인 순서는 데이터베이스의 옵티마이져에 의해 자동으로 수행될 수도 있지만 힌트를 사용해야 될 수도 있다.

예 제
```
SQL> SELECT /*+ ORDERED USE_NL(B,A) */
            B.사원번호, B.사원이름, A.부서이름, A.지역
     FROM 사원 B,
          (SELECT 부서이름, 지역, 부서번호
           FROM 부서 C
           WHERE ROWNUM <= 1000) A
     WHERE A.부서번호=B.부서번호
     AND B.사원번호 BETWEEN '0001' AND '0003'
```

위와 같이 SELECT 절에 힌트를 이용하여 실행 계획을 제어할 수 있다. 앞서 언급한 병합 불가능 인라인 뷰에서도 위와 같이 힌트를 설정하여 조인 순서를 제어할 수 있을 것이다. ORDERED 힌트는 FROM

절의 순서대로 테이블을 조인하게 만드는 힌트다. 따라서 사원 테이블에 먼저 엑세스하고 인라인 뷰를 뒤에 엑세스한다. 또한 USE_NL 힌트를 설정하여 중첩 루프 조인이 수행되도록 하였다. USE_NL(B,A)로 설정하면 B 테이블을 DRIVING 테이블로 수행하고 A 테이블을 INNER 테이블로 수행하게 실행 계획을 생성하는 힌트다. 사원 테이블에는 사원번호+부서번호 인덱스가 존재하며 부서 테이블에는 부서번호 인덱스가 존재한다고 가정하자.

```
실행 계획
SELECT STATEMENT
 NESTED LOOPS
  TABLE ACCESS (BY INDEX ROWID) OF '사원'
   INDEX (RANGE SCAN) OF '사원번호_부서번호_IDX'
  VIEW
   COUNT(STOPKEY)
    TABLE ACCESS (FULL) OF '부서'
```

예제 SQL에 대한 실행 계획이 위와 같이 생성될 것이다. 위의 실행 계획은 병합 불가능 인라인 뷰가 INNER 테이블로 수행된 경우다. 따라서 인라인 뷰는 사원 테이블에서 추출되는 데이터의 건수 만큼 반복 수행된다. 또한 인라인 뷰는 조인 조건인 부서번호 조건을 상수로 제공받는다. 하지만 여기서 부서번호 조건을 상수로 제공받아도 병합 불가능 인라인 뷰이므로 해당 조인 조건은 처리 범위를 감소시키는 역할을 수행하지 못하며 확인 조건으로만 사용될 것이다. 사원 테이블에서 100건이 추출된다면 인라인 뷰는 100번 반복 수행된다. 이와 같기 때문에 부서 테이블에 한 번 엑세스될 때마다 데이터가 저장된 순서로 1,000건씩 추출되며, 이와 같은 수행이 100번 수행된다. 또한 매번 인라인 뷰를 수행하면서 추출되는 1,000건의 데이터에 대해 부서번호 조건을 확인해야 한다. 부서번호 조건을 만족하면 결과로 추출하며 조건에 맞지 않으면 버리게 된다. 결국 1,000건씩 100번 엑세스되는 부서 테이블의 엑세스에 의해 SQL의 성능 저하가 심해질 것이다.

이번에는 인라인 뷰가 먼저 엑세스되었다고 가정하자. 이는 인라인 뷰가 DRIVING 테이블의 역할을 수행하고 사원 테이블이 INNER 테이블의 역할을 수행한다는 것을 의미한다.

예제

```
SQL> SELECT /*+ ORDERED USE_NL(A,B) */
            B.사원번호, B.사원이름, A.부서이름, A.지역
       FROM (SELECT 부서이름, 지역, 부서번호
               FROM 부서 C
              WHERE ROWNUM <= 1000) A,
            사원 B
      WHERE A.부서번호=B.부서번호
        AND B.사원번호 BETWEEN 0001 AND 0003;
```

인라인 뷰가 DRIVING 테이블 역할을 수행했다면 한 번만 엑세스될 것이다. 또한 사원 테이블이 INNER 테이블 역할을 수행하게 되므로 조인 조건인 부서번호 조건은 사원 테이블에 상수로 제공된다. 인라인 뷰는 한 번 엑세스되므로 인라인 뷰에서 1,000건의 데이터를 추출한다. 추출된 1,000건의 데이터에 대해 사원 테이블과 조인을 수행한다. 사원 테이블이 뒤에 엑세스되는 INNER 테이블의 역할을 수행하므로 조인 조건인 부서번호 조건은 상수화된다. 사원 테이블은 인라인 뷰로부터 제공받은 1,000건의 데이터에 대해 조인을 수행할 경우 부서번호 컬럼과 사원번호 컬럼에 대해 WHERE 조건으로 사용할 수 있게 된다. 사원번호 조건은 선분 조건이고 부서번호 조건은 점 조건이므로 부서번호+사원번호 인덱스를 생성한다면 최적의 조인 성능을 보장할 수 있을 것이다. 사원 테이블이 1,000번 반복 엑세스되더라도 부서번호 컬럼과 사원번호 컬럼에 의해 처리 범위가 감소하므로 사원 테이블을 효과적으로 엑세스할 수 있다.

실행 계획

```
SELECT STATEMENT
  NESTED LOOPS
    VIEW
      COUNT(STOPKEY)
        TABLE ACCESS (FULL) OF '부서'
    TABLE ACCESS (BY INDEX ROWID) OF '사원'
      INDEX (RANGE SCAN) OF '부서번호_사원번호_IDX'
```

위와 같이 실행 계획이 생성되면 앞서 언급한 병합 불가능 인라인 뷰가 INNER 테이블로 수행된 경우보다 병합 불가능 인라인 뷰가 DRIVING 테이블로 수행된 경우에 중첩 루프 조인의 응답 속도가 보장받을 것이다.

결국 병합 불가능 인라인 뷰라면 중첩 루프 조인에서 먼저 엑세스되는 DRIVING 테이블의 역할을 수행하는 것이 성능을 보장받을 수 있다. 물론 주 쿼리에 조인 조건을 제외한 인라인 뷰의 조건이 존재하여도 해당 조건을 처리 범위 감소 조건으로 사용할 수는 없다. 이러한 점이 아쉽기는 하지만 인라인 뷰가 병합 불가능 인라인 뷰로 수행될 경우에는 DRIVING 테이블로 수행되어야 그나마 성능을 보장받을 수 있을 것이다. 병합 불가능 인라인 뷰가 중첩 루프 조인에서 INNER 테이블 역할을 수행한다면 동일 범위를 반복 엑세스하게 되므로 성능은 저하될 것이다.

조인에 참여하는 두 집합이 모두 인라인 뷰라면 어떻게 되겠는가? 많은 데이터를 처리하는 SQL이든 적은 데이터를 엑세스하는 SQL이든 여러 번 엑세스하는 것보다 한 번만 엑세스하는 것이 유리하다면 해쉬 조인으로 수행해야 한다. 적은 양의 데이터를 추출하는 SQL이라면 MERGE 힌트나 PUSH_PRED 힌트 등을 이용하여 병합 가능 인라인 뷰로 변경시키는 방법을 고려할 수 있을 것이다. 이도 저도 아니라면 두 개의 인라인 뷰 중 적은 데이터를 추출하는 인라인 뷰를 INNER 테이블로 선정하는 것이 유리할 것이다.

두 번째로, 병합 불가능 인라인 뷰가 해쉬 조인으로 수행되는 경우를 살펴보자. 해쉬 조인은 많은 양의 데이터를 처리할 경우 매우 유용한 조인 방식이다. 물론 적은 양의 데이터를 처리하는 조인 SQL에서도 유용하게 사용할 수 있다. 중첩 루프 조인에서 병합 불가능 인라인 뷰는 DRIVING 테이블로 수행되어야 성능이 보장될 수 있다고 했다. 하지만 이 역시 추출되는 데이터가 적은 경우에 해당되는 이야기일 것이다. 인라인 뷰를 만족하는 데이터가 1,000,000건이라고 한다면 중첩 루프 조인으로는 해결하기 힘들 것이다. 이런 경우 해쉬 조인을 효과적으로 이용해야 할 것이다. 그렇다면 병합 불가능 인라인 뷰에서 해쉬 조인으로 조인을 수행한다면 SQL을 어떻게 최적화하여 수행해야 하는지 살펴보자.

예제

```
SQL> SELECT /*+ ORDERED USE_HASH(A,B) */
            B.예금주, B.연락처, A.거래금액, A.거래일자
       FROM 입출금_내역 A,
            (SELECT 계좌번호, 예금주, 연락처, 계좌_지역
               FROM 개인_계좌
              WHERE 이체_한도액 > '1000000'
                AND 인터넷_뱅킹 = 'Y'
             UNION ALL
             SELECT 계좌번호, 예금주, 연락처, 계좌_지역
               FROM 법인_계좌
              WHERE 이체_한도액 > '1000000'
                AND 인터넷_뱅킹 = 'Y'
            ) B
       WHERE A.계좌번호 = B.계좌번호
         AND A.거래일자 > '20070101'
         AND A.거래_지역 = '서울'
         AND B.계좌_지역 = '서울';
```

위의 SQL에서 인라인 뷰 자체에서 추출되는 데이터의 양이 1,000,000건이고 입출금_내역 테이블에서 조건을 만족하는 데이터는 100,000건이라고 가정하자. 이와 같다면 SQL은 중첩 루프 조인으로 수행되기 힘들 것이다. 이런 경우 사용할 수 있는 조인 방식이 해쉬 조인이다. 해쉬 조인은 중첩 루프 조인과 마찬가지로 먼저 엑세스되는 테이블과 뒤에 엑세스되는 테이블로 구분된다. 해쉬 조인에서는 먼저 엑세스되는 테이블을 BUILD 테이블이라 하고 뒤에 엑세스되는 테이블을 PROBE 테이블이라고 한다. 위의 예제는 힌트를 설정하여 입출금_내역 테이블을 BUILD 테이블로 인라인 뷰를 PROBE 테이블로 설정하여 해쉬 조인으로 수행하였다.

해쉬 조인으로 수행되었기 때문에 BUILD 테이블을 이용하여 해쉬 영역을 생성한다. 따라서 입출금_내역 테이블에 엑세스하여 추출되는 100,000건의 데이터의 계좌번호 컬럼에 두 번의 해쉬 함수를 적용한다. 두 번의 해쉬 함수를 적용한 값이 동일한 데이터에 대해 동일 서브파티션에 저장하여 해쉬 영역을 생성한다. 이 경우 BUILD 테이블로 수행되는 입출금_내역 테이블을 엑세스할 경우 사용할 수 있는 WHERE 조건은 거래일자 조건과 거래_지역 조건이다. 조인 조건인 계좌번호 조건은 해쉬 조인에서는 상수화 되지 않았기 때문에 처리 범위 감소 조건으로 사용할 수 없다. 거래일자 조건과 거래_지역 조건에 의해 추출되는 데이터가 입출금_내역 테이블의 3%~5% 이하라면 인덱스를 이용해야 한다. 물론 이와 같다고 하더라도 테이블의 데이터가 대용량이라면 3%~5%의 기준 수치는 낮아진다. 위의 경우는 3%~5% 미만이라고 가정하

자. 그렇다면 인덱스를 이용하여 입출금_내역 테이블에 엑세스해야 한다. 따라서 인덱스는 거래_지역+거래일자로 인덱스를 생성해야 한다. 그 이유는 거래_지역 컬럼은 점 조건이며 거래일자 컬럼은 선분 조건이므로 인덱스는 반드시 점 조건+선분 조건으로 생성되어야 두 컬럼에 의해 처리 범위를 최소화할 수 있기 때문이다. 이와 같이 수행한다면 BUILD 테이블이 수행해야 할 모든 절차를 종료하게 된다.

BUILD 테이블에 의해 해쉬 영역이 생성된 후에는 PROBE 테이블에 엑세스한다. PROBE 테이블은 조건을 만족하는 데이터에 엑세스하여 계좌번호 컬럼에 두 번의 해쉬 함수를 적용한다. 두 번의 해쉬 함수를 적용하여 추출된 결과 값으로 이미 구성된 해쉬 영역에 엑세스한다. 해쉬 영역에 엑세스하여 동일한 해쉬 함수의 결과 값을 추출한 서브파티션에만 엑세스하여 동일한 계좌번호 값이 있다면 조인에 성공한다. 이처럼 해쉬 조인에서 PROBE 테이블은 원하는 데이터에 엑세스하여 해쉬 함수의 값만 비교하는 역할을 수행한다. 위의 경우에는 인라인 뷰가 PROBE 테이블의 역할을 수행한다. 인라인 뷰에서 추출된 데이터는 1,000,000건이므로 추출된 모든 데이터에 해쉬 함수를 적용하여 결과 값을 해쉬 영역에서 비교하여 동일한 값이 존재한다면 조인에 성공하여 데이터를 추출한다.

여기서 1,000,000건에 대해 해쉬 함수를 적용하는 부분이 성능 저하를 많이 발생시키지는 않는다. 그만큼 해쉬 함수에 대해 데이터베이스 내부적으로 최적화되어 있기 때문이다. 문제는 1,000,000건을 어떻게 추출하느냐다. 위 SQL의 인라인 뷰는 병합 불가능 인라인 뷰이기 때문에 주 쿼리에 있는 인라인 뷰의 조건은 확인을 위해 사용되는 조건에 불과하다. 따라서 인라인 뷰가 사용 가능한 조건으로는 이체_한도액 조건과 인터넷_뱅킹 조건밖에 없다. 해당 조건에 의해서 처리 범위가 많이 감소한다면 해당 컬럼들도 마찬가지로 인덱스를 생성해야 할 것이다. 인덱스를 생성한다면 당연히 점 조건+선분 조건의 순서인 인터넷_뱅킹+이체_한도액 인덱스로 생성되어야 할 것이다. 그래야만 두 컬럼에 의해 처리 범위를 감소시킬 수 있을 것이다. 하지만 아무리 처리 범위를 감소시킨다고 해도 1,000,000건을 추출한다는 것은 대량의 데이터를 추출하는 것이므로 인덱스 스캔보다는 테이블 전체 스캔이나 병렬 프로세싱이 더 유리할 것이다. PROBE 테이블의 역할을 수행하는 인라인 뷰를 테이블 전체 스캔 방식으로 엑세스한다면 아래와 같이 실행 계획이 생성될 것이다.

```
실행 계획
  SELECT STATEMENT
    HASH JOIN
      TABLE ACCESS (BY INDEX ROWID) OF '입출금_내역'
        INDEX (RANGE SCAN) OF '거래지역_거래일자_IDX'
      VIEW
        UNION-ALL
          TABLE ACCESS (FULL) OF '개인_계좌'
          TABLE ACCESS (FULL) OF '법인_계좌'
```

해쉬 조인에서 입출금_내역 테이블이 BUILD 테이블로 수행된다면 위와 같이 실행 계획이 생성될 것이다. 병합 불가능 인라인 뷰가 PROBE 테이블로 수행된다고 해서 무조건 응답 속도 저하가 일어나는 것은 아니다. 병합 불가능 인라인 뷰가 BUILD 테이블로 수행되거나 PROBE 테이블로 수행되거나 1,000,000건의 데이터에 엑세스하는 것은 어쩔 수 없는 현상이다. 해쉬 조인에서 응답 속도 향상의 첫 번째 요건은 적은 데이터로 해쉬 영역을 생성해야 한다는 것이다. 해쉬 함수를 적용하는 것이 큰 부하는 아니지만 대용량의 해쉬 영역을 생성하려면 디스크에 있는 임시 테이블스페이스를 이용하게 되므로 이는 많은 부하를 발생시킬 수 있다. 해쉬 영역에 생성될 데이터가 많다면 대용량의 해쉬 영역이 생성될 것이다. 따라서 데이터를 많이 추출하는 인라인 뷰보다 데이터를 적게 추출하는 입출금_거래 테이블을 이용하여 해쉬 영역을 생성한다면 인라인 뷰로 해쉬 영역을 생성하는 것보다 더 작은 크기의 해쉬 영역을 생성할 것이다. 따라서 이번 경우에는 입출금_거래 테이블을 BUILD 테이블로 수행하고 인라인 뷰는 PROBE 테이블로 수행하는 것이 해쉬 영역을 작게 생성할 수 있는 방법이다. 이와 같다면 어떤 테이블이 먼저 엑세스되어야 할지 결정된다. 문제는 각 데이터에 엑세스하는 방법이다. PROBE 테이블이 되는 인라인 뷰의 데이터가 전체 데이터에 비해 3%~5% 이하를 엑세스한다고 하여도 1,000,000건의 데이터는 많은 양의 데이터이므로 테이블 전체 스캔을 이용하는 것이 더 유리할 것이다. BUILD 테이블로 수행되는 입출금_내역 테이블의 경우도 적은 데이터를 추출한다면 점조건+선분 조건의 순서인 거래_지역+거래일자 인덱스를 생성하여 처리 범위를 감소시켜야 한다. 물론 계좌번호 컬럼과 거래일자 컬럼을 인덱스에 추가한다면 추출 랜덤 엑세스도 제거되어 성능 향상을 기대할 수 있을 것이다. 테이블 전체 스캔을 수행한다면 병렬 프로세싱도 고려할 수 있을 것이다. 병렬 프로세싱을 이용하려면 아래와 같이 SQL을 수행해야 한다.

Chapter 4. 인라인 뷰는 반드시 사용된다

> **예 제**
> ```
> SQL> SELECT /*+ ORDERED USE_HASH(A,B) */
>             B.예금주, B.연락처, A.거래금액, A.거래일자
>        FROM 입출금_내역 A,
>            (SELECT /*+ PARALLEL(C,4) */
>                    계좌번호, 예금주, 연락처, 계좌_지역
>               FROM 개인_계좌 C
>              WHERE 이체_한도액 > '1000000'
>                AND 인터넷_뱅킹 = 'Y'
>             UNION ALL
>             SELECT /*+ PARALLEL(D,4) */
>                    계좌번호, 예금주, 연락처, 계좌_지역
>               FROM 법인_계좌 D
>              WHERE 이체_한도액 > '1000000'
>                AND 인터넷_뱅킹 = 'Y'
>            ) B
>       WHERE A.계좌번호 = B.계좌번호
>         AND A.거래일자 > '20070101'
>         AND A.거래_지역 = '서울'
>         AND B.계좌_지역 = '서울';
> ```

위와 같이 힌트를 이용하여 인라인 뷰의 각 테이블에 병렬 프로세싱으로 엑세스하여 테이블 전체 스캔을 보다 효율적으로 수행할 수 있을 것이다.

인라인 뷰를 BUILD 테이블로 수행하고 입출금_내역 테이블을 PROBE 테이블로 수행하는 경우를 살펴보자.

```
예 제
SQL> SELECT /*+ ORDERED USE_HASH(B,A) */
            B.예금주, B.연락처, A.거래금액, A.거래일
       FROM (SELECT 계좌번호, 예금주, 연락처, 계좌_지역
              FROM 개인_계좌 C
              WHERE 이체_한도액 > '1000000'
              AND 인터넷_뱅킹 = 'Y'
              UNION ALL
              SELECT 계좌번호, 예금주, 연락처, 계좌_지역
              FROM 법인_계좌 D
              WHERE 이체_한도액 > '1000000'
              AND 인터넷_뱅킹 = 'Y'
            ) B,
            입출금_내역 A,
       WHERE A.계좌번호 = B.계좌번호
       AND A.거래일자 > '20070101'
       AND A.거래_지역 = '서울'
       AND B.계좌_지역 = '서울';
```

위와 같이 힌트를 설정하면 이번에는 인라인 뷰가 먼저 엑세스되고 입출금_내역 테이블은 뒤에 엑세스 될 것이다. 인라인 뷰에 엑세스하여 추출되는 1,000,000건의 데이터에 대해 해쉬 함수를 적용시켜 해쉬 영역을 구성한다. 해쉬 영역이 생성된 후에 입출금_내역 테이블에 엑세스하며 추출되는 100,000건의 데이터에 대해 해쉬 함수를 적용하여 해쉬 영역과 비교를 수행한다. 비교한 결과가 해쉬 영역에 있으면 조인에 성공하고 없으면 조인에 실패한다. 인라인 뷰가 BUILD 테이블로 수행된다면 아래와 같이 실행 계획이 생성될 것이다.

```
실행 계획
SELECT STATEMENT
  HASH JOIN
    VIEW
      UNION ALL
        TABLE ACCESS (FULL) OF '개인_계좌'
        TABLE ACCESS (FULL) OF '법인_계좌'
    TABLE ACCESS (BY INDEX ROWID) OF '입출금_내역'
      INDEX (RANGE SCAN) OF '거래지역_거래일자_IDX'
```

위와 같이 실행 계획이 생성되면 인라인 뷰는 BUILD 테이블로 수행된 것이다. 중첩 루프 조인과 달리 해쉬 조인에서는 뒤에 엑세스되는 테이블에도 한 번만 엑세스된다.

결국 병합 불가능 인라인 뷰가 해쉬 조인으로 수행된다면 먼저 엑세스되는 BUILD 테이블로 수행되어도 되고 뒤에 엑세스되는 PROBE 테이블로 수행되어도 된다. 중요한 것은 하나의 테이블과 하나의 인라인 뷰가 해쉬 조인을 수행할 경우 더 적은 데이터가 추출되는 테이블이 BUILD 테이블로 수행되어 해쉬 영역을 빠르게 구성해야 한다는 것이다. 위의 경우에는 인라인 뷰에서 추출되는 데이터가 더 많다고 가정했으므로 인라인 뷰는 뒤에 엑세스되는 PROBE 테이블로 수행되어야 성능을 보장받을 수 있을 것이다. 인라인 뷰의 엑세스 순서가 결정되었다면 이제는 인라인 뷰 및 해당 테이블을 어떻게 엑세스할 것인가를 결정해야 할 것이다. 전체 테이블의 데이터에서 3%~5% 미만을 엑세스한다면 인덱스를 이용하는 것이 유리하며 3%~5% 이상을 엑세스한다면 테이블 전체 스캔을 이용하는 것이 유리하다. 물론 전체 데이터의 3%~5% 미만이라는 기준은 상대적이다. 대용량 테이블이라면 이보다 수치는 더 낮아진다. 또한 테이블을 전체 스캔한다면 테이블의 병렬 프로세싱도 고려해야 할 것이다.

이처럼 병합 불가능 인라인 뷰에서 해쉬 조인을 이용한다면 병합 불가능 인라인 뷰와 조인에 참여하는 다른 테이블과 비교하여 추출되는 데이터가 적은 테이블을 BUILD 테이블로 수행해야 성능을 향상시킬 수 있을 것이다. 이는 두 개 이상의 인라인 뷰에 대해 해쉬 조인을 수행할 경우에도 동일하다.

병합 불가능 인라인 뷰가 FROM 절에 사용되어 조인을 수행할 때 대용량 데이터를 처리하는 SQL이라면 해쉬 조인을 주로 이용해야 한다. 적은 양의 데이터를 처리하는 경우라면 중첩 루프 조인으로 변경하고 인라인 뷰가 DRIVING 테이블 역할을 수행해야 한다. 또한 주 쿼리에 인라인 뷰의 처리 범위를 감소시킬 수 있는 조건이 있다면 병합 가능 인라인 뷰로 변경하는 것도 필요하며 필요에 따라 중간에 해쉬 조인을 이용할 수도 있을 것이다. 이와 같이 병합 불가능 인라인 뷰는 중첩 루프 조인에서는 DRIVING 테이블로 수행되는 것이 그나마 유리하며 해쉬 조인에서는 인라인 뷰에 상관 없이 해쉬 조인의 성능 최적화 방법을 따른다.

✓ 병합 가능 인라인 뷰의 응답 속도를 최적화하자.

병합 가능 인라인 뷰의 조인과 병합 불가능 인라인 뷰의 조인은 많은 점에서 차이가 있다. 이것이 성립 되려면 주 쿼리에 인라인 뷰의 처리 범위 감소 조건이 있어야 한다. 병합 가능 인라인 뷰의 응답 속도에 대한 내용도 중첩 루프 조인과 해쉬 조인으로 구분하여 살펴보자.

첫 번째로, 인라인 뷰가 주 쿼리와 합쳐지는 병합 가능 인라인 뷰의 조인이 중첩 루프 조인으로 수행된 경우를 살펴보자.

```
예 제
SQL> SELECT B.고객명, B.연락처, A.보험만기일, A.월납입료
       FROM (SELECT 고객번호, 보험만기일, 월납입료, 연체여부, 납입기간
               FROM 가입정보
              WHERE 보험만기일 > TO_CHAR(SYSDATE-90, 'YYYYMMDD')
                AND 최초가입일 > '20050501'
             ) A,
             고객정보 B
        WHERE A.고객번호 = B.고객번호
          AND B.연령 BETWEEN '20' AND '40'
          AND B.성별 = '남'
          AND A.연체여부 = '없음'
          AND A.납입기간 = '10';
```

위의 SQL에서는 인라인 뷰 병합이 발생하여 주 쿼리와 인라인 뷰가 합쳐졌다고 가정하자. 그렇다면 아래와 같은 SQL이 수행될 것이다.

Chapter 4 . 인라인 뷰는 반드시 사용된다

```
예 제
SQL> SELECT B.고객명, B.연락처, A.보험만기일, A.월납입료
       FROM 가입정보 A,
            고객정보 B
       WHERE A.고객번호 = B.고객번호
       AND B.연령 BETWEEN '20' AND '40'
       AND B.성별 = '남'
       AND A.연체여부 = '없음'
       AND A.납입기간 = '10'
       AND A.보험만기일 > TO_CHAR(SYSDATE-90, 'YYYYMMDD')
       AND A.최초가입일 > '20050501' ;
```

주 쿼리와 인라인 뷰가 합쳐져 위와 같이 간단한 조인 SQL로 변환된다. 위의 SQL은 중첩 루프 조인으로 수행되며 인라인 뷰의 테이블인 가입정보 테이블이 먼저 엑세스된다고 가정하자. 그렇다면 인라인 뷰의 테이블인 가입정보 테이블이 DRIVING 테이블 역할을 수행하고 고객정보 테이블은 INNER 테이블 역할을 수행할 것이다.

```
실행 계획
SELECT STATEMENT
 NESTED LOOP
  TABLE ACCESS (BY INDEX ROWID) OF '가입정보'
   INDEX (RANGE SCAN) OF '가입정보_IDX'
  TABLE ACCESS (BY INDEX ROWID) OF '고객정보'
   INDEX (RANGE SCAN) OF '고객정보_IDX'
```

인라인 뷰에 먼저 엑세스하고 고객정보 테이블을 뒤에 엑세스한다면 위와 같이 실행 계획이 생성될 것이다. 물론 각 테이블이 이용할 수 있는 인덱스가 있다면 위의 실행 계획과 같이 각 인덱스를 이용할 것이다.

실행 계획을 확인해 보면 가입정보 테이블을 DRIVING 테이블로 수행하고 고객정보 테이블을 INNER 테이블로 실행하고 있음을 알 수 있다. 중첩 루프 조인의 경우 DRIVING 테이블은 한 번 엑세스되며 INNER 테이블은 DRIVING 테이블에서 추출되는 데이터 건수 만큼 반복 엑세스된다. 결국 가입정보 테이블에서 추출되는 데이터 건수만큼 고객정보 테이블이 반복 엑세스된다. 중첩 루프 조인에서는 INNER 테이블의 반복 엑세스의 최적화가 성능을 향상시키는 가장 중요한 요소다. 그러므로 고객정보 테이블에는 최적화된 인덱스가 반드시 있어야 한다. 고객정보 테이블의 WHERE 조건을 살펴보면 연령 조건

과 성별 조건이 있다. 또한 중첩 루프 조인에서 INNER 테이블은 조인 조건을 상수로 제공받기 때문에 WHERE 조건으로 사용될 수 있으며 해당 조건은 INNER 테이블을 효율적으로 엑세스하기 위한 중요한 조건이 된다. 따라서 고객번호 조건도 WHERE 조건으로 간주해야 한다. 그렇다면 INNER 테이블의 최적화된 엑세스를 위해 필요한 인덱스는 어떻게 구성해야 하는가? 점 조건과 선분 조건이 WHERE 조건에 동시에 존재할 경우 최적의 인덱스는 점 조건+선분 조건으로 생성되어야 한다. 그러므로 고객정보 테이블에는 고객번호+성별+연령 인덱스나 성별+고객번호+연령 인덱스가 있어야 한다. 위와 같이 인덱스가 존재한다면 INNER 테이블의 엑세스는 주어진 조건을 모두 이용하여 최적화된 엑세스를 수행할 것이다.

그렇다면 DRIVING 테이블로 수행되는 인라인 뷰의 가입정보 테이블은 어떠한가? 인라인 뷰에서 사용 가능한 조건을 확인해 보면 보험만기일 조건, 최초가입일 조건, 연체여부 조건, 납입기간 조건을 가입정보 테이블에서 사용할 수 있다. 이는 병합 가능 인라인 뷰이기 때문에 가능한 일이다. 해당 조건들로부터 가입정보 테이블에서 추출되는 데이터가 테이블 전체 데이터 중 3%~5% 이하이면 인덱스를 생성해야 할 것이다. 조건들로 인덱스를 생성한다면 점 조건+선분 조건 순서로 생성해야 한다. 따라서 연체여부+납입기간+보험만기일+최초가입일 인덱스로 생성해야 한다. 해당 인덱스는 점 조건들 사이에서 순서를 변경할 수 있다. 선분 조건들 사이에서는 연산자를 고려하여 처리 범위를 가장 많이 감소시키는 컬럼이 앞에 있어야 하며 나머지 선분 조건들은 확인 랜덤 엑세스를 제거하는 역할을 수행하므로 순서가 변경되어도 무방하다.

반대로 고객정보 테이블이 먼저 엑세스되고 인라인 뷰가 뒤에 엑세스되는 경우를 살펴보자.

```
예 제
SQL> SELECT B.고객명, B.연락처, A.보험만기일, A.월납입료
       FROM 고객정보 B,
            가입정보 A
      WHERE A.고객번호 = B.고객번호
        AND B.연령 BETWEEN '20' AND '40'
        AND B.성별 = '남'
        AND A.연체여부 = '없음'
        AND A.납입기간 = '10'
        AND A.보험만기일 > TO_CHAR(SYSDATE-90, 'YYYYMMDD')
        AND A.최초가입일 > '20050501';
```

앞서 언급한 것과 마찬가지로 인라인 뷰 병합이 발생하여 위와 같은 SQL이 수행될 것이다. 위의 SQL에서는 고객정보 테이블이 DRIVING 테이블로 수행되고 인라인 뷰의 가입정보 테이블이 INNER 테이블로

수행되었다고 가정하자.

  중첩 루프 조인에서 뒤에 엑세스되는 INNER 테이블 역할을 수행하는 인라인 뷰의 가입정보 테이블을 살펴보자. 해당 인라인 뷰는 병합 가능 인라인 뷰이므로 인라인 뷰에서 사용 가능한 조건으로는 연체여부 조건, 납입기간 조건, 보험만기일 조건, 최초가입일 조건이 있다. 또한 INNER 테이블은 조인 조건을 상수로 제공받기 때문에 조인 조건인 고객번호 조건도 WHERE 조건으로 취급된다. 중첩 루프 조인에서는 반복 엑세스되는 INNER 테이블의 최적화된 엑세스가 응답 속도 향상에서 가장 중요한 항목이 된다. 인라인 뷰에 사용된 가입정보 테이블에 인덱스를 생성한다면 어떤 인덱스가 좋겠는가? 점 조건과 선분 조건을 고려하여 고객번호+연체여부+납입기간+보험만기일+최초가입일 인덱스를 생성한다면 위의 조인 SQL에서 최적의 인덱스가 될 것이다. 물론 이 인덱스도 점 조건들 사이에서는 위치를 변경해도 된다. 선분 조건들 중에는 연산자를 고려하여 처리 범위를 가장 많이 감소시키는 컬럼이 앞에 있어야 할 것이다.

  예제 SQL에서 먼저 엑세스되는 DRIVING 테이블인 고객정보 테이블을 살펴보자. 고객정보 테이블은 원하는 데이터를 최적으로 엑세스하면 된다. 따라서 고객정보 테이블에서 추출되는 조건을 만족하는 데이터가 고객정보 테이블의 전체 데이터 중 3%~5% 미만이라면 인덱스 스캔이 유리하며 그 이상이라면 테이블 전체 스캔이 유리하다. 물론 대용량 테이블이라면 기준 수치는 더 낮아질 것이다. 위의 경우 고객정보 테이블에서 추출되는 데이터의 건수가 적다면 인덱스를 생성해야 한다. 그렇다면 점 조건과 선분 조건을 고려하여 인덱스는 성별+연령으로 생성되어야 할 것이다.

  위와 같이 DRIVING 테이블과 INNER 테이블에 필요한 각 인덱스를 고객정보_IDX와 가입정보_IDX로 생성한다면 실행 계획이 아래와 같이 생성될 것이다.

```
실행 계획
SELECT STATEMENT
  NESTED LOOP
    TABLE ACCESS (BY INDEX ROWID) OF  '고객정보'
      INDEX (RANGE SCAN) OF   '고객정보_IDX'
    TABLE ACCESS (BY INDEX ROWID) OF  '가입정보'
      INDEX (RANGE SCAN) OF   '가입정보_IDX'
```

  두 번째로, 주 쿼리와 합쳐지는 병합 가능 인라인 뷰가 해쉬 조인으로 수행되는 경우를 살펴보자. 인라인 뷰의 가입정보 테이블이 먼저 엑세스되고 고객정보 테이블이 뒤에 엑세스되면 어떻게 되는가?

예 제

```
SQL> SELECT /*+ ORDERED USE_HASH(A,B) */
            B.고객명, B.연락처, A.보험만기일, A.월납입료
       FROM (SELECT 고객번호, 보험만기일, 월납입료, 연체연부, A.납입기간
              FROM 가입정보
              WHERE 보험만기일 > TO_CHAR(SYSDATE-90,'YYYYMMDD')
              AND 최초가입일 > '20050501'
             ) A,
             고객정보 B
       WHERE A.고객번호 = B.고객번호
       AND B.연령 BETWEEN '20' AND '40'
       AND B.성별 = '남'
       AND A.연체여부 = '없음'
       AND A.납입기간 = '10' ;
```

위와 같이 힌트를 이용하여 인라인 뷰를 BUILD 테이블로 수행시키고 고객정보 테이블을 PROBE 테이블로 수행시킬 수 있다. 물론 힌트를 설정하지 않아도 옵티마이져가 해쉬 조인으로 해당 SQL을 수행할 수도 있다. 위의 SQL에서는 힌트에 의해 인라인 뷰가 먼저 엑세스되고 고객정보 테이블이 뒤에 엑세스된다. 인라인 뷰가 먼저 엑세스되므로 인라인 뷰에서 추출되는 데이터에 의해 해쉬 영역이 구성된다. 해쉬 영역이 구성된 후에는 뒤에 엑세스되는 고객정보 테이블에서 조건을 만족하는 데이터를 추출하여 해쉬 영역과 조인을 수행한다.

위와 같이 수행되면서 인라인 뷰에서 추출되는 데이터가 적다면 반드시 인덱스를 이용해야 한다. 위의 경우는 병합 가능 인라인 뷰이므로 주 쿼리와 인라인 뷰의 SQL이 하나로 합쳐진다. 따라서 아래와 같이 SQL이 옵티마이져에 의해 변형되어 수행될 것이다.

Chapter 4. 인라인 뷰는 반드시 사용된다

> **예제**
> ```
> SQL> SELECT /*+ ORDERED USE_HASH(A,B) */
>             B.고객명, B.연락처, A.보험만기일, A.월납입료
>        FROM 가입정보 A,
>             고객정보 B
>       WHERE A.고객번호 = B.고객번호
>         AND B.연령 BETWEEN '20' AND '40'
>         AND B.성별 = '남'
>         AND A.연체여부 = '없음'
>         AND A.납입기간 = '10'
>         AND A.보험만기일 > TO_CHAR(SYSDATE-90,'YYYYMMDD')
>         AND A.최초가입일 > '20050501' ;
> ```

위와 같이 SQL이 수행되는 경우 인덱스는 점 조건과 선분 조건을 감안하여 가입정보 테이블에서는 연체여부+납입기간+보험만기일+최초가입일로 인덱스를 구성하면 된다. 물론 점 조건들 사이에서는 위치를 변경해도 무방하다. 연산자를 고려하여 처리 범위를 가장 많이 감소시키는 컬럼을 선분 조건들 중에서 가장 앞에 위치시키며 나머지 선분 조건은 순서가 변경되어도 무방하다. PROBE 테이블로 역할을 수행하는 고객정보 테이블도 동일하다. 조건을 만족하는 데이터가 적다면 인덱스를 이용해야 하며 점 조건과 선분 조건을 고려하여 점 조건+선분 조건의 형태인 성별+연령으로 인덱스를 생성해야 한다. 여기서 조인 조건인 고객번호 조건은 해쉬 조인에서는 상수화가 되지 않으므로 뒤에 엑세스되는 고객정보 테이블에서 WHERE 조건으로 사용되지 않는다.

> **실행 계획**
> ```
> SELECT STATEMENT
>   HASH JOIN
>     TABLE ACCESS (BY INDEX ROWID) OF '가입정보'
>       INDEX (RANGE SCAN) OF '가입정보_IDX'
>     TABLE ACCESS (BY INDEX ROWID) OF '고객정보'
>       INDEX (RANGE SCAN) OF '고객정보_IDX'
> ```

위와 같이 각 테이블이 인덱스를 이용한다면 실행 계획은 인덱스를 이용하는 형태로 생성될 것이다.

반대의 경우를 확인해 보자. 인라인 뷰는 PROBE 테이블로 역할을 수행하며 고객정보 테이블은 BUILD 테이블로 역할을 수행한다고 가정하자. 이와 같이 수행되어도 실행 방법은 앞의 경우와 거의 유사하다.

병합 가능 인라인 뷰의 응답 속도를 최적화하자

> **예제**
> ```
> SQL> SELECT /*+ ORDERED USE_HASH(B,A) */
>             B.고객명, B.연락처, A.보험만기일, A.월납입료
>      FROM 고객정보 B,
>           (SELECT 고객번호, 보험만기일, 월납입료, 연체연부, 납입기간
>            FROM 가입정보
>            WHERE 보험만기일 > TO_CHAR(SYSDATE-90, 'YYYYMMDD')
>            AND 최초가입일 > '20050501'
>           ) A
>      WHERE A.고객번호 = B.고객번호
>      AND B.연령 BETWEEN '20' AND '40'
>      AND B.성별 = '남'
>      AND A.연체여부 = '없음'
>      AND A.납입기간 = '10' ;
> ```

위와 같이 힌트를 이용하여 고객정보 테이블을 BUILD 테이블로 인라인 뷰의 가입정보 테이블을 PROBE 테이블로 지정하여 SQL을 수행할 수 있다. 물론 힌트를 설정하지 않아도 옵티마이저에 의해 위와 같이 실행 계획이 생성될 수도 있다. SQL의 수행 방식은 인라인 뷰가 주 쿼리와 합쳐지면서 앞서 언급한 해쉬 조인의 수행 방식과 동일하다. 단지 BUILD 테이블과 PROBE 테이블의 역할만 바뀐다. 그렇기 때문에 먼저 엑세스되는 고객정보 테이블에서 조건을 만족하는 데이터를 추출하여 해쉬 영역을 생성한다. 또한 인라인 뷰에 엑세스하여 추출되는 데이터에 대해 앞서 생성된 해쉬 영역과 조인을 수행한다. 이와 같이 수행되는 경우 BUILD 테이블이나 PROBE 테이블에 대해 추출되는 데이터가 해당 테이블의 3%~5% 미만이라면 처리 범위를 감소시키는 인덱스를 생성하여 해당 인덱스를 이용해야 할 것이다. 반대로 테이블의 3%~5% 이상을 엑세스한다면 테이블을 전체 스캔하는 것이 더 유리하다. 또한 테이블 전체 스캔 시에는 병렬 프로세싱을 이용할 수도 있을 것이다.

> **실행 계획**
> ```
> SELECT STATEMENT
>   HASH JOIN
>     TABLE ACCESS (BY INDEX ROWID) OF '고객정보'
>       INDEX (RANGE SCAN) OF '고객정보_IDX'
>     TABLE ACCESS (BY INDEX ROWID) OF '가입정보'
>       INDEX (RANGE SCAN) OF '가입정보_IDX'
> ```

예제 SQL은 위와 같이 실행 계획이 생성되어 고객정보 테이블이 BUILD 테이블로 수행되고 인라인 뷰의 가입정보 테이블이 PROBE 테이블로 수행된다. 각 테이블에 필요한 인덱스는 앞서 언급한 고객정보 테

이블이 BUILD 테이블로 역할을 수행하고 가입정보 테이블이 PROBE 테이블로 수행되는 경우와 동일하다.

병합 가능 인라인 뷰가 해쉬 조인을 이용하는 경우 어떤 테이블이 BUILD 테이블이 되고 어떤 테이블이 PROBE 테이블이 되는지는 응답 속도 최적화에 있어서 매우 중요하다. 조인에 참여하는 테이블과 인라인 뷰 중 조건을 만족하는 데이터가 더 적은 집합이 해쉬 조인에서는 먼저 엑세스되어 BUILD 테이블의 역할을 수행해야 할 것이다. 물론 병합 가능 인라인 뷰이므로 주 쿼리의 조건 중 인라인 뷰에 해당하는 조건은 인라인 뷰의 처리 범위를 감소시킨다. 이와 같은 원칙에 의해 해쉬 조인을 수행한다면 보다 적은 데이터로 해쉬 영역을 생성할 수 있기 때문에 해쉬 조인에서 가장 큰 성능 저하를 발생시키는 해쉬 영역 구성을 최적화할 수 있을 것이다. 이처럼 BUILD 테이블과 PROBE 테이블이 결정되었다면 그 다음에 결정해야 할 부분은 BUILD 테이블과 PROBE 테이블에 대해 조건을 만족하는 데이터를 추출하기 위해 인덱스를 사용할 것인가이다. 테이블의 데이터 중 적은 양의 데이터에 엑세스한다면 반드시 인덱스를 생성해야 하며 테이블의 많은 데이터를 추출한다면 테이블 전체 스캔이 유리하다. 테이블 전체 스캔을 이용한다면 앞서 언급한 바와 같이 병렬 프로세싱을 이용한 테이블 전체 스캔도 고려할 수 있다.

앞에서 알아본 것과 같이 병합 가능 인라인 뷰는 일반 해쉬 조인이나 일반 중첩 루프 조인의 최적화 방법과 동일한 방법으로 최적화를 수행해야 할 것이다. 다만 병합 가능 인라인 뷰에서는 주 쿼리의 조건 중 인라인 뷰에 관련된 조건이 인라인 뷰의 처리 범위를 감소시킬 수 있다는 것이다. 병합 불가능 인라인 뷰의 경우에도 주 쿼리의 조건 중 인라인 뷰와 관련된 조건이 있더라도 인라인 뷰의 처리 범위를 감소시키지 못한다. 이러한 상항을 정확하게 이해하여 조인 방식 및 조인 순서를 결정해야 할 것이다. 결국 인라인 뷰의 사용 여부에 상관없이 조인의 성능은 기존에 언급한 중첩 루프 조인의 성능 향상을 위한 방법 또는 해쉬 조인의 성능 향상을 위한 방법을 따른다. 단지 인라인 뷰 병합이 발생한다면 주 쿼리의 조건 중 인라인 뷰의 조건이 처리 범위를 감소시키는 역할을 수행하게 되고 인라인 뷰 병합이 불가능한 인라인 뷰라면 주 쿼리의 조건 중 인라인 뷰의 조건이 처리 범위를 감소시키는 역할을 수행하지 못한다. 이는 인라인 뷰 병합의 가능이냐 아니냐에 상관없이 조인 최적화의 방법을 그대로 준수하지만 인덱스 선정에는 차이가 발생한다는 의미다. 따라서 인라인 뷰의 조인에서도 일반 조인과 마찬가지로 인라인 뷰의 특성을 정확히 분석하고 최적의 인덱스 선정에 주의해야 할 것이다.

> ☑ 인라인 뷰를 효과적으로 사용하여 전체 SQL의 성능을 향상시키자.

  인라인 뷰는 프로그램에서 많이 사용되는 SQL이다. 따라서 인라인 뷰의 효과적인 작성 방법을 모른다면 많은 어플리케이션에서 비효율이 발생할 것이다. 인라인 뷰의 효과적인 사용은 어려운 것이 아니다. 효과적인 사용법을 익히고 주의한다면 최적화된 인라인 뷰를 사용할 수 있을 것이다. 그렇다면 인라인 뷰를 사용하면서 주의해야 할 점은 무엇인가? 주의해야 할 점은 병합 가능 인라인 뷰와 병합 불가능 인라인 뷰를 정확히 파악하여 올바른 인덱스를 선정해야 한다는 것이다. 이는 병합 가능 인라인 뷰에서 주 쿼리의 조건 중 인라인 뷰의 조건이 인라인 뷰의 처리 범위를 감소시킬 수 있기 때문이다. 물론 해당 조건이 인덱스에서 처리 범위를 감소시킬 수 있는 위치에 포함되어 있어야 할 것이다. 그렇다면 이와 같은 인덱스 선정 이외에는 인라인 뷰에서 고려할 사항이 없는가? 물론 인라인 뷰를 효과적으로 사용하기 위해 추가적으로 고려할 사항이 있다. 병합 가능 인라인 뷰 중 주 쿼리와 인라인 뷰가 합쳐질 때는 인라인 뷰를 사용할 의미가 없을 것이다. 또한 인라인 뷰의 반복적인 사용을 자제해야 하며 데이터를 감소시키는 인라인 뷰를 사용해야 한다. 인라인 뷰를 효과적으로 사용하기 위해서는 아래와 같은 사항을 고려해야 할 것이다.

- 인라인 뷰가 주 쿼리로 합쳐지는 병합 가능 인라인 뷰의 사용 자제
- 인라인 뷰의 반복 사용 자제

  첫 번째로, 인라인 뷰가 주 쿼리로 합쳐지는 병합 가능 인라인 뷰에서 인라인 뷰를 사용하지 않고 간단한 SQL로 작성하는 경우에 대해 살펴보자.

Chapter 4. 인라인 뷰는 반드시 사용된다

```
예 제
SQL> SELECT A.고객명, A.연락처, B.보험만기일, B.월납입료
       FROM 고객정보 B,
            (SELECT 고객번호, 보험만기일, 월납입료, 연체여부, 납입기간
             FROM 가입정보
             WHERE 보험만기일 > TO_CHAR(SYSDATE-90, 'YYYYMMDD')
             AND 최초가입일 > '20050501'
            ) A
       WHERE A.고객번호 = B.고객번호
       AND B.연령 BETWEEN '20' AND '40'
       AND B.성별 = '남'
       AND A.연체여부 = '없음'
       AND A.납입기간 = '10' ;

SQL> SELECT A.고객명, A.연락처, B.보험만기일, B.월납입료
       FROM 고객정보 B,
            가입정보 A
       WHERE A.고객번호 = B.고객번호
       AND B.연령 BETWEEN '20' AND '40'
       AND B.성별 = '남'
       AND A.연체여부 = '없음'
       AND A.납입기간 = '10'
       AND A.보험만기일 > TO_CHAR(SYSDATE-90, 'YYYYMMDD')
       AND A.최초가입일 > '20050501' ;
```

예제의 SQL이 병합 가능 인라인 뷰로 수행되었다고 가정하자. 병합 가능 인라인 뷰이므로 주 쿼리와 인라인 뷰가 하나의 SQL로 합쳐지면서 인라인 뷰가 제거된다. 결국 첫 번째 SQL에서는 인라인 뷰의 병합이 발생하여 두 번째 SQL과 동일한 SQL이 수행될 것이다. 이처럼 병합 가능 인라인 뷰의 경우에 내부적으로 인라인 뷰를 제거할 수 있다면 그렇게 한 후에 SQL을 수행한다.

두 개의 SQL 중 어느 SQL이 관리 및 성능에 더 유리한지 확인해 보자. 첫 번째 SQL은 인덱스를 생성하기 위해 병합 가능 인라인 뷰인지 아닌지를 항상 확인해야 한다. 물론 확인은 실행 계획을 통해 이루어져야 할 것이다. 확인 후 병합 가능 인라인 뷰라면 인라인 뷰 안의 조건과 주 쿼리의 조건을 합쳐 인덱스를 선정해야 한다. 하지만 예제의 두 번째 SQL에서는 WHERE 조건만 확인하고 인덱스를 선정하면 된다. 따라서 두 번째 SQL에 대해 인덱스 선정이 더 정확하게 이루어질 수 있을 것이다. 인덱스는 해당 SQL의 응답 속도를 좌우하므로 매우 중요하다. 따라서 인덱스를 손쉽게 구성할 수 있게 SQL를 작성하는 것이 응답

속도 최적화에 필수적이다.

예제의 두 번째 SQL과 같이 작성하는 것이 실행 계획 제어 및 인덱스 생성 시 유리할 것이다. 그렇다면 위의 경우에 왜 인라인 뷰를 사용한 것일까? 보통의 경우 절차적인 프로그램에 익숙해 있기 때문이다. 어떤 테이블의 특정 데이터와 다른 테이블을 조인하고 여기서 추출된 데이터에 대해 다른 조건을 확인하여 최종적으로 원하는 데이터를 생성하고자 인라인 뷰를 사용한 경우가 많을 것이다. 이렇게 절차적인 SQL을 작성하면 인라인 뷰의 사용은 급격히 증가한다. 이제는 이러한 절차적인 SQL이 아니라 추출하려는 데이터를 하나의 집합으로 보고 원하는 데이터를 추출하는 집합적인 SQL을 작성해야 할 것이다. 집합적인 SQL을 작성해야만 인덱스 선정 및 실행 계획 제어의 편의성이 증대되어 최적화된 SQL를 작성할 수 있을 것이다.

두 번째로, 인라인 뷰의 반복 사용 자제에 대해 살펴보자. 인라인 뷰를 사용하다 보면 인라인 뷰를 여러 번 사용하는 경우가 자주 발생한다. 인라인 뷰를 반복해서 사용하면 많은 문제가 발생할 수 있다. SQL을 작성해본 개발자라면 인라인 뷰의 반복 사용에 의한 문제를 경험해 본적이 적어도 한 번은 있을 것이다. 인라인 뷰의 반복 사용을 분석하고, 문제를 해결할 수 있는 방법에 대해 살펴보자.

예 제

```sql
SQL> SELECT M1.KEY1, M1.KEY2, M1,KEY3, M1.KEY4,
            M1.COL1, M1.COL2, T2.COL3, M2.COL4,
            M2.COL5, M2.COL6, M3.COL7, M3.COL5,
            ROW_NUMBER() (PARTITION BY M3.COL7 ORDER BY M2.COL6)
       FROM (SELECT T1.KEY1, T1.KEY2, T1,KEY3, T1.KEY4,
                    T1.COL1, T1,COL2, T2.COL3, T1.구분
               FROM (SELECT L.KEY1, L.KEY2, L.KEY3, L.KEY4, L.COL1, C.구분
                            ROW_NUMBER() (PARTITION BY L.ID1
                                ORDER BY C.COL2) COL2
                       FROM H216 L, H209 C
                      WHERE L.KEY1 = C.KEY1
                        AND L.KEY2 = C.KEY2
                        AND L.KEY3 = C.KEY3
                        AND C.구분 = '01'
                        AND C.등록일자 = '2006-09-30'
                        AND C.처리일자 = '2007-03-21'
                    ) T1,
                    (SELECT L.KEY1, L.KEY2, L.KEY3, L.KEY4, L.COL1, E.구분
                            ROW_NUMBER() (PARTITION BY L.ID1
                                ORDER BY E.COL1) COL3
                       FROM H216 L, H421 E
                      WHERE L.KEY1 = E.KEY1AND L.KEY2 = E.KEY2
                        AND L.KEY4 = E.KEY4
                        AND E.구분 = '01'
                        AND E.등록일자 = '2006-09-30'
                        AND E.처리일자 = '2007-03-21'
                    ) T2
              WHERE T1.KEY1 = T2.KEY1
                AND T1.KEY2 = T2.KEY2
                AND T1.KEY3 = T2.KEY3
                AND T1.KEY4 = T2.KEY4
            ) M1,
            H421 M2,
            H209 M3
      WHERE M1.KEY1 = M2.KEY1
        AND M1.KEY2 = M2.KEY2
        AND M1.KEY3 = M2.KEY3
        AND M1.KEY1 = M3.KEY1
        AND M1.KEY2 = M3.KEY2
        AND M1.KEY4 = M3.KEY4
        AND M1.구분 = '01'
        AND M2.등록일자 = '2006-09-30'
        AND M3.처리일자 = '2007-03-21';
```

위의 SQL에서는 인라인 뷰가 3번 사용되었다. 실무에서는 인라인 뷰를 4번 이상 사용하는 SQL도 자주 본다. 인라인 뷰를 최적화하여 3번 사용했거나 적은 양의 데이터에 대해 인라인 뷰를 3번 사용했다면 예제 SQL은 성능 저하 없이 빠른 응답 속도를 보장할 수 있을 것이다. 위에서 사용된 H216, H209, H421 테이블이 각각 10GB, 20GB, 30GB의 대용량 테이블이라고 가정하자. SQL이 복잡한 것도 문제지만 가장 중요한 것은 인라인 뷰를 수행할 때마다 처리되어야 할 데이터가 감소하느냐이다. 예제의 인라인 뷰를 많이 사용하여 복잡해진 SQL의 문제점을 살펴보자.

H209 테이블과 H421 테이블은 1:M 관계이며 각 테이블은 H216 테이블과 M:1 관계에 있다고 가정하자. T1 인라인 뷰에서는 전체 100만 건 중에 10만 건의 데이터가 추출된다고 가정하자. 또한 T2 인라인 뷰에서는 전체 300만 건 중에 20만 건의 데이터가 추출된다고 가정하자. T1 인라인 뷰와 T2 인라인 뷰에서는 전체 데이터에서 분명히 많은 데이터가 감소하였다. 여기서 T1 인라인 뷰와 T2 인라인 뷰는 1:M의 관계가 된다. 이는 H209 테이블과 H421 테이블은 1:M의 관계이며 T1 인라인 뷰는 H209 테이블에 의해 데이터가 추출되고 T2 인라인 뷰는 H421 테이블에 의해 데이터가 추출되기 때문이다. 그렇다면 M1 인라인 뷰를 확인해 보자. T1 인라인 뷰와 T2 인라인 뷰가 1:M의 관계이므로 M1 인라인 뷰에서 추출되는 데이터가 모두 조인에 성공한다면 20만건 이상의 데이터가 추출될 것이다. 주 쿼리를 수행하는 순간 M1 인라인 뷰는 H209 테이블 및 H421 테이블과 조인을 수행하므로 M1 인라인 뷰에서 추출되는 데이터보다 더 많은 데이터가 추출될 것이다. 결국 인라인 뷰를 수행하면 수행할수록 추출되는 데이터가 증가하고 있다. 바로 이러한 점이 인라인 뷰를 악성 SQL로 만드는 가장 큰 원인이다. 인라인 뷰를 수행할수록 처리해야 할 데이터가 감소하거나 적어도 동일하다면 인라인 뷰에 의해 발생하는 성능 저하는 적을 수 있다. 하지만 인라인 뷰를 수행하면 할수록 처리해야 될 데이터가 증가한다면 해당 SQL의 응답 속도는 엄청 저하될 것이다.

또 하나의 문제점은 테이블의 엑세스에 있다. H421 테이블과 H209 테이블의 크기는 각각 30GB와 20GB이다. 위의 SQL에서는 해당 테이블을 2번씩 엑세스하고 있다. 테이블을 전체 스캔한다면 2번씩 전체 스캔을 수행하므로 100GB에 달하는 엄청난 양을 스캔하게 된다. 이와 같이 SQL을 수행한다면 어떻게 응답 속도를 보장하겠는가? 두 개의 테이블에 엑세스하고 테이블 크기가 100GB라면 빠른 응답 속도를 기대할 수 없다.

추가적으로 인라인 뷰에서는 인덱스를 생성할 수 없기 때문에 인라인 뷰로 한 번 생성되어 가공되는 집합은 메모리에서 전체 스캔을 계속 수행한다. 따라서 위의 경우 T1에서 추출된 데이터와 T2에서 추출된 데이터는 설정되는 조건에 상관없이 다음 단계부터는 메모리에서 전체를 엑세스해야 한다. 조건이 있다면 메모리에서 전체를 엑세스한 후에 조건에 만족하는 않는 데이터를 버리게 되므로 확인의 역할을 수행한다. 이와 같이 확인의 역할을 수행하여 버려지는 데이터가 많다면 성능 저하는 심화될 것이다.

이와 같은 여러 문제에 의해 예제 SQL은 성능을 절대로 보장받을 수 없다. 그렇다면 예제 SQL을 어떻게 최적화해야 하는가? 인라인 뷰의 개수를 감소시키고 반복 엑세스하던 테이블에 한 번만 엑세스하도록 SQL을 작성해야 한다. 많은 개발자들이 이야기하는 것을 보면 테이블을 2번, 3번 엑세스하고 싶어서 엑세스하는 것이 아니라 업무 요건이 어렵고 복잡하기 때문에 2번, 3번 엑세스해야 한다고 말한다. 하지만 대부분의 SQL을 분석해 보면 동일 테이블을 2번 이상 엑세스해야 하는 경우는 그렇게 흔치 않다. SQL은 절차적 언어가 아니라 집합적 언어다. 집합적 언어이기 때문에 테이블에 여러 번 엑세스할 필요가 없다. 한 번만 엑세스하여 데이터를 원하는 형태로 가공할 수 있고 원한다면 엑세스한 데이터를 2개 또는 그 이상으로 복제할 수도 있다. 이러한 작업이 집합적인 언어에서 가능한데 왜 대용량 테이블을 2번 이상 엑세스하려 하는가? 이제부터 대용량 테이블을 한 번만 엑세스하도록 노력해야 할 것이다. 이와 같은 일련의 활동을 통해 동일 테이블을 한 번씩만 엑세스하면 자연스럽게 인라인 뷰의 사용도 감소한다.

위의 SQL에서 두 번씩 엑세스하는 테이블을 확인해 보면 비효율을 찾을 수 있다. T1 인라인 뷰나 T2 인라인 뷰에서는 각각 H209 테이블 및 H421 테이블 기준으로 데이터가 추출된다. 이는 두 테이블이 H216 테이블과는 M:1의 관계에 있기 때문이다. T1 인라인 뷰에서 엑세스하는 H209 테이블의 데이터는 구분 컬럼의 값이 '1'이며 등록일자 컬럼은 '2006-09-30'이다. 또한 처리일자 컬럼의 값은 '2007-03-21'를 만족하는 데이터이다. M1과 M2의 조인 조건을 확인해 보면 T1의 조인 조건과 동일하다. 따라서 동일한 데이터에 계속 엑세스하는 결과가 된다. T2와 M3의 경우도 동일하다. SQL을 아래와 같이 최적화할 수 있을 것이다.

예제

```sql
SQL> SELECT T1.KEY1, T1.KEY2, T1,KEY3, T1.KEY4,
            T2.COL1, T1.COL2, T2.COL3, T2.COL4,
            T2.COL5, T2.COL6, T1.COL7, T1.COL8
            ROW_NUMBER() (PARTITION BY M3.COL7 ORDER BY M2.COL6)
       FROM (SELECT L.KEY1, L.KEY2, L.KEY3, L.KEY4, L.COL1
                    ROW_NUMBER() (PARTITION BY L.ID1
                        ORDER BY C.COL2) COL2,
                    C.COL7, C.COL5,
               FROM H216 L, H209 C
               WHERE L.KEY1 = C.KEY1
               AND L.KEY2 = C.KEY2
               AND L.KEY3 = C.KEY3
               AND C.구분 =  '01'
               AND C.등록일자 =  '2006-09-30'
               AND C.처리일자 =  '2007-03-21'
            ) T1,
            (SELECT L.KEY1, L.KEY2, L.KEY3, L.KEY4, L.COL1
                    ROW_NUMBER() (PARTITION BY L.ID1
                        ORDER BY E.COL1) COL3,
                    E.COL4, E.COL5, E.COL6,
               FROM H216 L, H421 E
               WHERE L.KEY1 = E.KEY1
               AND L.KEY2 = E.KEY2
               AND L.KEY4 = E.KEY4
               AND E.구분 =  '01'
               AND E.등록일자 =  '2006-09-30'
               AND E.처리일자 =  '2007-03-21'
            ) T2
      WHERE T1.KEY1 = T2.KEY2
      AND T1.KEY2 = T2.KEY2
      AND T1.KEY3 = T2.KEY3
      AND T1.KEY4 = T2.KEY4;
```

잘못된 반복 엑세스를 하나 제거함으로써 50GB 정도의 데이터에 엑세스하지 않아도 되며 이전과 비교하여 인라인 뷰의 감소로 최적화된 SQL 자체가 간단해지므로 운영 시에도 많은 장점이 생긴다.

이제부터 절차적 SQL이 아니라 집합적 SQL을 고려하여 최대한 동일 테이블의 반복 엑세스를 자제하기 바란다. 동일 테이블의 반복 엑세스를 자제한다면 인라인 뷰를 여러 번 엑세스해야할 일도 자연스럽게 감소한다. 위의 예는 실제 어느 프로젝트에서 있었던 사례이며 이와 같이 수정함으로써 30분 동안 수행되던 기존 SQL이 2분만에 정상적으로 종료하였다. 이 얼마나 안타까운 일인가? 조금만 신경썼다면 최적화할 수 있는 SQL을 악성 SQL로 수행한다는 것이 너무 안타까운 일이다. 이러한 현상은 비단 몇 개의 사이트에서만 발생하는 것은 아닌 것 같다. 아직도 많은 사이트에서 이와 같은 현상이 발생하고 있다.

인라인 뷰를 많이 사용하면 SQL의 길이는 길어지면서 성능은 저하된다. 또한 SQL을 최적화하기도 힘들어진다. SQL의 길이가 1,000줄이 넘으면 SQL을 읽는 데만 몇 시간 아니 몇 일이 소요될 수 있기 때문이다. SQL이 길어지면서 성능이 저하되는 현상을 보이는 SQL에는 공통점이 있다. 이러한 공통점만 잘 파악하고 있다면 SQL을 최적화하는 일이 수월할 것이다. 물론 이러한 SQL의 공통점은 많은 인라인 뷰를 사용한다는 것이다. 이와 같은 SQL들의 공통점은 아래와 같다.

- 인라인 뷰의 과다한 사용
- UNION ALL 집합 연산자 또는 UNION 집합 연산자의 반복 사용
- 동일 테이블에 대한 반복 엑세스

앞의 SQL도 UNION ALL 집합 연산자나 UNION 집합 연산자를 제외하고는 위에 정리된 사항이 모두 보이는 SQL이다. 그 길이가 길고 성능을 저하시키는 SQL에서는 반드시 위의 3가지 현상이 발견될 것이다. 왜 이와 같은 공통점이 발견되는 것인가? 결론부터 말하면 절차적인 처리를 하기 때문이다. 원하는 데이터가 두 개의 테이블에 있다면 우선 두 테이블을 UNION ALL로 연결한다. 이와 같이 만들어진 데이터에 대해 또 다시 UNION ALL에 사용된 테이블의 다른 형태의 데이터가 필요하다면 해당 테이블에 한 번 더 엑세스한다. 이와 같은 과정 중 집합 단위마다 인라인 뷰를 사용하여 SQL을 처리한다. 결국 이와 같은 절차적인 처리를 수행하기 때문에 인라인 뷰의 반복 사용이 발생한다. 그렇다면 이와 같은 현상을 제거하기 위해서는 어떻게 해야 하는가? 정답은 동일 테이블을 한 번만 엑세스하게 하는 것이다. 하나의 테이블을 한 번만 엑세스한다면 앞서 언급했듯이 인라인 뷰가 감소한다. 그렇게 된다면 자연스럽게 SQL의 길이는 짧아지며 성능 최적화도 수월해질 것이다.

인라인 뷰의 반복 사용을 감소시키는 방법 중에 가장 중요한 방법은 원하는 데이터를 추출하기 위해 필요한 테이블을 한 번만 엑세스하게 SQL을 작성해야 한다는 것이다. 이와 같이 SQL에 참여하는 테이블을 한 번씩만 사용한다면 많은 SQL에서 인라인 뷰의 반복 사용을 감소시킬 수 있을 것이다.

한 가지 예를 더 확인해 보자. 아래 예제는 많은 프로젝트에서 흔하게 사용하는 SQL이다.

```
예제
SQL> SELECT 등록일자, 민원인_성명, 민원연락처, 민원요약내용, 해결여부, 처리부서
       FROM ( SELECT ROWNUM RN, 등록일자, 민원인_성명, 민원연락처,
                     민원요약내용, 해결여부, 처리부서
              FROM ( SELECT 등록일자, 민원인_성명, 민원인연락처,
                            민원요약내용, 해결여부, 처리부서
                     FROM 민원요청
                     WHERE 등록일자 > '200701'
                     ORDER BY AA.등록일자 DESC
                   )
            )
       WHERE 순번 BETWEEN 1 AND 10;
```

이 SQL은 인라인 뷰를 2번 사용하였다. 맨 안쪽의 인라인 뷰에서 10,000건의 데이터가 추출된다고 가정하자. 그렇다면 위의 SQL은 가장 안쪽 인라인 뷰에서 10,000건의 데이터가 추출되며 10,000건의 데이터를 등록일자 컬럼의 값으로 모두 내림차순으로 정렬한다. 정렬을 수행한 10,000건의 데이터에 대해 SELECT 절에 ROWNUM 연산자를 통해 순번을 할당한다. 그리고 10,000건의 데이터 중 10건의 데이터만을 결과로 추출한다. 결국 최종적으로 추출하려는 결과는 10건의 데이터에 불과하다. 하지만 10건의 데이터를 추출하기 위해 몇 건을 엑세스했는가? 가장 안쪽 인라인 뷰에 의해 10,000건의 데이터를 엑세스하였으며 10,000건의 데이터에 대해 전체를 엑세스하여 정렬을 수행했다. 또한 정렬된 10,000건에 대해 모든 데이터를 다시 엑세스하여 순번을 할당하고 순번을 할당한 10,000건의 데이터 중 순번이 1번부터 10번까지인 10건의 데이터를 추출한 것이다. 순번이 1번부터 10번까지인 데이터를 추출하기 위해서는 10건의 데이터만 엑세스해서는 안 된다. 그 이유는 순번 컬럼은 가공된 컬럼으로 인덱스를 생성할 수 없기 때문에 데이터베이스는 순번이 유일한 값을 가진다고 간주하지 않는다. 따라서 중복된 순번이 존재할 수 있다고 보기 때문에 무조건 끝까지 데이터를 엑세스해야 한다. 결국 위의 SQL은 10건의 데이터를 추출하기 위해 정렬 때문에 엑세스한 데이터까지 계산하면 디스크와 메모리를 모두 합해 40,000건의 데이터를 엑세스한 것이다.

이와 같이 SQL을 수행한다면 10건의 데이터를 추출하기 위해 너무 많은 데이터에 반복 엑세스한 것이 된다. 이 어찌 비효율이 없다고 말할 수 있겠는가?

> **예 제**
>
> ```
> SQL> SELECT /*+ INDEX_DESC(AA, 민원요청_IDX) */
>              등록일자, 민원인_성명, 민원인연락처, 민원요약내용, 해결여부, 처리부서
>        FROM 민원요청 AA
>        WHERE 등록일자 > '200701'
>        AND ROWNUM <= 10;
> ```

앞서 언급한 SQL을 위와 같이 변경함으로써 모든 것이 해결된다. 기본적인 이론은 민원요청 테이블을 한 번만 엑세스해서 원하는 데이터를 모두 추출할 수 있는 집합적인 SQL을 작성하는 것에 있다. 위와 같이 SQL을 수행하기 위해서는 등록일자 컬럼으로 인덱스를 생성해야 한다. 등록일자 컬럼의 값이 '200701' 보다 큰 값을 만족하는 데이터에 대해 등록일자 인덱스의 밑에서부터 엑세스한다면 등록일자 컬럼의 값 중 가장 큰 값부터 추출된다. 인덱스는 기본적으로 해당 컬럼의 오름차순으로 정렬되어 구성된다. 그렇기 때문에 인덱스의 밑에서부터 위로 인덱스에 엑세스한다면 해당 컬럼의 가장 큰 값부터 결과가 추출된다. 이와 같이 인덱스에 의해 자동으로 정렬되어 추출되는 데이터는 ROWNUM 조건에 의해 10건의 데이터만 추출되면 해당 SQL은 실행을 종료하게 된다. 이 얼마나 간단하게 해결했는가? 위 SQL은 등록일자 컬럼을 만족하는 데이터가 10,000건이라고 하여도 10건의 데이터만을 엑세스하기 때문에 최적의 성능을 보장할 수 있을 것이다.

> **실행 계획**
>
> ```
> SELECT STATEMENT
>   TABLE ACCESS (BY INDEX ROWID) OF 민원요청
>     INDEX (RANGE SCAN DESCENDING) OF 민원요청_IDX
> ```

실행 계획은 위와 같이 반드시 RANGE SCAN DESCENDING으로 생성되어야 할 것이다. 인덱스를 밑에서부터 엑세스하는 INDEX RANGE SCAN DESCENDING을 이용하여 데이터를 추출함으로써 인라인 뷰의 개수를 감소시키고 자동으로 정렬된 데이터를 추출할 수 있다.

인라인 뷰의 개수가 많다고 좋은 SQL은 절대 아니다. 오히려 인라인 뷰의 개수가 많다면 SQL의 성능은 저하될 수 있다. 특히 반복적인 인라인 뷰의 사용에서 데이터가 감소하지 않는다면 인라인 뷰의 사용은 별로 의미가 없게 된다. 의미가 없는 것이 아니라 오히려 성능을 저하킨다. 또한 반복적인 인라인 뷰의 사용은 테이블의 동일 데이터에 대한 반복 엑세스를 높일 가능성이 있다. 테이블의 동일 데이터에 반복 엑세스하는 것을 제거하기 위해서도 인라인 뷰의 반복 사용은 자제되어야 한다. 인라인 뷰 사용 시 고려해야 할 사항이 많다는 것을 잊지 말아야 할 것이다.

인라인 뷰에서 인덱스 선정과 랜덤 엑세스를 제거하자.

인라인 뷰에서도 인덱스의 선정은 매우 중요하다. 인덱스를 생성하는 경우 WHERE 조건 절에 사용되는 컬럼을 기준으로 인덱스 컬럼을 선정해야 한다. WHERE 조건 절에 사용된 컬럼들은 연산자에 의해 점 조건+......+점 조건+선분 조건+......+선분 조건의 순으로 인덱스를 생성해야 한다. 인라인 뷰와 인덱스에서 고려해야 할 몇 가지 사항을 추가로 정리해보자.

- 정렬을 수행하는 컬럼에 대해 인덱스 컬럼으로 추가
- 랜덤 엑세스를 제거하는 컬럼을 인덱스 컬럼으로 추가
- 인라인 뷰에서 추출되는 데이터의 감소

첫 번째로, 정렬 수행 조건을 인덱스에 추가하는 경우에 대해 살펴보자. SQL의 결과가 정렬을 수행해야 되고 정렬에 대한 부담이 많다면 인덱스를 이용한 정렬을 고려해야 한다.

두 번째로, 랜덤 엑세스를 효과적으로 제거하도록 인덱스를 선정해야 한다. 랜덤 엑세스는 인덱스를 사용한 후 테이블에 엑세스하는 것을 의미한다. 인덱스에 포함되지 않은 WHERE 조건을 확인하기 위해 테이블에 엑세스할 수 있으며, SELECT 절에서 조회하는 컬럼의 값을 추출하기 위해 테이블에 엑세스하기도 한다. 이러한 이유에서 확인 또는 추출 랜덤 엑세스가 발생한다. 특히 인덱스에 포함되지 않은 WHERE 조건을 확인하기 위해 테이블에 엑세스하는 확인 랜덤 엑세스를 제거하면 많은 성능 향상을 기대할 수 있다. WHERE 조건의 컬럼이 인덱스에 없다면 해당 컬럼의 값을 확인하기 위해 테이블에 엑세스해야 한다. 테이블에 엑세스하여 조건을 확인하여 조건을 만족하지 않는다면 해당 데이터를 버리게 되는데, 이러한 현상이 많다면 성능은 저하된다. 데이터에 엑세스하는 랜덤 엑세스에 의한 부하와 추출한 데이터를 버려야 하는 부하에 의해 성능이 저하된다. 반면에 SELECT 절의 컬럼 값을 확인하는 추출 랜덤 엑세스는 이미 엑세스한 데이터를 버리지 않는다. 따라서 WHERE 조건을 만족하는지 아닌지를 확인하기 위해 테이블에 엑세스하는 확인 랜덤 엑세스에서는 인덱스 구성을 최적화하여 제거하는 것이 효과적이다. 물론 추출 랜덤 엑세스도 제거할 수 있다면 좋겠지만 그렇게 된다면 SELECT 절의 모든 컬럼을 인덱스에 추가해야 하므로 인덱스의 크기가 증가할 수 있다. 인덱스가 크다면 관리의 어려움이 발생하지만 하나의 인덱스로 많은 SQL을 최적화할 수 있다면 과감한 선택을 할 수도 있을 것이다.

Chapter 4. 인라인 뷰는 반드시 사용된다

> **예제**
> ```
> SQL> SELECT B.예금주, B.연락처, A.거래금액, A.거래일
>        FROM (SELECT 계좌번호, 예금주, 연락처, 계좌_지역
>                FROM 개인_계좌 C
>               WHERE 이체_한도액 > '1000000'
>                 AND 인터넷_뱅킹 = 'Y'
>              UNION ALL
>              SELECT 계좌번호, 예금주, 연락처, 계좌_지역
>                FROM 법인_계좌 D
>               WHERE 이체_한도액 > '1000000'
>                 AND 인터넷_뱅킹 = 'Y'
>             ) B,
>             입출금_내역 A,
>       WHERE A.계좌번호 = B.계좌번호
>         AND A.거래일자 > '20070101'
>         AND A.거래_지역 = '서울'
>         AND B.계좌_지역 = '서울' ;
> ```

위의 SQL에서 랜덤 엑세스를 완전히 제거하기 위한 인덱스를 선정해 보자. 인라인 뷰 자체는 병합 불가능 인라인 뷰라고 가정하자. 인덱스에 WHERE 조건의 컬럼이 없다면 주 쿼리에 있는 WHERE 조건을 확인하기 위해서 테이블에 엑세스해야 할 것이다. 이러한 과정에서 발생하는 것이 랜덤 엑세스다. 개인_계좌 테이블의 경우 인터넷_뱅킹+이체_한도액+거래_지역+계좌번호+예금주+연락처 인덱스를 생성한다면 개인_계좌 테이블에 엑세스할 필요가 없을 것이다. 원하는 모든 컬럼이 인덱스에 있기 때문이다. 위의 인덱스에서 인터넷_뱅킹 컬럼과 이체_한도액 컬럼은 WHERE 조건에 있는 컬럼이며 점 조건+선분 조건의 형태로 인덱스를 생성했기 때문에 처리 범위를 감소시키는 역할을 수행한다. 그 외 컬럼은 주 쿼리의 WHERE 조건 및 SELECT 절의 컬럼으로 테이블에서 확인하는 것을 인덱스에서 확인할 수 있게 함으로써 확인 랜덤 엑세스 및 추출 랜덤 엑세스를 제거하는 역할을 수행한다. 법인_계좌 테이블도 개인_계좌 테이블과 동일하다.

입출금_내역 테이블의 경우 계좌번호+거래_지역+거래일자+거래금액+거래일 인덱스를 생성한다면 입출금_내역 테이블에 더 이상 엑세스할 필요가 없게 된다. 위의 인덱스에서 계좌번호 컬럼, 거래_지역 컬럼, 거래일자 컬럼은 WHERE 조건에 있는 컬럼이므로 처리 범위를 감소시키는 역할을 수행한다. 물론 예제 SQL은 중첩 루프 조인을 사용해야 하며 중첩 루프 조인 사용 시 인라인 뷰를 DRIVING 테이블로 입출금_내역 테이블을 INNER 테이블로 수행해야 한다. 이와 같이 수행되어야만 입출금_내역 테이블은 조인 조건을 상수로 제공받아 처리 범위를 감소시키는 컬럼으로 사용할 수 있을 것이다. 그리고 나머지 컬럼은

SELECT 절에 존재하는 컬럼으로 처리 범위를 감소시키지는 못하지만 추출 랜덤 엑세스를 제거하는 역할을 수행한다.

```
실행 계획
    SELECT STATEMENT
      NESTED LOOPS
        VIEW
          UNION-ALL
            INDEX (RANGE SCAN) OF  '개인_계좌_IDX'
            INDEX (RANGE SCAN) OF  '법인_계좌_IDX'
        INDEX (RANGE SCAN) OF  '입출금_내역_IDX'
```

앞서 언급한대로 인덱스를 생성하면 위와 같이 실행 계획이 생성될 것이다. 위와 같이 실행 계획이 생성됨으로써 테이블에 대한 엑세스는 제거된다. 실행 계획에는 인덱스만 엑세스하는 실행 계획이 생성된 것이다. 결국 위와 같이 인덱스를 생성하여 SQL을 수행하면 모든 랜덤 엑세스는 제거될 것이다.

위와 같이 인덱스를 이용한 랜덤 엑세스의 제거는 성능 향상을 위해 매우 중요한 요소가 된다. 인덱스를 구성하는 컬럼이 많아지므로 관리에는 어려움이 발생하지만 SQL의 성능은 몇 배가 향상될 수 있다. 모든 SQL에 대한 랜덤 엑세스를 완전히 제거할 수는 없다. 하지만 중요한 SQL에 대해서는 모든 랜덤 엑세스를 제거해야 하며 하나의 인덱스로 많은 SQL에서 랜덤 엑세스를 제거할 수 있다면 컬럼의 개수가 많아지더라도 램덤 엑세스를 제거할 수 있는 인덱스를 선정하는 것이 성능에 유리할 것이다.

세 번째로, 인라인 뷰에서 추출되는 데이터를 최소화하는 것이다. 인라인 뷰에서 추출되는 데이터를 최소화할 수 있다면 여러 가지 면에서 성능 향상을 기대할 수 있다. 이와 같이 처리 범위를 감소시킬 수 있는 형태로 인라인 뷰가 사용되어야만 인라인 뷰를 통해 최대한의 효과를 기대할 수 있을 것이다.

```
예 제
SQL> SELECT  A.고객번호, B.예금주, MAX(A.거래액) 최대거래액
       FROM (SELECT 고객번호, 거래액
               FROM 예금
              WHERE 예금일자 >= '20050101' ) A,
             고객 B
       WHERE A.고객번호=B.고객번호
         AND B.성별 = '남'
       GROUP BY B.고객번호, B.예금주;
```

위의 SQL에서는 인라인 뷰의 병합이 발생하지 않았다고 가정하자. 인라인 뷰 병합이 발생하지 않았다면 위의 예제는 아래와 같이 수행될 것이다.

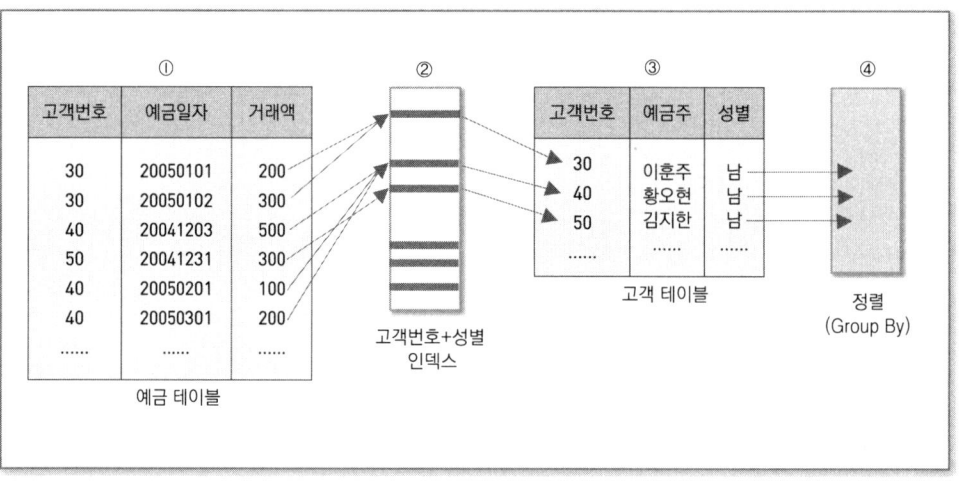

예금 테이블에 예금일자 컬럼으로 인덱스가 있다면 예금일자 인덱스를 스캔하여 SQL을 수행하며 예금 테이블에 예금일자 인덱스가 없다면 예금 테이블을 전체 스캔한다. 예금 테이블에 엑세스하여 예금일자 컬럼의 값이 '20050101'보다 큰 데이터를 모두 추출한다. 예금 테이블에서 추출된 데이터에 대해 고객 테이블의 고객번호+성별 인덱스를 스캔한다. 중첩 루프 조인에서 INNER 테이블은 조인 조건을 상수로 제공받기 때문에 고객 테이블은 고객번호 컬럼을 상수로 제공받는다. 그러므로 고객 테이블은 고객번호+성별 인덱스를 엑세스하며 해당 인덱스로부터 ROWID를 제공받아 고객 테이블에 엑세스한다. 이와 같은 방법을 통해 인라인 뷰를 실행한 후 추출된 데이터에 대해 반복적으로 고객 테이블에 엑세스한다. 반복 수행된 결과 데이터에 고객번호 컬럼 및 예금주 컬럼으로 GROUP BY 절을 수행하여 결과를 추출하면 SQL의 수행은 종료된다.

위에서는 SQL의 수행 방식을 확인해 보았다. 이러한 수행 방식을 기초로 성능을 향상시킬 수 있는 방법을 살펴보자. 예제 SQL의 실행 방식에서 하나의 데이터인 고객번호 컬럼의 값이 '30'인 경우를 확인해 보자.

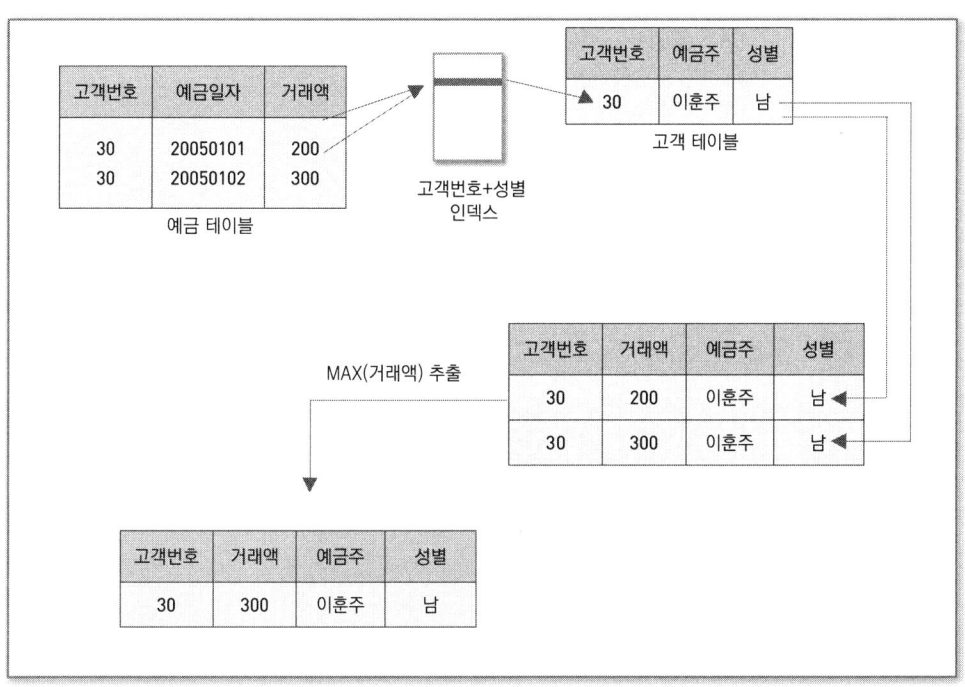

위와 같이 고객번호 컬럼의 값이 '30'인 데이터의 경우는 조인을 수행한 결과로 2개의 데이터가 추출된다고 가정하자. 2개의 데이터는 MAX(거래액) 조건에 의해 하나의 데이터로 결과가 추출된다. 위의 SQL은 인라인 뷰를 생성하고 모든 데이터를 추출한 후 GROUP BY 절을 사용하여 고객번호 값마다 하나의 데이터만을 추출하고 있다. 그렇다면 인라인 뷰에서 고객번호 값별로 하나의 값만을 추출해 주면 어떠한가? 인라인 뷰에서 고객번호별로 전체 데이터를 추출하는 것이 아니라 고객번호별로 하나의 값만을 추출할 수 있다면 고객 테이블과의 조인 횟수를 감소시킬 수 있을 것이다. 이와 같이 수행하기 위해 GROUP BY 절의 위치를 살펴보자.

Chapter 4. 인라인 뷰는 반드시 사용된다

> **예 제**
> ```
> SQL> SELECT  A.고객번호, B.예금주, A.최대거래액
>       FROM (SELECT 고객번호, MAX(거래액) 최대거래액
>               FROM 예금
>               WHERE 예금일 > '20050101'
>               GROUP BY 고객번호) A,
>            고객 B
>       WHERE A.고객번호=B.고객번호
>         AND B.고객성별 = '남';
> ```

위의 SQL과 같이 GROUP BY 절을 인라인 뷰 안으로 이동시키면 어떻게 되는가? 과연 원하는대로 인라인 뷰에서 고객번호별로 원하는 값을 갖는 하나의 데이터가 추출되는지 확인해 보자.

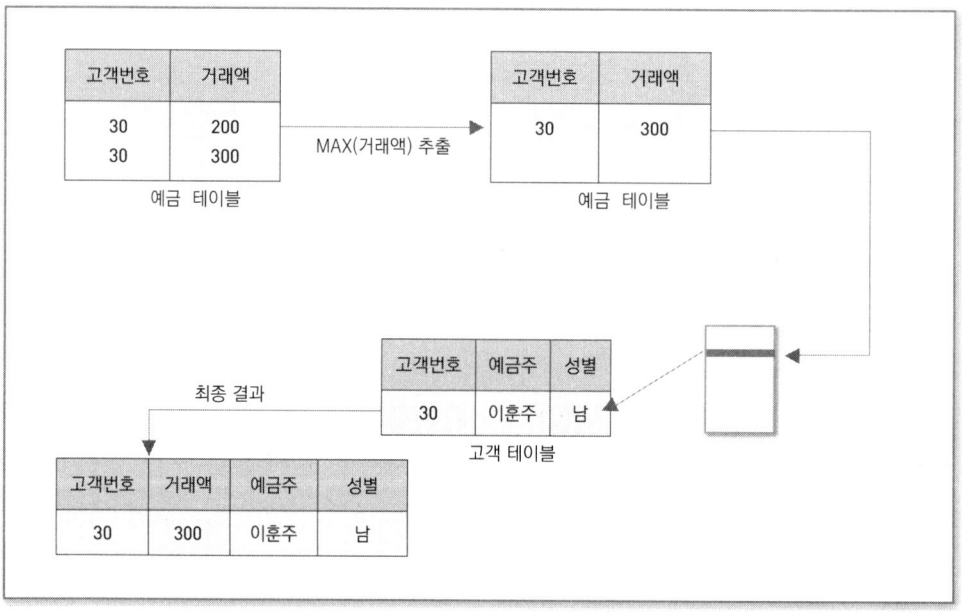

GROUP BY 절을 인라인 뷰 안으로 이동시킨다면 고객번호 '30'인 데이터에 대해 위의 그림과 같이 수행된다. 앞의 그림에서는 고객번호 컬럼의 값이 '30'인 두 개의 데이터에 대해 고객 테이블과 조인을 수행하였다. 하지만 GROUP BY 절을 인라인 뷰로 이동시키면 앞의 경우와는 달리 고객번호 값이 '30'인 하나의 데이터에 대해서만 고객 테이블과 조인을 수행한다. 결국 고객번호 컬럼의 값 별로 최대의 거래액을 가지는 하나의 데이터만 고객 테이블과 조인을 수행한다. 인라인 뷰 안에서 GROUP BY 절을 수행했다고 주 쿼리에서 GROUP BY 절을 수행한 경우보다 GROUP BY 절에 대한 부하가 가중되지는 않는다. GROUP BY를 수행해야 하는 데이터의 양에 의해 GROUP BY 절의 성능이 좌우된다. 1:M 관계에 있는 고객 테이블과 예금 테이블의 조인 결과는 M의 관계에 있는 예금 테이블에 의해 추출되는 데이터의 양에 의해 결정

된다. 그러므로 추출될 데이터의 기준을 가지고 있는 인라인 뷰의 예금 테이블에 GROUP BY 절을 수행해도 처리될 데이터는 동일하다.

GROUP BY 절에 대한 부하는 가중된 것이 없다. 하지만 인라인 뷰에서 GROUP BY 절을 수행함으로써 각 고객번호 컬럼의 값에 대해 하나씩의 데이터만 인라인 뷰에서 추출된다. 이와 같다는 이야기는 고객별로 인라인 뷰에서 한 건의 데이터가 추출되며 이로 인해 고객 테이블과는 고객번호별로 한 번씩만 조인을 수행하게 된다는 것이다. 주 쿼리에 GROUP BY 절을 수행한 경우와 비교하여 GROUP BY 절에 의한 부하는 동일하지만 조인을 수행해야 하는 데이터의 건수는 감소한다. 결국 조인해야 하는 데이터의 건수를 감소시킴으로써 성능은 향상된다. 인라인 뷰는 이와 같이 처리 범위를 감소시키는 형태로 사용되어야만 인라인 뷰의 효과를 최대한 이용할 수 있다.

인라인 뷰는 프로그램을 개발하면서 많이 사용되는 항목이다. 이러한 인라인 뷰를 잘못 사용한다면 해당 SQL은 악성 SQL로 변한다. 그러므로 인라인 뷰를 사용할 경우에는 항상 성능을 고민해야 할 것이다. 인라인 뷰의 성능 최적화는 먼 곳에 있지 않다. 상식적으로 생각할 수 있는 모든 것이 인라인 뷰의 성능을 향상에 영향을 미칠 것이다. 인라인 뷰는 데이터를 감소시켜 처리 범위를 최소화하는 형태로 사용되어야 한다. 또한 인라인 뷰가 병합 가능 인라인 뷰인지 병합 불가능 인라인 뷰인지에 따라 최적의 인덱스 선정이 가장 중요하다. 물론 이와 같은 경우에는 중첩 루프 조인이 유리한지 해쉬 조인이 유리한지를 고려하여 조인 방식을 선택해야 하며 조인 방식을 최적화할 수 있는 테이블의 조인 순서를 결정해야 할 것이다. 여기에 추가로 확인 랜덤 엑세스, 추출 랜덤 엑세스, 정렬 랜덤 엑세스까지 제거할 수 있다면 인라인 뷰는 최적의 성능을 보장할 수 있을 것이다.

Chapter 4. 인라인 뷰는 반드시 사용된다

> ☑ 서브쿼리 팩토링을 이해하자.

서브쿼리 팩토링(SUBQUERY FACTORING)의 이름은 서브쿼리로 되어 있다. 하지만 서브쿼리 팩토링을 인라인 뷰 단원에서 소개하는 이유는 이름처럼 서브쿼리와 유사하다기 보다는 인라인 뷰와 유사하기 때문이다. 서브쿼리 팩토링은 인라인 뷰 중에서도 병합 불가능 인라인 뷰와 유사한 특징을 가진다. 물론 병합 가능 인라인 뷰로도 수행이 가능하다. 서브쿼리 팩토링은 오라클 9i 버전부터 사용이 가능하며 서브쿼리 팩토링을 효과적으로 사용한다면 지금까지 언급한 항목들로는 해결할 수 없었던 SQL 최적화 문제를 제대로 처리할 수 있을 것이다.

```
예  제
SQL> SELECT  A.고객번호, B.예금주, A.예금일자, MAX(A.거래액) 최대거래액
       FROM (SELECT 고객번호, 예금일자, 거래액
               FROM 예금
              WHERE 예금일 > '20050101'
              GROUP BY 고객번호, 예금일자
            ) A,
            고객 B
      WHERE A.고객번호=B.고객번호
        AND B.고객성별 = '남' ;
```

위의 인라인 뷰를 서브쿼리 팩토링으로 변경해 보자. 인라인 뷰를 서브쿼리 팩토링으로 변경하는 것은 어렵지 않을 것이다. 조금만 노력하면 누구나 인라인 뷰를 서브쿼리 팩토링으로 또는 서브쿼리 팩토링을 인라인 뷰로 변경할 수 있을 것이다.

> **예 제**
>
> ```
> SQL> WITH V_예금 AS
>        (SELECT 고객번호, 예금일자, 거래액
>         FROM 예금
>         WHERE 예금일 > '20050101'
>         GROUP BY 고객번호, 예금일자)
>      SELECT A.고객번호, B.예금주, A.예금일자, MAX(A.거래액) 최대거래액
>      FROM V_예금 A,
>           고객 B
>      WHERE A.고객번호=B.고객번호
>      AND B.고객성별 = '남';
> ```

위의 SQL과 같이 인라인 뷰의 내용을 WITH V_예금 AS 문장 다음의 괄호 안에 설정하면 V_예금이라는 가상의 임시 테이블이 만들어지며 임시 테이블에는 AS 다음에 정의된 SQL을 만족하는 데이터가 저장된다. 이는 인라인 뷰를 독립적인 문법으로 분리하여 인라인 뷰를 먼저 수행하게 하여 데이터를 추출한 후 임시 테이블에 저장하게 되는 것이다. 물론 임시 테이블은 메모리에서 구성될 것이다. 서브쿼리 팩토링을 사용하는 위의 SQL에 대한 실행 계획은 아래와 같이 생성된다.

> **실행 계획**
>
> ```
> SELECT STATEMENT
>   TEMP TRANSFORMATION
>   LOAD AS SELECT
>     SORT(GROUP BY)
>       TABLE ACCESS (BY INDEX ROWID) OF '예금'
>         INDEX (RANGE SCAN) OF '예금_예금일_IDX'
>     TABLE ACCESS (BY INDEX ROWID) OF '고객'
>       NESTED LOOPS
>         TABLE ACCESS (FULL) OF 'SYS_TEMP_XXXXXX_XXX'
>         INDEX (RANGE SCAN) OF '고객_고객번호_IDX'
> ```

위의 실행 계획을 살펴보자. 위의 실행 계획에서 가장 먼저 수행되는 것은 임시 테이블 생성이다. 임시 테이블의 이름을 V_예금 테이블로 설정했으므로 이 이름의 임시 테이블이 생성된다. 임시 테이블을 생성하는 과정은 일반 테이블에 엑세스하는 실행 계획과 동일하다. 임시 테이블은 LOAD AS SELECT 실행 계획으로 생성된다. 이 실행 계획은 서브쿼리 팩토링을 수행한 부분이며 TEMP TRANSFORMATION 실행 계획은 엑세스하여 임시 테이블을 생성한다. 이와 같이 생성된 V_예금 임시 테이블을 바로 아래의 SELECT 절에서 조회가 가능하다. 이 경우 실행 계획에는 V_예금 테이블로 실행 계획이 생성되지는 않

으며 내부적으로 사용하는 임시 테이블의 이름을 사용하게 된다. 그렇기 때문에 위의 실행 계획에서는 'SYS_TEMP_XXXXXX_XXX' 임시 테이블을 이용하여 중첩 루프 조인을 사용한다. 그리고 V_예금 임시 테이블을 중첩 루프 조인의 DRIVING 테이블로 수행하고 고객 테이블을 INNER 테이블로 수행하였다.

이와 같이 서브쿼리 팩토링은 임시 집합을 메모리에 생성하여 해당 집합을 테이블과 같이 조회한다. 물론 임시 집합은 서브쿼리 팩토링에서 정의된 SQL을 만족하는 데이터로 구성한다. 그렇다면 이와 같은 서브쿼리 팩토링과 인라인 뷰의 차이는 무엇인가?

서브쿼리 팩토링에서 사용하는 임시 테이블은 한 번 생성되면 해당 SQL이 종료되는 순간까지 메모리에 존재한다. 동일한 인라인 뷰를 동일 SQL에서 여러 번 사용한다면 해당 인라인 뷰는 반복 수행될 것이다. 하지만 서브쿼리 팩토링은 한 번 생성되면 해당 SQL이 종료할 때까지 임시 테이블이 계속 유지되므로 무조건 한 번만 생성되는 집합이다. 따라서 동일 인라인 뷰를 반복 수행하는 경우 서브쿼리 팩토링이 인라인 뷰보다 유리하다.

또한 서브쿼리 팩토링은 인라인 뷰에 비해 인식성이 좋다. 동일한 인라인 뷰를 계속 사용하면 SQL은 길어지며 인식성은 낮아진다. 하지만 서브쿼리 팩토링에서는 SQL이 구분되며 동일한 인라인 뷰를 한 번만 작성한다. 이처럼 동일한 데이터를 추출하는 부분을 하나의 서브쿼리 팩토링으로 해결할 수 있기 때문에 SQL도 짧아지며 SQL의 인식성도 높아진다.

아직은 서브쿼리 팩토링을 많이 사용하지는 않는 것 같다. 인라인 뷰와 비교하여 서브쿼리 팩토링에는 많은 장점이 있으므로 이를 효과적으로 사용한다면 SQL 최적화에 많은 도움이 되리라 생각한다.

서브쿼리 팩토핑은 두 가지 방법으로 수행된다. 앞의 예제는 서브쿼리 팩토링이 독립적으로 수행되는 경우에 해당된다. 서브쿼리 팩토링은 아래와 같이 두 가지로 구분된다.

- 서브쿼리 팩토링이 독립적으로 수행
- 서브쿼리 팩토링이 주 쿼리에 삽입되어 수행

서브쿼리 팩토링이 독립적으로 수행된다면 실행 계획에는 TEMP TRANSFORMATION이 생성된다. 하지만 서브쿼리 팩토링이 주 쿼리에 삽입되어 수행되는 경우에는 TEMP TRANSFORMATION 실행 계획이 생성되지 않고 서브쿼리 팩토링의 SQL이 실제 주 쿼리에 삽입되어 일반 인라인 뷰와 동일하게 수행된다.

예제

```
SQL> WITH V_예금 AS
        (SELECT 고객번호, 예금일자, 거래액
         FROM 예금
         WHERE 예금일 > '20050101'
         GROUP BY 고객번호, 예금일자)
     SELECT A.고객번호, B.예금주, A.예금일자, MAX(A.거래액) 최대거래액
     FROM V_예금 A,
          고객 B
     WHERE A.고객번호=B.고객번호
     AND B.고객성별 = '남';
```

위의 SQL의 서브쿼리 팩토링이 주 쿼리에 삽입되어 수행된다면 아래와 같이 수행된다.

예제

```
SQL> SELECT  A.고객번호, B.예금주, A.예금일자, MAX(A.거래액) 최대거래액
     FROM (SELECT 고객번호, 예금일자, 거래액
           FROM 예금
           WHERE 예금일 > '20050101'
           GROUP BY 고객번호, 예금일자
          ) A,
          고객 B
     WHERE A.고객번호=B.고객번호
     AND B.고객성별 = '남';
```

서브쿼리 팩토링이 주 쿼리에 삽입되어 수행되면 예제와 같이 SQL이 수행되며 이는 결국 서브쿼리 팩토링을 사용했지만 일반 인라인 뷰를 사용한 것과 동일해진다. 서브 쿼리 팩토링이 주 쿼리로 삽입되는 경우는 일반 인라인 뷰를 사용하는 것과 동일하며 단지 반복 수행되는 인라인 뷰를 서브쿼리 팩토링으로 정의하여 한 번만 사용함으로써 SQL의 길이를 감소시키는 역할만 수행한다. 인라인 뷰에 대한 내용은 앞에서 계속 언급했으므로 이제부터 언급하는 서브쿼리 팩토링은 서브쿼리 팩토링이 독립적으로 수행되는 경우다.

그렇다면 서브쿼리 팩토링이 실행되는 두 가지 방법 중 한 가지를 선택하려면 어떻게 해야 할까? 힌트를 이용하여 서브쿼리 팩토링의 수행을 제어할 수 있다.

> **예 제**
> ```
> SQL> WITH V_예금 AS
>         (SELECT /*+ MATERIALIZE*/
>                 고객번호, 예금일자, 거래액
>         FROM 예금
>         WHERE 예금일 > '20050101'
>         GROUP BY 고객번호, 예금일자)
>         SELECT A.고객번호, B.예금주, A.예금일자, MAX(A.거래액) 최대거래액
>         FROM V_예금 A,
>                 고객 B
>         WHERE A.고객번호=B.고객번호
>         AND B.고객성별 = '남';
> ```

위와 같이 MATERIALIZE 힌트로 서브쿼리 팩토링이 독립적으로 수행되도록 만들 수 있으며, 주 쿼리에 삽입되어 서브쿼리 팩토링이 수행되도록 하기 위해서 INLINE 힌트를 사용할 수 있다.

☑ 서브쿼리 팩토링을 이용하여 SQL을 효율적으로 작성하자.

서브쿼리 팩토링을 어디에 사용해야 효과적인가? 어디에서 사용할지를 이해해야 실제 업무에서 이를 적용할 수 있을 것이다. 서브쿼리 팩토링은 적용하기 쉬운 아키텍쳐가 아니므로 서브쿼리 팩토링의 개념만 이해하고 실제 적용 사례를 이해하지 못한다면 무용지물이 될지도 모른다. 그렇기 때문에 몇 가지 예제를 통해서 서브쿼리 팩토링의 효과적인 사용 방법을 살펴보자. 아래에 제시된 내용은 서브쿼리 팩토링이 별도로 수행되는 경우에 대한 것이다.

첫 번째로, 병합 불가능 인라인 뷰를 서브쿼리 팩토링으로 구현하는 경우를 확인해 보자. 병합 불가능 인라인 뷰에서 처리 범위가 적다면 성능을 보장할 수 있으며 해당 인라인 뷰와 다른 테이블과 조인을 수행한다면 중첩 루프 조인에서는 인라인 뷰가 DRIVING 테이블로 수행되어야 한 번만 엑세스하고 원하는 결과를 추출할 수 있기 때문에 그나마 성능을 보장할 수 있을 것이다. 이러한 모든 상황이 옵티마이져에 의해 결정되기 때문에 항상 확인을 해야 할 것이다. 물론 힌트를 이용하여 원하는 실행 계획으로 제어할 수도 있다. 하지만 서브쿼리 팩토링을 이용하는 또 다른 방법이 있다. 이와 같이 서브쿼리 팩토링을 이용한다면 서브쿼리 팩토링은 병합 불가능 인라인 뷰를 대체하는 역할을 수행할 수 있다. 힌트로 구현할 수 있는 방법을 위와 같이 서브쿼리 팩토링으로 구현하면 인라인 뷰의 SQL과 주 쿼리의 SQL이 분리되어 작성하는 현상이 발생하므로 SQL은 좀 더 명시적일 것이다.

두 번째로, 하나의 SQL에서 동일한 인라인 뷰가 여러 부분에서 사용된다면 해당 인라인 뷰를 서브쿼리 팩토링으로 구성하여 원하는 집합을 한 번만 생성하고 해당 집합을 계속해서 엑세스하여 사용할 수 있다. 이는 인라인 뷰의 반복 사용을 감소시키는 한 가지 방법이 된다. 전체 100,000건의 데이터 중 1,000건의 데이터만 추출하는 인라인 뷰가 있다고 가정하자. 서브쿼리 팩토링을 이용한다면 1,000건의 데이터를 추출하기 위해 한 번의 인라인 뷰만 수행되어 추출된 데이터는 메모리의 임시 테이블에 저장된다. 이와 같이 저장한 임시 테이블의 데이터를 다른 부분에서도 동일하게 사용한다면 이제부터는 100,000건의 데이터 중에 1,000건의 데이터를 추출하는 것이 아니면 기존에 생성된 1,000건의 데이터를 저장하고 있는 임시 테이블만 엑세스한다. 처음에 서브쿼리 팩토링이 올바르게 구성되었다면 두 번째 엑세스부터는 임시 테이블의 전체 데이터를 추출하므로 동일 인라인 뷰의 반복 엑세스에서 효과적으로 사용할 수 있을 것이다.

Chapter 4. 인라인 뷰는 반드시 사용된다

예제

```sql
SQL> WITH V_예금 AS
    (SELECT 고객번호, MAX(A.거래액) 최대거래액
     FROM 예금
     WHERE 예금일 > '20050101'
     GROUP BY 고객번호, 예금일자)
    SELECT A.고객번호, B.예금주, A.예금일자, 최대거래액
    FROM V_예금 A,
         고객_국내 B
    WHERE A.고객번호=B.고객번호
    AND B.고객성별 = '남'
    UNION ALL
    SELECT A.고객번호, B.예금주, A.예금일자, 최대거래액
    FROM V_예금 A,
         고객_국외 B
    WHERE A.고객번호=B.고객번호
    AND B.고객성별 = '남';
```

위와 같이 예금 테이블에 대한 임시 집합을 여러 곳에서 사용할 경우 서브쿼리 팩토링으로 구현한다면 집합을 한 번만 생성하고 생성된 집합을 반복 사용하므로써 인라인 뷰를 사용하는 것보다 더 효과적으로 서브쿼리 팩토링을 사용할 수 있다. 또한 서브쿼리 팩토링을 두 번 사용한다면 인라인 뷰의 사용은 두 번 감소한다. 이처럼 서브쿼리 팩토링은 인라인 뷰의 사용을 감소시키는 역할도 수행한다.

세 번째로, 두 개의 임시 집합이 필요할 경우 서브쿼리 팩토링을 사용할 수 있다. 아래 예제는 서브쿼리 팩토링을 사용하여 처음에 임시 집합을 두 개 생성하는 SQL이다.

> **예 제**
>
> ```sql
> SQL> WITH V_예금_국내 AS
>      (SELECT 고객번호, 예금일자, MAX(A.거래액) 최대거래액
>       FROM 예금_국내
>       WHERE 예금일 > '20050101'
>       GROUP BY 고객번호, 예금일자)
>      WITH V_예금_국외 AS
>      (SELECT 고객번호, 예금일자, MAX(A.거래액) 최대거래액
>       FROM 예금_국외
>       WHERE 예금일 > '20050101'
>       GROUP BY 고객번호, 예금일자)
>      SELECT A.고객번호, B.예금주, A.예금일자, 최대거래액
>      FROM V_예금_국내 A,
>           고객_국내 B
>      WHERE A.고객번호=B.고객번호
>      AND B.고객성별 = '남'
>      AND B.고객번호 NOT IN (SELECT 고객번호
>                            FROM V_예금_국외)
>      UNION ALL
>      SELECT A.고객번호, B.예금주, A.예금일자, 최대거래액
>      FROM V_예금_국외 A,
>           고객_국외 B
>      WHERE A.고객번호=B.고객번호
>      AND B.고객성별 = '남'
>      AND B.고객번호 NOT IN (SELECT 고객번호
>                            FROM V_예금_국내);
> ```

위와 같이 임시 집합이 두개 이상 필요하다면 서브쿼리 팩토링을 이용하여 두 개의 임시 집합을 생성할 수 있다. 이와 같이 생성된 임시 집합들은 한 번씩만 생성되며 생성된 집합은 해당 SQL이 종료되는 순간까지 반복 엑세스될 수 있다.

네 번째로, SQL을 작성하다 보면 두 개의 가공 집합이 필요한 경우가 발생한다. 이와 같은 SQL에서 서브쿼리 팩토링을 사용할 수 있다. 이 방법을 정확히 이해한다면 몇몇 SQL에서 매우 효과적으로 사용할 수 있을 것이다. 조인을 수행해서는 안 되는 두 개의 가공 집합을 별도로 생성하는 SQL을 구현해 보았는가? 이는 절대 쉬운 것이 아니다. SQL을 이용하여 두 개의 집합을 별개로 생성한 후 두 집합을 하나의 SQL에서 각각 사용하고자 할 때 SQL을 어떻게 작성해야 하는가? FROM 절에 두 개의 가공 집합을 설정하면 두 집합 사이에는 조인이 발생하므로 원하는 결과가 추출되지 않을 것이다. 이런 경우 하나의 집합을 서브쿼

리 팩토링으로 구현한다면 원하는 두 개의 집합을 구성할 수 있을 것이다.

예 제

```
SQL> WITH NUM AS
     (SELECT DA_TIME||RNUM DATE_TIME
      FROM (SELECT TO_CHAR(ADD_MONTHS(SYSDATE,-6)+ROWNUM,
              'YYYYMMDD' ) DA_TIME
            FROM TAB1
            WHERE ROWNUM <= 190
           )
           (SELECT DECODE(GREATEST(10,ROWNUM),10,' 0' ||(ROWNUM-1),
              ROWNUM-1) RNUM
            FROM TAB1
            WHERE ROWNUM <= 24
           )
     )
     SELECT SUBSTR(DATE_TIME, 5,2)||' -' ||substr(DATE_TIME, 7,2) DATE_TIME,
            (SELECT SUM(MAX_VALUE)
             FROM TAB1 B
             WHERE B.DATE_TIME IN
                   (SELECT DATE_TIME
                    FROM NUM C
                    WHERE SUBSTR(C.DATE_TIME,1,8) = A.DATE_TIME)
             GROUP BY SUBSTR(DATE_TIME,1,8)
            ) MAX_VALUE
     FROM (SELECT TO_CHAR(ADD_MONTHS(SYSDATE,-6)+ROWNUM,
             'YYYYMMDD' ) DATE_TIME
           FROM TAB1
           WHERE ROWNUM <= 190
          ) A
```

위의 예제는 매우 복잡한 SQL이다. 이 SQL에서 추출하고 싶은 결과는 무엇인가? 추출되는 데이터는 YYYYMMDD의 형식이고 스카랄 서브쿼리에서 조인을 수행하고자 하는 형식은 YYYYMMDDHH이다. 결국 YYYYMMDD 형식의 가공 집합과 YYYYMMDDHH 형식의 가공 집합 두 개가 필요하다.

주 쿼리의 인라인 뷰만 수행된다면 YYYYMMDD 형태의 일자를 생성한다. 주 쿼리의 스카라 서브쿼리에서 사용된 TAB1 테이블의 DATE_TIME 컬럼은 YYYYMMDDHH 형태의 데이터라고 가정하자. 그렇다면 인라인 뷰의 DATE_TIME 컬럼은 YYYYMMDD 형태이므로 스카라 서브쿼리의 TAB1 테이블의

DATE_TIME 컬럼과는 조인을 수행할 수 없게 된다. 따라서 YYYYMMDDHH 형식의 가공 집합이 필요하다. 주 쿼리의 인라인 뷰로부터 하나의 YYYYMMDD 값을 제공받으면 이를 이용하여 YYYYMMDD 값을 24개의 YYYYMMDDHH 값으로 변환해 주어야 스칼라 서브쿼리가 조인에 성공할 것이다. 서브쿼리 팩토링에서 추출되는 데이터는 YYYYMMDDHH 형식의 데이터이며 현재일로부터 190일전의 YYYYMMDD 값에 24개의 HH를 합쳐 결과를 추출한다. 여기서 HH는 하나의 YYYYMMDD에 00부터 23까지의 값을 합친다. 이와 같이 YYYYMMDDHH의 값을 추출해 주는 SQL을 서브쿼리 팩토링으로 정의하여 스칼라 서브쿼리에서 TAB1 테이블의 YYYYMMDDHH 형태의 컬럼인 DATE_TIME 컬럼으로 조인을 수행한다.

결국 인라인 뷰에서 하나의 YYYYMMDD 값이 추출되어 SQL이 수행된다면 해당 값으로 시작하는 YYYYMMDDHH 값을 서브쿼리 팩토링으로 추출하여 스칼라 서브쿼리의 TAB1 테이블과 조인을 수행한다. 이와 같이 수행해야만 TAB1 테이블이 DATE_TIME 인덱스를 이용할 수 있다. YYYYMMDD 값이나 YYYYMMDDHH 값과 같이 가공된 여러 집합이 필요할 경우 FROM 절에서 인라인 뷰로 구현하면 무조건 조인이 발생하여 데이터가 변하므로 서브쿼리 팩토링을 사용하여 여러 개의 독립된 가공 집합을 생성해야 한다.

서브쿼리 팩토링이 소개된지는 오래되지 않았다. 그렇기 때문인지 아직은 많이 사용되지 않는 것이 현실이다. 그렇다고 서브쿼리 팩토링을 많은 SQL에서 사용할 필요는 없을 것이다. 하지만 서브쿼리 팩토링을 정확히 이해하여 효과적으로 사용할 수 있다면 작성하기 힘든 SQL을 쉽고 효과적으로 구현할 수 있다.

Chapter 05

스칼라 서브쿼리도 조인이다.

■□□

스칼라 서브쿼리라고 이야기하면 많은 사람들이 생소해한다. 많은 곳에서 스칼라 서브쿼리를 이용하고 있음에도 불구하고 스칼라 서브쿼리라는 용어를 모르는 사람이 많다. 중요한 것은 스칼라 서브쿼리 또한 조인의 하나라는 것이다. 그렇기 때문에 앞서 언급한 조인의 특성을 모두 상속받는다. 스칼라 서브쿼리를 아무런 고려없이 사용하는 경우도 많다. 하지만 스칼라 서브쿼리는 조인이기 때문에 항상 성능에 주의해야 한다. 이 장에서는 스칼라 서브쿼리의 특징과 실무에서 스칼라 서브쿼리를 어떻게 사용해야 성능을 보장받을 수 있는지를 설명한다.

Chapter 5. 스칼라 서브쿼리도 조인이다

☑ 스칼라 서브쿼리는 대부분 모르고 사용한다.

많은 개발자들에게 스칼라 서브쿼리가 무엇인지를 물어보면 스칼라 서브쿼리가 무엇인지 모르는 경우가 많았다. 하지만 스칼라 서브쿼리를 모르는 대부분의 개발자들도 자신의 프로그램에 스칼라 서브쿼리를 사용하고 있다는 사실을 아는가? 대부분의 개발자들이 스칼라 서브쿼리를 사용하지만 스칼라 서브쿼리를 모르는 것이다. 결국 스칼라 서브쿼리를 사용하지만 스칼라 서브쿼리의 수행 방식 및 특징을 모른다는 의미일 것이다. 이름을 모르는데 어떻게 스칼라 서브쿼리의 내부 수행 방식을 알겠는가?

인라인 뷰나 서브쿼리와 마찬가지로 스칼라 서브쿼리도 많이 사용되는 SQL 문법이다. 하지만 모르고 사용한다면 편하고 효과적으로 사용할 수 있는 무기를 제대로 이용하지 못하는 것과 같을 것이다. 스칼라 서브쿼리를 이해하기 위해서는 스칼라 서브쿼리가 조인이면서 동시에 함수라는 것을 이해해야 할 것이다. 스칼라 서브쿼리가 함수이면서 조인이라는 사실 때문에 스칼라 서브쿼리가 많이 사용되고 있다. 그렇다면 스칼라 서브쿼리를 어떻게 사용하는지 살펴보자.

```
예 제
SQL> SELECT 사원번호,
            사원명,
            (SELECT 부서명
             FROM 부서 B
             WHERE A.부서번호 = B.부서번호
            )부서명,
            년차일수
     FROM 사원 A
     WHERE 입사일 > '20040101'
     AND 직급 = '대리';
```

위와 같이 SELECT 절에 SQL을 작성하는 것이 스칼라 서브쿼리다. 위의 SQL을 보면서 여지껏 본인이 SELECT 절에 사용한 SQL이 스칼라 서브쿼리라는 것을 처음으로 인지한 사람도 있을 것이다. 실제 개발을 수행하다 보면 위와 같은 형식의 스칼라 서브쿼리를 이용한 SQL을 많이 사용할 것이다.

위의 SQL에서 주의 사항은 사원 테이블에서 추출되는 모든 데이터에 대해 스칼라 서브쿼리가 한 번씩 수행되며 스칼라 서브쿼리가 한 번 수행될 때마다 하나의 값만을 추출해야 한다는 것이다. 이와 같은 점에 주의해야만 스칼라 서브쿼리를 제대로 사용할 수 있다. 스칼라 서브쿼리가 한 번 수행될 때마다 한 건의 데이터만 추출해야 하는 것은 스칼라 서브쿼리가 함수와 같기 때문이다. 이제부터 스칼라 서브쿼리가 조인인 동시에 함수라는 사실에 대해 자세히 살펴보자.

Chapter 5. 스칼라 서브쿼리도 조인이다

✓ 스칼라 서브쿼리는 조인이다.

스칼라 서브쿼리는 분명히 조인이다. 조인에서는 먼저 엑세스되는 테이블이 있고 뒤에 엑세스되는 테이블이 있다고 했었다. 스칼라 서브쿼리도 조인이기 때문에 먼저 엑세스되는 테이블이 있으며 뒤에 엑세스되는 테이블이 있다. 하지만 스칼라 서브쿼리가 조인과 다른 점이 몇 가지 있다. 일반 조인과 다른 점은 아래와 같이 조인 순서와 조인 방식이다.

- 조인 순서
- 조인 방식

첫 번째로, 조인 순서에 대해 확인해 보자. 일반 조인의 경우 어느 테이블이 먼저 엑세스될지는 각 테이블의 인덱스 구조와 통계 데이터 및 옵티마이저에 의해 결정된다. 하지만 스칼라 서브쿼리의 경우에는 조인 순서가 이미 결정되어 있다.

예 제

```
SQL> SELECT 사원번호, 사원명,
            (SELECT 부서명
              FROM 부서 B
             WHERE A.부서번호 = B.부서번호
            ) 부서명,
            년차일수
       FROM 사원 A
      WHERE 입사일 > '20040101'
        AND 직급 = '대리';
```

위의 스칼라 서브쿼리에서는 일반적으로 사원 테이블이 먼저 엑세스되고 스칼라 서브쿼리에 사용된 부서 테이블이 뒤에 엑세스된다. 그렇다는 이야기는 스칼라 서브쿼리의 테이블은 중첩 루프 조인에서 INNER 테이블의 역할을 수행하고 DRIVING 테이블로부터 조인 조건을 상수로 제공받는다는 의미일 것이다.

> **실행 계획**
> ```
> SELECT STATEMENT
>   TABLE ACCESS (BY INDEX ROWID) OF '부서'
>     INDEX (RANGE SCAN) OF '부서_IDX'
>   TABLE ACCESS (BY INDEX ROWID) OF '사원'
>     INDEX (RANGE SCAN) OF '사원_IDX'
> ```

스칼라 서브쿼리의 실행 계획은 위와 같이 생성된다. 부서 테이블에는 부서번호 컬럼에 인덱스가 있고 사원 테이블에는 직급+입사일 인덱스가 있다고 가정하자. 부서 테이블에 엑세스하는 부분이 스칼라 서브쿼리이며 사원 테이블에 엑세스하는 부분이 주 쿼리에 해당된다. 실행 계획에서 부서 테이블에 엑세스하는 스칼라 서브쿼리는 VIEW 실행 계획이 생성될 수도 있다.

실행 계획을 확인해 보면 부서 테이블이 먼저 엑세스되고 사원 테이블이 뒤에 엑세스되는 것처럼 보일 수 있다. 이는 먼저 생성되는 실행 계획이 먼저 수행되는 것이 일반적이기 때문이다. 하지만 스칼라 서브쿼리의 실행 계획은 예외다. 실행 계획에는 스칼라 서브쿼리가 먼저 수행되는 것처럼 보이지만 스칼라 서브쿼리의 테이블이 뒤에 엑세스된다. 왜 이와 같은 현상이 발생하는 것일까? 스칼라 서브쿼리의 부서 테이블이 먼저 엑세스된다면 부서번호 컬럼의 값이 스칼라 서브쿼리에서 상수화되지 않았기 때문에 부서 테이블은 부서번호 인덱스를 이용하지 못한다. 하지만 위의 실행 계획에서는 부서번호 인덱스를 이용하고 있다. 이는 무엇을 의미하는가? 사원 테이블이 먼저 엑세스되었다는 것밖에는 되지 않는다. 어떤 스칼라 서브쿼리를 확인해도 동일한 현상이 발생한다. 결국 실행 계획은 위와 같더라도 스칼라 서브쿼리가 뒤에 엑세스되는 테이블이 된다. 이와 같이 수행되는 근본적인 이유는 스칼라 서브쿼리의 반복 엑세스에 있다. 스칼라 서브쿼리는 주 쿼리에서 추출되는 데이터 건수만큼 반복 수행된다. 이와 같이 반복 수행되는 스칼라 서브쿼리의 반복 엑세스 최적화는 스칼라 서브쿼리의 성능에 있어 매우 중요한 항목이다. 그렇기 때문에 처리 범위를 감소시킬 수 있는 조건 하나 하나가 아쉽게 된다. 스칼라 서브쿼리의 조건 중 처리 범위를 가장 많이 감소시킬 수 있는 조건은 일반적으로 조인 조건이다. 이는 모든 조인이 유사하다. 그렇기 때문에 조인 조건을 상수로 제공받아야 스칼라 서브쿼리는 성능을 보장받을 수 있을 것이다. 따라서 조인 조건을 상수로 제공받기 위해 스칼라 서브쿼리는 뒤에 엑세스될 수 밖에 없을 것이다.

두 번째로, 조인 방식에 대해 살펴보자. 일반 조인의 경우 중첩 루프 조인, 해쉬 조인, 소트 머지 조인 중 어느 것으로도 실행 계획이 생성될 수 있다. 하지만 스칼라 서브쿼리는 대부분 중첩 루프 조인을 이용한다. 이는 앞서 언급했듯이 스칼라 서브쿼리는 조인 조건을 상수로 제공받아야 하며 그러기 위해서는 중첩 루프 조인의 INNER 테이블과 같이 수행되어야 하기 때문이다.

| 예 제 |
```
SQL> SELECT 사원번호,
            사원명,
            (SELECT 부서명
             FROM 부서 B
             WHERE A.부서번호 = B.부서번호
             AND B.지역 = '서울'
             AND B.생성일자 > '20040101'
            )부서명,
            년차일수
     FROM 사원 A
     WHERE 입사일자 > '20040101'
     AND 직급 = '대리';
```

사원 테이블에서 추출되는 데이터의 건 수가 1,000건이라고 가정하자. 만약 해쉬 조인을 이용한다면 스칼라 서브쿼리는 부서 테이블을 전체 스캔하거나 지역 컬럼과 생성일자 컬럼으로 생성한 인덱스를 이용해야 할 것이다. 스칼라 서브쿼리에서는 조인 조건이 처리 범위를 감소시키는 가장 큰 역할을 수행한다. 그러므로 조인 조건을 이용하지 못한다면 이는 성능 저하를 발생시키는 주범이 될 것이다. 그렇기 때문에 해쉬 조인이 이용될 경우 스칼라 서브쿼리는 성능을 보장하지 못할 것이다.

스칼라 서브쿼리는 주 쿼리의 테이블에서 조건을 만족하는 데이터 한 건 한 건에 대해 하나의 값만을 추출한다. 이러한 현상은 무엇을 의미하는가? 위의 예에서 지역 컬럼과 생성일 컬럼을 만족하는 데이터가 한 건은 아닐 것이다. 두 조건을 동시에 만족하는 데이터가 한 건이라면 위와 같이 스칼라 서브쿼리를 이용하지 않고 해당 값을 명시적으로 SELECT 절에 설정했을 것이다. 결국 조건을 만족하는 부서 테이블의 한 건에 대해 하나의 값을 추출하게 해주는 중요 조건은 조인 조건인 부서번호 컬럼이라는 것이다. 이를 이용하기 위해서는 반드시 스칼라 서브쿼리가 뒤에 엑세스되어야 하며 중첩 루프 조인을 이용해야 할 것이다. 이와 같은 이유에서 일반적으로 스칼라 서브쿼리에서는 중첩 루프 조인을 이용해야 성능을 보장받을 수 있을 것이다.

위와 같이 스칼라 서브쿼리에서는 스칼라 서브쿼리에 사용된 테이블이 뒤에 엑세스되고 중첩 루프 조인 방식이 사용된다. 스칼라 서브쿼리를 사용하는 경우 이러한 특징에 주의하여 인덱스를 생성하고 이용해야 할 것이다.

SQL의 수행 방식에 경우의 수가 많다면 SQL의 최적화가 쉽지만은 않을 것이다. 이는 모든 경우의 수를 고려하여 최적의 수행 방식을 선택해야 하기 때문이다. 하지만 스칼라 서브쿼리에서는 조인 순서가 결정되기 때문에 다른 조인 SQL에 비해 최적화가 더 수월할 수 있다.

Chapter 5. 스칼라 서브쿼리도 조인이다

> ☑ 스칼라 서브쿼리는 함수다.

스칼라 서브쿼리는 조인이기도 하지만 함수의 역할도 수행한다. 함수가 무엇인가? 하나의 값이 제공되면 그 값을 변수로 해서 하나의 결과 값을 추출하는 것을 함수라고 한다. 서브쿼리도 이와 별반 다르지 않다. 주 쿼리의 테이블로부터 한 건의 데이터가 선택되면 해당 데이터로부터 조인 조건을 상수로 제공받아 수행된 스칼라 서브쿼리는 한 건의 데이터만 결과로 추출한다.

```
예 제
SQL> CREATE FUNCTION F_부서이름(V_부서번호 IN NUMBER)
       RETURN NUMBER
       IS V_부서이름 = VARCHAR2(10);
     BEGIN
       SELECT 부서이름 INTO V_부서이름
       FROM 부서
       WHERE 부서번호 = V_부서번호;
       RETURN(V_부서이름);
     END;

SQL> SELECT 사원번호, 사원명, F_부서이름(부서번호) 부서이름
     FROM 사원
     WHERE 성별 = '남자';
```

위와 같이 함수를 이용하여 사원 테이블에 있는 남자 사원에 대해 부서 테이블에서 부서이름 컬럼의 값을 추출할 수 있다. 위와 같이 함수를 이용한 SQL은 스칼라 서브쿼리로 변경될 수 있다.

```
예 제
SQL> SELECT 사원번호, 사원명,
            (SELECT 부서이름
             FROM 부서 A
             WHERE A.부서번호 = B.부서번호) 부서이름
     FROM 사원 B
     WHERE 성별 = '남자';
```

앞서 언급했던 함수를 이용한 부서이름 컬럼의 값을 추출하는 것에 비해 스칼라 서브쿼리를 사용한다면 보다 간편하게 SQL을 작성할 수 있을 것이다. 결국 스칼라 서브쿼리는 함수를 대신할 수 있다는 것이다. 그렇다면 스칼라 서브쿼리와 함수의 차이는 무엇인가?

구분	재사용	관리
함수	재사용 가능	관리 불리
스칼라 서브쿼리	재사용 불가	관리 용이

SQL에 사용된 스칼라 서브쿼리가 많은 SQL에서 재사용된다면 함수로 생성하는 것이 유리할 것이다. 이는 스칼라 서브쿼리는 재사용이 힘들지만 함수는 데이터베이스의 오브젝트로 저장되므로 언제나 재사용이 가능하기 때문이다. 스칼라 서브쿼리에는 재사용이라는 개념이 없으며 동일 내용의 스칼라 서브쿼리를 다른 SQL에서 사용하기 위해서는 다시 작성해야 한다. 이는 인라인 뷰와 뷰의 차이와 동일한 특징이다.

이와 같이 함수는 재사용이 편리하다. 하지만 데이터베이스 이전(MIGRATION)이나 다른 작업 수행 시 항상 함수를 관리해야 한다. 만약 함수에 문제가 있으면 해당 함수를 사용하는 모든 SQL은 문제를 발생시킨다. 하지만 스칼라 서브쿼리는 어떠한가? 스칼라 서브쿼리는 SQL에 포함되는 요소이기 때문에 별도로 관리해야 할 항목이 없다. 따라서 스칼라 서브쿼리에 비해 함수는 주의깊게 관리되어야 한다.

이와 같이 함수와 스칼라 서브쿼리는 유사한 점도 많지만 차이점도 존재하므로 어플리케이션을 개발할 때 필요에 따라 효과적으로 선택하여 사용해야 할 것이다. 함수를 사용할 때는 항상 주의하지만 스칼라 서브쿼리를 사용할 경우에는 잘 고려하지 않는 사항이 있다. 그것은 스칼라 서브쿼리를 한 번 수행할 경우 한 건의 데이터만 추출해야 한다는 것이다. 스칼라 서브쿼리를 한 번 수행하여 아래와 같이 데이터가 추출되면 스칼라 서브쿼리는 에러를 발생시킨다. 이는 함수에서도 동일하다.

- 한 건의 데이터도 추출되지 않는 경우
- 두 건 이상의 데이터가 추출되는 경우

위와 같은 이유에서 스칼라 서브쿼리가 한 번 수행되는 경우 두 개 이상의 값이 추출될 수 있다면 ROWNUM 연산자를 이용할 수도 있다. 또한 하나의 값도 추출되지 않는다면 스칼라 서브쿼리에 문제가 발생하므로 집합 함수를 이용하여 NULL 값을 추출할 수도 있을 것이다. 이에 대한 사항을 아래 예제에서 확인해 보자.

Chapter 5. 스칼라 서브쿼리도 조인이다

```
예제
SQL> SELECT 사원번호,
            사원명,
            (SELECT 부서명
             FROM 부서 B
             WHERE A.부서번호 = B.부서번호
             AND ROWNUM = 1
            ) 부서명,
            (SELECT MAX(보너스)
             FROM 급여 C
             WHERE A.사원번호 = B.사원번호
            ) 보너스,
            년차일수
       FROM 사원 A
      WHERE 입사일 > '20040101'
        AND 직급 = '대리';
```

사원 테이블에서 조건을 만족하는 한 건의 데이터가 추출된다면 SELET 절이 수행되며 이 과정에서 두 개의 스칼라 서브쿼리가 수행되어 한 건의 결과 데이터를 추출한다. 이와 같은 과정을 사원 테이블의 데이터 중 조건을 만족하는 모든 데이터에 대해 수행한다.

조건을 만족하는 사원 테이블의 한 데이터에 대해 부서명 값을 추출하는 스칼라 서브쿼리가 수행되어 두 건 이상의 데이터가 추출된다면 해당 SQL은 에러를 발생시킨다. 따라서 위와 같이 부서명 값을 추출하는 스칼라 서브쿼리에 ROWNUM 연산자를 추가할 수 있다. 물론 ROWNUM 연산자를 추가해도 원하는 데이터를 추출할 수 있어야 할 것이다.

보너스 값을 추출하는 스칼라 서브쿼리의 경우에도 조건을 만족하는 사원 테이블에 있는 한 건의 데이터에 대해 한 번 수행된다. 보너스 값을 추출하는 스칼라 서브쿼리에서는 사원번호 값에 따라 어떠한 값도 추출되지 않는 경우가 있다고 가정하자. 그렇다면 해당 조건이 사원번호 조건으로 제공된다면 SQL은 에러를 발생하며 실패하게 된다. 이와 같이 어떠한 값도 추출되지 않는 경우를 방지하기 위해 사용할 수 있는 방법이 집합 함수다. 위의 보너스 값을 추출하는 스칼라 서브쿼리에 MAX 집합 함수를 사용하였다. 어떠한 값도 추출되지 않는 경우에는 집합 함수에 의해 NULL 값이 추출되므로 SQL이 에러를 발생시키지 않게 된다. NULL 또한 하나의 값이며 집합 함수는 조건을 만족하는 데이터가 없을 경우 무조건 NULL 값을 추출하기 때문이다. 또한 스칼라 서브쿼리 안에서 한 건의 데이터를 추출하는 조건에 대해서는 MAX 집합 함수를 사용하여도 동일한 값이 추출되므로 SQL의 결과에는 이상이 없을 것이다.

위와 같이 스칼라 서브쿼리는 함수의 속성을 대부분 가진다. 하지만 함수의 속성을 잊고 스칼라 서브쿼리를 사용하는 경우가 많다. 그로 인해 SQL의 성능이 저하되는 것은 아니지만 SQL 자체가 수행되지 않는 경우가 발생한다. 이제는 스칼라 서브쿼리를 사용하면서 스칼라 서브쿼리가 함수라는 사실을 잊지 않기 바란다.

Chapter 5. 스칼라 서브쿼리도 조인이다

☑ 스칼라 서브쿼리는 반드시 반복 수행된다.

스칼라 서브쿼리는 일반적으로 중첩 루프 조인으로 수행되며 INNER 테이블의 역할을 수행하기 때문에 반드시 반복 수행된다. 중첩 루프 조인에서 응답 속도를 향상시키기 위한 첫 번째 항목은 반복 수행되는 INNER 테이블의 최적화된 엑세스라고 이미 언급했다. 스칼라 서브쿼리도 반복 수행되는 INNER 테이블의 역할을 수행하므로 반드시 최적화된 인덱스를 이용해야만 성능을 보장받을 수 있을 것이다. 앞서 언급했던 SQL을 살펴보자.

```
예 제
SQL> SELECT 사원번호,
            사원명,
            (SELECT 부서명
             FROM 부서 B
             WHERE A.부서번호 = B.부서번호
             AND B.지역 = '서울'
             AND B.생성일자 > '20040101'
            )부서명,
            년차일수
     FROM 사원 A
     WHERE 입사일자 > '20040101'
     AND 직급 = '대리';
```

위의 SQL에서 입사일 조건과 직급 조건을 만족하는 데이터 건수가 10,000건이라고 가정하자. 이제부터 주 쿼리의 성능과 스칼라 서브쿼리의 성능에 대해 각각 알아보자.

주 쿼리에서 추출되는 데이터는 10,000건이라 가정했다. 사원 테이블의 데이터가 매우 많아서 10,000건의 데이터가 테이블의 3%~5% 미만이라면 입사일 조건과 직급 조건으로 인덱스를 생성해야 한다. 두 컬럼으로 인덱스를 생성한다면 점 조건+선분 조건으로 인덱스를 생성해야만 두 컬럼에 의해 처리 범위가 감소한다. 따라서 직급+입사일자 인덱스를 생성해야 한다. 만약 사원 테이블에서 추출되는 데이터가 3%~5% 이상이라면 인덱스 스캔 대신 테이블을 전체 스캔해야 한다. 물론 사원 테이블의 3%~5% 미만을 엑세스하더라도 추출되는 대상 데이터가 많다면 인덱스를 스캔해야 되는 3%~5%의 기준 값은 낮아진다. 전체 테이블을 스캔한다면 사원 테이블에 대한 병렬 프로세싱을 고려해야 할 것이다. 병렬 프로세싱을 고려한다면 SQL을 아래와 같이 수행하면 될 것이다.

```
예 제
SQL> SELECT /*+ PARALLEL(A,4) */
            사원번호, 사원명,
            (SELECT 부서명
             FROM 부서 B
             WHERE A.부서번호 = B.부서번호
             AND B.지역 = '서울'
             AND B.생성일자 > '20040101'
            )부서명,
            년차일수
     FROM 사원 A
     WHERE 입사일자 > '20040101'
     AND 직급 = '대리' ;
```

사원 테이블을 전체 스캔해야 할 경우에 병렬 프로세싱을 위와 같이 이용한다면 사원 테이블에 대한 엑세스 속도를 향상시킬 수 있다. 인덱스를 이용할 경우에는 처리 범위를 최소화하기 위해 직급+입사일자 인덱스를 생성해야 한다고 했다. 여기에 성능 저하를 발생시킬 수 있는 추출 랜덤 엑세스를 제거하려면 직급+입사일자+사원번호+사원명+부서번호 인덱스를 생성해야 할 것이다. 부서번호 컬럼은 SELECT 절에 사용된 컬럼은 아니며 스칼라 서브쿼리와의 조인 조건에 해당되는 컬럼이므로 이 또한 추출 랜덤 엑세스를 발생시킨다. 그러므로 조인 조건인 부서번호 컬럼을 인덱스 컬럼으로 추가해야만 추출 랜덤 엑세스를 모두 제거할 수 있다.

스칼라 서브쿼리는 어떻게 수행되는가? 주 쿼리에서 10,000건의 데이터가 추출된다면 스칼라 서브쿼리도 10,000번 반복 수행된다. 이는 스칼라 서브쿼리가 중첩 루프 조인으로 수행되며 INNER 테이블의 역할을 수행하기 때문이다. 따라서 스칼라 서브쿼리의 부서 테이블이 테이블 전체 스캔으로 수행된다면 부서 테이블은 10,000번 전체 스캔을 수행한다. 부서 테이블의 크기가 100MB라면 10,000×100MB이므로 엑세스하는 전체 데이터의 크기는 1,000,000MB가 된다. 이 얼마나 많은 I/O를 발생시키는가? 이와 같은 형태로 스칼라 서브쿼리가 수행된다면 원하는 응답 속도를 만족시킬 수 없을 것이다. 따라서 스칼라 서브쿼리는 반드시 최적의 인덱스를 이용해야 한다. 그렇다면 어떤 인덱스를 이용해야 하는가? 위의 예제에서 스칼라 서브쿼리에서 사용할 수 있는 부서 테이블의 조건은 부서번호 조건, 지역 조건, 생성일자 조건이다. 중첩 루프 조인으로 수행되므로 뒤에 엑세스되는 테이블은 조인 조건을 상수로 제공받게 되어 부서번호 조건은 스칼라 서브쿼리의 WHERE 조건으로 수행된다. 위의 3개 조건 중 어느 조건을 인덱스의 처음 컬럼으로 구성해야 되는가? 점 조건과 선분 조건을 고려하여 인덱스는 부서번호+지역+생성일자로 인덱스를 생성해야 한다. 물론 부서번호 컬럼과 지역 컬럼의 순서는 변경되어도 두 조건 모두 점 조건이므로 스칼라 서브쿼리는 동일한 성능을 보장한다. 중요한 점은 부서번호 컬럼이 반드시 처리 범위를 감소시킬 수 있는 형태로 인덱스에 포함되어야 한다는 것이다. 그 이유는 주 쿼리의 하나의 값에 대해 스칼라 서브쿼리도 하나의 값만을 추출하기 때문이다. 지역 컬럼과 생성일자 컬럼을 만족하는 데이터는 여러 건이 추출될 수 있기 때문에 스칼라 서브쿼리에서 하나의 값만 추출하게 해주는 가장 중요한 조건은 조인 조건인 부서번호 컬럼이다.

```
실행 계획
SELECT STATEMENT
  TABLE ACCESS (BY INDEX ROWID) OF '부서'
    INDEX (RANGE SCAN) OF '부서번호_지역_생성일자_IDX'
  TABLE ACCESS (BY INDEX ROWID) OF '사원'
    INDEX (RANGE SCAN) OF '직급_입사일_IDX'
```

앞서 언급한대로 인덱스를 생성한다면 위와 같이 실행 계획이 생성된다. 인덱스 스캔 후 테이블 스캔을 수행할 경우 발생하는 랜덤 엑세스마저 제거하고 싶다면 SELECT 절의 컬럼을 인덱스에 추가하면 된다.

이와 같이 스칼라 서브쿼리를 사용하는 SQL에서는 스칼라 서브쿼리의 조인 조건에 인덱스가 있어야 한다. 스칼라 서브쿼리는 주 쿼리에서 추출되는 데이터의 건수만큼 반복 수행되므로 최적이 인덱스를 이용하지 않는다면 이는 엄청난 성능 저하를 발생시킨다. 따라서 스칼라 서브쿼리가 최적의 인덱스를 이용할 수 있는지 아닌지는 매우 중요한 성능 요소다. 조인 조건에 의해 처리 범위가 감소될 수 있는 인덱스를 구성한다면 일반적으로 스칼라 서브쿼리의 성능을 보장할 수 있을 것이다. 물론 스칼라 서브쿼리가 최적화되어 있어도 스칼라 서브쿼리의 많은 반복 수행은 성능을 보장할 수 없게 된다.

✓ 스칼라 서브쿼리의 사용 및 위치에 따라 100배 빠르게 사용하자.

인라인 뷰와 스칼라 서브쿼리가 동시에 사용된다면, 그리고 인라인 뷰가 데이터를 감소시키는 인라인 뷰라면 스칼라 서브쿼리의 위치에 의한 성능 차이는 엄청나게 발생한다. 이러한 현상이 의외일 수도 있지만 내부 수행을 정확히 이해한다면 당연한 사실일 것이다. 스칼라 서브쿼리의 위치에 의한 성능 저하는 피할 수 있는 항목이므로 조금만 주의한다면 더 좋은 성능을 보장받을 수 있을 것이다. 또한 스칼라 서브쿼리를 OUTER 조인으로 대신하여 사용할 경우 어떤 현상이 발생하는지 살펴보자.

첫 번째로, 스칼라 서브쿼리의 위치에 따른 응답 속도의 차이를 살펴보자.

예 제

```
SQL> SELECT 등록일자, 민원인_성명, 민원인연락처, 민원요약내용, 해결여부, 담당부서, 민원건수
       FROM (SELECT AA.민원_ID, AA.등록일자, BB.민원인_성명,
                    BB.민원인연락처, AA.민원요약내용, AA.해결여부,
                    (SELECT 부서명
                     FROM 부서 CC
                     WHERE AA.부서번호 = CC.부서번호) 담당부서
             FROM 민원요청 AA,
                  민원인 BB
             WHERE AA.등록자_ID = BB.민원인_ID
             AND AA.등록일자 > '20070101'
             AND BB.민원인_성명 LIKE '김%'
            )DD,
            (SELECT 민원_ID, COUNT(민원_ID) 민원건수
             FROM 민원요청_이력 EE
             GROUP BY 민원_ID
             HAVING COUNT(민원_ID) > 2
            )EE
      WHERE DD.민원_ID = EE.민원_ID;
```

DD 인라인 뷰는 민원요청 테이블과 민원인 테이블을 조인하여 조건에 만족하는 값을 추출한다. DD 인라인 뷰에서 추출되는 데이터의 총 건수가 10,000건이라고 가정하자. 그렇다면 DD 인라인 뷰에 있는 스칼

라 서브쿼리도 10,000건의 데이터에 대해 한 번씩 수행되어 한 건씩의 결과를 추출하므로 10,000번 수행된다. 스칼라 서브쿼리는 중첩 루프 조인을 사용하며 INNER 테이블 역할을 수행한다. 그렇기 때문에 반복 수행이 발생하며 조인에서 반복 수행되는 SQL은 최적화된 엑세스를 반드시 수행해야 한다. 따라서 부서 테이블에서는 부서번호 컬럼에 반드시 인덱스가 존재해야 한다. DD 인라인 뷰에서 추출되는 10,000건의 데이터에 대해 스칼라 서브쿼리가 10,000번 수행되며 스칼라 서브쿼리는 부서번호 컬럼의 값을 상수로 제공받는다. 상수로 제공받는 10,000개의 부서번호에 대해 스칼라 서브쿼리는 각각 1개의 부서명을 추출한다.

위와 같이 DD 인라인 뷰를 통해 10,000건의 데이터가 추출되고 해당 데이터가 EE 인라인 뷰와 조인을 수행하여 최종 결과는 1,000건의 데이터가 추출된다고 가정하자. DD 인라인 뷰에서 추출한 데이터 중 9,000건은 조인에 실패한다. 조인에 실패한 9,000건을 DD 인라인 뷰에서 추출한 것도 아쉽지만 여기서 중요한 것은 어차피 조인이 성공하지 못할 9,000건에 대해 스칼라 서브쿼리를 수행한 것은 더더욱 아쉬운 일이다. 스칼라 서브쿼리는 부서번호 조건을 상수로 제공받아 한 번 수행되는 경우 10개의 블록이 엑세스된다고 가정하자. 이와 같은 경우 스칼라 서브쿼리가 9,000번 수행된다면 90,000 블록이 되며 추출된 스칼라 서브쿼리의 결과를 조인 수행 시 버려야 한다는 것은 엄청난 성능 저하다. 그렇다면 조인에 성공하는 1,000건에 대해서만 스칼라 서브쿼리를 수행할 수는 없겠는가? 방법은 있다. 이제 스칼라 서브쿼리가 1,000번만 수행될 수 있도록 SQL을 작성해 보자.

> **예 제**
>
> ```
> SQL> SELECT 등록일자, 민원인_성명, 민원인연락처,
>             민원요약내용, 해결여부,
>             (SELECT 부서명
>              FROM 부서 CC
>              WHERE DD.부서번호 = CC.부서번호) 담당부서
>        FROM (SELECT AA.민원_ID, AA.등록일자, BB.민원인_성명,
>                     BB.민원인연락처, AA.민원요약내용, AA.해결여부,
>                     AA.부서번호 부서번호
>                FROM 민원요청 AA
>                    , 민원인 BB
>               WHERE AA.등록자_ID = BB.민원인_ID
>                 AND AA.등록일자 > '20070101'
>                 AND BB.민원인_성명 LIKE '김%'
>             ) DD,
>             (SELECT 민원_ID, COUNT(민원_ID) 민원건수
>                FROM 민원요청_이력 EE
>               GROUP BY 민원_ID
>              HAVING COUNT(민원_ID) > 2
>             ) EE
>       WHERE DD.민원_ID = EE.민원_ID;
> ```

위의 SQL과 같이 스칼라 서브쿼리를 가장 바깥쪽인 주 쿼리로 이동시킨다면 어떻게 될까? DD 인라인 뷰에서 10,000건이 추출되고 EE 인라인 뷰와 조인을 수행하면 1,000건의 데이터가 추출된다. 그렇다면 스칼라 서브쿼리는 몇 번 수행되는가? 조인 수행 결과가 1,000건이므로 스칼라 서브쿼리도 당연히 1,000번만 수행될 것이다. 스칼라 서브쿼리가 한 번 수행 시 적은 양의 데이터에 엑세스하더라도 10,000번 수행되는 것과 1,000번 수행되는 것에는 성능적인 면에서 많은 차이가 발생한다. 이제부터라도 성능 향상을 위해 스칼라 서브쿼리의 위치에 주의해야 할 것이다. 적은 데이터를 추출하는 단계에 스칼라 서브쿼리를 위치시켜야만 스칼라 서브쿼리가 적은 횟수로 반복 수행되어 성능을 보장할 수 있을 것이다.

두 번째로, OUTER 조인을 스칼라 서브쿼리로 변경하는 경우를 살펴보자. 이 경우도 성능을 향상시키기 위한 것이다.

Chapter 5. 스칼라 서브쿼리도 조인이다

```
예 제
SQL> SELECT 사원.사원번호, 사원.사원명, 가족.배우자이름
     FROM 사원, 가족
     WHERE 사원.사원번호 = 가족.사원번호(+)
     AND 사원.급여 > '500'
```

　OUTER 조인을 사용한 SQL을 확인해 보자. 이 SQL은 급여가 '500' 이상인 사원에 대해 모든 데이터를 추출하며 배우자가 있다면 배우자의 이름을 추출하는 SQL이다. 배우자에 대한 정보를 추출하는 SQL이므로 한 명의 사원에 대해서 배우자가 있다면 하나의 값이 추출되며 배우자가 없으면 배우자이름 컬럼의 값에 NULL 값을 추출할 것이다. 위의 SQL이 중첩 루프 조인으로 수행한다면 OUTER 조인을 수행하는 순간 조인의 순서는 정해진다. (+)가 없는 테이블이 먼저 엑세스되어야만 원하는 결과를 추출할 수 있다. 따라서 위의 SQL이 중첩 루프 조인으로 수행된다면 가족 테이블이 INNER 테이블 역할을 수행한다. 하지만 오라클 10g에서 OUTER 조인이 해쉬 조인인 경우에는 (+)가 없는 사원 테이블이 BUILD 테이블로 수행될 수도 있고 PROBE 테이블로 수행될 수도 있다. 위의 SQL은 중첩 루프 조인으로 수행되는 것이 유리하다고 가정하자.

```
예 제
SQL> SELECT /*+ USE_NL(사원,가족) */
            사원.사원번호, 사원.사원명, 가족.배우자이름
     FROM 사원, 가족
     WHERE 사원.사원번호 = 가족.사원번호(+)
     AND 사원.급여 > '500' ;
```

　위의 SQL에서는 가족 테이블에 의해 데이터가 증가하지 않기 때문에 스칼라 서브쿼리로 변경이 가능하다. OUTER 조인을 사용하는 테이블에 의해 전체 결과의 건수에 변화가 생긴다면 OUTER 조인을 스칼라 서브쿼리로 변경할 수 없다. 하지만 위의 SQL에서 가족 테이블은 배우자의 이름을 추출하는 역할만 수행하므로 최종 결과 데이터를 감소시키거나 증가시키지 않게 된다. 따라서 위와 같은 OUTER 조인은 스칼라 서브쿼리로 변경될 수 있다.

> **예 제**
> ```
> SQL> SELECT 사원.사원번호, 사원.사원명,
>             (SELECT MAX(가족.배우자이름) 배우자이름
>              FROM 가족
>              WHERE 사원.사원번호 = 가족.사원번호) 배우자이름
>      FROM 사원
>      WHERE 급여 > '500';
> ```

위와 같이 스칼라 서브쿼리로 OUTER 조인을 대신할 수 있을 것이다. 스칼라 서브쿼리는 일반적으로 중첩 루프 조인으로 사용되기 때문에 해쉬 조인으로 수행될 경우에 대해서는 걱정하지 않아도 된다. 위에서처럼 OUTER 조인을 스칼라 서브쿼리로 변경함으로써 조인 방식을 제어하여 성능을 향상시킬 수 있을 것이다.

앞서 간단히 언급했듯이 OUTER 조인을 스칼라 서브쿼리로 대신하기 위해서는 제약 조건이 있다. 급여 컬럼의 값이 '500'을 초과하는 데이터에 대해 스칼라 서브쿼리의 결과 값이 반드시 한 건만 추출되거나 아니면 NULL 값이 추출되어야 한다. 이러한 사항이 보장되지 않는다면 OUTER 조인 대신 스칼라 서브쿼리를 사용할 수 없을 것이다. 또 한 가지는 OUTER 조인에 의해 (+)가 없는 테이블과 (+)가 있는 테이블의 관계가 1:M이라면 스칼라 서브쿼리를 이용하지 못한다. 그 이유는 OUTER 조인에 의해 결과 데이터가 증가하기 때문이다. 결과 데이터가 증가하면 OUTER 조인을 스칼라 서브쿼리로 변경할 수 없다. 또한 어떠한 값도 추출되지 않는 경우를 대비하여 배우자이름 컬럼의 값에 MAX 함수를 사용하였다. 집합 함수를 사용하면 어떤 값도 추출되지 않는 경우에 NULL 값이 추출된다. 하지만 집합 함수를 사용하지 않는다면 어떠한 값도 추출되지 않는 경우에 스칼라 서브쿼리는 에러를 발생시킨다. 또한 하나의 값이 추출되는 경우에 MAX 함수는 성능적인 부하를 발생시키지 않게 된다.

반대의 경우도 마찬가지일 것이다. 스칼라 서브쿼리를 사용하는 SQL에 대해 해쉬 조인을 이용하고 싶다면 FROM 절로 스칼라 서브쿼리의 테이블을 이동시키고 OUTER 조인을 사용하면 된다. 이 경우에는 스칼라 서브쿼리에 ROWNUM 연산이나 그룹 함수가 사용되지 않았다면 어떤 제약 조건도 존재하지 않게 된다. ROWNUM 연산이나 그룹 함수가 사용된 스칼라 서브쿼리를 OUTER 조인으로 변경하면 추출되는 데이터가 변경될 수 있기 때문이다.

Chapter 5. 스칼라 서브쿼리도 조인이다

```
예 제
SQL> SELECT 사원.사원번호, 사원.사원명,
            (SELECT 가족.배우자이름
             FROM 가족
             WHERE 사원.사원번호 = 가족.사원번호) 배우자이름,
            (SELECT 가족.배우자_나이
             FROM 가족
             WHERE 사원.사원번호 = 가족.사원번호) 배우자_나이
     FROM 사원
     WHERE 급여 > '500';
```

위의 SQL에서는 스칼라 서브쿼리를 두 번 사용하였다. 급여가 '500' 이상인 하나의 사원번호 데이터에 대해 스칼라 서브쿼리를 두 번 수행하게 되므로 가족 테이블을 두 번 엑세스한다. 따라서 사원 테이블에서 조건을 만족하는 데이터가 10,000건 추출된다면 가족 테이블은 20,000번 엑세스된다. 이와 같이 스칼라 서브쿼리가 여러 번 사용되고 각 스칼라 서브쿼리에서 동일한 테이블에 엑세스한다면 OUTER 조인으로 수행하여 해당 테이블을 한 번만 엑세스하는 것이 더 유리할 것이다.

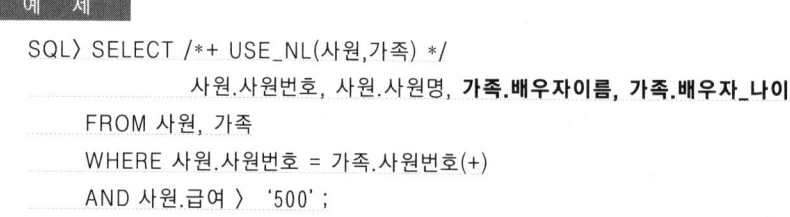

```
예 제
SQL> SELECT /*+ USE_NL(사원,가족) */
            사원.사원번호, 사원.사원명, 가족.배우자이름, 가족.배우자_나이
     FROM 사원, 가족
     WHERE 사원.사원번호 = 가족.사원번호(+)
     AND 사원.급여 > '500';
```

사원 테이블에서 조건을 만족하는 데이터가 10,000건 추출된다면 가족 테이블과 10,000번 조인이 수행되므로 스칼라 서브쿼리를 두 번 사용하는 것보다 조인 횟수의 감소로 성능을 보장받을 수 있을 것이다.

또한 많은 데이터를 추출하는 경우에 스칼라 서브쿼리는 중첩 루프 조인의 방식만 이용하므로 성능 저하를 발생시킨다. 이와 같은 경우라면 OUTER 조인을 이용하여 일반 조인으로 변경하여 해쉬 조인을 이용하는 것이 성능 저하를 방지할 수 있다.

위와 같이 스칼라 서브쿼리는 중첩 루프 조인의 방식을 사용하며 INNER 테이블의 역할을 수행한다. 스칼라 서브쿼리는 이와 같기 때문에 조인 조건을 상수로 제공받으며 반복 엑세스된다. 조인에서 반복 엑세스되는 테이블은 반드시 엑세스의 최적화가 수행되어야 한다. 그러므로 조인 조건을 중심으로 스칼라 서브쿼리의 인덱스를 선정해야 할 것이다. 또한 스칼라 서브쿼리가 반복 사용된 인라인 뷰와 함께 사용된다

면 그 위치에 의해 성능이 저하될 수 있다. 가장 적은 데이터를 추출하는 단계에 스칼라 서브쿼리를 위치시켜 성능을 최적화해야 할 것이다.

이처럼 스칼라 서브쿼리는 사용 방법에 관계없이 반복 수행되므로 스칼라 서브쿼리의 인덱스를 이용한 최적화 및 반복 수행을 감소시키는 최적화가 반드시 필요하다. 또한 스칼라 서브쿼리의 반복 수행이 많다면 OUTER 조인으로 변경하여 해쉬 조인을 이용한 성능 향상을 유도해야 할 것이다.

Chapter 06

서브쿼리를 효과적으로 **사용하자.**

■ □ □

어떤 프로젝트에서는 성능 저하를 막기 위해 서브쿼리를 사용하지 못하게 하는 경우도 있다. 과연 서브쿼리는 성능을 저하시키므로 사용하면 안 되는 것인가? 이는 서브쿼리를 정확히 이해하지 못하기 때문이 아닐까? 서브쿼리를 사용하지 못한다면 조인이나 스칼라 서브쿼리도 사용해서는 안 될 것이다. 왜냐하면 모든 SQL이 유사한 방식으로 수행되기 때문이다. 이제는 서브쿼리를 효과적으로 사용해야 할 때다. 이 장을 통해 서브쿼리의 정확한 수행 방식을 이해하고 서브쿼리의 최적화 방법을 살펴보자.

서브쿼리는 성능을 악화시키지 않는다.

서브쿼리는 무엇인가? 대부분의 프로젝트에서 서브쿼리를 사용하지 않을 수는 없다. 하지만 서브쿼리에 대한 용어 자체도 모르는 개발자들이 많다. 사실 서브쿼리라는 용어 자체가 뭐 그리 중요하겠는가? 하지만 개발은 혼자만 하는 것이 아니다. 같은 모듈(MODULE)을 개발하다 보면 많은 회의를 하게 되고 회의에서 정확한 의사 전달이 이루어지기 위해서는 공통된 용어를 사용해야 한다. 대부분의 사람들이 서브쿼리라는 용어를 알고 있는데 본인만 서브쿼리라는 용어를 모른다면 회의가 되겠는가? 당연히 이해 못하는 이야기만 듣고 회의를 미칠 것이다.

그렇다면 서브쿼리란 무엇인가? WHERE 절에서 사용되는 SELECT 절을 서브쿼리라고 한다. SELECT 절에 사용되는 SELECT 절을 스칼라 서브쿼리라고 한다는 것에 대해서는 앞에서 이야기한 바 있다.

```
예 제
SQL> SELECT 번호, SUM(사용금액*0.1)
     FROM 통화내역 A
     WHERE 고객번호 IN (SELECT 고객번호
                    FROM 고객_이력
                    WHERE 상태 = '이벤트신청'
                    AND 변경일자 > '20070301')
     AND NOT EXISTS (SELECT 'X'
                    FROM 제품 B
                    WHERE A.모델명 = B.제품_번호
                    AND 제품번호 IN ('111', '222', '333'))
     AND 사용일자 BETWEEN '20070131' AND '20070631'
     GROUP BY 번호;
```

위의 SQL에서 WHERE 절에는 두 개의 SQL이 있으며 이들 SQL을 서브쿼리라고 한다. 서브쿼리와 일반 조인의 차이는 무엇인가? 두 가지의 차이가 있다.

첫 번째로, 서브쿼리는 결과 집합을 감소시킬 수 있지만 조인은 결과 집합을 증가시키거나 감소시킬 수 있다는 것이다. 서브쿼리는 WHERE 절에 사용되어 확인이나 공급의 역할을 수행한다. 확인의 역할이 무엇인가? 기존 데이터를 증가시킬 수는 없고 감소시킬 수만 있는 것이 확인의 역할이다. 그렇다면 공급의 역할은 무엇인가? 여기서 언급한 서브쿼리에서 공급의 역할은 서브쿼리를 만족하는 데이터를 주 쿼리로 공급한다는 의미이다. 주 쿼리는 제공받은 값에 만족하는 데이터만 결과로 추출한다. 결국 제공의 역할을 수행하는 서브쿼리도 데이터를 증가시키는 역할을 수행하는 것이 아니라 주 쿼리의 데이터 중 제공된 값과 동일한 데이터를 추출하므로 감소의 역할을 수행한다. 어떻게 생각해보면 서브쿼리의 공급의 역할에도 확인의 의미가 있다.

두 번째로, 서브쿼리에 사용된 테이블에 있는 컬럼의 값을 주 쿼리에서 추출할 수 없다. 예를 들어 제품 테이블에 있는 제품_이름 컬럼의 값을 주 쿼리에서는 절대 조회할 수 없다. 주 쿼리에서 제품 테이블의 제품_이름 컬럼의 값을 추출하기 위해서는 FROM 절에 제품 테이블을 설정해서 일반 조인을 사용하거나 스칼라 서브쿼리를 사용해야 할 것이다.

프로젝트를 지원하다 보면 많은 곳에서 서브쿼리에 대한 불신이 있다는 것을 느꼈다. 그 이유는 서브쿼리만 사용하면 어플리케이션의 성능이 저하된다는 것이다. 서브쿼리의 아키텍쳐는 과연 성능을 저하시키는가? 결론부터 이야기하면, 서브쿼리에는 성능을 저하시키는 요소가 없다. 서브쿼리에 대해 좋지 않은 인식을 가지고 있는 사이트에서는 조인도 불신한다. 이와 같은 현상이 발생하는 이유는 서브쿼리가 조인과 동일하기 때문이다. 서브쿼리나 조인에는 절대 성능을 악화시키는 요소가 없다는 것을 이해하기 바란다. 서브쿼리를 사용하여 성능이 악화되었다면 이는 논리적 모델링의 잘못이거나 서브쿼리를 작성한 개발자의 잘못이다. 서브쿼리나 조인은 데이터 연결을 위해 반드시 필요하며 오히려 성능을 향상시킬 수 있는 아키텍쳐를 가지고 있다.

이제부터 서브쿼리를 믿고 사용하기 바란다. 다만 최적화된 서브쿼리를 사용해야 할 것이다. 물론 최적화되지 않은 서브쿼리의 사용은 SQL의 성능을 보장할 수 없다.

✓ 서브쿼리는 조인이다.

추출되는 컬럼의 제약 조건 및 추출되는 데이터의 감소 역할을 제외하면 서브쿼리는 조인과 동일하다. 그렇기 때문에 서브쿼리도 중첩 루프 조인, 해쉬 조인, 소트 머지 조인을 이용하여 실행 계획을 생성한다.

```
예 제
SQL> SELECT 번호, SUM(사용금액*0.1)
     FROM 통화내역
     WHERE 고객번호 IN (SELECT 고객번호
                        FROM 고객_이력
                        WHERE 상태 = '이벤트신청'
                        AND 변경일자 > '20070301' )
     AND 사용일자 BETWEEN '20070131' AND '20070631'
     GROUP BY 번호;
```

서브쿼리는 분명히 조인이라고 했다. 그렇기 때문에 먼저 엑세스되는 테이블과 뒤에 엑세스되는 테이블이 있다. 위의 SQL에서 사용되는 테이블은 통화내역 테이블과 고객_이력 테이블이다. 두 테이블 중 하나의 테이블은 먼저 엑세스될 것이다. 위의 예제는 중첩 루프 조인으로 수행된다고 가정하고 해당 SQL의 실행을 확인해 보자.

서브쿼리는 조인과 동일하므로 조인 조건이 없다면 정상적인 조인을 수행할 수 없다. 조인 조건이 없다면 일반 조인에서는 카테시안 조인을 수행하며 서브쿼리의 경우에는 에러를 발생시킬 것이다. 그렇다면 위의 SQL에서 조인 조건은 무엇인가? 통화내역 테이블의 고객번호 컬럼과 고객_이력 테이블의 고객번호 컬럼이 조인 조건이 되며, IN 연산자가 사용된다. IN 연산자는 동일(=) 연산자와 같은 연산자다. 다만 IN 연산자는 여러 데이터에 대해 동일(=) 연산을 수행한다는 점이 다르다. 이와 같다면 서브쿼리의 수행 방식이 조인과 어떤 점에서 다르겠는가?

- 후 수행 서브쿼리 – 서브쿼리의 테이블이 뒤에 엑세스되는 수행
- 선 수행 서브쿼리 – 서브쿼리의 테이블이 먼저 엑세스되는 수행

서브쿼리는 위와 같이 2가지 방식으로 수행될 수 있다. 후 수행 서브쿼리는 중첩 루프 조인에서 서브쿼

리의 테이블이 INNER 테이블로 수행되는 경우다. 선 수행 서브쿼리의 경우에는 중첩 루프 조인에서 서브쿼리의 테이블이 DRIVING 테이블로 수행된다. 각 서브쿼리의 수행 방식에 대해 자세히 살펴보자.

첫 번째로, 서브쿼리의 테이블이 뒤에 엑세스되는 후 수행 서브쿼리를 살펴보자. 후 수행 서브쿼리라면 주 쿼리의 통화내역 테이블이 먼저 엑세스될 것이다. 이는 중첩 루프 조인에서 통화내역 테이블이 DRIVING 테이블로 수행되었다는 의미이다. 그렇다면 고객_이력 테이블은 당연히 INNER 테이블 역할을 수행했을 것이다. 중첩 루프 조인에서 INNER 테이블은 반복 엑세스된다. 이와 같은 이유에서 중첩 루프 조인의 성능 향상에 있어서 관건은 INNER 테이블의 반복 엑세스 최적화이다.

INNER 테이블로 수행되며 반복 엑세스가 발생하는 고객_이력 테이블을 살펴보자. 고객_이력 테이블에서 사용할 수 있는 WHERE 조건은 무엇인가? 상태 컬럼과 변경일자 컬럼이다. 여기서 중요한 사항은 고객번호 컬럼도 WHERE 조건으로 취급해야 한다는 것이다. 중첩 루프 조인에서 DRIVING 테이블이 먼저 엑세스되면서 INNER 테이블은 조인 조건을 상수로 제공받는다. 이러한 현상은 서브쿼리라 할지라도 동일하다. 이러한 조인 조건의 컬럼은 일반적으로 분포도가 매우 좋기 때문에 인덱스에서 반드시 처리 범위를 감소시키는 조건으로 이용되어야 된다. 따라서 고객_이력 테이블에는 고객번호 컬럼, 상태 컬럼, 변경일자 컬럼으로 인덱스가 존재해야 한다. 점 조건과 선분 조건에 대해 인덱스를 생성하기 위해서는 점 조건+선분 조건으로 생성해야 한다. 따라서 인덱스는 고객번호+상태+변경일자 인덱스나 상태+고객번호+변경일자 인덱스로 생성해야만 INNER 테이블의 반복 엑세스를 최적화할 수 있을 것이다. 이와 같이 인덱스를 생성하면 고객_이력 테이블을 조회하지 않고 인덱스 스캔으로만 원하는 모든 데이터를 추출할 수 있게 되어 랜덤 엑세스가 모두 제거된다.

DRIVING 테이블인 통화내역 테이블을 살펴보자. 통화내역 테이블의 WHERE 조건 절에는 사용일자 조건만 있다. 여기서 조인 조건인 고객번호 컬럼은 DRIVING 테이블에서 상수화가 되지 않기 때문에 WHERE 조건으로 사용될 수 없다. 통화내역 테이블에서 사용일자 컬럼을 만족하는 데이터가 많다면 통화 내역 테이블을 전체 스캔하는 것이 성능면에서 더 유리하다. 하지만 통화내역 테이블에서 사용일자 조건을 만족하는 데이터가 3%~5% 미만이라면 인덱스를 이용하는 것이 더 좋다. 물론 대용량 데이터라면 이 수치는 더 낮아진다. 위의 경우에서는 조건을 만족하는 데이터가 3%~5% 이상이라고 가정하자. 이와 같다면 통화내역 테이블을 전체 스캔해야 하며 테이블 전체 스캔을 수행한다면 병렬 프로세싱을 고려해야 할 것이다.

위와 같이 서브쿼리의 테이블과 주 쿼리의 테이블은 INNER 테이블과 DRIVING 테이블 역할을 수행한다. 서브쿼리가 후 수행 서브쿼리로 수행된다면 아래와 같이 실행 계획이 생성될 것이다.

```
실행 계획
    SELECT STATEMENT
      SORT(GROUP BY)
       NESTED LOOPS
         TABLE ACCESS (FULL) OF '통화내역'
         TABLE ACCESS (BY INDEX ROWID) OF '고객_이력'
           INDEX (RANGE SCAN) OF '고객번호_상태_변경일자_IDX'
```

통화내역 테이블이 DRIVING 테이블로 수행되고 고객_이력 테이블이 INNER 테이블로 수행된다면 위와 같이 실행 계획이 생성될 것이다. NESTED LOOP 실행 계획에서 바로 밑에 있는 테이블이 먼저 엑세스되고 다음에 생성되는 테이블이 뒤에 엑세스되기 때문이다. 이와 같이 서브쿼리의 테이블이 뒤에 엑세스되는 서브쿼리를 후 수행 서브쿼리라고 한다.

후 수행 서브쿼리는 서브쿼리가 뒤에 수행되는 경우이므로 확인의 역할을 수행한다. 통화내역 테이블에서 추출한 데이터가 서브쿼리 절을 만족하는지 확인한다. 확인 후 서브쿼리 절을 만족하는 통화내역 테이블의 데이터는 결과로 추출되며 서브쿼리 절을 만족하지 않는다면 해당 데이터는 버려진다. 따라서 후 수행 서브쿼리는 존재 유무의 SQL이라고도 한다. 존재 유무의 SQL에 대해서는 세미 조인이나 필터 조인 등을 이용하여 조건을 만족하는 데이터가 서브쿼리에 여러 건 있더라도 한 건만 엑세스하고 종료될 수 있도록 실행 계획을 생성해야 한다. 특히 후 수행 서브쿼리 중에 EXISTS 절을 사용한 SQL은 존재 유무의 SQL이 된다. EXISTS 절에 대한 내용과 필터 조인에 대해서는 뒤에서 자세히 설명한다.

두 번째로, 선 수행 서브쿼리를 살펴보자. 선 수행 서브쿼리로 수행된다면 서브쿼리의 테이블인 고객_이력 테이블이 먼저 엑세스될 것이다. 고객_이력 테이블이 먼저 엑세스되므로 이는 DRIVING 테이블 역할을 수행한다. 반면에 통화내역 테이블은 INNER 테이블로 수행될 것이다.

INNER 테이블로 수행되는 통화내역 테이블을 살펴보자. 통화내역 테이블의 WHERE 조건은 사용일자 컬럼과 고객번호 컬럼이 된다. INNER 테이블로 수행될 경우 WHERE 조건 절의 조인 조건인 고객번호 컬럼은 상수화가 되기 때문에 WHERE 조건으로 사용된다. INNER 테이블의 반복 수행을 최적화하기 위해서는 제공된 조인 조건이 처리 범위를 감소시킬 수 있도록 효과적으로 이용할 수 있는 인덱스가 필요하다. 그렇다면 인덱스는 고객번호+사용일자로 생성하여 점 조건+선분 조건의 인덱스 선정 규칙을 지켜야 한다.

DRIVING 테이블로 수행되는 고객_이력 테이블의 경우 조건을 만족하는 데이터가 적다면 인덱스를 이용해야 한다. 인덱스를 이용한다면 WHERE 조건의 상태 컬럼과 변경일자 컬럼으로 인덱스를 생성해야 한다. 그러므로 점 조건과 선분 조건을 고려하여 상태+변경일자 인덱스를 생성해야 할 것이다. 고객_이력 테이블에서 추출되는 데이터가 많다면 테이블 전체 스캔을 이용해야 성능을 향상시킬 수 있다. 이 또한 전체 테이블 스캔에 대해서는 병렬 프로세싱을 고려해야 할 것이다.

위와 같이 서브쿼리의 테이블과 주 쿼리의 테이블은 각각 DRIVING 테이블과 INNER 테이블 역할을 수행한다. 서브쿼리가 선 수행 서브쿼리로 수행된다면 아래와 같이 실행 계획이 생성될 것이다.

```
실행 계획
  SELECT STATEMENT
    SORT(GROUP BY)
      NESTED LOOPS
        VIEW
          SORT(UNIQUE)
            TABLE ACCESS (BY INDEX ROWID) OF '고객_이력'
              INDEX (RANGE SCAN) OF '상태_변경일자_IDX'
        TABLE ACCESS (BY INDEX ROWID) OF '통화내역'
          INDEX (RANGE SCAN) OF '고객번호_사용일자_IDX'
```

서브쿼리의 테이블이 먼저 엑세스된다면 위와 같이 실행 계획이 생성된다. 위의 실행 계획은 두 개의 테이블에 대해 중첩 루프 조인을 사용하고 있다. 먼저 엑세스되는 테이블이 고객_이력 테이블이며 뒤에 엑세스되는 테이블이 통화내역 테이블이 된다. 이는 NESTED LOOPS 실행 계획 아래에 생성되는 테이블 순서대로 엑세스하기 때문이다. 이처럼 서브쿼리가 먼저 수행된다면 서브쿼리를 만족하는 데이터를 추출하여 해당 값들을 주 쿼리에 공급한다. 서브쿼리가 뒤에 수행되는 후 수행 서브쿼리라면 확인의 역할을 수행하지만 이처럼 서브쿼리가 먼저 수행되는 선 수행 서브쿼리라면 공급자의 역할을 수행한다. 선 수행 서브쿼리와 후 수행 서브쿼리의 차이는 IN 절에 의한 조인 조건을 어느 테이블이 상수로 제공 받는가에 있다. 따라서 IN 절의 컬럼을 상수로 제공받는 경우 해당 컬럼을 처리 범위 감소 역할로 수행할 수 있다면 성능을 보장받게 될 것이다.

위의 실행 계획에는 후 수행 서브쿼리나 일반 중첩 루프 조인과 달리 VIEW와 SORT(UNIQUE) 실행 계획이 생성되었다. SQL에는 GROUP BY 절 이외에 정렬을 수행하는 부분이 없으며 또한 유일한 값으로 정렬을 수행하는 부분이 전혀 없음에도 불구하고 실행 계획에는 VIEW 실행 계획과 SORT(UNIQUE) 실행 계획이 생성되었다. 이는 무엇을 의미하는가?

'Chapter 4. 인라인 뷰는 반드시 사용된다.' 에서 언급했듯이 VIEW 실행 계획은 메모리에 가상의 집합을 만드는 실행 계획이다. 서브쿼리도에서도 VIEW 실행 계획은 동일한 역할을 수행한다. 서브쿼리가 먼저 엑세스된다면 서브쿼리에서 조건을 만족하는 데이터를 한 번에 추출한다. 이와 같이 추출한 데이터를 메모리에 임시로 저장하기 때문에 실행 계획에는 VIEW 실행 계획이 생성된다.

SORT(UNIQUE) 실행 계획은 서브쿼리의 조건을 만족하는 데이터에 엑세스하여 유일한 값만 그대로 저장한다. 그 이유는 IN 절에서 고객번호 컬럼의 값을 통화내역 테이블로 전달하는 선 수행 서브쿼리의 경우 동일한 값이 여러 개 있다면 하나의 값만 주 쿼리로 전달해도 동일한 결과가 추출되기 때문이다. 이는 유일한 값만 주 쿼리로 제공하여 주 쿼리의 테이블 엑세스 효율을 높이기 위한 것이다. 이와 같기 때문에 고객번호 컬럼의 값이 동일한 데이터에 대한 제거 작업을 수행하기 위해 SORT(UNIQUE) 실행 계획이 생성된 것이다. 만약 서브쿼리가 UNIQUE 인덱스를 이용하여 유일한 데이터라는 것을 확신할 수 있다면 SORT(UNIQUE) 실행 계획은 생성되지 않는다.

앞서 살펴본 바와 같이 서브쿼리는 중첩 루프 조인의 수행 방식과 동일하다. 단지 서브쿼리가 먼저 엑세스될 경우 서브쿼리를 만족하는 데이터에 대해 한 건 한 건 추출하는 것이 아니라 서브쿼리를 만족하는 모든 데이터를 VIEW로 만들어 조인을 수행한다.

서브쿼리와 조인의 실행 방법에서 차이는 서브쿼리의 테이블이 INNER 테이블로 수행되는 후 수행 서브쿼리는 확인의 역할을 수행하며 후 수행 서브쿼리는 경우에 따라서 세미 조인을 이용한다는 것이다. 또한 서브쿼리의 테이블이 DRIVING 테이블 역할을 수행하는 선 수행 서브쿼리의 경우에는 SORT(UNIQUE) 실행 계획을 생성하여 서브쿼리를 만족하는 모든 값을 주 쿼리로 한 번에 공급한다는 차이밖에 없다. 이러한 차이는 서브쿼리의 성능을 향상시키기 위한 아키텍쳐이기 때문에 조인과 비교하여 성능을 저하시키는 요소는 없다. 선 수행 서브쿼리와 후 수행 서브쿼리의 특징을 정리하면 아래와 같다.

- 선 수행 서브쿼리 – DRIVING 테이블인 서브쿼리의 테이블은 한 번에 모든 값에 엑세스하여 UNIQUE 정렬을 수행한 후 메모리에 임시 집합으로 구성한다. INNER 테이블은 DRIVING 테이블로부터 제공받은 조인 조건을 상수로 사용하여 처리 범위를 감소시킬 수 있다.
- 후 수행 서브쿼리 – DRIVING 테이블은 조건에 만족하는 한 건의 데이터에 대해 서브쿼리를 한 번 수행한다. 서브쿼리를 수행하여 조건에 만족하면 결과로 추출한다. 서브쿼리는 주 쿼리에서 추출하는 데이터의 건수 만큼 반복 수행된다.

이러한 특징의 서브쿼리는 동일한 SQL이라 할지라도 서브쿼리가 먼저 수행될 수도 있고 뒤에 수행될 수도 있다. 동일한 SQL에서 서브쿼리가 먼저 수행되는지 뒤에 수행되는지에 따라 수행 방식이 변경되므로 최적으로 수행되기 위한 인덱스 구성이 달라진다. 따라서 이러한 점을 고려하지 않는다면 엄청난 성능 저하가 발생된다.

 서브쿼리가 먼저 엑세스될 경우 최적화되어 있는 SQL에서 서브쿼리가 뒤에 엑세스된다면 엄청난 성능 저하를 발생시킨다. 반대의 경우도 마찬가지이다. 물론 이 또한 일반 조인과 동일한 이야기일 것이다. 이와 같기 때문에 이러한 성능 저하를 경험해본 관리자나 개발자들은 서브쿼리를 사용하지 말라고 하는 것 같다. 이러한 성능 저하의 원인이 과연 서브쿼리때문인가? 이와 같은 성능 저하가 후 수행 서브쿼리나 선 수행 서브쿼리에 대한 수행 방식을 정확히 분석하지 못하여 서브쿼리를 최적화하지 못한 우리의 잘못은 아닐까?

✓ 서브쿼리의 성능을 향상시키자.

앞서 언급했듯이 서브쿼리가 성능을 저하시키는 경우는 서브쿼리 자체 문제라기 보다는 개발자가 서브쿼리를 제대로 이해하지 못하고 수행했기 때문에 발생하는 현상일 것이다. 서브쿼리의 성능을 향상시키기 위해서는 세 가지 요소를 항상 고려해야 할 것이다.

- 인덱스에 맞는 선 수행 서브쿼리와 후 수행 서브쿼리의 선택
- 최적화된 인덱스의 선정
- 효과적인 조인 방식의 선택

첫 번째로, 인덱스에 맞는 선 수행 서브쿼리와 후 수행 서브쿼리의 선택에 대해 살펴보자. 가장 중요한 것은 선 수행 서브쿼리로 수행되어야 할 SQL이 후 수행 서브쿼리로 수행된다면 예기치 못한 성능 저하가 발생한다는 점이다. 반대의 경우에도 마찬가지 현상이 발생한다. 이러한 의도치 않은 수행 방식의 변경으로 인해 어떤 문제가 발생하는지 아래의 SQL을 통해 살펴보자.

예 제

```
SQL> SELECT 번호, SUM(사용금액*0.1)
     FROM 통화내역
     WHERE 고객번호 IN (SELECT 고객번호
                        FROM 고객_이력
                        WHERE 상태 = '이벤트신청'
                        AND 변경일자 > '20070301')
     AND 사용일자 BETWEEN '20070131' AND '20070631'
     GROUP BY 번호;
```

통화내역 테이블에는 고객번호+사용일자 인덱스가 있고 고객_이력 테이블에는 상태+변경일자+고객번호 인덱스가 있다고 가정하자. SQL 개발자는 선 수행 서브쿼리를 고려했지만 SQL이 옵티마이져에 의해 후 수행 서브쿼리로 수행되었으며 중첩 루프 조인을 사용했다고 가정하자.

후 수행 서브쿼리로 수행되었으므로 통화내역 테이블이 먼저 엑세스되어 통화내역 테이블에 고객번호+사용일자 인덱스가 있지만 해당 인덱스를 이용하지 못하게 된다. 이는 인덱스의 첫 번째 컬럼인 고객번호 조건이 상수화되지 않아 처리 범위를 감소시키는 조건으로 이용할 수 없기 때문이다. 이와 같이 통화내역

테이블에는 사용할 수 있는 인덱스가 없으므로 통화내역 테이블을 전체 스캔한다. 사용일자 조건을 만족하는 데이터가 적을 경우 통화내역 테이블을 전체 스캔하는 방법은 인덱스를 이용할 수 없으므로 엄청난 성능 저하를 발생시킬 것이다. 사용일자 조건을 만족하는 데이터가 1,000건이라고 가정을 하자. 그렇다면 서브쿼리는 1,000번 반복 수행될 것이다. 주 쿼리는 고객번호 컬럼의 값을 서브쿼리로 제공한다. 하지만 서브쿼리에는 상태+변경일자+고객번호 인덱스만 있으므로 제공받은 고객번호 컬럼은 처리 범위를 감소시키는 역할을 수행하지 못하며 랜덤 엑세스만 감소하는 역할을 수행한다. 이와 같이 수행된다면 SQL은 성능을 보장받을 수 없을 것이다.

위의 SQL이 선 수행 서브쿼리로 수행되면 어떻게 되겠는가? 서브쿼리가 먼저 수행될 것이다. 서브쿼리가 먼저 수행되므로 상태+변경일자+고객번호 인덱스를 이용하여 한 번만 조건을 만족하는 데이터를 추출하여 이 데이터를 주쿼리로 제공한다. 주 쿼리의 통화내역 테이블에는 고객번호+사용일자 인덱스가 있으므로 이 인덱스를 제대로 이용할 수 있을 것이다. 이는 고객번호 컬럼의 값을 서브쿼리로부터 상수로 제공받았기 때문이다. 이와 같이 수행된다면 SQL은 성능을 보장받을 수 있다.

결국 인덱스의 구조와 데이터의 속성에 따라 선 수행 서브쿼리가 유리할지 후 수행 서브쿼리가 유리할지가 결정된다. 선 수행 서브쿼리로 수행되어야 할 서브쿼리가 후 수행 서브쿼리로 수행되면 위와 같이 엄청난 차이가 발생하며, 이 차이는 바로 성능의 차이로 이어질 것이다.

두 번째로, 서브쿼리에 필요한 최적의 인덱스를 살펴보자. 동일한 SQL이라 할지라도 선 수행 서브쿼리로 수행이 되는지 후 수행 서브쿼리로 수행되는지에 따라 성능 최적화에 필요한 인덱스가 다르다.

```
예 제
SQL> SELECT 번호, SUM(사용금액*0.1)
     FROM 통화내역
     WHERE 고객번호 IN (SELECT 고객번호
                       FROM 고객_이력
                       WHERE 상태 = '이벤트신청'
                       AND 변경일자 > '20070301' )
     AND 사용일자 BETWEEN '20070131' AND '20070631'
     GROUP BY 번호;
```

예제 SQL에서 최적의 인덱스는 어떻게 되는가? 수행 방법에 대해서는 앞에서 언급 하였다. 여기서는 SQL이 후 수행 서브쿼리로 수행될 때와 선 수행 서브쿼리로 수행될 때 최적의 인덱스 구조가 어떻게 되는지 설명한다. 예제 SQL이 중첩 루프 조인을 사용한다고 가정하자.

후 수행 서브쿼리로 수행되면 통화내역 테이블이 먼저 엑세스되고 고객_이력 테이블이 뒤에 엑세스된다. 통화내역 테이블에서 처리 범위를 감소시킬 수 있는 조건은 사용일자 컬럼밖에 없다. 조인 조건인 통화내역 테이블이 먼저 엑세스되기 때문에 고객번호 컬럼은 상수화가 되지 않으므로 처리 범위를 감소시키는 조건으로 사용할 수 없게 된다. 따라서 사용일자 조건에 의해 통화내역 테이블의 데이터 중 3%~5% 미만의 데이터가 추출된다면 사용일자 인덱스가 필요하며 많은 데이터에 엑세스한다면 통화내역 테이블을 전체 스캔해야 할 것이다. 고객_이력 테이블에서 처리 범위를 감소시킬 수 있는 조건으로는 상태 컬럼, 변경일자 컬럼, 고객번호 컬럼이 있다. 고객번호 컬럼은 조인 조건이며 고객_이력 테이블이 뒤에 엑세스되므로 상수화가 된다. 따라서 고객번호 컬럼은 처리 범위를 감소시키는 역할을 수행할 수 있다. 고객_이력 테이블에는 점 조건과 선분 조건을 고려하여 고객번호+상태+변경일자 인덱스나 상태+고객번호+변경일자 인덱스를 생성해야 한다.

선 수행 서브쿼리로 수행된다면 고객_이력 테이블이 먼저 엑세스된다. 먼저 엑세스되는 고객_이력 테이블에서 처리 범위를 감소시킬 수 있는 조건은 상태 컬럼과 변경일자 컬럼이다. 이들 컬럼으로 고객_이력 테이블의 데이터 중 많은 데이터를 감소시킬 수 있다면 인덱스를 생성해야 한다. 인덱스를 생성한다면 점 조건과 선분 조건을 고려하여 상태+변경일자 인덱스를 생성해야 한다. 고객_이력 테이블에서 해당 조건을 만족하는 데이터가 많다면 당연히 고객_이력 테이블을 전체 스캔해야 할 것이다. 뒤에 엑세스되는 통화내역 테이블은 어떠한가? 통화내역 테이블에서 처리 범위를 감소시킬 수 있는 조건은 고객번호 컬럼과 사용일자 컬럼이다. 고객번호 컬럼은 조인 조건이며 통화내역 테이블이 뒤에 엑세스되므로 상수화가 되어 처리 범위를 감소시키는 역할을 수행한다. 따라서 통화내역 테이블에는 점 조건과 선분 조건을 고려하여 고객번호+사용일자 인덱스를 생성해야 한다.

후 수행 서브쿼리로 수행되는지 아니면 선 수행 서브쿼리로 수행되는지에 따라 필요한 인덱스를 정리해 보자.

- 후 수행 서브쿼리 – 통화내역 테이블에는 사용일자 인덱스 또는 테이블 전체 스캔이 필요, 고객_이력 테이블에는 고객번호+상태+변경일자 인덱스 또는 상태+고객번호+변경일자 인덱스가 필요
- 선 수행 서브쿼리 – 통화내역 테이블에는 고객번호+사용일자 인덱스가 필요, 고객_이력 테이블에는 상태+변경일자 인덱스가 필요

위와 같이 선 수행 서브쿼리로 수행되는지 또는 후 수행 서브쿼리로 수행되는지에 따라 필요한 최적의 인덱스가 달라진다. 이러한 점을 고려하여 서브쿼리를 위한 최적의 인덱스를 선택해야 할 것이다.

세 번째로, 효과적인 조인 방식의 선택에 대해 살펴보자. 서브쿼리도 조인이므로 조인 방식을 사용하게 되며 조인 방식을 통해 주 쿼리의 테이블과 서브쿼리의 테이블의 데이터를 연결한다. 이 경우 선택할 수 있는 조인 방식으로는 중첩 루프 조인과 해쉬 조인이 있으며 여기에 세미 조인 및 필터 조인 등을 추가할 수 있을 것이다.

중첩 루프 조인과 해쉬 조인에 대해서는 앞에서 계속 살펴보았으며 세미 조인과 필터 조인에 대해서는 뒤에서 자세히 설명하겠다.

서브쿼리의 성능은 앞에서 설명한 바와 같이 세 가지 항목에 의해 좌우될 수 있다. 이러한 항목에 주의하여 서브쿼리를 최적화한다면 서브쿼리를 쉽게 최적화할 수 있을 것이다. 서브쿼리에서도 조인 방식 및 최적화된 인덱스에 의해 그 성능이 좌우될 수 있다는 것을 명심하기 바란다.

Chapter 6. 서브쿼리를 효과적으로 사용하자

☑ 서브쿼리의 실행 계획을 제어하자.

서브쿼리의 실행 계획은 많은 경우에 중첩 루프 조인으로 수행되지만 다른 조인과 마찬가지로 해쉬 조인이나 소트 머지 조인 방식이 사용될 수도 있다. 중요한 것은 서브쿼리의 경우에 원하는 실행 계획으로의 제어가 쉽지 않다는 것이다. 그렇다면 서브쿼리의 실행 계획을 어떤 방식으로 제어하는 것이 좋은가?

첫 번째로, 조인 방식을 제어하는 경우에 대해 살펴보자. 중첩 루프 조인을 해쉬 조인으로, 해쉬 조인을 중첩 루프 조인으로 변경하는 것은 매우 기본적인 최적화 방법이다.

예 제

```
SQL> SELECT 번호, SUM(사용금액*0.1)
     FROM 통화내역
     WHERE 고객번호 IN (SELECT 고객번호
                      FROM 고객_이력
                      WHERE 상태 = '이벤트신청'
                      AND 변경일자 > '20070301' )
     AND 사용일자 BETWEEN '20070131' AND '20070631'
     GROUP BY 번호;
```

위의 SQL이 중첩 루프 조인으로 수행되었다고 가정하자. 해쉬 조인으로 수행하려면 SQL을 어떻게 수행해야 하는가? 가장 기본적인 방법이 힌트를 이용하는 것이다

예 제

```
SQL> SELECT /*+ USE_HASH(A,@SQ) */
            번호, SUM(사용금액*0.1)
     FROM 통화내역 A
     WHERE 고객번호 IN (SELECT /*+ QB_NAME(SQ)*/
                      FROM 고객_이력 B
                      WHERE 상태 = '이벤트신청'
                      AND 변경일자 > '20070301' )
     AND 사용일자 BETWEEN '20070131' AND '20070631'
     GROUP BY 번호;
```

위와 같이 USE_HASH 힌트를 이용하여 SQL의 조인 방식을 제어할 수 있다. QB_NAME 힌트로 서브 쿼리를 쿼리 블록으로 설정하고 주 쿼리에서 @를 이용하여 쿼리 블록과 같이 호출하여 실행 계획을 제어할 수 있다. 참고로 A와 B처럼 테이블 별명(ALIAS)를 사용한 이유는 오라클 힌트의 경우에 테이블 이름으로 힌트를 설정하는 것보다 테이블 별명으로 힌트를 설정하는 것이 더 효과적이기 때문이다. 위와 같이 힌트를 설정했더라도 실행 계획이 무조건 해쉬 조인으로 생성되는 것은 아니다. 서브쿼리의 경우에는 실행 계획이 설정된 힌트대로 생성되지 않을 때가 더 많다. 그렇다면 추가로 어떠한 방법이 있는가?

예 제

```
SQL> SELECT 번호, SUM(사용금액*0.1)
     FROM 통화내역 A
     WHERE TRIM(고객번호) IN (SELECT TRIM(고객번호)
                              FROM 고객_이력 B
                              WHERE 상태 = '이벤트신청'
                              AND 변경일자 > '20070301')
     AND 사용일자 BETWEEN '20070131' AND '20070631'
     GROUP BY 번호;
```

예제와 같이 추출되는 데이터의 결과에 아무런 영향을 주지 않는 함수를 적용하는 것이다. 이와 같이 SQL을 수행한다면 왜 해쉬 조인으로 수행될 가능성이 높아지는 것일까? 그 이유는 간단하다. 조인 조건 양쪽에 데이터 값을 변형시키지 않는 함수를 적용한다면 추출되는 결과는 동일할 것이다. 하지만 데이터베이스 내부적으로 변경되는 사항이 하나 있다. 그것은 컬럼에 인덱스가 있더라도 해당 인덱스를 이용할 수 없다는 점이다. 인덱스에는 인덱스를 구성하는 컬럼의 변형된 값이 저장되어 있지 않다. 따라서 데이터베이스 옵티마이져는 조인 조건으로 인덱스를 이용할 수 없다고 판단한다. 중첩 루프 조인에서는 INNER 테이블로 수행되는 테이블의 최적화된 인덱스가 가장 중요하다. 그러나 이와 같이 수행되면 어느 테이블이 INNER 테이블로 수행되어도 조인 조건에 대해 인덱스를 사용할 수 없으며, 이로 인해 성능 저하가 발생한다. 따라서 옵티마이져는 조인 조건의 인덱스를 이용하지 않아도 되는 조인 방식을 이용한다. 해쉬 조인의 경우에는 조인 조건의 인덱스를 이용하지 않는다. 물론 소트 머지 조인도 동일하다. 결국 예제 SQL은 해쉬 조인이나 소트 머지 조인으로 수행될 가능성이 높아진다.

서브쿼리의 조인 방식을 제어하는 방법들에서는 반드시 실행 계획을 확인해야 한다. 힌트를 설정하거나 임시 함수를 적용했다고 하더라도 실행 계획에서 해쉬 조인으로 생성되지 않는다면 아무런 소용이 없다. 또한 서브쿼리의 경우 힌트에 설정된대로 실행 계획이 변하지 않는 현상이 실무에서 흔히 발생한다.

서브쿼리에서 조인 방식을 변경하는 또 다른 방법을 살펴보자. 이 방법은 매우 강력하다. 앞서 언급한 방법들에서는 반드시 해쉬 조인으로 수행된다는 보장이 없다. 해쉬 조인의 사용은 옵티마이져의 선택일 뿐이다. 하지만 아래의 방법을 이용할 수 있다면 해쉬 조인으로 SQL을 수행할 수 있을 것이다.

```
예 제
SQL> SELECT /*+ ORDERED USE_HASH(A,B) */
            번호, SUM(사용금액*0.1)
       FROM 통화내역 A, 고객_이력 B
       WHERE A.고객번호 = B.고객번호
       AND B.상태 = '이벤트신청'
       AND B.변경일자 > '20070301'
       AND A.사용일자 BETWEEN '20070131' AND '20070631'
       GROUP BY A.번호;
```

서브쿼리를 일반 조인으로 변경하면 힌트를 이용하여 조인 방식을 해쉬 조인으로 손쉽게 변경할 수 있다. 서브쿼리에 비해 일반 조인에서는 조인 방식의 변경이 용이하다. 서브쿼리의 조인 방식을 힌트로만 변경하려 하지 말고 SQL을 변경하는 것도 고려해야 할 것이다. 한 가지 주의 사항은 서브쿼리를 무조건 일반 조인으로 변경할 수 있는 것은 아니다. 서브쿼리를 일반 조인으로 변경했을 경우 원래 테이블에서 추출되는 데이터가 증가한다면 일반 조인으로 변경할 수 없다. 즉, FROM 절의 테이블과 서브쿼리의 테이블이 1:M 관계라면 일반 조인으로 변경할 수 없다. 이와 같은 경우 일반 조인으로 변경하는 순간 서브쿼리의 테이블에 의해 M개의 데이터가 추출되기 때문에 결과 데이터의 건수가 변한다. 이렇게 되는 이유는 서브쿼리는 추출되는 데이터를 증가시킬 수 없기 때문이다. 이와 같다면 인라인 뷰를 이용하는 방법을 고려할 수 있을 것이다. 인라인 뷰를 이용하여 1:1 관계를 만든다면 서브쿼리를 사용하지 않고 인라인 뷰와 일반 조인을 수행하면 된다. 이 또한 서브쿼리를 이용하는 경우보다는 조인 방식을 변경하는데 수월할 것이다.

```
예제
SQL> SELECT /*+ USE_HASH(A,B) */
            번호, SUM(사용금액*0.1)
       FROM 통화내역 A,
            (SELECT 고객번호
             FROM 고객_이력
             WHERE 상태 = '이벤트신청'
             AND 변경일자 > '20070301'
             GROUP BY 고객번호
            ) B
       WHERE A.고객번호 = B.고객번호
       AND A.사용일자 BETWEEN '20070131' AND '20070631'
       GROUP BY 번호;
```

예제와 같이 인라인 뷰 안에 GROUP BY 절을 이용하여 통화내역 테이블과 고객_이력 테이블을 고객번호 컬럼을 기준으로 1:1 관계를 구성하여 해당 FROM 절에서 조인을 수행한다면 실행 계획의 제어는 수월해질 것이다. 물론 위와 같이 변경하는 경우 성능에 주의해야 한다.

위와 같이 여러가지 방법을 이용하여 서브쿼리의 실행 계획 방식을 제어할 수 있다. 하지만 앞서 언급한 것과 같이 인라인 뷰를 이용하여 변경하는 방법은 쉬운 방법이 아니다. 많은 생각과 연습을 통해 인라인 뷰로 실행 계획을 변경할 수 있는 방법을 익혀둔다면 SQL 최적화에 많은 도움을 받을 수 있을 것이다.

두 번째로, 서브쿼리의 조인 순서를 제어하는 경우를 확인해 보자. 조인 순서는 조인 방식과 마찬가지로 SQL의 성능에 매우 중요한 항목이다. 서브쿼리의 조인 순서는 조인 방식을 제어하는 방법만큼 어려운 제어다.

```
예제
SQL> SELECT 번호, SUM(사용금액*0.1)
       FROM 통화내역 A
       WHERE TRIM(고객번호) IN (SELECT 고객번호
                              FROM 고객_이력 B
                              WHERE 상태 = '이벤트신청'
                              AND 변경일자 > '20070301' )
       AND 사용일자 BETWEEN '20070131' AND '20070631'
       GROUP BY 번호;
```

위의 예제에서는 통화내역 테이블의 고객번호 컬럼에만 임시 함수를 적용하였다. 위의 SQL이 중첩 루프

조인으로 수행된다면 고객_이력 테이블이 DRIVING 테이블로 수행되며 통화내역 테이블은 INNER 테이블로 수행되기 쉽다. 그 이유는 통화내역 테이블이 INNER 테이블로 수행된다면 고객번호 컬럼으로 구성된 인덱스를 이용할 수 없기 때문에 옵티마이져는 통화내역 테이블을 DRIVING 테이블로 수행하려고 시도한다. 물론 이 또한 절대적일 수는 없으므로 반드시 실행 계획을 확인해야 한다.

또 한 가지 방법이 서브쿼리에서만 사용하는 힌트를 이용하는 것이다. 이 힌트는 서브쿼리에서만 사용이 가능하며 서브쿼리를 하나의 쿼리 블록으로 설정하여 쿼리 블록 단위로 엑세스를 수행하도록 제어하는 힌트다.

예 제

```sql
SQL> SELECT /*+ PUSH_SUBQ(@SQ) */
            번호, SUM(사용금액*0.1)
       FROM 통화내역 A
      WHERE 고객번호 IN (SELECT /*+ QB_NAME(SQ) */
                              고객번호
                         FROM 고객_이력 B
                        WHERE 상태 = '이벤트신청'
                          AND 변경일자 > '20070301' )
        AND 사용일자 BETWEEN '20070131' AND '20070631'
      GROUP BY 번호;
```

QB_NAME 힌트를 이용하여 서브쿼리를 쿼리 블록으로 설정한 후 PUSH_SUBQ 힌트를 통해 쿼리 블록이 먼저 수행되도록 만들 수 있다. 여기서 설정한 쿼리 블록은 서브쿼리이므로 서브쿼리를 먼저 수행하게 하는 힌트가 된다.

위의 두 가지 방법으로 원하는 대로 엑세스 순서가 제어되지 않는다면 마지막으로 고려할 수 있는 방법이 있다. 일반 조인이나 인라인 뷰를 이용한 일반 조인으로 SQL을 작성하여 서브쿼리를 제거한다면 테이블의 조인 순서를 아래와 같이 제어할 수 있다.

예제

```
SQL> SELECT /*+ ORDERED USE_HASH(A,B) */
            번호, SUM(사용금액*0.1)
       FROM 통화내역 A,
            (SELECT 고객번호
              FROM 고객_이력
             WHERE 상태 = '이벤트신청'
               AND 변경일자 > '20070301'
             GROUP BY 고객번호
            ) B
      WHERE A.고객번호 = B.고객번호
        AND A.사용일자 BETWEEN '20070131' AND '20070631'
      GROUP BY 번호;
```

주 쿼리 테이블과 서브쿼리 테이블의 관계가 1:M일 경우 서브쿼리의 테이블을 위와 같이 GROUP BY를 사용한 인라인 뷰로 변경하여 1의 관계의 테이블로 구성하여 일반 조인으로 변경할 수 있다. 이와 같이 인라인 뷰를 이용하여 서브쿼리를 일반 조인으로 변경한 후 힌트를 이용하여 실행 계획을 제어할 수 있을 것이다.

서브쿼리의 실행 계획에서 조인 방식 및 조인 순서는 성능 향상을 위해 매우 중요하다. 하지만 데이터를 연결하는 많은 방법 중 서브쿼리에서는 이러한 제어가 쉽지만은 않다. 마지막 방법은 1의 관계를 갖는 인라인 뷰를 생성하고 SQL에서 일반 조인으로 작성하여 실행 계획을 제어하는 것이다. 이 방법이 어렵기는 하지만 많은 생각과 연습을 한다면 다양한 서브쿼리에서 효과적으로 사용할 수 있을 것이다.

세미 조인과 필터 조인 등을 이용하여 EXISTS 서브쿼리를 최적화하자.

어플리케이션을 개발하다 보면 EXISTS나 NOT EXISTS 서브쿼리를 많이 사용한다. EXISTS나 NOT EXISTS 서브쿼리에는 일반 서브쿼리와 다른 특징이 있다. 두 서브쿼리는 세미 조인이나 필터 조인으로 수행될 수 있다. 물론 IN 절도 세미 조인이나 필터 조인으로 수행될 수 있다. 하지만 EXISTS 절과 NOT EXISTS 절은 대부분 세미 조인이나 필터 조인으로 수행된다. 이와 같이 서브쿼리가 세미 조인이나 필터 조인으로 수행되기 위해서는 반드시 후 수행 서브쿼리로 수행되어야 한다. 세미 조인과 필터 조인에 대해서는 조인 방식을 설명할 때 언급하지 않았다. 그 이유는 세미 조인과 필터 조인이 기존에 언급한 조인 방식과 다른 방식을 사용하지 않기 때문이다. 세미 조인과 필터 조인은 기존의 중첩 루프 조인이나 해쉬 조인의 방식을 그대로 이용한다. 단지 중첩 루프 조인이나 해쉬 조인에서 몇 가지 사항이 추가되거나 변경된 것 뿐이다. 세미 조인과 필터 조인은 후 수행 서브쿼리를 최적화하기 위해 고안된 조인 방식이므로 서브쿼리를 사용하려면 이들 조인 방식을 반드시 숙지해야 한다.

예 제
```
SQL> SELECT A.번호, SUM(A.사용금액*0.1)
     FROM 통화내역 A
     WHERE EXISTS (SELECT 'X'
                   FROM 제품 B
                   WHERE A.모델명 = B.제품번호
                   AND 제품코드 IN ( '111', '222', '333' ))
     AND A.사용일자 BETWEEN '20070131' AND '20070631'
     GROUP BY A.번호;
```

첫 번째로, 위의 SQL이 세미 조인(SEMI JOIN)으로 수행되었을 경우를 살펴보자. 세미 조인은 완전한 n-ROW 처리 방식으로 수행한다. 조건을 만족하는 모든 데이터에 엑세스하는 것이 아니라 조건을 만족하는 데이터 중 몇 건의 데이터만 확인하고 SQL을 종료하는 처리를 n-ROW 처리라고 한다. n-ROW 처리는 조건을 만족하는 모든 데이터에 엑세스하지 않는다. 조건을 만족하는 1건에 대해서만 데이터에 엑세스하여 SQL을 수행할 경우에 이를 존재 유무의 처리라고 말한다. 존재 유무의 SQL에서는 100건의 데이터가 존재하든 1건의 데이터가 존재하든 데이터가 동일하게 있는 것이므로 두 경우를 동일하게 취급한다. 이와 같이 데이터의 존재를 확인하는 경우에는 해당 SQL을 세미 조인으로 수행할 수 있다. 세미 조인은 n-ROW 처리 방식을 사용하므로 조건을 만족하는 데이터 중 한 건의 데이터만 엑세스하는 처리 방식이다. 이는 모든 데이터를 확인하지 않아도 되므로 존재 유무의 SQL에서 성능을 향상시킬 수 있는 방식이다.

```
실행 계획
SELECT STATEMENT
  SORT(GROUP BY)
    NESTED LOOPS(SEMI)
      TABLE ACCESS (BY INDEX ROWID) OF '통화내역'
        INDEX (RANGE SCAN) OF '사용일자_IDX'
      INDEX (RANGE SCAN) OF '제품번호_제품코드_IDX'
```

위와 같이 세미 조인 실행 계획이 생성된다면 일반 중첩 루프 조인과 무엇이 다른 것인가? 통화내역 테이블에서 사용일자 조건을 만족하는 모든 데이터에 대해 EXISTS 절을 한 번씩 수행한다. 이는 실행 계획에서 통화내역 테이블이 DRIVING 테이블로 수행되며 EXISTS 절에 있는 제품 테이블이 INNER 테이블로 수행되었기 때문이다.

통화내역 테이블에서 사용일자 컬럼의 값을 만족하는 하나의 데이터에 대해 EXISTS 절을 한 번 수행한다. 물론 통화내역 테이블에서 사용일자 컬럼의 값을 만족하는 데이터가 1,000건이라면 EXISTS 절은 1,000번 수행될 것이다. 이 처럼 통화내역 테이블에서 추출된 하나의 데이터에 대해 EXISTS 절을 수행하여 만족하는 데이터가 10,000건이라고 가정하자. 하지만 10,000건의 데이터가 추출되든 한 건의 데이터가 추출되든 결과적으로, EXISTS 절에서 제공하는 결과 값이 존재할 뿐이다. 이러한 경우에 세미 조인은 서브쿼리 테이블에 조건을 만족하는 데이터가 10,000건 저장되어 있더라도 한 건의 데이터만을 확인하고 EXISTS 절을 종료한다. 세미 조인은 이러한 역할을 수행하는 조인 방식이다. 실행 계획이 세미 조인으로 생성된다면 통화내역 테이블로부터 제공받은 모델명 컬럼 값에 대해 제품 테이블의 제품번호 컬럼과 조인을 수행하여 동일한 값을 모두 확인하는 것이 아니라 한 건의 데이터만 존재하면 서브쿼리를 종료하는 역할을 수행한다. 존재 유무를 확인하는데 모든 데이터를 확인할 필요가 있는가? 당연히 존재 유무의 SQL에서는 조건을 만족하는 모든 데이터에 엑세스할 필요가 없다. 조건을 만족하는 데이터가 존재하는지 아닌지만 확인하면 된다. 따라서 위와 같이 존재 유무의 서브쿼리는 세미 조인으로 수행하여 성능을 향상시킬 수 있다. 오라클의 예전 버전에서는 세미 조인보다 FILTER 실행 계획이 많이 생성되었다. 필터 조인과 세미 조인은 유사한 실행 계획이다.

세미 조인에서의 가장 중요한 성능 향상 항목은 다른 SQL과 마찬가지로 최적화된 인덱스다. 특히 세미 조인에서는 최적의 인덱스를 사용 여부에 따라 세미 조인의 수행 여부가 결정된다. 위의 EXISTS 절도 최적의 세미 조인으로 수행되기 위해서는 인덱스가 있어야 할 것이다. 세미 조인에서 서브쿼리가 후 수행 서브쿼리로 수행되기 때문에 서브쿼리는 조인 조건을 상수로 제공받는다. 예제 SQL에 대해 최적의 인덱스를 구성한다면 두 조건 모두 점 조건이므로 제품번호+제품코드 또는 제품코드+제품번호로 인덱스를 생성해야 한다.

이와 같이 세미 조인은 서브쿼리가 후 수행 서브쿼리로 수행되며 존재 유무를 확인하는 역할을 수행한다. 따라서 주 쿼리로부터 제공받은 값들에 대해 EXISTS 절을 한 번씩 수행하는 과정에서 주 쿼리로부터 제공된 값과 서브쿼리의 조건을 만족하는 데이터에 모두 엑세스하지 않고 1건만 서브쿼리로부터 확인하여 존재를 표시하는 방식이 세미 조인이다.

두 번째로, 세미 조인으로 실행되지 않을 경우를 살펴보자. 보통의 EXIST 절은 INNER 테이블로 실행 계획이 생성되지만 EXIST 절이 먼저 엑세스되었다고 가정하자.

```
실행 계획
SELECT STATEMENT
  SORT(GROUP BY)
    NESTED LOOPS
      SORT(UNIQUE)
        TABLE ACCESS (BY INDEX ROWID) OF 제품
          INDEX (RANGE SCAN) OF 제품코드_IDX
      TABLE ACCESS (BY INDEX ROWID) OF 통화내역
        INDEX (RANGE SCAN) OF 모델명_사용일자_IDX
```

위와 같이 수행되었다면 EXISTS 절이 먼저 수행되고 통화내역 테이블이 뒤에 엑세스된 경우다. 앞서 언급했지만 EXIST 절은 일반적으로 DRIVING 테이블의 역할을 수행하지 않으며 INNER 테이블의 역할을 수행한다. 해당 SQL이 위와 같이 수행된다면 EXISTS 절의 제품 테이블은 한 번만 엑세스되어 조건을 만족하는 데이터를 유일한 값으로 정렬하여 추출한다. 정렬된 값을 주 쿼리의 통화내역 테이블에 제공하므로 통화내역 테이블은 조인 조건인 모델명 컬럼을 상수로 제공받는다. 그러므로 통화내역 테이블에는 반드시 모델명+사용일자 인덱스가 있어야 할 것이다. 하지만 위와 같은 실행 계획은 생성되지 않으므로 고려하지 않아도 무방할 것이다.

EXIST 절이 해쉬 조인으로 수행되면 어떠한가? 해쉬 조인의 성능 기준에 근거하여 인덱스가 구성되고 실행 계획이 생성된다면 해쉬 조인으로 수행될 수도 있다. 특히 대용량의 테이블에서 처리 범위가 많다면

해쉬 조인이 유리할 것이다.

세 번째로, EXISTS 절과 ROWNUM 연산자의 사용에 대해 살펴보자. EXISTS 절은 대부분 존재 유무를 확인하는 서브쿼리이기 때문에 조건을 만족하는 데이터가 한 건 존재하거나 100건 존재하거나 추출되는 결과는 동일하다. 이와 같은 EXISTS 절에는 ROWNUM 연산자를 사용하여 추출되는 데이터의 건수를 제어할 수 있다.

예제

```
SQL> SELECT A.번호, SUM(A.사용금액*0.1)
     FROM 통화내역 A
     WHERE EXISTS (SELECT 'X'
                   FROM 제품 B
                   WHERE A.모델명 = B.제품번호
                   AND 제품코드 IN ('111', '222', '333')
                   AND ROWNUM = 1)
     AND A.사용일자 BETWEEN '20070131' AND '20070631'
     GROUP BY A.번호;
```

예제와 같이 ROWNUM 연산자를 EXISTS 절에 설정해도 추출되는 결과는 동일하다. 그렇다면 실행 계획은 어떻게 생성되는가?

실행 계획

```
SELECT STATEMENT
  SORT(GROUP BY)
    FILTER
      TABLE ACCESS (BY INDEX ROWID) OF '통화내역'
        INDEX (RANGE SCAN) OF '사용일자_IDX'
      COUNT(STOPKEY)
        INDEX (RANGE SCAN) OF '제품번호_제품코드_IDX'
```

위와 같이 FILTER 실행 계획이 생성될 수 있다. FILTER 실행 계획은 중첩 루프 조인과 거의 동일하게 수행되며 세미 조인의 방식을 따른다. FILTER 실행 계획은 세미 조인의 특징을 가지고 있다. 그렇기 때문에 존재 유무의 실행 계획이기도 하다. 위의 실행 계획에서 통화내역 테이블이 DRIVING 테이블이 되었으며 제품 테이블은 INNER 테이블의 역할을 수행하였다. EXISTE 절에 ROWNUM 연산자가 사용되면 EXISTS 절은 반드시 INNER 테이블 역할을 수행한다. 이를 이용하여 EXISTS 서브쿼리를 뒤에 엑세스하게 만들 수도 있다. 또한 COUNT(STOPKEY) 실행 계획이 생성되었으며 이는 ROWNUM 연산자에 의해 생성되었다.

예제 SQL은 통화내역 테이블에 엑세스하여 추출된 데이터에 대해 EXISTS 절을 수행한다. EXISTS 절에 사용된 제품 테이블과 조인을 수행하고 조인을 수행하다 조건을 만족하는 1건의 데이터가 확인되면 EXISTS 절을 종료한다. 통화내역 테이블에서 조건에 만족하는 데이터의 건 수 만큼 서브쿼리를 반복 수행한다. 필터 조인은 앞서 언급한 세미 조인과 동일한 역할을 수행한다. EXISTS 절이 세미 조인으로 수행되어야 하지만 그렇게 수행되지 않는다면 이와 같이 ROWNUM을 이용하여 세미 조인의 수행 방식을 사용하는 필터 조인으로 서브쿼리를 유도할 수 있다.

네 번째로, EXISTS 절에서 자주 생성되는 실행 계획인 FILTER 실행 계획을 살펴보자. FILTER 실행 계획은 한 가지 사항만을 제외하고 세미 조인과 동일하다. 다른 점은 필터 버퍼(FILTER BUFFER)의 사용에 있다. 필터 버퍼는 조인의 성능을 향상시키기 위해 사용된다. 물론, FILTER 실행 계획은 중첩 루프 조인을 이용한다.

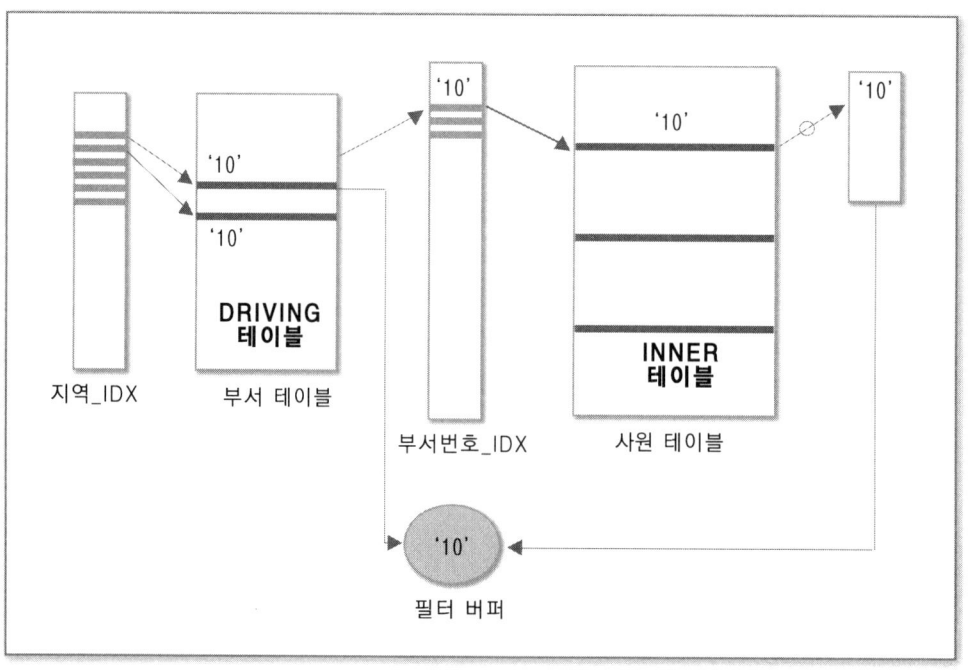

위의 그림은 아래의 SQL을 수행한 경우다. 예제 SQL은 FILTER 실행 계획으로 생성되었다.

> **예 제**
> ```
> SQL> SELECT A.부서이름, A.지역, A.팀장_이름
>      FROM 부서 A
>      WHERE EXISTS (SELECT 'X'
>                    FROM 사원 B
>                    WHERE A.부서번호 = B.부서번호)
>      AND A.지역 = '서울';
> ```

위의 SQL을 수행하여 FILTER 실행 계획이 생성되었다고 가정하자. 위의 그림과 같이 FILTER 실행 계획은 필터 버퍼를 이용한다. 필터 버퍼는 특정 값을 저장하는 역할을 수행하는 메모리 영역이다. 그렇다면 어떤 값을 저장하는가?

그림에서 확인할 수 있듯이 부서 테이블에서 지역 컬럼의 값이 '서울'을 만족하는 첫 번째 데이터에 지역 인덱스를 이용하여 엑세스한다. 해당 데이터로 부서 테이블에 엑세스하며 엑세스한 데이터에 의해 조인 조건인 부서번호 컬럼의 값을 확인한다. 부서 테이블로부터 추출된 데이터의 부서번호 컬럼의 값이 '10'이라고 가정하자. 이제 부서 테이블로부터 추출한 부서번호 컬럼의 값으로 사원 테이블과 조인을 수행한다. INNER 테이블의 역할을 수행하는 사원 테이블은 부서 테이블로부터 제공받은 부서번호 컬럼의 값을 만족하는 데이터가 있는지 확인한다. 사원 테이블에 '10'번 부서번호 컬럼의 값을 만족하는 데이터가 한 건 이상 존재한다면 부서 테이블의 데이터는 조인에 성공한다. 이 경우 사원 테이블에 조인 조건을 만족하는 데이터가 여러 건 있더라도 세미 조인과 마찬가지로 한 건의 데이터만 확인한다.

FILTER 실행 계획은 조인에 성공한 부서번호 컬럼의 값을 필터 버퍼에 저장한다. 위의 경우에서는 조인에 성공한 '10'번 부서번호 컬럼의 값이 필터 버퍼에 저장된다. 조인에 성공한 부서번호의 값을 필터 버퍼에 저장한 후 부서 테이블의 지역 인덱스에 엑세스하여 '서울'을 만족하는 두 번째 데이터를 추출한다. 이와 같이 추출된 부서 테이블의 두 번째 데이터에 대해 부서번호 컬럼의 값을 확인한다. 여기까지 수행한다면 사원 테이블과 조인을 수행해야 될 부서번호 컬럼의 값이 확인된다. 조인을 수행하기 위해 사원 테이블에 엑세스하기 전에 필터 버퍼를 확인한다. 필터 버퍼는 앞서 조인에 성공한 부서번호 컬럼의 값을 저장하고 있다. 따라서 조인을 수행하고자 하는 데이터가 '10'번 부서번호라면 필터 버퍼에 '10'번 부서번호 값이 존재하므로 사원 테이블과 조인을 수행하지 않고 조인에 성공한다. 그 이유는 '10'번 부서번호 값이 이미 사원 테이블과 조인에 성공하여 필터 버퍼에 저장되어 있기 때문에 굳이 필터 버퍼에 존재하는 부서번호의 값을 사원 테이블과 다시 조인을 수행할 필요가 없기 때문이다.

존재 유무를 확인하는 SQL에 대해 이미 조인에 성공한 조인 조건의 컬럼 값을 필터 버퍼에 저장한다.

그리고 DRIVING 테이블에서 추출되는 모든 데이터는 반드시 필터 버퍼를 확인한다. INNER 테이블과 조인을 수행하기 전에 필터 버퍼를 확인하여 조인 조건의 값이 필터 버퍼에 있으면 INNER 테이블과 조인을 수행하지 않아도 조인에 성공한다. 이것이 필터 버퍼의 역할이다. 필터 버퍼는 INNER 테이블의 엑세스를 감소시켜 조인의 성능을 향상시키기 위한 아키텍쳐이다. 효과적인 필터 버퍼의 사용은 INNER 테이블의 반복 엑세스 횟수를 감소시킬 수 있으므로 성능 향상을 기대할 수 있을 것이다. 세미 조인과 필터 조인의 차이는 바로 필터 버퍼의 이용 여부다.

```
실행 계획
SELECT STATEMENT
  FILTER
    TABLE ACCESS (BY INDEX ROWID) OF  '부서'
      INDEX (RANGE SCAN) OF  '지역_IDX'
    INDEX (RANGE SCAN) OF  '부서번호_IDX'
```

위와 같이 실행 계획이 생성되며 사원 테이블은 부서번호 인덱스만 엑세스하면 원하는 모든 값을 추출할 수 있으므로 사원 테이블을 불필요하게 엑세스하지 않게 된다.

FILTER 실행 계획은 세미 조인과 유사하다. 두 조인 방식 모두 존재 유무의 SQL에서는 매우 유용하게 사용할 수 있다. 서브쿼리가 후 수행 서브쿼리라면 필터 조인이나 세미 조인 실행 계획을 생성하는 것이 유리할 것이다. 후 수행 서브쿼리는 존재 유무 및 확인을 수행하는 서브쿼리이기 때문이다. 물론 선 수행 서브쿼리라면 세미 조인이나 FILTER 실행 계획이 생성되지 않을 것이다. 또한 오라클의 버전이 높아지면서 FILTER 실행 계획보다는 세미 조인의 실행 계획을 많이 생성한다. 세미 조인이나 필터 조인을 이용하여 후 수행 서브쿼리를 최적화한다면 원하는 수행 속도를 보장받을 수 있을 것이다.

✓ 복합 서브쿼리를 최적화하자.

하나의 SQL에 서브쿼리가 반드시 하나만 사용되어야 한다는 규칙은 없다. 많은 어플리케이션을 확인하다 보면 하나의 SQL에 여러 개의 서브쿼리를 사용해야 하는 경우도 많다. 그렇다면 이러한 복합 서브쿼리는 어떻게 수행되어야 최적의 성능을 보장받을 수 있겠는가? 복합 서브쿼리라고 해서 앞서 언급한 후 수행 서브쿼리나 선 수행 서브쿼리와 다르지는 않다. 어차피 복합 서브쿼리도 개별적으로는 후 수행 서브쿼리나 선 수행 서브쿼리로 수행되며 각 특성을 상속받는다. 따라서 복합 서브쿼리에서는 개별 서브쿼리가 어떻게 수행되어야 유리한지를 분석하여 실행 계획을 제어하여 최적화를 수행하면 된다.

```
예제
SQL> SELECT A.번호, SUM(A.사용금액*0.1)
     FROM 통화내역 A
     WHERE 고객번호 IN (SELECT 고객번호
                       FROM 고객_이력
                       WHERE 상태 = '이벤트신청'
                       AND 변경일자 > '20070301' )
     AND EXISTS (SELECT 'X'
                 FROM 제품 B
                 WHERE A.모델명 = B.제품번호
                 AND 제품코드 IN ( '111', '222', '333' ))
     AND A.사용일자 BETWEEN '20070131' AND '20070631'
     GROUP BY A.번호;
```

위의 SQL에서는 서브쿼리가 두 번 사용되었다. 이 경우 어떻게 수행되어야 최적의 성능을 보장할 수 있겠는가? 복합 서브쿼리가 사용된 경우 각 서브쿼리가 어떻게 수행되어야 할지를 먼저 고려해야 할 것이다.

첫 번째로, EXISTS 절을 살펴보자. EXISTS 절은 주 쿼리에서 추출되는 데이터의 건수에 의해 반복 수행되거나 EXISTS 절의 모든 데이터에 엑세스한 후 주 쿼리가 해당 값들을 상수로 제공받아 조건으로 사용할 수 있도록 수행된다. 물론 EXIST 절이 먼저 엑세스되는 형태의 실행 계획은 실무에서 잘 일어나지 않는다.

제품 테이블은 대용량 테이블이라고 가정하자. EXISTS 절이 먼저 엑세스된다면 제품 테이블에 설정된 제품코드 컬럼 값에 의해 많은 데이터가 감소해야 효과적이다. 하지만 제품코드 컬럼의 값으로 많은 데이터를 감소시키지 못한다면 제품 테이블은 전체 스캔을 이용해야 하므로 성능 저하가 발생한다. 이와 같다면 EXISTS 절은 DRIVING 테이블이 아닌 세미 조인의 INNER 테이블로 수행되어야 한다. 세미 조인의 INNER 테이블로 수행된다는 것은 아무리 데이터가 많더라도 조건을 만족하는 한 건만 확인하면 되므로 테이블 데이터의 건수가 많은 것과는 상관이 없게 된다. 이러한 세미 조인의 성능을 보장받기 위해서는 제품 테이블에 제품번호+제품코드 인덱스나 제품코드+제품번호로 인덱스를 생성해야 한다. 물론 제품 테이블은 중첩 루프 조인에서 뒤에 엑세스되므로 조인 조건인 제품번호 조건을 상수로 제공받게 되어 처리 범위를 감소시키는 조건으로 사용이 가능하다. 이와 같이 인덱스를 생성하여 EXISTS 절이 세미 조인의 INNER 테이블로 수행되면 데이터가 아무리 많더라도 존재 유무만 확인하므로 성능을 보장받을 수 있다. EXIST 절은 존재 유무를 확인하므로 전체 데이터에 엑세스하지 않고 조건을 만족하는 데이터에 대해 한 건씩만 엑세스하면 되므로 INNER 테이블로 수행되어 세미 조인이나 필터 조인으로 수행되는 것이 성능을 향상시킬 수 있을 것이다.

두 번째로, IN 절을 살펴보자. IN 절에 사용된 고객_이력 테이블은 WHERE 조건에 있는 상태 컬럼과 변경일자 컬럼에 의해 충분히 처리 범위가 감소한다고 가정하자. 또한 주 쿼리의 통화내역 테이블은 고객번호 컬럼을 상수로 제공받아야만 처리 범위를 최소화시킬 수 있다면 통화내역 테이블은 INNER 테이블로, 통화_이력 테이블은 DRIVING 테이블로 수행되어야 한다. 이와 같이 수행되어야만 통화내역 테이블은 INNER 테이블로 수행되어 조인 조건인 고객번호 컬럼을 상수로 제공받을 수 있다. IN 절의 고객_이력 테이블이 DRIVING 테이블로 수행된다면 인덱스는 WHERE 조건 절에 있는 상태 컬럼과 변경일자 컬럼으로 인덱스를 생성해야 할 것이다. 따라서 고객_이력 테이블의 인덱스는 점 조건과 선분 조건을 고려하여 상태+변경일자 인덱스를 생성해야 한다. 물론 통화내역 테이블은 고객번호 조건을 상수로 제공받으므로 고객번호+사용일자 인덱스가 반드시 필요하다.

위와 같이 EXISTS 절의 제품 테이블이 세미 조인의 INNER 테이블로 수행되고, IN 절의 제품_이력 테이블이 중첩 루프 조인의 DRIVING 테이블로 수행된다면 실행 계획은 아래와 같이 생성되어야 한다.

```
실행 계획
    SELECT STATEMENT
     SORT(GROUP BY)
      NESTED LOOPS (SEMI)
       NESTED LOOPS
        VIEW
         SORT(UNIQUE)
          TABLE ACCESS (BY INDEX ROWID) OF '고객_이력'
           INDEX (RANGE_SCAN) OF '상태_변경일자_IDX'
        TABLE ACCESS (BY INDEX ROWID) OF '통화내역'
         INDEX (RANGE_SCAN) OF '고객번호_사용일자_IDX'
       INDEX (RANGE SCAN) OF '제품번호_제품코드_IDX'
```

실행 계획이 위와 같이 생성되면 통화내역 테이블을 기준으로 고객_이력 테이블은 DRIVING 테이블로 수행되고 EXISTS 절의 제품 테이블은 세미 조인의 INNER 테이블로 수행된 것이다. 결국 조인은 고객_이력 테이블, 통화내역 테이블_ 제품 테이블의 순서로 수행된다.

복합 서브쿼리는 각 서브쿼리가 중첩 루프 조인의 INNER 테이블로 수행해야 할지 아니면 DRIVING 테이블로 수행해야 할지를 결정해야 한다. 이에 따른 최적의 인덱스를 이용해야 하며 원하는 실행 계획을 생성하기 위해 힌트나 SQL 문법을 이용하여 실행 계획을 제어해야 한다. EXISTS 절은 존재 유무를 확인하므로 세미 조인이나 필터 처리로 수행되어야 한다. 그렇기 때문에 INNER 테이블의 역할을 수행하는 것이 유리하다. 물론 해쉬 조인이 유리하다면 서브쿼리와 주 쿼리의 테이블을 해쉬 조인으로 유도할 수도 있다.

서브쿼리는 절대 어렵지 않다. 일반 조인과 동일하다. 단지 서브쿼리가 먼저 수행되는지 아니면 뒤에 수행되는지에 따라 최적화를 위한 인덱스가 다르다는 것이다. 이러한 점은 앞서 언급한 조인 방식의 최적화와 거의 유사하다. 다만 일반 조인이냐 아니면 서브쿼리냐의 차이일 뿐이다. 이러한 점에 유의한다면 서브쿼리를 최적화하는 일이 어렵지만은 않을 것이다.

Chapter 07

순환 전개를 효과적으로 **사용**하면
개발은 쉬워진다.

■□□

일부 업무에서 순환 전개를 효과적으로 이용할 수 있다. 하지만 많은 경우에 순환 전개의 수행 방법을 이해하지 못하기 때문에 성능 저하가 발생하거나 순환 전개를 전혀 몰라 사용을 하지 못하는 경우를 많이 보았다. 순환 전개는 일부 어플리케이션에서 사용이 가능하다. 그렇기 때문에 정확히 이해한다면 프로그램을 개발할 경우 많은 도움을 받을 수 있을 것이다. 이 장에서는 순환 전개에 대해 정확히 이해할 수 있도록 많은 예제를 통해 순환 관계의 비밀을 파헤쳐 본다.

순환 관계란 무엇인가?

순환 관계에 대해 말하기 전에 한 가지 예제를 들어보자. 집안을 찾아보면 족보가 있을 것이다. 족보는 무엇인가? 족보는 집안의 시조부터 모든 가족들이 기록되어 있다. 조상부터 차례대로 표현되는 것이 족보이다. 이러한 관계를 연결하면 트리(TREE) 구조가 될 것이다. 우리가 생활하는 많은 곳에서 이와 같은 구조가 존재한다. 회사의 조직도 이러한 모습으로 구성될 것이다. 사장을 시작으로 그 밑에는 팀장들로 구성될 것이다. 물론 팀장 밑에는 팀원들이 존재한다. 이와 같은 구조가 족보와 무엇이 다르겠는가? 매우 유사한 구성이 될 것이다.

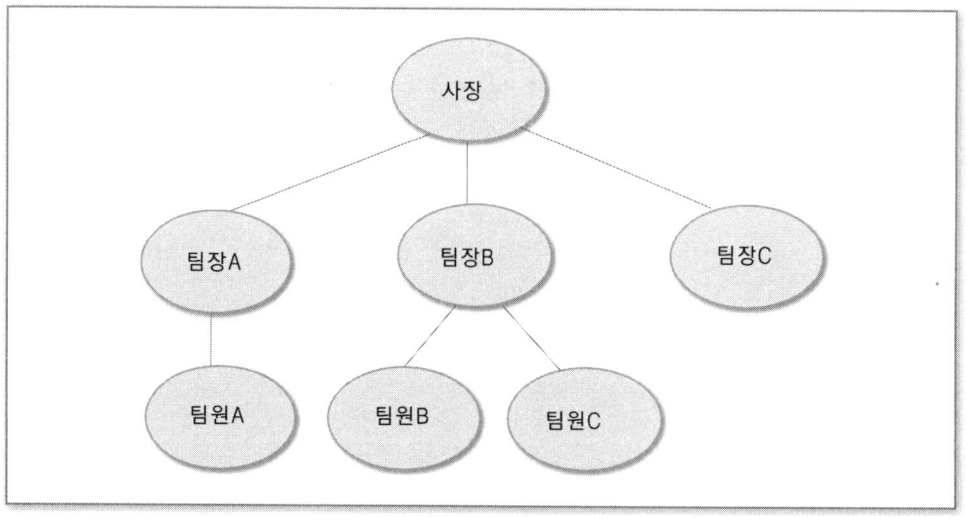

데이터베이스에는 일상 생활에서 발생하는 모든 데이터가 저장된다. 그렇기 때문에 데이터베이스에 저장되는 데이터 중에는 위와 같은 트리 구조의 데이터가 존재할 수 밖에 없다. 위와 같은 트리 구조를 데이터베이스에 적용해 보자. 테이블 중에 게시판 테이블이 있다고 가정하자. 그리고 게시판에서는 각 게시물에 대한 답변을 추가할 수 있다고 가정하자. 그렇다면 주 게시물이 존재하며 주 게시물 밑에는 답변 게시물이 존재할 것이다. 답변 게시물 중에는 동일 레벨의 답변 게시물도 존재하며 답변 게시물 밑에 또 다른 답변 게시물이 있을 수 있다. 이와 같은 구조가 어찌 위의 구조와 다르다고 하겠는가? 모든 게시물에 부모 자식 관계를 연결한다면 위와 같은 그림의 형태가 될 것이다.

위와 같은 트리 구조로 된 테이터들의 관계를 순환(RECURSIVE) 관계라고 하며 본인으로부터 부모나 자식을 찾아가는 것을 순환(RECURSIVE) 전개라고 한다. 순환 전개라고 하는 이유는 자신의 테이블을 다시 참조하여 부모를 찾아가거나 자식을 찾아가야 하기 때문이다.

프로젝트를 지원하면서 이러한 순환 관계를 사용해야 하는 사이트를 많이 보았다. 하지만 사용 방법을 몰라서 순환 관계를 사용하지 못하는 사이트가 많았다. 또한 순환 관계를 사용하는 사이트들은 순환 전개의 결과를 추출하는 SQL의 성능을 어떻게 최적화해야 할지 모르기 때문에 성능 저하를 발생시키는 것도 보았다. 순환 전개는 몇 가지 어플리케이션에서 매우 효과적으로 사용될 수 있으며 앞의 그림과 같이 트리 구조의 데이터에 대해 자신의 부모를 추출하거나 자식을 추출해야 할 경우 반드시 사용되어야 한다.

> ✓ 순환 관계를 이용하지 않는 경우와
> 순환 관계를 이용하는 경우를 비교해보자.

앞서 언급한 것과 같이 상하 관계의 속성을 갖는 데이터를 순환 관계로 표현하지 않으면 어떻게 되는가? 상하 관계의 속성을 갖는 데이터라고 하더라도 부모를 찾아야 하거나 자식을 찾을 필요가 없다면 굳이 순환 관계로 구성하지 않아도 된다. 하지만 상하 관계의 속성을 갖는 데이터에서 부모를 찾아야 하는 경우도 있고 자식을 찾아야 하는 경우도 있다면 순환 관계를 반드시 이용해야 하며 순환 관계를 이용하지 않는다면 그 만큼 어려운 길을 가야할 것이다.

예제

EMPLOYEE_ID	NAME	EMAIL
100	Steven King	SKING
110	Neena Kochhar	NKOCHHAR
120	Lex De Haan	LDEHAAN
130	Den Raphaely	DRAPHEAL
121	Alexander Khoo	AKHOO
122	Shelli Baida	SBAIDA
111	Sigal Tobias	STOBIAS
112	Guy Himuro	GHIMURO
113	Karen Colmenares	KCOLMENA

위의 예제를 살펴보자. 여기서 EMPLOYEE_ID 컬럼의 값은 자신의 관리자의 EMPLOYEE_ID 값을 의미적으로 포함하고 있다. 예를 들어, 110번 사원의 관리자는 100번 EMPLOYEE_ID 값의 사원이 된다. 그렇다면 122번 사원의 관리자는 누구인가? 122번 사원에 대한 관리자의 EMPLOYEE_ID 값은 120번 EMPLOYEE_ID 값의 사원이 된다. 물론 120번 사원의 관리자는 100번 EMPLOYEE_ID 값을 가지는 사원이 된다. 이와 같이 데이터의 값으로 상하 관계를 구현하는 경우 무슨 문제가 발생하는가? 상하 관계를 갖는 경우 위와 같이 데이터의 값에 의미적으로 표현한다면 아래와 같은 문제가 발생할 수 있다.

- 부모 데이터 변경 시 모든 자식 데이터 변경 필요
- 부모와 자식을 연결하기 위한 SQL이 복잡해지며 성능 저하 발생 가능

첫 번째로, 부모 데이터 변경 시 자식 데이터가 변경되는 경우에 대해 살펴보자. 예제와 같이 부모 자식 관계를 구현한 경우 부모 데이터가 변경되면 자식 데이터가 변경된다. 예를 들어, EMPLOYEE_ID의 값이 110번인 데이터가 140번으로 변경되면 해당 데이터의 자식 데이터는 어떻게 되는가? 자식 데이터도 변경되어야 할 것이다. 111번, 112번, 113번 데이터는 141번, 142번, 143번으로 EMPLOYEE_ID 값을 변경해야 한다. 그래야만 부모 데이터를 찾을 수 있을 것이다. 결국 부모 데이터가 변경되면 데이터 정합성을 맞추기 위해 자식 데이터를 부모 데이터에 맞게 모두 변경해야 한다.

이 처럼 부모 데이터가 변경될 때마다 매번 자식 데이터를 변경해야 하기 때문에 관리가 어려워지며 이러한 작업으로 인해 성능이 저하될 것이다. 가장 위에 있는 부모 데이터의 값이 변경되면 이 데이터의 모든 자식 데이터가 변경되어야 할 것이다. 이와 같은 경우는 어떻게 되겠는가? 가장 위에 있는 부모 데이터의 자식은 해당 테이블의 모든 데이터가 된다. 따라서 위와 같이 가장 위에 있는 부모 데이터가 변경되면 해당 테이블은 전체 데이터가 변경되어야 할 것이다.

두 번째로, 상하 관계를 데이터 값의 속성에 포함한다면 부모 데이터와 자식 데이터를 연결하기 위해 수행해야 하는 SQL은 매우 복잡해지며 성능 저하가 발생할 수 있다.

예제
```sql
SQL> SELECT EMPLOYEE_ID, NAME, EMAIL
       FROM EMPLOYEES
      WHERE EMPLOYEE_ID = '110'
     UNION ALL
     SELECT '  '||EMPLOYEE_ID, NAME, EMAIL
       FROM EMPLOYEES
      WHERE SUBSTR(EMPLOYEE_ID,1,2) = '11'  ;
```

위와 같은 방법으로 부모 데이터와 자식 데이터를 연결해야 할 것이다. 물론 다른 방법으로도 부모 데이터와 자식 데이터를 연결할 수 있을 것이다. 여기서 중요한 점은 데이터를 어떻게 연결해도 SQL은 복잡해진다는 것이다. 또한 위의 SQL에서 UNION ALL 집합 연산자 아래의 SQL에서는 WHERE 절의 컬럼에 함수가 사용되었으므로 EMPLOYEE_ID 컬럼에 인덱스가 존재해도 인덱스를 이용할 수 없게 된다. 물론 이와 같은 경우 함수 기반 인덱스를 이용한다면 인덱스 스캔을 수행할 수는 있지만 인덱스 전략 차원에서 그렇게 효과적이지는 못하다. 만약 WHERE 절의 조건을 EMPLOYEE_ID LIKE '11%'로 하면 인덱스를 이용할 수 있으나 이는 해당 예제와 같이 컬럼의 길이가 3자리일 경우에만 가능하므로 일반화될 수는 없다.

결국 위와 같은 문제가 발생할 수 있으므로 부모 데이터와 자식 데이터를 의미적으로 데이터 속성으로 표시하기보다는 아래와 같이 부모 데이터와 자식 데이터의 관계를 별도의 컬럼으로 표현해야 할 것이다.

예제

EMPLOYEE_ID	NAME	EMAIL	MANAGER_ID
100	Steven King	SKING	
101	Neena Kochhar	NKOCHHAR	100
102	Lex De Haan	LDEHAAN	100
114	Den Raphaely	DRAPHEAL	100
115	Alexander Khoo	AKHOO	114
116	Shelli Baida	SBAIDA	114
117	Sigal Tobias	STOBIAS	116
118	Guy Himuro	GHIMURO	101
119	Karen Colmenares	KCOLMENA	102

위와 같이 EMPLOYEE_ID 컬럼의 값을 순차적으로 할당하고 MANAGER_ID 컬럼을 생성하여 해당 컬럼으로 부모 데이터를 표현한다면 앞서 언급한 두 문제를 순환 관계로 해결할 수 있을 것이다.

순환 관계를 이용할지 아니면 데이터의 속성에 의미적으로 순환 관계를 포함시켜 어플리케이션에서 구현할지는 시스템을 구축하는 개발자의 선택일 것이다. 하지만 분명한 것은 부모와 자식 관계의 데이터는 반드시 순환 관계를 이용해야 하며 효과적인 이용을 위해서는 모델링에서 부모 데이터를 관리하는 컬럼이 별도로 있어야 한다. 어느 방식을 선택하는가는 해당 시스템의 운명을 좌지우지할 만큼 매우 중요하다. 상하 관계의 데이터이며 어플리케이션에서 상하 관계를 추출하고 싶다면 반드시 순환 관계를 선택하기 바란다.

✓ 순환 전개의 사용 문법을 이해하라.

테이블의 순환 관계를 이용하여 부모와 자식 관계의 데이터를 전개하는 것을 순환 전개라고 한다. 순환 전개에서 사용하는 문법은 그리 쉽지 않다. 그래서인지 순환 전개의 SQL 문법을 전혀 모르는 사람도 많이 보았다. 순환 관계를 구성하였지만 순환 전개의 SQL을 이해하지 못한다면 무슨 의미가 있겠는가? 순환 전개를 효과적으로 사용하기 위해서는 반드시 문법과 추출되는 데이터를 이해해야 할 것이다.

예 제

```
SQL> SELECT EMPLOYEE_ID, FIRST_NAME||' '||LAST_NAME NAME,
            EMAIL, MANAGER_ID, DEPARTMENT_ID
     FROM EMPLOYEES;
```

EMPLOYEE_ID	NAME	EMAIL	MANAGER_ID	DEPARTMENT_ID
100	Steven King	SKING		90
101	Neena Kochhar	NKOCHHAR	100	90
102	Lex De Haan	LDEHAAN	100	90
114	Den Raphaely	DRAPHEAL	100	30
115	Alexander Khoo	AKHOO	114	30
116	Shelli Baida	SBAIDA	114	30
117	Sigal Tobias	STOBIAS	116	30
118	Guy Himuro	GHIMURO	101	30
119	Karen Colmenares	KCOLMENA	102	30

위의 예제 테이블를 통해 순환 전개에 대해 살펴보자. 위의 데이터는 데이터베이스를 설치할 때 테스트용으로 생성되는 EMPLOYEES 테이블이다.

첫 번째로, EMPLOYEES 테이블에서 부모와 자식 관계에 있는 전체 데이터에 대해 순환 전개를 수행하는 경우를 보자. 각 데이터에 대해 자식 데이터가 있다면 모든 자식 데이터를 전개하는 SQL이다.

Chapter 7. 순환 전개를 효과적으로 사용하면 개발은 쉬워진다

> **예 제**
>
> ```
> SQL> SELECT LPAD(' ',2*(LEVEL-1))||EMPLOYEE_ID EMPLOYEE_ID,
>             MANAGER_ID, FIRST_NAME||LAST_NAME NAME, DEPARTMENT_ID
>      FROM EMPLOYEES
>      CONNECT BY PRIOR EMPLOYEE_ID = MANAGER_ID;
> ```

EMPLOYEE_ID	MANAGER_ID	NAME	DMANAGER_ID
101	**100**	**Neena Kochhar**	**90**
118	101	Guy Himuro	30
102	**100**	**Lex De Haan**	**90**
119	102	Karen Colmenares	30
114	**100**	**Den Raphaely**	**30**
115	114	Alexander Khoo	30
116	114	Shelli Baida	30
117	116	Sigal Tobias	30
115	**114**	**Alexander Khoo**	**30**
116	**114**	**Shelli Baida**	**30**
117	116	Sigal Tobias	30
117	**116**	**Sigal Tobias**	**30**
118	**114**	**Guy Himuro**	**30**
119	**114**	**Karen Colmenares**	**30**
100		**Steven King**	**90**
101	100	Neena Kochhar	90
118	101	Guy Himuro	30
102	100	Lex De Haan	90
119	102	Karen Colmenares	30
114	100	Den Raphaely	30
115	114	Alexander Khoo	30
116	114	Shelli Baida	30
117	116	Sigal Tobias	30

예제에서 순환 전개의 SQL 및 결과를 확인해 보자. EMPLOYEES 테이블의 전체 데이터는 9건이다. 위의 SQL에서 굵은 글씨가 9개의 데이터에 해당한다. 위와 같이 순환 전개를 수행하면 9개의 데이터에 대

해 각 자식 데이터를 모두 추출하는 SQL이 된다. 이 순환 전개 SQL은 EMPLOYEE_ID 컬럼의 값을 MANAGE_ID 컬럼의 값으로 하는 데이터를 추출한다. 결국 자식 뿐만 아니라 손자의 손자까지 모든 후손을 추출한다. 위의 SQL에서 사용한 LEVEL은 무엇인가? LEVEL은 순환 전개에서만 사용 가능한 함수이며 많이 사용된다. 그 이유는 LEVEL을 통해 각 데이터의 계층을 알 수 있기 때문이다. LEVEL은 아래 그림과 같이 계층을 의미한다.

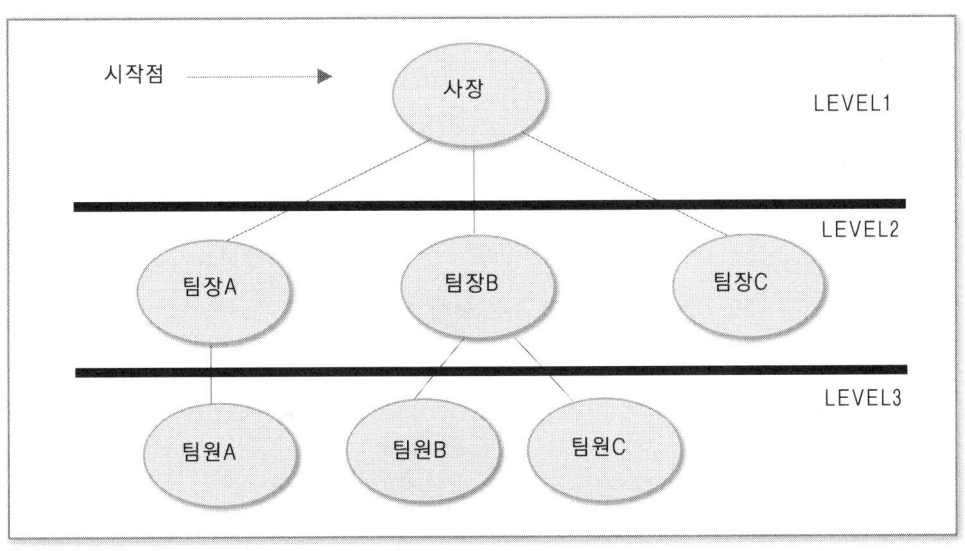

트리 구조에서 위와 같이 각 계층에 대해서는 LEVEL 값이 동일하다. 그렇다면 앞의 SQL에서 EMPLOYEE_ID 컬럼의 값이 '101'인 데이터를 확인해 보자. 원본 테이블에서 MANAGER_ID 컬럼의 값이 '101'인 데이터는 EMPLOYEE_ID 컬럼의 값이 '108'인 데이터다. 두 데이터 사이의 관계를 보면 EMPLOYEE_ID 컬럼의 값이 '101'인 데이터가 부모 데이터이며 EMPLOYEE_ID 컬럼의 값이 '108'인 데이터가 자식 데이터가 된다. 그렇다면 LEVEL 값은 어떻게 되는가? 순환 전개를 EMPLOYEE_ID 컬럼의 값이 '101'인 데이터부터 시작했다면 EMPLOYEE_ID 컬럼의 값이 '101'인 데이터의 LEVEL 값은 1이 되며 바로 아래 자식에 대한 LEVEL 값은 2가 된다. 물론 자식의 자식인 손자 데이터의 LEVEL 값은 3이 될 것이다. 그렇기 때문에 EMPLOYEE_ID 컬럼의 값이 '108'인 데이터는 LPAD (' ', 2×(LEVEL-1))에 의해 2칸이 들여쓰기가 되어 추출될 것이다. 이처럼 9개의 데이터에 대해 MANAGER_ID 컬럼을 기준으로 9개의 데이터를 조상으로 하는 각 데이터를 추출한다. 자식 중 LEVEL이 변할 경우 2칸씩 들여쓰기가 되어 결과로 추출된다. 즉, LEVEL이 1이면 본인이 되고 2이면 자식 3이면 손자가 되는 것이다.

앞의 SQL에서 PRIOR EMPLOYEE_ID = MANAGER_ID는 조인 조건이고 EMPLOYEES 테이블에서 EMPLOYEE_ID 컬럼과 MANAGER_ID 컬럼을 조인한다. EMPLOYEES 테이블에 엑세스하여 추출한

Chapter 7. 순환 전개를 효과적으로 사용하면 개발은 쉬워진다

EMPLOYEE_ID 컬럼이 상수화가 되어 수행된다. 그렇기 때문에 MANAGER_ID 컬럼의 값이 상수화된 EMPLOYEE_ID 컬럼을 만족하는 데이터를 차례로 추출한다. 이는 무슨 뜻인가? MANAGER_ID 컬럼의 값이 변수이며 EMPLOYEE_ID 컬럼의 값이 상수이므로 해당 EMPLOYEES_ID 값을 MANAGER_ID 값으로 가지는 데이터를 추출하는 SQL이 된다. 그러므로 부모부터 자식으로 위에서 아래로 전개가 수행된다. 이와 같이 위에서 아래로 전개되는 순환 전개를 순 전개라고 한다. 순 전개는 트리 구조의 조상에서부터 자식으로 전개를 수행하는 것을 의미한다. 결국 순환 전개에서는 아래와 같이 하나의 테이블에서 루프 형태로 전개가 수행된다.

EMPLOYEE_ID	NAME	거래액	MANAGER_ID	DEPARTMENT_ID
100	Steven King	SKING		90
101	Neena Kochhar	NKOCHHAR	100	90
102	Lex De Haan	LDEHAAN	100	90
114	Den Raphaely	DRAPHEAL	100	30
115	Alexander Khoo	AKHOO	114	30
116	Shelli Baida	SBAIDA	114	30
117	Sigal Tobias	STOBIAS	116	30
118	Guy Himuro	GHIMURO	101	30
119	Jaren Colmenares	JCOLMENA	102	30

위의 그림은 EMPLOYEE_ID 컬럼의 값이 '114'인 경우이다. 해당 데이터에 대해 순환 전개를 수행한다면 '114'인 값을 MANAGER_ID 컬럼의 값으로 하는 데이터를 추출한다. 위의 그림에서는 EMPLOYEE_ID 컬럼의 값이 '115'와 '116'인 데이터들이 MANAGER_ID 컬럼의 값이 114번이 된다. 따라서 EMPLOYEE_ID 컬럼의 값이 '114'인 데이터의 자식 데이터는 EMPLOYEE_ID 컬럼의 값이 '115' 와 '116' 인 두 개의 데이터가 된다. 또한 MANAGER_ID 컬럼의 값을 '115'나 '116'으로 하는 데이터를 추출한다. 해당 데이터는 EMPLOYEE_ID 컬럼의 값이 '114'인 데이터의 의미상 손자 데이터가 될 것이다. 따라서 MANAGER_ID 컬럼의 값이 '116'인 EMPLOYEE_ID 컬럼의 값이 '117'인 데이터를 추가로 추출한다. 이 처럼 자식 데이터를 추출하는 순환 전개가 순 전개에 해당한다.

반대의 결과를 추출하는 역 전개를 살펴보자. 역 전개는 트리 구조의 밑에서부터 위로 데이터를 전개하는 것을 의미한다. 즉, 자식 데이터에서 부모 데이터를 찾아 결과로 추출하는 경우를 의미한다.

순환 전개의 사용 문법을 이해하라

> **예 제**
>
> ```
> SQL> SELECT LPAD(' ',2*(LEVEL-1))||EMPLOYEE_ID EMPLOYEE_ID,
>             MANAGER_ID, FIRST_NAME||LAST_NAME NAME, DEPARTMENT_ID
>      FROM EMPLOYEES
>      CONNECT BY EMPLOYEE_ID = PRIOR MANAGER_ID;
> ```

EMPLOYEE_ID	MANAGER_ID	NAME	DMANAGER_ID
100		Steven King	90
101	100	Neena Kochhar	90
100		Steven King	90
102	100	Lex De Haan	90
100		Steven King	90
114	100	Den Raphaely	30
100		Steven King	90
115	114	Alexander Khoo	30
114	100	Den Raphaely	30
100		Steven King	90
116	114	Shelli Baida	30
114	100	Den Raphaely	30
100		Steven King	90
117	116	Sigal Tobias	30
116	114	Shelli Baida	30
114	100	Den Raphaely	30
100		Steven King	90
118	101	Guy Himuro	30
101	100	Neena Kochhar	90
100		Steven King	90
119	114	Karen Colmenares	30
102	100	Lex De Haan	90
100		Steven King	30

순환 전개에서 역 전개의 경우는 위와 같이 결과가 추출된다. 자식으로부터 부모를 찾아가는 전개이며 EMPLOYEE_ID = **PRIOR** MANAGER_ID 조건으로 조인을 수행해야 한다. PRIOR는 상수가 되는 컬럼이라고 생각하면 된다. 이와 같이 MANAGER_ID 컬럼이 상수가 되어 데이터를 추출하게 되므로 밑에서부터 위로 전개를 수행하게 되어 역 전개가 된다. 역 전개와 순 전개는 추출되는 데이터의 의미상의 표현

이다. 트리 구조에서 위에서부터 아래로 전개를 한다면 순 전개이며 트리 구조에서 아래부터 위로 전개를 수행한다면 역 전개에 해당한다. 역 전개와 순 전개에 대해 정확히 이해하지 못한다면 순환 전개를 이해할 수 없을 것이다.

순환 전개에서 CONNECT BY 절은 전개를 수행하려는 두 개의 컬럼을 설정하는 조인 조건에 해당한다. 순환 전개를 수행하려는 테이블에서 조인을 수행해야 하는 컬럼을 CONNECT BY 절에 연결한다. 또한 PRIOR가 설정되어 있지 않은 컬럼은 전개를 담당하는 컬럼에 해당한다. PRIOR가 설정되는 컬럼은 상수화가 되는 컬럼이므로 CONNECT BY 절에 설정하는 조인 조건에서 PRIOR 반대에 있는 컬럼을 기준으로 전개를 수행한다.

두 번째로, 순환 전개의 시작점을 지정하는 경우에 대해 살펴보자. 앞에서와 같이 순환 전개를 모든 데이터에 대해 처음부터 수행할 필요는 없다. 원하는 데이터를 기준으로 전개를 수행할 수 있다. 실제 업무를 개발하는 과정에서는 전체 데이터를 기준으로 전개를 수행하는 경우는 거의 없을 것이다. 대부분이 특정 데이터를 기준으로 순 전개나 역 전개를 수행할 것이다. 따라서 시작점을 설정하여 순환 전개를 수행하는 방법을 필수적으로 이해해야 할 것이다.

예 제

```
SQL> SELECT LPAD(' ',2*(LEVEL-1))||EMPLOYEE_ID EMPLOYEE_ID,
            MANAGER_ID, FIRST_NAME||LAST_NAME NAME, DEPARTMENT_ID
     FROM EMPLOYEES
     CONNECT BY PRIOR EMPLOYEE_ID = MANAGER_ID
     START WITH EMPLOYEE_ID IN ( '114' , '116' );
```

EMPLOYEE_ID	MANAGER_ID	NAME	DEPARTMENT_ID
114	**100**	**Den Raphaely**	**30**
115	114	Alexander Khoo	30
116	114	Shelli Baida	30
117	116	Sigal Tobias	30
116	**114**	**Shelli Baida**	**30**
117	116	Sigal Tobias	30

위와 같이 원하는 값을 기준으로 전개를 수행하려면 START WITH 절을 설정하여 해당 값에서 부터 순 전개나 역 전개를 수행할 수 있다. 위의 경우는 순 전개를 수행한 SQL이 된다. 역 전개를 수행하려면 PRIOR의 위치를 변경하면 된다.

위의 SQL은 EMPLOYEE_ID 컬럼의 값 중 '114' 와 '116' 에 대해 순 전개를 수행했으므로 위와 같은 결과가 추출된다. 모든 값으로 데이터를 전개하는 것이 아니라 START WITH 절에 설정한 값으로만 전개를 수행한다. 결국 원하는 값부터 데이터를 전개하고 싶다면 위와 같이 START WITH 절을 사용하면 된다.

예제

```
SQL> SELECT LPAD(' ',2*(LEVEL-1))||EMPLOYEE_ID EMPLOYEE_ID,
            MANAGER_ID, FIRST_NAME||LAST_NAME NAME, DEPARTMENT_ID
     FROM EMPLOYEES
     CONNECT BY PRIOR EMPLOYEE_ID = MANAGER_ID
     START WITH EMPLOYEE_ID IN
                (SELECT EMPLOYEE_ID
                 FROM EMPLOYEES E, DEPARTMENTS D
                 WHERE E.DEPARTMENT_ID = D.DEPARTMENT_ID
                 AND D.LOCATION = 'SEOUL' );
```

START WITH 절은 일반 상수를 조건으로 설정할 수도 있지만 위와 같이 서브쿼리를 이용할 수도 있다. START WITH 절을 서브쿼리로 수행하면 해당 서브쿼리를 만족하는 데이터들에 대해 각각 전개를 수행하게 된다. 서브쿼리에서 10건의 데이터가 추출되면 10건의 데이터에 대해 각각 전개를 수행하게 된다.

START WITH 절에는 단순 상수나 서브쿼리 외에도 다양한 SQL을 사용할 수 있다. 이러한 기능을 이용한다면 아무리 복잡한 업무라도 원하는 데이터만으로 순환 전개를 수행할 수 있을 것이다.

세 번째로, 순환 관계를 전개한 결과에 대해 특정 값을 제외하는 경우에 대해 살펴보자. 이는 원하는 값으로 데이터를 전개하고 그 중 원하지 않는 데이터를 제외하는 경우를 의미한다. 업무를 구현하다 보면 하나의 데이터에 대해 역 전개나 순 전개를 통해 모든 자식 데이터를 추출할 수도 있지만 그 중 조건을 설정하여 추출되는 결과에서 제외하고 싶은 경우도 많다.

Chapter 7. 순환 전개를 효과적으로 사용하면 개발은 쉬워진다

예제

```
SQL> SELECT LPAD(' ',2*(LEVEL-1))||EMPLOYEE_ID EMPLOYEE_ID,
            MANAGER_ID, FIRST_NAME||LAST_NAME NAME, DEPARTMENT_ID
     FROM EMPLOYEES
     WHERE EMPLOYEE_ID != '117'
     CONNECT BY PRIOR EMPLOYEE_ID = MANAGER_ID
     START WITH EMPLOYEE_ID IN ( '114' , '116' );
```

EMPLOYEE_ID	MANAGER_ID	NAME	DEPARTMENT_ID
114	100	Den Raphaely	30
115	114	Alexander Khoo	30
116	114	Shelli Baida	30
116	114	Shelli Baida	30

위의 SQL에서 WHERE 절이 없다면 앞서 언급한 SQL과 같이 EMPLOYEE_ID 컬럼의 값이 '117' 인 데이터가 결과로 추출될 것이다. 하지만 WHERE 조건을 설정하면 위와 같이 EMPLOYEE_ID 컬럼의 값이 '117' 인 데이터를 제외하고 결과를 추출한다.

결국 최종 결과에서 EMPLOYEE_ID 컬럼의 값이 '117' 인 데이터만 제외된다. 이는 추후 성능에 영향을 주는 결정적이 요소가 될 수 있다는 것을 기억하자. START WITH 절과 WHERE 절이 동일한 것처럼 여겨질 수 있다. 하지만 START WITH 절과 WHERE 절 사이의 결과는 엄청난 차이가 발생한다는 것이다. 앞서 언급했듯이 WHERE 절은 START WITH 절의 값을 만족하는 모든 값에 대해 각각 전개를 수행한 후 WHERE 조건에 만족하는 데이터만을 결과로 추출한다. WHERE 절과 START WITH 절에 의한 성능 변화는 뒤에서 확인해 보기로 하자.

네 번째로, 순환 전개를 수행한 결과에 대해 정렬을 수행하는 경우를 확인해 보자. 순환 전개에서의 정렬은 무엇을 의미하는가? 순환 전개에서의 정렬은 일반 정렬과 다르다. 정렬을 수행하려는 컬럼으로 무조건 정렬을 수행하는 것이 아니라 LEVEL에 맞추어서 데이터를 정렬해야 하기 때문이다. 일반적으로 순환 전개에서는 LEVEL 별로 정렬이 수행되어야 원하는 데이터일 것이다.

EMPLOYEE_ID	MANAGER_ID	NAME	DEPARTMENT_ID
114	100	Den Raphaely	30
116	114	Shelli Baida	30
115	114	Alexander Khoo	30
116	114	Shelli Baida	30

위와 같은 결과 데이터에 대해 NAME 컬럼으로 정렬을 수행했다고 가정하자. 그렇다면 아래와 같은 결과가 추출될 것이라고 예상할 수 있을 것이다.

EMPLOYEE_ID	MANAGER_ID	NAME	DEPARTMENT_ID
115	114	Alexander Khoo	30
114	110	Den Raphaely	30
116	114	Shelli Baida	30
116	114	Shelli Baida	30

NAME 컬럼으로 정렬을 수행한다면 이와 같이 데이터가 추출될 것이다. 데이터가 위와 같이 정렬된다면 의미있는 데이터가 되겠는가? 순환 전개를 수행한 목적은 원하는 EMPLOYEE_ID 컬럼의 값으로 전개를 수행하고자 한 것이기 때문에 위와 같이 정렬이 수행된다면 부모 데이터와 자식 데이터가 뒤섞여서 부모 데이터와 자식 데이터의 관계를 알 수 없으므로 아무 의미 없는 데이터가 될 것이다. 따라서 오라클에서는 순환 전개에 대해서 LEVEL을 보존하는 형태로 다음과 같은 형식의 정렬을 지원한다.

EMPLOYEE_ID	MANAGER_ID	NAME	DEPARTMENT_ID
114	100	Den Raphaely	30
115	114	Alexander Khoo	30
116	114	Shelli Baida	30
116	114	Shelli Baida	30

위와 같이 동일 LEVEL에 대해서만 데이터를 NAME 컬럼으로 정렬을 수행한다. 순환 전개에서는 추출되는 데이터에 대해 이와 같이 정렬을 수행해야만 결과 데이터가 의미있을 것이다. 그렇다면 위와 같이 정

렬을 수행하기 위해 순환 전개 SQL을 어떻게 작성해야 하는가?

예 제
```
SQL> SELECT LPAD(' ',2*(LEVEL-1))||EMPLOYEE_ID EMPLOYEE_ID,
            MANAGER_ID, FIRST_NAME||LAST_NAME NAME,
            DEPARTMENT_ID
     FROM EMPLOYEES
     WHERE EMPLOYEE_ID != '117'
     CONNECT BY PRIOR EMPLOYEE_ID = MANAGER_ID
     START WITH EMPLOYEE_ID IN ( '114' , '116' )
     ORDER SIBLINGS BY NAME;
```

ORDER BY 절에 SIBLINGS 옵션을 추가하여 순환 전개를 수행해야 위와 같이 LEVEL 기준으로 정렬된 결과 데이터가 추출된다. 물론 순환 전개에서 일반 ORDER BY 절을 수행할 수 없는 것은 아니다. ORDER BY 절을 수행할 수 있으나 이것은 원하는 데이터가 아닐 가능성이 높다. 순환 전개의 마지막 문법이 바로 SIBLINGS 옵션이다. 이는 ORDER BY 절에 설정하는 옵션으로 전개된 데이터에 대해 LEVEL 안에서만 정렬이 수행되게 하는 문법이다.

다섯 번째로, 가장 상위에 존재하는 EMPLOYEE_ID 컬럼의 값에 대해 MANAGER_ID 컬럼의 값은 어떤 값으로 설정되어야 하는지 살펴보자. 모든 EMMPLOYEE_ID 컬럼의 값에 대해 MANAGER_ID 컬럼의 값은 자신의 부모 데이터의 EMPLOYEE_ID 값을 저장한다. 그렇다면 가장 상위에 있는 부모 데이터의 MANAGER_ID 컬럼은 어떠한 값으로 설정되어야 하는가? 대부분의 경우에 NULL 값으로 설정하면 문제가 발생하지 않을 것이다. 만약 최상위 데이터의 MANAGER_ID 컬럼에 특정한 값을 저장한다면 해당 순환 전개 SQL은 무한 루프를 수행할 수도 있기 때문에 주의해야 한다. 예를 들어, 최상위 데이터의 MANAGER_ID 컬럼에 저장한 값과 동일한 EMPLOYEE_ID 컬럼의 값을 가지는 데이터가 있다면 순환 전개 시 무한 루프를 수행한다. 이러한 현상의 발생을 사전에 제거하기 위해 최상위 데이터의 MANAGER_ID 컬럼에는 NULL 값을 저장하는 것이 관리면에서 수월할 것이다. 최상위 데이터의 MANAGER_ID 컬럼에 NULL 값을 저장하면 무한 루프가 발생하지 않는다.

순환 전개는 지금까지 언급했던 다른 형식의 데이터 연결 SQL의 문법과 사뭇 다르다. 그렇기 때문에 많이 사용해보고 피부로 느끼는 것이 순환 전개를 가장 빠르게 익히는 방법일 것이다. 순환 전개를 프로젝트에서 많이 사용할 필요는 없다. 하지만 순환 전개를 이해한다면 프로젝트에서 이를 매우 유용하게 사용할 수 있을 것이다.

✓ 순환 전개의 실행 계획을 정확히 분석하고 최적화해라.

순환 전개의 실행 계획은 다른 조인과 달리 복잡하면서도 조금은 생소하게 생성된다. 하지만 조금만 익숙해 진다면 실행 계획을 정확히 이해할 수 있을 것이다. 실행 계획은 해당 SQL이 수행된 경로를 의미한다. 그렇기 때문에 순환 전개의 SQL이 어떤 방식으로 수행되는지를 이해한다면 실행 계획도 그렇게 어렵지만은 않을 것이다. 순환 전개의 실행 계획을 정확히 이해하기 위해서는 순환 전개의 정확한 수행 방식의 이해와 많은 연습이 필요하다.

첫 번째로, 순 전개를 수행하는 순환 전개 SQL에 대한 실행 계획을 살펴보자. 참고로 순 전개와 역 전개의 실행 계획이 전혀 다르지 않으며 매우 유사하다.

예 제

```
SQL> SELECT LPAD(' ',2*(LEVEL-1))||EMPLOYEE_ID EMPLOYEE_ID,
            MANAGER_ID, FIRST_NAME||LAST_NAME NAME, DEPARTMENT_ID
       FROM EMPLOYEES
       CONNECT BY PRIOR EMPLOYEE_ID = MANAGER_ID
       START WITH EMPLOYEE_ID = '114'
```

실행 계획

```
SELECT STATEMENT
  CONNECT BY (WITH FILTERING)
    NESTED LOOPS
      INDEX (UNIQUE SCAN) OF 'EMPLOYEE_ID_IDX' (UNIQUE)
      TABLE ACCESS (BY USER ROWID) OF 'EMPLOYEES'
    NESTED LOOPS
      BUFFER (SORT)
        CONNECT BY PUMP
      TABLE ACCESS (BY INDEX ROWID) OF 'EMPLOYEES'
        INDEX (RANGE SCAN) OF 'MANAGER_ID_IDX'
```

위의 순환 전개의 SQL은 가장 기본이다. 위의 실행 계획을 살펴보고 추가적으로 어려운 순환 전개의 실행 계획을 살펴보자.

EMPLOYEES 테이블의 경우에 EMPLOYEE_ID 컬럼에 UNIQUE 인덱스가 생성되어 있으며 MANAGER_ID 컬럼에는 일반 인덱스가 있다고 가정하자. 가장 먼저 수행되는 실행 계획은 실행 계획의 위에 생성된 중첩 루프 조인이다. 여기서 중첩 루프 조인은 EMPLOYEE_ID 인덱스에 먼저 엑세스하고 있다. 이는 START WITH 절이 가장 먼저 수행된다는 것을 의미한다. 순 전개나 역 전개에 상관없이 전개를 수행하려는 값을 먼저 확인해야만 전개를 시작할 수 있을 것이다. 앞에서도 언급했지만 START WITH 절은 전개를 시작하는 값을 설정하는 절이다. 따라서 START WITH 절이 먼저 수행되는 것은 당연하다. 전개를 시작할 값을 추출한 다음에는 무엇을 수행해야 하는가? EMPLOYEES 테이블에 엑세스하여 해당 데이터에 엑세스해야만 CONNECT BY 절의 조인 조건 값을 확인할 수 있다. 그렇기 때문에 중첩 루프 조인에서 EMPLOYEE_ID 컬럼으로 생성한 인덱스를 엑세스한 후 EMPLOYEES 테이블에 엑세스하게 된다. 중첩 루프 조인의 실행 계획은 인덱스 스캔 후 획득하는 ROWID에 의한 테이블 엑세스로 생성될 수도 있다. 이 단계에서 전개를 수행하려는 값이 여러 개라면 모든 값을 추출하여 순환 전개를 준비한다.

위와 같이 전개를 수행하기 위해 준비된 값들이 CONNECT BY PUMP를 통해 BUFFER에 저장된다. 순환 전개에서는 BUFFER가 생략될 수도 있으며 때로는 CONNECT BY PUMP가 생략될 수도 있다. 결국 CONNECT BY PUMP에는 전개를 수행할 시작점만을 저장한다. 해당 BUFFER에 저장된 전개해야 될 데이터는 EMPLOYEE_ID 컬럼의 값이며 해당 값을 이용하여 EMPLOYEES 테이블의 MANAGER_ID 컬럼과 조인을 수행한다. 조인을 수행하여 하나의 EMPLOYEE_ID 컬럼 값에 대해 전개를 완료하면 BUFFER에 저장된 전개해야 할 두 번째 데이터로 동일하게 전개를 수행한다. 이와 같은 방식을 이용하여 BUFFER에 저장되어 있는 모든 값에 대해 전개를 수행한다. BUFFER에 있는 모든 값에 대해 CONNECT BY 절에 의해 조인이 완료되면 해당 SQL은 실행을 종료한다.

여기서 성능상 중요한 곳은 어느 부분인가? 순환 전개의 성능은 인덱스 선정에 의해 좌우된다. 가장 중요한 부분이 실행 계획의 마지막에 생성되는 MANAGER_ID 인덱스를 이용하는 부분이다. 전개를 수행해야 하는 데이터를 BUFFER에 저장한 후 BUFFER에 있는 각 데이터에 대해 전개를 수행한다. 전개를 수행하면 MANAGER_ID 컬럼으로 전개를 수행한다. 순 전개의 경우 MANAGER_ID 컬럼의 값을 마지막 LEVEL까지 찾아가게 되므로 MANAGER_ID 컬럼에 인덱스가 없다면 테이블 전체 스캔을 반복 수행한다. LEVEL이 1인 데이터가 LEVEL이 3인 데이터까지 찾아갈 경우에 MANAGER_ID 컬럼에 인덱스가 없다면 테이블을 2번 전체 스캔해야 할 것이다. 이와 같이 전개를 수행해야 하는 데이터가 100건이고 자식 데이터가 하나씩만 존재한다면 EMPLOYEES 테이블을 100번 전체 스캔해야 한다. 또한 LEVEL이 더 깊다면 자식 데이터가 더 많이 존재하게 되므로 테이블 전체 스캔의 양은 기하급수적으로 증가할 것이다. 이는 MANAGER_ID 컬럼에 인덱스가 존재하지 않을 경우 자식 데이터 하나에 엑세스하기 위해서는 EMPLOYEES 테이블을 전체 스캔해야 하기 때문이다. 이 얼마나 무서운 일인가? 역 전개의 경우도 마찬가지다. 이러한 수행 방식을 모른다면 순환 전개는 엄청난 성능 저하를 발생시킨다. 결국 EMPLOYEE_ID 컬럼을 상수로 제공받아 조인을 수행하는 컬럼인 MANAGER_ID 컬럼에는 반드시 인덱스가 있어야 한다.

또 하나 고려할 부분이 START WITH 절의 빠른 엑세스다. 위의 SQL에서는 START WITH 절에 EMPLOYEE_ID 조건이 설정되어 있으므로 해당 컬럼에 인덱스가 없다면 EMPLOYEES 테이블을 전체 스캔해야 한다. START WITH 절에 의해서는 EMPLOYEES 테이블이 한 번만 엑세스되지만 대용량 테이블을 전체 스캔하면 성능 저하가 발생할 것이다. 그러므로 이러한 전체 스캔을 방지하기 위해 반드시 EMPLOYEE_ID 컬럼도 인덱스를 생성해야 한다. 시작점을 추출해 주는 START WITH 절이 가장 먼저 수행되기 때문에 전개를 수행하려는 데이터를 빠르게 엑세스할 수 있어야 할 것이다. EMPLOYEE_ID 컬럼에 인덱스가 존재하지 않는다면 EMPLOYEES 테이블을 한 번 전체 스캔한다. 이렇게 하면 MANAGER_ID 컬럼에 인덱스가 없는 경우 보다는 성능 저하가 심하지 않을 것이다. 하지만 온라인 프로그램이라면 이 또한 최적화되어야 한다는 것을 명심하기 바란다.

순환 전개에서는 전개를 수행하려는 데이터를 빠르게 엑세스할 수 있어야 하며, 가장 중요한 것은 전개의 기준이 되는 컬럼에 반드시 인덱스가 있어야 한다는 것이다. 따라서 위의 SQL에서는 전개의 기준이 되는 컬럼인 MANAGER_ID 컬럼과 시작점을 찾기 위한 EMPLOYEE_ID 컬럼에 각각 인덱스가 있어야 한다.

위에 제시된 실행 계획의 두 번째 중첩 루프 조인에서 EMPLOYEES 테이블에 엑세스하는 부분에서 발생하는 랜덤 엑세스를 제거하려면 인덱스를 어떻게 생성해야 하는가? 두 번째로 생성되는 중첩 루프 조인에서 EMPLOYEES 테이블의 조인 조건은 MANAGER_ID 컬럼이다. 따라서 처리 범위를 감소시키기 위해 MANAGER_ID 컬럼으로 시작하는 인덱스를 생성해야 하며 모든 SELECT 절의 컬럼을 추가하면 랜덤 엑세스를 제거할 수 있다. 모든 랜덤 엑세스를 제거하려면 MANAGER_ID+EMPLOYEE_ID+FIRST_NAME+LAST_NAME+DEPARTMENT_ID 인덱스를 생성해야 한다. 이와 같이 인덱스를 생성한다면 실행 계획은 아래와 같이 생성될 것이다.

```
실행 계획
  SELECT STATEMENT
    CONNECT BY (WITH FILTERING)
      NESTED LOOPS
        INDEX (UNIQUE SCAN) OF 'EMPLOYEE_ID_IDX' (UNIQUE)
        TABLE ACCESS (BY USER ROWID) OF 'EMPLOYEES'
      NESTED LOOPS
        BUFFER (SORT)
          CONNECT BY PUMP
        INDEX (RANGE SCAN) OF 'MANAGER_ID_IDX'
```

위와 같이 실행 계획이 생성되어 두 번째 생성되는 중첩 루프 조인에서 EMPLOYEES 테이블에 엑세스하지 않고 인덱스 스캔으로만 실행을 종료할 수 있을 것이다. 이와 같이 수행한다면 랜덤 엑세스를 제거할 수 있다.

두 번째로, 역 전개의 경우를 살펴보자. 역 전개의 경우도 순 전개와 동일하게 생각하면 된다. 단지 조인 조건에서 PRIOR의 위치가 변경되므로 필요한 인덱스가 다를 뿐이다.

```
예 제
SQL> SELECT LPAD(' ',2*(LEVEL-1))||EMPLOYEE_ID EMPLOYEE_ID,
            MANAGER_ID, FIRST_NAME||LAST_NAME NAME, DEPARTMENT_ID
       FROM EMPLOYEES
      CONNECT BY EMPLOYEE_ID = PRIOR MANAGER_ID
      START WITH EMPLOYEE_ID = '114';
```

```
실행 계획
  SELECT STATEMENT
    CONNECT BY (WITH FILTERING)
      NESTED LOOPS
        INDEX (UNIQUE SCAN) OF 'EMPLOYEE_ID_IDX' (UNIQUE)
        TABLE ACCESS (BY USER ROWID) OF 'EMPLOYEES'
      NESTED LOOPS
        BUFFER (SORT)
          CONNECT BY PUMP
        TABLE ACCESS (BY INDEX ROWID) OF 'EMPLOYEES'
          INDEX (RANGE SCAN) OF 'EMPLOYEE_ID_IDX' (UNIQUE)
```

위와 같이 역 전개를 수행한다면 두 개의 중첩 루프 조인은 EMPLOYEE_ID 인덱스를 각각 이용한다.

첫 번째 EMPLOYEE_ID 인덱스를 이용한 경우는 START WITH에서 전개를 수행하려는 데이터를 추출하기 위한 것이다. 여기서 추출된 데이터를 기준으로 전개를 수행한다. 전개 또한 EMPLOYEE_ID 컬럼을 기준으로 진행되므로 EMPLOYEES 테이블의 EMPLOYEE_ID 인덱스를 이용하면 전개 시 성능을 보장받을 수 있다. 그러므로 EMPLOYEE_ID 인덱스를 이용하여 두 번째 중첩 루프 조인을 수행한다. 이와 같이 역 전개의 순환 전개나 순 전개의 순환 전개 모두 동일한 방식으로 SQL을 실행한다.

위에서는 중첩 루프 조인으로 수행하는 순환 전개를 살펴보았다. 하지만 순환 전개가 반드시 중첩 루프 조인을 이용하는 것은 아니다. 위의 순환 전개 SQL이 아래와 같이 해쉬 조인으로 수행될 수도 있다.

예제
```
SQL> SELECT LPAD(' ',2*(LEVEL-1))||EMPLOYEE_ID EMPLOYEE_ID,
            MANAGER_ID, FIRST_NAME||LAST_NAME NAME, DEPARTMENT_ID
       FROM EMPLOYEES
       CONNECT BY EMPLOYEE_ID = PRIOR MANAGER_ID
       START WITH EMPLOYEE_ID = '114' ;
```

실행 계획
```
SELECT STATEMENT
  CONNECT BY (WITH FILTERING)
    NESTED LOOPS
      INDEX (UNIQUE SCAN) OF 'EMPLOYEE_ID_IDX' (UNIQUE)
      TABLE ACCESS (BY USER ROWID) OF 'EMPLOYEES'
    HASH JOIN
      BUFFER (SORT)
        CONNECT BY PUMP
      TABLE ACCESS (FULL) OF 'EMPLOYEES'
```

예제와 같이 해쉬 조인을 이용할 수 있다. 순환 전개가 중첩 루프 조인만 이용하는 것은 아니다. 순환 전개가 위와 같이 중첩 루프 조인과 해쉬 조인을 모두 이용할 수 있다. 해쉬 조인으로 수행된다면 성능은 해쉬 조인의 성능 향상 방법을 따른다. 그렇기 때문에 적은 데이터를 추출하는 테이블이 BUILD 테이블로, 많은 데이터를 추출하는 테이블이 PROBE 테이블로 수행되어야 한다. 순환 전개에서는 시작점이 BUFFER에 저장되고 해당 BUFFER가 반드시 BUILD 테이블의 역할을 수행한다. 따라서 전개의 시작점이 많지 않다면 BUILD 테이블에 의한 성능 저하는 발생하지 않을 것이다. 물론 순환 관계는 동일 테이블에서 BUILD 테이블의 집합과 PROBE 테이블의 집합을 선정하며 대부분 BUILD 테이블로 수행되는

BUFFER의 집합이 더 적게 되므로 BUILD 테이블에 의한 성능 저하는 발생하지 않을 것이다. 그렇기 때문에 해쉬 조인으로 수행되었을 경우에 고려 사항은 PROBE 테이블의 최적화된 엑세스다. 이러한 점에 주의하여 순환 전개에서 해쉬 조인을 이용해야 한다.

순환 전개의 실행 계획은 한 가지 문제를 안고 있다. 옵티마이져에 의해 잘못된 실행 계획이 생성된다는 것이다. 이에 의해 성능 저하 등의 문제가 발생하지는 않지만 실행 계획 분석에 방해가 될 수 있으므로 주의해야 할 것이다.

> **예 제**
> ```
> SQL> SELECT LPAD(' ',2*(LEVEL-1))||EMPLOYEE_ID EMPLOYEE_ID_L,
>             MANAGER_ID, FIRST_NAME||LAST_NAME NAME, DEPARTMENT_ID
>      FROM EMPLOYEES
>      CONNECT BY PRIOR EMPLOYEE_ID = MANAGER_ID
>      START WITH EMPLOYEE_ID = '111';
> ```

> **실행 계획**
> ```
> SELECT STATEMENT
>   CONNECT BY (WITH FILTERING)
>     NESTED LOOPS
>       INDEX (UNIQUE SCAN) OF EMPLOYEE_ID_IDX(UNIQUE)
>       TABLE ACCESS (BY USER ROWID) OF EMPLOYEES
>     HASH JOIN
>       BUFFER (SORT)
>         CONNECT BY PUMP
>       TABLE ACCESS (FULL) OF 'EMPLOYEES'
>     TABLE ACCESS (FULL) OF 'EMPLOYEES'
> ```

위의 순환 전개의 실행 계획에서 가장 마지막에 있는 굵은 글씨를 확인해 보면 EMPLOYEES 테이블을 전체 스캔하고 있다. 이 부분에서 EMPLOYEES 테이블을 전체 스캔할 필요는 없다. 실제 트레이스(TRACE)를 확인해도 실행 계획은 위와 같이 생성되지만 실제 엑세스하는 데이터는 없다. 아직은 순환 전개에 대한 실행 계획에 불안한 느낌이 많이 든다. 그렇기 때문에 순환 전개의 실행 계획에 유의해야 할 것이다. 위의 실행 계획에서 마지막에 생성되는 EMPLOYEES 테이블의 전체 스캔에 대한 실행 계획은 무시해도 될 것이다. 이제부터 위와 같이 잘못 생성된 실행 계획은 굵은 글씨로만 표시하도록 하겠다.

순환 전개의 실행 계획은 약간 복잡할 수도 있지만 여러 번 수행해 보고 분석한다면 그렇게 어렵지만은 않을 것이다. 순환 전개의 실행 계획 분석을 많이 연습하여 익숙해질 필요가 있다.

✓ 일반 조인과 순환 전개를 동시에 사용하는 SQL을 최적화하자.

순환 전개는 조인이다. 여기에 조인을 추가로 사용한다면 다중 조인을 사용하는 것이다. 또한 순환 전개에도 서브쿼리와 인라인 뷰를 모두 사용할 수 있다. 순환 전개와 여러 조인을 함께 사용함으로써 어떠한 변화가 발생하는지 살펴보자.

FROM 절을 이용한 일반 조인과 순환 전개를 살펴보자. 순환 전개 자체도 조인이며 순환 전개에 FROM 절을 이용한 조인을 함께 사용한다면 복잡한 순환 전개가 될 뿐 아니라 성능상 문제가 발생할 위험도 많다. 일반적으로 순환 전개에 일반 조인을 추가하면 해당 SQL은 악성 SQL로 변하므로 주의해야 한다.

```
예제
SQL> SELECT LPAD(' ',2*(LEVEL-1))||A.EMPLOYEE_ID EMPLOYEE_ID_L,
            A.MANAGER_ID, A.FIRST_NAME||A.LAST_NAME NAME,B.DEPARTMENT_NAME
    FROM EMPLOYEES A, DEPARTMENTS B
    WHERE A.DEPARTMENT_ID = B.DEPARTMENT_ID
    CONNECT BY PRIOR A.EMPLOYEE_ID = A.MANAGER_ID
    START WITH A.EMPLOYEE_ID = '101';
```

```
실행 계획
  SELECT STATEMENT
    CONNECT BY (WITH FILTERING)
      FILTER
        COUNT
          HASH JOIN
            TABLE ACCESS (FULL) OF 'DEPARTMENTS'
            TABLE ACCESS (FULL) OF 'EMPLOYEES'
      NESTED LOOPS
        CONNECT BY PUMP
        COUNT
          HASH JOIN
            TABLE ACCESS (FULL) OF 'EMPLOYEES'
            TABLE ACCESS (FULL) OF 'DEPARTMENTS'
      COUNT
        HASH JOIN
          TABLE ACCESS (FULL) OF 'EMPLOYEES'
          TABLE ACCESS (FULL) OF 'DEPARTMENTS'
```

순환 전개에서 FROM 절을 이용한 조인을 사용하면 위와 같이 실행 계획이 생성될 수 있다. 물론 위와 같이 해쉬 조인으로 수행될 수도 있지만 중첩 루프 조인으로 수행될 수도 있다. 위의 실행 계획에서 굵은 글씨는 앞서 언급했듯이 잘못된 실행 계획에 해당하는 부분이므로 신경쓰지 않아도 된다. DEPARTMENTS 테이블에는 DEPARTMENT_ID 컬럼에 인덱스가 있으며 EMPLOYEES 테이블에는 EMPLOYEE_ID 컬럼과 MANAGER_ID 컬럼에 각각 인덱스가 있다고 가정하자.

앞서 언급했듯이 순환 전개에서는 가장 먼저 전개를 수행하려는 데이터를 추출해야 한다. 그렇기 때문에 START WITH 절을 만족하는 데이터를 먼저 추출해야 한다. START WITH 절에 설정되어 있는 EMPLOYEES 테이블의 EMPLOYEE_ID 컬럼에는 인덱스가 존재한다. 전개를 수행할 데이터를 가장 효과적으로 추출하기 위해서는 EMPLOYEE_ID 인덱스가 존재하므로 해당 인덱스를 이용하여 START WITH 절을 만족하는 데이터에 엑세스해야 될 것이다.

하지만 아쉽게도 순환 전개 부분은 EMPLOYEE_ID 인덱스를 이용하지 않게 된다. 실행 계획에서는 EMPLOYEES 테이블과 DEPARTMENTS 테이블을 조인하여 전체 결과 데이터에서 EMPLOYEE_ID 컬럼의 값이 '101'인 데이터를 추출한다. 이 얼마나 비효율적인가? DEPARTMENTS 테이블은 전개를 종료한 EMPLOYEES 테이블의 데이터와 조인을 수행하여 원하는 컬럼만 SELECT 절에서 추출하면 되기 때문에 처음부터 조인을 수행할 필요가 없다. 또한 두 테이블이 조인을 수행함에 있어 조인 조건을 제외하고는 다른 조건이 없으므로 EMPLOYEES_ID 컬럼으로 구성된 인덱스를 이용하지 못하게 되어 성능이 저하된다. 두 테이블을 모두 조인한 후 전개를 수행할 데이터를 추출하여 BUFFER에 저장한다. 이와 같이 전개를 수행하려는 데이터를 추출한 후 해당 데이터에 대해 전개를 수행한다. 전개를 위해 제공받은 EMPLOYEE_ID 컬럼의 값을 이용하여 EMPLOYEES 테이블만으로 전개를 수행한 후 DEPARTMRNT 테이블과 조인을 수행하면 좋겠지만, 이 경우에도 EMPLOYEES 테이블과 DEPARTMENTS 테이블에 대해 먼저 조인을 수행한 후 전개를 수행한다. 따라서 데이터가 많다면 엄청난 성능 저하가 발생한다.

결국 위의 순환 전개에서도 조인이 수행된 후 시작점을 엑세스한 부분과 시작점으로 전개를 수행하는 과정에서 두 개의 테이블을 조인한 후 전개한다는 점에서 성능 저하가 발생하므로 문제가 된다. 두 테이블을 조인한 후 시작점을 엑세스하거나 전개를 수행한다면 앞서 두 개의 테이블에 대해 조인을 수행한 집합에 다시 엑세스한다. 이 경우에는 이미 엑세스한 집합이기 때문에 인덱스를 이용할 수 없으므로 전체 스캔을 수행한다. 전체 스캔을 수행하여 필요없는 데이터를 버리는 작업을 수행한다. 물론 조건을 만족하는 데이터는 결과로 추출한다. 조인으로 만들어진 데이터에는 인덱스가 없으므로 해당 SQL은 엄청난 성능 저하를 발생시킨다.

위와 같은 문제를 해결하기 위해서는 START WITH 절의 조건을 만족하는 EMPLOYEE_ID 컬럼의 값으로 데이터를 전개한 후 DEPARTMENT 테이블과 조인을 수행해야 한다. 어떤 사이트에서는 이와 같은 경우 순환 전개의 비효율을 제거하기 위해 EMPLOYEE_ID 컬럼을 아래와 같이 WHERE 조건 절에 설정하는 경우도 보았다.

```
예제
SQL> SELECT LPAD(' ',2*(LEVEL-1))||A.EMPLOYEE_ID EMPLOYEE_ID_L,
            A.MANAGER_ID, A.FIRST_NAME||A.LAST_NAME NAME,
            B.DEPARTMENT_NAME
     FROM EMPLOYEES A, DEPARTMENTS B
     WHERE A.DEPARTMENT_ID = B.DEPARTMENT_ID
     AND A.EMPLOYEE_ID = '101'
     CONNECT BY PRIOR A.EMPLOYEE_ID = A.MANAGER_ID
     START WITH A.EMPLOYEE_ID = '101';
```

인덱스를 이용하지 못한다고 위와 같이 수행한다면 원하는 인덱스를 이용할 수도 없으며 원하는 결과도 추출되지 않는다. 순환 전개에서 WHERE 절에 사용된 조건은 확인 조건이기 때문이다. 앞서 언급 했듯이 순환 전개에서 WHERE 절은 인덱스를 이용하는 부분이 아니며 전개된 결과에서 WHERE 조건을

Chapter 7. 순환 전개를 효과적으로 사용하면 개발은 쉬워진다

만족하는 데이터만 추출하는 확인 역할을 수행한다. 그러므로 위와 같이 순환 전개를 수행하여 문제를 해결할 수는 없다.

위와 같이 FROM 절의 조인과 순환 전개가 동시에 사용된다면 두 테이블을 조인한 후 증가된 데이터로 순환 전개를 수행하게 되므로 성능 저하를 발생시킨다. 그렇다면 FROM 절의 조인과 순환 전개가 동시에 사용되면 SQL을 어떻게 최적화해야 하는가? 이와 같은 SQL의 최적화는 알고 보면 매우 간단하다. 전개를 먼저 수행한 후 DEPARTMENTS 테이블과 조인을 수행하면 성능을 보장받을 수 있을 것이다.

예 제

```
SQL> SELECT A.EMPLOYEE_ID_L, A.MANAGER_ID,
            A.NAME, B.DEPARTMENT_NAME
       FROM (SELECT LPAD(' ',2*(LEVEL-1))||EMPLOYEE_ID EMPLOYEE_ID_L,
                    MANAGER_ID, FIRST_NAME||LAST_NAME NAME, DEPARTMENT_ID
               FROM EMPLOYEES
               CONNECT BY PRIOR EMPLOYEE_ID = MANAGER_ID
               START WITH EMPLOYEE_ID = '101'
            ) A,
            DEPARTMENTS B
      WHERE A.DEPARTMENT_ID = B.DEPARTMENT_ID;
```

실행 계획

```
SELECT STATEMENT
  NESTED LOOPS
    VIEW
      CONNECT BY (WITH FILTERING)
        TABLE ACCESS (BY INDEX ROWID) OF 'EMPLOYEES'
          INDEX (RANGE SCAN) OF 'EMPLOYEE_ID_IDX'
        NESTED LOOPS
          BUFFER (SORT)
            CONNECT BY PUMP
          TABLE ACCESS (BY INDEX ROWID) OF 'EMPLOYEES'
            INDEX (RANGE SCAN) OF 'MANAGER_ID_IDX' (NON-UNIQUE)
        TABLE ACCESS (FULL) OF 'EMPLOYEES'
    TABLE ACCESS (BY INDEX ROWID) OF 'DEPARTMENTS'
      INDEX (UNIQUE SCAN) OF 'DEPARTMENT_ID_PK' (UNIQUE)
```

굵은 글씨 부분은 순환 전개에서 생성되는 잘못된 실행 계획이며 위의 실행 계획은 인라인 뷰를 사용하여 EMPLOYEES 테이블을 먼저 전개한 경우다. 위의 실행 계획에서 전개하려는 데이터를 EMPLOYEE_ID 컬럼으로 생성한 인덱스를 이용하여 '101'인 데이터를 추출하여 BUFFER에 저장한다. 전개를 수행하기 위해 저장된 버퍼의 데이터를 이용하여 MANAGER_ID 인덱스를 이용하여 EMPLOYEES 테이블에 액세스한다. 이와 같이 수행한다면 효과적인 인덱스를 이용하여 최적의 성능으로 데이터를 전개한다. 위와 같은 SQL을 작성하는 경우 순환 전개에 대해 인라인 뷰를 사용하는 대신 서브쿼리 팩토링을 사용할 수도 있다.

위의 SQL은 EMPLOYEES 테이블만 이용하여 데이터를 전개한 후 DEPARTMENTS 테이블과 조인을 수행한다. 이와 같은 경우 EMPLOYEES 테이블을 DRIVING 테이블로 수행하며 DEPARTMENTS 테이블을 INNER 테이블로 수행한다면 DEPARTMENTS 테이블은 DEPARTMENT_ID 컬럼의 값을 상수로 제공받으며 DEPARTMENTS 테이블의 DEPARTMENT_ID 컬럼에 인덱스가 있으므로 효과적인 INNER 테이블의 반복 엑세스를 수행할 수 있다. 주 쿼리의 WHERE 조건에 인라인 뷰의 EMPLOYEES 테이블의 조건이 있다면 뷰 병합이 발생할 수도 있다. 이 경우 발생하는 뷰 병합은 주 쿼리의 조건이 인라인 뷰로 삽입되는 뷰 병합이 발생한다.

2개 이상의 테이블에 대한 조인과 순환 관계를 함께 사용하면 어떻게 수행되는가?

```
예 제
SQL> SELECT LPAD(' ',2*(LEVEL-1))||A.EMPLOYEE_ID EMPLOYEE_ID_L,
            A.MANAGER_ID, A.FIRST_NAME||A.LAST_NAME NAME,
            B.DEPARTMENT_NAME, C.JOB_NAME
       FROM EMPLOYEES A, DEPARTMENTS B, JOBS C
      WHERE A.DEPARTMENT_ID = B.DEPARTMENT_ID
        AND A.JOB_ID = C.JOB_ID
    CONNECT BY PRIOR A.EMPLOYEE_ID = A.MANAGER_ID
      START WITH EMPLOYEE_ID = '101' ;
```

```
실행 계획
    SELECT STATEMENT Optimizer=CHOOSE
      CONNECT BY (WITH FILTERING)
        FILTER
          COUNT
            NESTED LOOPS
              HASH JOIN
                TABLE ACCESS (FULL) OF 'DEPARTMENTS'
                TABLE ACCESS (FULL) OF 'EMPLOYEES'
              INDEX (UNIQUE SCAN) OF 'JOB_ID_IDX' (UNIQUE)
        HASH JOIN
          CONNECT BY PUMP
          COUNT
            NESTED LOOPS
              HASH JOIN
                TABLE ACCESS (FULL) OF 'DEPARTMENTS'
                TABLE ACCESS (FULL) OF 'EMPLOYEES'
              INDEX (UNIQUE SCAN) OF 'JOB_ID_IDX' (UNIQUE)
      COUNT
        NESTED LOOPS
          HASH JOIN
            TABLE ACCESS (FULL) OF 'DEPARTMENTS'
            TABLE ACCESS (FULL) OF 'EMPLOYEES'
          INDEX (UNIQUE SCAN) OF 'JOB_ID_IDX' (UNIQUE)
```

위와 같이 몇 개의 테이블을 조인하여 순환 관계를 수행하여도 동일한 결과가 추출된다. 시작점을 찾는 과정과 시작점을 전개하는 과정에서 세 개의 테이블을 모두 조인한 후 수행하므로 성능이 저하된다. 조인과 순환 관계를 함께 사용할 경우에는 이런 점에 유의해야 할 것이다. 반드시 순환 전개를 먼저 수행하고 다른 테이블과 조인을 수행해야 원하는 성능을 기대할 수 있다.

추가적으로 위와 같이 순환 전개를 수행했을 경우 원하는 실행 계획이 생성되지 않는다면 힌트를 이용하여 해결해야 할 것이다.

예제

```sql
SQL> SELECT /*+ USE_NL(A,B) */
            A.EMPLOYEE_ID_L, A.MANAGER_ID, A.NAME, B.DEPARTMENT_NAME
       FROM (SELECT /*+ INDEX(C, MANAGER_ID_IDX) */
                    LPAD(' ',2*(LEVEL-1))||A.EMPLOYEE_ID EMPLOYEE_ID_L,
                    MANAGER_ID, FIRST_NAME||LAST_NAME NAME, DEPARTMENT_ID
               FROM EMPLOYEES
               CONNECT BY PRIOR EMPLOYEE_ID = MANAGER_ID
               START WITH EMPLOYEE_ID = '101'
            ) A,
            DEPARTMENTS B
      WHERE A.DEPARTMENT_ID = B.DEPARTMENT_ID;
```

위의 SQL에서 주의 사항은 인라인 뷰 안의 힌트다. 순환 전개는 두 개의 인덱스를 이용해야 할 것이다. 전개를 수행할 데이터인 시작점을 추출하기 위해 인덱스를 사용해야 하며 전개를 수행하기 위해 추출된 데이터에 대해 전개를 수행해야 하는 컬럼으로 구성된 인덱스를 이용해야 한다. 이와 같은 경우 전개를 수행해야 하는 컬럼에 대한 인덱스를 힌트로 설정하면 원하는 인덱스를 이용할 수 있다.

위와 같이 수행하여 순환 전개와 일반 조인의 결합을 효과적으로 해결할 수 있다. 인라인 뷰를 이용하여 SQL을 수행하면 일반 조인과 순환 전개를 동시에 사용하는 SQL을 최적화할 수 있다. 또한 인라인 뷰 대신 서브쿼리 팩토링을 이용해도 동일한 효과를 얻을 수 있다.

Chapter 7. 순환 전개를 효과적으로 사용하면 개발은 쉬워진다

> ☑ 기타 조인과 순환 전개를 동시에 사용하는 SQL을 분석해 보자.

순환 전개를 일반 조인과만 동시에 사용할 수 있는 것은 아니다. 순환 전개를 다른 조인과도 동시에 사용할 수 있다. 따라서 순환 관계는 다양한 형태로 작성이 가능하다.

첫 번째로, 순환 전개의 WHERE 절에 사용되는 서브쿼리를 확인해 보자. WHRE 절에 사용되는 SQL을 서브쿼리라고 한다. 순환 관계에서는 WHERE 절과 START WITH 절에 서브쿼리를 사용할 수 있다.

예 제

```
SQL> SELECT LPAD(' ',2*(LEVEL-1))||A.EMPLOYEE_ID EMPLOYEE_ID_L,
            A.MANAGER_ID, A.FIRST_NAME||A.LAST_NAME NAME
       FROM EMPLOYEES A
      WHERE JOB_ID IN (SELECT JOB_ID
                         FROM JOBS
                        WHERE JOB_TITLE = 'MANAGER' )
    CONNECT BY PRIOR A.EMPLOYEE_ID = A.MANAGER_ID
    START WITH EMPLOYEE_ID = '101' ;
```

실행 계획

```
SELECT STATEMENT
 FILTER
  CONNECT BY (WITH FILTERING)
    TABLE ACCESS (BY INDEX ROWID) OF 'EMPLOYEES'
      INDEX (RANGE SCAN) OF 'EMPLOYEE_ID_IDX' (NON-UNIQUE)
    NESTED LOOPS
      BUFFER (SORT)
        CONNECT BY PUMP
      TABLE ACCESS (BY INDEX ROWID) OF 'EMPLOYEES'
        INDEX (RANGE SCAN) OF 'MANAGER_ID_IDX' (NON-UNIQUE)
   TABLE ACCESS (FULL) OF 'EMPLOYEES'
     INDEX (UNIQUE SCAN) OF 'JOB_TITLE_ID_IDX' (NON-UNIQUE)
```

WHERE 절의 서브쿼리는 위의 실행 계획과 같이 FILTER 실행 계획으로 표현된다. 여기서 FILTER 실행 계획은 확인의 역할을 의미한다. 이처럼 WHERE 절에 사용되는 모든 조건이 순환 전개에서는 처리 범위를 감소시키는 역할을 수행하지 못하며 추출되는 데이터가 조건을 만족하는지 아닌지를 확인하는 역할만 수행한다.

위의 실행 계획은 전개를 수행할 데이터 그대로 EMPLOYEE_ID 인덱스에 엑세스하여 추출한다. 추출된 데이터는 BUFFER를 통해 EMPLOYEES 테이블과 중첩 루프 조인을 수행한다. 중첩 루프 조인을 수행한 후 전개된 결과 데이터에 대해 JOB 테이블을 통해 JOB_ID 컬럼의 값이 서브쿼리 조건을 만족하는지 확인한다. JOB 테이블에 JOB_TITLE 컬럼과 JOB_ID 컬럼으로 구성된 결합 인덱스가 있다면 JOB 테이블에 대한 랜덤 엑세스를 발생시키지 않고 인덱스만 엑세스하여 확인 작업을 수행한다.

위의 서브쿼리에 일반 조인을 같이 사용하면 어떻게 될까? 앞서 언급한 일반 조인과 동일하게 실행 계획이 생성된다.

예 제

```
SQL> SELECT LPAD(' ',2*(LEVEL-1))||A.EMPLOYEE_ID EMPLOYEE_ID_L,
            A.MANAGER_ID, A.FIRST_NAME||A.LAST_NAME NAME,
            B.DEPARTMENT_NAME
       FROM EMPLOYEES A, DEPARTMENTS B
      WHERE A.DEPARTMENT_ID = B.DEPARTMENT_ID
        AND JOB_ID IN (SELECT JOB_ID
                         FROM JOBS
                        WHERE JOB_TITLE = 'MANAGER')
    CONNECT BY PRIOR A.EMPLOYEE_ID = A.MANAGER_ID
      START WITH EMPLOYEE_ID = '101';
```

```
실행 계획
  SELECT STATEMENT
    FILTER
      CONNECT BY (WITH FILTERING)
        FILTER
          COUNT
            HASH JOIN
              TABLE ACCESS (FULL) OF 'DEPARTMENTS'
              TABLE ACCESS (FULL) OF 'EMPLOYEES'
        NESTED LOOPS
          CONNECT BY PUMP
          COUNT
            HASH JOIN
              TABLE ACCESS (FULL) OF 'EMPLOYEES'
              TABLE ACCESS (FULL) OF 'DEPARTMENTS'
      COUNT
        HASH JOIN
          TABLE ACCESS (FULL) OF 'EMPLOYEES'
          TABLE ACCESS (FULL) OF 'DEPARTMENTS'
      INDEX (UNIQUE SCAN) OF 'JOB_TITLE_IDX' (NON-UNIQUE)
```

일반 조인과 WHERE 절에 서브쿼리를 함께 이용할 경우에는 서브쿼리를 이용하지 않고 일반 조인만 이용한 실행 계획과 동일하게 실행 계획이 생성되며 가장 마지막에 서브쿼리를 확인하는 실행 계획이 추가될 뿐이다. 이렇게 되는 이유는 일반 조인과 순환 전개를 같이 이용하면 무조건 조인을 수행한 후 순환 전개를 수행하기 때문이다. 또한 WHERE 절은 무조건 확인 역할을 수행하므로 가장 마지막에 FILTER 처리로 수행이 되며 이는 처리 범위를 감소시키지 못한다.

두 번째로, START WITH 절에 사용되는 서브쿼리를 살펴보자. START WITH 절에 사용되는 서브쿼리는 처리 범위를 감소시킬 수 있는 조건이 된다. 그렇기 때문에 WHERE 절과는 달리 START WITH 절은 인덱스를 이용할 수 있으며 START WITH 절에서 적은 데이터를 추출한다면 반드시 인덱스를 이용해야 할 것이다.

> **예 제**
>
> ```
> SQL> SELECT /*+ INDEX(A,MGR_IDX) */
>              LPAD(' ',2*(LEVEL-1))||A.EMPLOYEE_ID EMPLOYEE_ID_L,
>              A.MANAGER_ID, A.FIRST_NAME||A.LAST_NAME NAME
>         FROM EMPLOYEES A
>         CONNECT BY PRIOR A.EMPLOYEE_ID = A.MANAGER_ID
>         START WITH JOB_ID IN (SELECT JOB_ID
>                                 FROM JOBS
>                                WHERE JOB_ID = '111' );
> ```

> **실행 계획**
>
> ```
> SELECT STATEMENT
>   CONNECT BY (WITH FILTERING)
>     TABLE ACCESS (BY INDEX ROWID) OF 'EMPLOYEES'
>       NESTED LOOPS
>         INDEX (UNIQUE SCAN) OF 'JOB_ID_PK' (UNIQUE)
>         INDEX (RANGE SCAN) OF 'JOB_ID_IDX' (NON-UNIQUE)
>       NESTED LOOPS
>         BUFFER (SORT)
>           CONNECT BY PUMP
>         TABLE ACCESS (BY INDEX ROWID) OF 'EMPLOYEES'
>           INDEX (RANGE SCAN) OF 'MANAGER_IDX' (NON-UNIQUE)
>     TABLE ACCESS (FULL) OF 'EMPLOYEES'
> ```

위의 SQL에서는 START WITH 절에 서브쿼리를 사용하였다. 전개를 수행하려는 데이터는 START WITH 절에 의해 추출되므로 먼저 서브쿼리를 이용하여 전개를 수행할 데이터를 추출한다. EMPLOYEES 테이블에서는 JOB_ID 컬럼에 인덱스가 있으며 JOB 테이블에서는 JOB_ID 컬럼에 UNIQUE 인덱스가 있다고 가정하자. 그렇다면 위와 같이 실행 계획이 생성될 수 있다.

위의 실행 계획에서는 JOB 테이블로부터 JOB_ID 조건을 만족하는 데이터를 추출할 때 인덱스를 이용한다. 추출된 데이터를 EMPLOYEES 테이블에 제공하고 EMPLOYEES 테이블은 제공받은 조건을 JOB_ID 인덱스를 이용하여 범위 스캔을 수행하여 전개하고자 하는 데이터를 추출한다. 전개를 수행할 데이터는 BUFFER로 저장되어 EMPLOYEES 테이블의 MANAGER_ID 인덱스를 이용하여 데이터를 효과적으로 전개한다. 전개를 종료한 후에는 다시 한 번 서브쿼리를 이용하여 데이터를 확인하는 것으로 실행 계획이 생성된다. 하지만 이 부분에서도 실제 확인을 수행하지는 않는다. 실제 확인 작업을 가장 마지막에 수행한다면 JOB_ID 컬럼의 값이 '111' 인 데이터만 추출될 것이다. 하지만 JOB_ID 컬럼의 값이 '111' 인 데이터를 전개한 결과가 추출된다.

결국 START WITH 절은 전개를 수행할 데이터를 감소시키는 역할을 수행하며 최적의 인덱스를 이용한다면 처리 범위를 감소시키는 역할을 수행한다. 보통의 경우 전체 데이터를 기준으로 전개를 수행하지 않는다. 대부분 특정 값들에 대해 전개를 수행하며, 그렇다면 전개를 수행해야 할 데이터는 개수가 적을 것이다. 이와 같다면 START WITH 절은 반드시 인덱스를 이용하여 최적의 엑세스를 수행해야 할 것이다.

세 번째로, 스칼라 서브쿼리와 순환 전개를 함께 사용했을 경우를 살펴보자. 순환 전개와 스칼라 서브쿼리의 사용은 다른 조인들과 함께 순환 전개를 사용하는 경우에 비해서 실행 계획이 간단하게 생성된다. 스칼라 서브쿼리는 순환 관계의 실행 계획에 어떠한 영향도 미치지 않으며 일반 스칼라 서브쿼리와 동일하게 수행된다.

[예 제]
```
SQL> SELECT LPAD(' ',2*(LEVEL-1))||A.EMPLOYEE_ID EMPLOYEE_ID_L,
            A.MANAGER_ID, A.FIRST_NAME||A.LAST_NAME NAME,
            (SELECT DEPARTMENT_NAME
             FROM DEPARTMENTS C
             WHERE C.DEPARTMENT_ID = A.DEPARTMENT_ID) DEPARTMENT_NAME
       FROM EMPLOYEES A
       CONNECT BY PRIOR A.EMPLOYEE_ID = A.MANAGER_ID
       START WITH EMPLOYEE_ID = '111';
```

[실행 계획]
```
SELECT STATEMENT
  TABLE ACCESS (BY INDEX ROWID) OF 'DEPARTMENTS'
    INDEX (UNIQUE SCAN) OF 'DEPARTMENT_ID_IDX' (UNIQUE)
  CONNECT BY (WITH FILTERING)
    TABLE ACCESS (BY INDEX ROWID) OF 'EMPLOYEES'
      INDEX (RANGE SCAN) OF 'EMPLOYEE_ID_IDX' (NO-UNIQUE)
    NESTED LOOPS
      BUFFER (SORT)
        CONNECT BY PUMP
      TABLE ACCESS (BY INDEX ROWID) OF 'EMPLOYEES'
        INDEX (RANGE SCAN) OF 'MANAGER_ID_IDX' (NON-UNIQUE)
    TABLE ACCESS (FULL) OF 'EMPLOYEES'
```

스칼라 서브쿼리와 순환 관계를 동시에 사용하면 위와 같이 실행 계획이 생성될 것이다. 실행 계획에서 스칼라 서브쿼리는 위에 생성되지만 수행은 마지막에 수행된다. 이는 일반 스칼라 서브쿼리의 사용과 동일하다. 따라서 대상 데이터에 대해 전개를 수행하고 각 데이터에 대해 스칼라 서브쿼리가 한 번씩 수행된다. 스칼라 서브쿼리는 반복 수행되며 순환 전개의 결과에서 DEPARTMENT_ID 컬럼의 값을 상수로 제공하므로 해당 컬럼으로 인덱스를 생성해야 할 것이다. 물론 스칼라 서브쿼리에 다른 조건이 있다면 해당 컬럼들로 처리 범위를 감소시킬 수 있게 인덱스를 생성해야 한다.

결국 스칼라 서브쿼리는 순환 관계와 사용되어도 기존과 동일하게 수행되므로 반복 수행되며, 이러한 반복 수행이 최적화되어야 성능을 보장할 수 있을 것이다. 이는 순환 전개에 의해 영향을 받는 것이 아니며 스칼라 서브쿼리의 특징일 뿐이다.

순환 전개에는 대부분의 데이터 연결 방식이나 연산자를 사용할 수 있다. 순환 전개와 다른 데이터 연결 방식을 함께 이용한다고 해서 문제가 발생하지는 않는다. 물론 일반 조인과 순환 전개를 함께 사용할 경우에는 성능 저하가 발생할 수 있으므로 주의해야 한다. 순환 전개와 일반 조인을 제외한 다른 데이터 연결 방식을 함께 이용할 경우에 각 요소를 최적화하면 순환 전개 최적화를 이룰 수 있다.

Chapter 7. 순환 전개를 효과적으로 사용하면 개발은 쉬워진다

✓ 순환 관계를 이용하여 전화번호부를 작성하라.

지금까지는 순환 관계의 사용에 의한 실행 계획 및 성능에 대해 설명했다. 이러한 순환 관계가 어떤 업무에서 어떻게 사용되는지 예를 들어 살펴보자. 순환 전개를 이해하고도 업무에 적용하지 못한다면 별로 도움이 되지 않을 것이다. 첫 번째 예제로 전화번호부 작성 사례를 살펴보자.

많은 회사에서는 업무를 위해 전화번호부를 제공한다. 전화번호부를 통해 원하는 업무 담당자를 찾을 수 있게 하여 업무 효율을 높일 수 있도록 사내 시스템에서 이러한 기능을 제공할 것이다. 이러한 전화번호부는 보통의 경우 조직도의 형태로 구성될 것이다.

첫 번째로, 전화번호부에서 LEVEL 2까지의 조직을 보여주는 단계를 살펴보자. 여기서 LEVEL 1은 사장실이라고 가정하고 LEVEL 2는 본부라고 가정하자. 첫 번째로 사장실과 그 밑에 있는 본부를 추출하면 될 것이다.

> **예 제**
>
> ```
> SQL> SELECT LPAD(' ',2*(LEVEL-1))||조직_이름 조직이름,
>        FROM 조직
>        WHERE LEVEL <=2
>        CONNECT BY PRIOR 조직_ID = 상위_조직_ID
>        START WITH 조직_ID = '0000'
>        ORDER SIBLINGS BY 조직이름;
> ```
>
> 조직이름
> ---------
> 사장실
>   A본부
>   B본부
>   C본부
>   인력본부

위와 같이 순환 전개를 이용하여 전화번호부의 초기 화면을 추출할 수 있다. 조직 테이블에는 조직_ID

컬럼, 상위_조직_ID 컬럼, 조직이름 컬럼이 있으며 조직 이름 컬럼에는 본부 및 팀 이름까지 저장된다고 가정하자. 물론 상위_조직_ID 컬럼에는 해당 조직에 대해 상위 조직의 조직_ID 값이 저장된다고 가정하자. 또한 최상위 조직의 조직_ID 컬럼의 값은 '0000' 이라고 가정하자.

위의 순환 전개에서는 조직_ID 컬럼과 상위_조직_ID 컬럼에 각각 인덱스가 존재해야만 최적의 순환 전개를 수행할 수 있을 것이다. 위의 순환 관계에서 아쉬운 점은 조직_ID 컬럼의 값이 '0000' 인 데이터에 대해 순환 전개를 모두 수행한다는 것이다. 조직_ID 컬럼의 값이 '0000' 인 데이터에 대해 모든 자식 데이터를 전개한다는 것은 본부 LEVEL의 데이터를 비롯하여 팀 LEVEL의 데이터까지 전개를 수행한다는 의미다. 그러므로 팀 LEVEL까지 데이터를 전개한 후 팀 LEVEL 데이터를 버리는 현상이 발생한다. 이는 조직 테이블에 팀 정보까지 저장되어 있기 때문이다. 이러한 점은 성능을 저하시킬 수도 있을 것이다. 이러한 현상이 발생하는 이유는 START WITH 절에서 추출되는 값에 의해 데이터가 전개되며 전개된 값에서 WHRE 절에 의해 제거하기 때문이다. 조직 테이블에서 본부 데이터 및 팀 데이터도 저장되어 있으므로 조직_ID 컬럼의 값이 '0000' 인 데이터에 의해 값을 전개할 경우 본부 밑의 모든 팀도 전개되지만 WHERE 절의 LEVEL 컬럼이 '2' 보다 작아야 하므로 본부까지만 데이터가 추출된다. 위의 SQL에서 '0000' 조직_ID에 대해 하위에 있는 모든 데이터를 전개해야 하는 것은 어쩔 수 없는 현상이다. 그러나 이와 같은 조직 테이블은 대용량 테이블이 아니다. 대용량 테이블이 아니므로 위와 같이 순환 전개를 수행해도 성능에 문제가 발생하지 않을 것이다. 그렇다면 위와 같은 비효율을 제거할 수는 없는가?

예 제

```
SQL> SELECT LPAD(' ',2*(LEVEL-1))||조직_이름 조직이름,
       FROM (SELECT 조직_ID, 상위_조직_ID, 조직이름
               FROM 조직
              WHERE 상위_조직_ID = '0000'
                 OR 조직_ID = '0000' ) A
      CONNECT BY PRIOR A.조직_ID = A.상위_조직_ID
      START WITH A.조직_ID = '0000'
      ORDER SIBLINGS BY A.조직이름;
```

위와 같이 수행한다면 앞의 문제점을 해결할 수 있을 것이다. 물론 조직 테이블에는 상위_조직_ID 인덱스와 조직_ID 인덱스가 있어야 한다.

위의 순환 전개에서는 LEVEL 값이 2에 해당하는 값까지만 인라인 뷰를 통해 추출한다. 인라인 뷰를 수행하면 SQL은 UNION ALL로 수행되어 조직_ID 컬럼의 값이 '0000' 인 데이터와 상위_조직_ID 컬럼

의 값이 '0000' 인 데이터를 함께 추출한다. 이와 같이 인라인 뷰에서 데이터를 추출하면 팀 LEVEL의 데이터를 제외한 전체 데이터가 될 것이다. 인라인 뷰를 수행한 후 조직_ID 컬럼의 값이 '0000' 인 데이터를 중심으로 전개를 수행하므로 원하는 데이터를 효과적으로 추출할 수 있을 것이다. 여기서 주의사항은 인라인 뷰를 통해 조직 테이블의 데이터를 많이 감소시키는 것이 중요하다. 순환 전개를 통해 전개를 수행할 경우 인라인 뷰에 의해 생성된 데이터로 순환 전개를 수행하므로 START WITH 절과 CONNECT BY 절은 인덱스를 이용할 수 없게 된다. 따라서 인라인 뷰에 의해 추출되는 데이터가 많다면 위의 순환 전개에서도 성능은 저하될 것이다. 이와 같다면 첫 번째 언급한 순환 전개나 해쉬 조인을 이용하는 것이 유리할 것이다.

두 개의 순환 전개 모두 문제점을 안고 있으며 두 순환 전개에서 발생하는 문제점을 모두 제거하려면 팀 관련 데이터를 다른 테이블로 분리해야 한다. 그렇다면 조직 테이블에는 본부 LEVEL까지의 데이터만 저장되고 분리된 테이블에는 팀 LEVEL의 데이터가 저장되므로 이와 같이 구성하여 모든 문제를 해결할 수도 있다.

두 번째로, LEVEL 3까지 추출하는 순환 전개를 살펴보자. 앞의 초기 화면에서 A 본부를 클릭하면 어떠한 데이터가 추출되어야 하는가? 다음과 같은 결과가 추출되어야 할 것이다. 여기서 LEVEL 3의 데이터는 본부 아래 팀을 의미한다.

예 제
조직이름
사장실
A본부
가팀
나팀
다팀
B본부
C본부
인력본부

위와 같이 가장 하위 조직인 팀이 추출되기 위해서는 순환 전개를 어떻게 수행해야 하는가? 가장 하위 조직이 추출되기 위해서는 아래와 같이 순환 전개를 수행하면 된다.

```
예 제
SQL> SELECT LPAD(' ',2*(LEVEL-1))||조직_이름 조직이름,
       FROM (SELECT 조직이름, 조직_ID, 상위_조직_ID
               FROM 조직
              WHERE 조직_ID = '0000'
             UNION ALL
             SELECT 조직이름, 조직_ID, 상위_조직_ID
               FROM 조직
              WHERE 상위_조직_ID = '0000'
             UNION ALL
             SELECT 조직이름, 조직_ID, 상위_조직_ID
               FROM 조직
              WHERE 상위_조직_ID = '0001' )
      CONNECT BY PRIOR 조직_ID = 상위_조직_ID
      START WITH 조직_ID = '0000'
      ORDER SIBLINGS BY 조직이름;
```

위와 같이 A 본부를 클릭하면 조직_ID 컬럼의 값은 '0001' 번 값을 제공받고, 해당 값이 인라인 뷰의 UNION ALL 연산자의 마지막 SQL의 WHERE 조건의 변수로 설정된다고 가정하자. 위의 SQL에서 조직_ID 컬럼과 상위_조직_ID 컬럼에 인덱스를 생성하면 인라인 뷰에는 비효율이 존재하지 않게 된다. '0000' 조직_ID 컬럼의 값으로 순환 전개를 수행한 결과에 대해 WHERE 절에서 데이터를 제거할 필요가 없기 때문에 위의 순환 전개에서는 추출한 데이터를 버리는 비효율이 발생하지 않게 된다. 또한 ORDER SIBLINGS BY 절이 실제 정렬을 수행하지는 않으므로 성능 저하가 발생하지 않는다. 인라인 뷰에서 자동으로 정렬된 데이터가 추출되기 때문에 순환 전개의 BUFFER에 의해 결과도 자동 정렬된다.

물론, 인라인 뷰의 결과 데이터를 집합으로 구성한 후 전개를 수행하므로 인라인 뷰에서 추출되는 데이터는 적어야 한다. 인라인 뷰에서 추출되는 데이터가 많다면 CONNECT BY 절이 인덱스를 이용할 수 없으므로 성능 저하가 발생한다. 이는 인라인 뷰에서 생성된 집합에 인덱스를 생성할 수 없기 때문이다. 인라인 뷰에서 생성된 집합이 대용량이어서 성능 저하가 발생한다면 팀 관련 데이터를 다른 테이블로 분리하면 된다. 그렇다면 조직 테이블에는 본부 LEVEL까지의 데이터만 저장되고 분리된 테이블에는 팀 LEVEL의 데이터가 저장되므로 모든 문제를 해결할 수도 있다.

세 번째로, 마지막 단계인 팀원들의 정보를 추출하기 위해 순환 관계를 어떻게 전개해야 하는지 살펴보자. 조직에 대한 정보는 조직 테이블에 있으며 각 조직의 구성원은 사원 테이블에 있다고 가정하자. 가팀이 선택되는 순간 결과 데이터는 아래와 같이 추출된다.

```
    ┌─────────────┐
    │   예   제   │
    └─────────────┘
        조직이름
       사장실
        A본부
          가팀
             선애란   112-2222
             이훈주   111-1111
          나팀
          다팀
        B본부
        C본부
       인력본부
```

여기서 보고 싶은 결과는 위와 같을 것이다. 그렇다면 위와 같은 결과를 추출하기 위해 순환 관계를 어떻게 전개해야 하는가?

순환 관계를 이용하여 전화번호부를 작성하라

예 제

```
SQL> SELECT LPAD(' ',2*(LEVEL-1))||조직_이름 조직이름,
       FROM (SELECT 조직이름, 조직_ID, 상위_조직_ID
               FROM 조직
              WHERE 조직_ID = '0000'
              UNION ALL
             SELECT 조직이름, 조직_ID, 상위_조직_ID
               FROM 조직
              WHERE 상위_조직_ID = '0000'
              UNION ALL
             SELECT 조직이름, 조직_ID, 상위_조직_ID
               FROM 조직
              WHERE 상위_조직_ID = '0001'
              UNION ALL
             SELECT 사원명||' '||전화번호 조직이름,
                    조직_ID,
                    조직_ID 상위_조직_ID
               FROM 사원
              WHERE 조직_이름 = '가팀'
            ) A
     CONNECT BY PRIOR A.조직_ID = A.상위_조직_ID
     START WITH A.조직_ID = '0000'
     ORDER SIBLINGS BY A.조직이름;
```

위와 같이 수행한다면 가팀의 팀원들에 대한 전화번호를 추출할 수 있을 것이다. 인라인 뷰에서는 조직 테이블과 사원 테이블을 조인하여 원하는 데이터를 구성한다. 사원 테이블에는 상위_조직_ID 컬럼이 없으므로 조직_이름 값을 제공받으며, 사원의 조직_ID 컬럼의 값이 팀의 조직_ID 이므로 해당 값을 상위_조직_ID 컬럼의 값으로 추출할 수 있다.

이와 같이 전개를 수행하려는 집합을 최적의 성능으로 추출하기 위해서 사원 테이블의 조직_이름 컬럼에는 반드시 인덱스가 존재해야 한다. 조직 테이블에서 조직_ID 컬럼과 상위_조직_ID 컬럼에 각각 인덱스가 있다면 인라인 뷰의 데이터를 빠른 속도로 생성할 수 있다. 인라인 뷰에 의해 생성된 데이터를 이용하여 전개를 수행하므로 인라인 뷰에 의해 생성된 집합을 전체 스캔한다. 이 부분에서는 인덱스를 이용할 수 없다. 조직 테이블에는 데이터가 적고 조건에 의해 많은 데이터가 감소하며 사원 테이블은 인덱스를 이용하여 적은 양의 데이터를 엑세스하므로 인라인 뷰에 의해 추출되는 데이터는 적을 것이다. 이와 같다면

성능을 보장받을 수 있다. 하지만 데이터가 많다면 순환 전개를 해쉬 조인으로 처리하는 것이 유리하다. 해쉬 조인으로도 해결하기 힘든 정도의 대용량 데이터라면 위의 SQL은 성능을 보장받기 힘들며 앞서 언급한 대로 조직 테이블, 팀 테이블, 사원 테이블로 분리하여 순환 전개를 수행해야 할 것이다. 여기서 언급하는 순환 전개를 이용한 전화번호부는 하나의 예제일 뿐이다. 테이블 구성에 따라 혹은 테이블의 데이터양에 따라 위에 제시된 방법을 기준으로 최적화를 수행해야 할 것이다.

보기에 간단해 보이는 이러한 전화번호부도 알고 보면 쉬운 SQL을 사용하는 것은 아니다. 이런 이유에서 전화번호부와 같은 트리 구조의 데이터에서 순환 전개를 사용하지 않는 것인지도 모른다. 위의 SQL이 복잡하지는 않지만 순환 전개를 이용하여 SQL이 작성되므로 쉽지 않은 SQL이 된다. 하지만 트리 구조의 데이터에 대해서는 순환 전개를 사용해야 하는 것이 사실이다. 이러한 점에 유의한다면 좀더 수월하게 순환 전개를 작성할 수 있을 것이다.

☑ 순환 관계를 이용하여 게시판의 답글을 해결하자.

인터넷을 사용하면서 많은 사이트에서 여러 종류의 게시판을 만난다. 게시판에는 메인 글이 있고 메인 글에 답글을 추가할 수 있는 것이 보통이다. 여기서는 메인 글에 +를 보여 주어 메인 글 아래 답글이 달려 있다는 것을 의미한다고 가정하자. 답글을 확인해 보면 메인 글의 답글이 있는가 하면 답글의 답글이 존재하기도 한다. 이처럼 복잡한 답글을 한 번에 추출하기 위해서는 순환 전개를 이용하는 것이 효과적이다.

예 제

답글여부	번호	등록일자	제목	사용자
+	1	20070601	안녕하세요	AAA
+	2	20070601	질문있습니다.	AAA
	3	20070601	질문있습니다.	BBB

위의 예제에서 답글여부 컬럼의 값이 +라면 해당 게시글에는 답글이 존재한다고 가정하자. 답글 여부가 +인 게시물을 선택하면 아래에 존재하는 답글 데이터가 추출되면 될 것이다.

```
예  제
SQL> SELECT LPAD(' ',2*(LEVEL-1))||답글여부 답글여부,
            번호, 등록일자, 제목, 사용자
       FROM (SELECT NULL 답글여부, '0' 번호
                   NULL 상위_번호, NULL 등록일자
                   NULL 제목, NULL 사용자
               FROM DUAL
              WHERE ROWNUM = 1
             UNION ALL
             SELECT 답글여부, 번호,
                    '0' 상위_번호, 등록일자,
                    제목, 사용자
               FROM 게시판
              WHERE 번호 BETWEEN 1 AND 3
             UNION ALL
             SELECT NULL 답글여부, 번호,
                    상위_번호, 등록일자,
                    제목, 사용자
               FROM 게시판
             CONNECT PRIOR 번호 = 상위_번호
             START WITH 번호 = '2'
             ) A
      WHERE 번호 != '0'
    CONNECT BY PRIOR A.번호 = A.상위_번호
    START WITH A.번호 = '0'
    ORDER SIBLINGS BY 등록일자;
```

위와 같이 순환 전개를 이용하여 복잡한 게시판의 SQL을 작성해야 할 것이다. 하지만 위의 순환 전개를 이해한다면 보다 쉽게 답글을 관리하는 SQL을 작성할 수 있을 것이다.

위의 순환 전개에서 인라인 뷰를 살펴보자. 인라인 뷰는 3개의 SQL을 UNION ALL 집합 연산자로 결합하고 있다.

UNION ALL의 첫 번째 SQL은 DUAL 테이블에 엑세스하여 하나의 데이터를 추출한다. 이 SQL은 무엇을 하는가? 우리가 원하는 테이블을 조회하지도 않으며 그렇다고 많은 데이터를 추출하지도 않는다. 단지 하나의 데이터만 추출하는 SQL이다. 여기서 추출되는 하나의 데이터는 전개를 시작하는 시작점의 역할을 수행할 것이다. 그렇기 때문에 반드시 추출되어야 하는 데이터가 된다. 이 데이터가 없다면 주 쿼리에서 전

개를 수행하지 못한다. 또한 예제 SQL은 한 건의 데이터만 추출하므로 성능에는 전혀 부하가 발생하지 않는다.

UNION ALL의 두 번째 SQL은 실제 게시판을 구성하는 메인 글의 데이터가 된다. 게시판이 10개의 데이터로 구성된다면 이는 10건을 추출하는 SQL이 될 것이다.

UNION ALL의 세 번째 SQL은 실제 사용자가 2번 메인 글을 선택했을 경우 2번 메인 글의 답글에 대한 데이터를 추출하는 순환 전개 SQL이 된다. 따라서 START WITH 절은 메인 글의 번호 컬럼의 값이 '2'인 데이터에 대해 순 전개를 수행한다. 이 SQL은 번호 컬럼과 상위_번호 컬럼에 각각 인덱스가 존재해야 성능을 보장할 수 있다. 이 컬럼들에 인덱스가 없다면 CONNECT BY 절에 의한 조인 조건이 인덱스를 이용할 수 없으므로 성능 저하 현상이 발생한다.

위와 같이 인라인 뷰를 수행하여 원하는 데이터를 모두 추출한 후 순환 전개를 수행하여 원하는 데이터를 추출한다. 이 경우에는 인라인 뷰에 의해 추출된 데이터에 대해 순환 전개를 수행하게 되므로 인덱스를 사용할 수 없다. 따라서 데이터가 많다면 성능은 저하된다. 하지만 예제에 있는 SQL의 경우에는 UNION ALL의 첫 번째 SQL이 한 건의 데이터를 추출하며 UNION ALL의 두 번째 SQL은 항상 3건의 데이터를 추출한다. UNION ALL의 세 번째 SQL은 선택한 메인 글의 답글에 해당하는 데이터이므로 일반적으로 대용량의 데이터가 되지는 않을 것이다. 따라서 대부분의 경우 위와 같이 수행한다면 성능을 보장 받을 수 있게 된다.

위와 같이 목록 쿼리와 순환 전개가 함께 사용된다면 이는 쉬운 SQL이 아니다. 많은 사이트를 지원하면서 목록 쿼리와 순환 전개가 함께 사용되어 악성 SQL로 변하는 것을 자주 보았다. 이제부터라도 정확한 이해를 통해 최적환된 SQL의 수행이 필요하다.

Chapter 7. 순환 전개를 효과적으로 사용하면 개발은 쉬워진다

✓ 순환 관계와 SYS_CONNECT_BY_PATH를 같이 이용하자.

순환 관계에서 SYS_CONNECT_BY_PATH 함수를 함께 이용한다면 프로그램 개발 시 어려운 부분을 쉽게 해결할 수 있을 것이다. SYS_CONNECT_BY_PATH 함수와 순환 관계를 동시에 사용하는 것은 매우 강력한 무기가 될 수 있다. 하지만 아직까지 많이 사용되지 않는 것 같다. SYS_CONNECT_BY_PATH 함수는 인간 사회의 모습을 그대로 보여주는 함수라고 생각한다. 인간 사회는 많은 부분을 부모로부터 상속 받게 되고 그 부모는 그들의 부모로부터 많은 부분을 상속 받았을 것이다. 데이터의 이와 같은 관계가 순환 전개에서 표현되고 있지만 해당 함수는 이러한 인간 사회를 값으로 표현해주는 함수가 아닌가 생각한다.

첫 번째로, 권한과 관련하여 순환 전개와 SYS_CONNECT_BY_PATH 함수를 함께 이용할 수 있을 것이다.

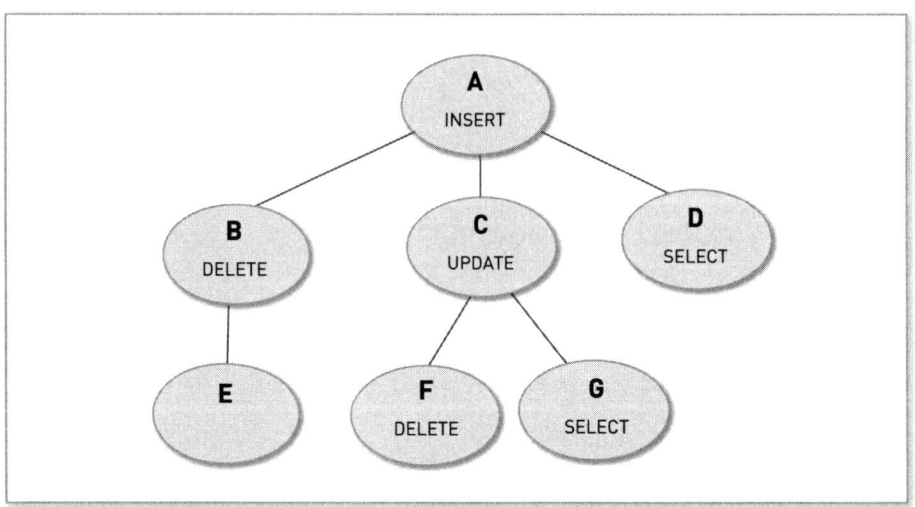

위와 같이 권한을 할당했다고 가정하자. 각 유저는 부모의 권한을 상속받는다고 가정했을 경우 E 유저의 권한은 어떻게 되는가? E 유저의 경우에 할당받은 권한은 없지만 부모의 권한인 INSERT 권한 및 DELETE 권한을 상속받을 것이다.

이와 같은 구조에서 각 유저의 모든 권한의 값을 추출하려면 SQL을 어떻게 수행해야 하는가? 순환 전개와 SYS_CONNECT_BY_PATH 함수를 이용하여 해결할 수 있다. 위의 그림을 테이블로 표현하면 유저 컬럼과 권한 컬럼이 존재하며 순환 전개를 사용하기 위해서는 추가로 부모의 정보가 저장된 부모_유저 컬럼이 있어야 할 것이다. 부모_유저 컬럼이 있어야야만 순환 전개를 이용하여 유저의 부모에게 엑세스할 수 있기 때문이다. 아래와 같이 SQL을 수행한다면 원하는 값을 추출할 수 있다.

예 제

```
SQL> SELECT LPAD(' ',2*(LEVEL-1))||유저 유저,
            SYS_CONNECT_BY_PATH(권한,' ') 권한
     FROM 권한
     CONNECT BY PRIOR 유저 = 부모_유저
     START WITH 유저 = 'A' ;
```

유저	권한
A	INSERT
B	INSERT DELETE
E	INSERT DELETE
C	INSERT UPDATE
F	INSERT UPDATE DELETE
G	INSERT UPDATE SELECT
D	INSERT SELECT

위와 같이 결과가 추출되므로 각 유저의 권한을 확인할 수 있을 것이다. 위의 결과를 보면 F 유저는 부모로부터 상속받은 권한을 모두 포함하여 INSERT, UPDATE 및 DELETE 권한을 소유하고 있다는 것을 알 수 있다. 결국 SYS_CONNECT_BY_PATH 함수는 부모로부터 상속받은 모든 데이터를 추출해 주는 함수가 된다. SYS_CONNECT_BY_PATH 함수를 사용하기 위해서는 두 개의 변수를 설정한다. 추출되는 값들 사이의 구분자를 변수로 제공한다. 위의 예에서는 권한 컬럼에 함수를 적용하여 결과를 추출하며, 구분자는 스페이스 두 개로 표현하였으므로 결과는 위와 같이 권한 별로 두 칸씩 띄어쓰기가 되어 추출될 것이다.

위의 순환 전개에서 성능을 보장받기 위해서는 반드시 START WITH 절의 유저 컬럼과 CONNECT BY 절의 부모_유저 컬럼에 인덱스가 있어야 한다.

두 번째로, 파일의 경로에 대해서도 순환 전개와 SYS_CONNECT_BY_PATH 함수를 함께 이용할 수 있

다. 예를 들어, 유닉스(UNIX) 시스템에 저장되어 있는 파일의 전체 경로를 경로 컬럼에 저장한다면 데이터의 길이가 길어지며 테이블의 크기는 점점 커질 것이다. 예를 들어, 아래와 같다고 가정하자.

예 제

파일	경로
AAA	/oracle/product/oracle/10.2
BBB	/oracle/product/oracle/10.2
CCC	/oracle/product/oracle/10.2
DDD	/oracle/product/oracle/10.2
EEE	/oracle/product/oracle/10.2
...	

위에 있는 테이블의 데이터는 각 파일이 저장되어 있는 경로를 절대 경로로 저장하고 있다. 그렇다면 아래와 같이 파일 경로를 저장하는 경우는 어떠한가?

예 제

파일	부모_경로	경로
1		/oracle
2	1	/product
3	2	/oracle
AAA	3	10.2
BBB	3	10.2
CCC	3	10.2
DDD	3	10.2
EEE	3	10.2
....		

위와 같은 구조로 파일 경로가 저장되도록 테이블을 구성하면 절대 경로를 경로 컬럼에 저장할 때보다 테이블의 크기는 더 작아질 것이다. 파일의 경로가 변경된다면 부모_경로 컬럼을 변경해야 하며 정확한 경로 변경을 위해 부모 데이터를 확인해야 할 것이다. 변경에 대해서는 위와 같이 순환 전개를 이용하는 방법이 불편할 수도 있다. 그렇다면 위와 같이 테이블을 구성하고 각 파일의 전체 경로를 어떻게 추출할 수 있겠는가?

순환 관계와 SYS_CONNECT_BY_PATH를 같이 이용하자

```
예 제

SQL> SELECT 파일,
            SYS_CONNECT_BY_PATH(경로,' ') 전체_경로
       FROM 파일
       CONNECT BY PRIOR 파일 = 부모_경로
       START WITH 파일 = '1';

  파일           경로

   1         /oracle
   2         /oracle/product
   3         /oracle/product/oracle
  AAA        /oracle/product/oracle/10.2
  BBB        /oracle/product/oracle/10.2
  CCC        /oracle/product/oracle/10.2
  DDD        /oracle/product/oracle/10.2
  EEE        /oracle/product/oracle/10.2
```

예제와 같이 순환 전개를 이용하여 전체 경로를 추출할 수 있다. 이 중 원하는 파일에 대해서만 추출하고 싶다면 WHERE 절을 이용하면 된다. 위와 같이 구성한다면 앞서 언급한 테이블보다는 크기가 작아질 것이다. 하지만 전체를 전개한 후 원하는 값만을 WHERE 조건으로 추출해야 할 때가 있을 수 있다. 이와 같은 경우에는 WHERE 조건이 처리 범위를 감소시키는 역할을 수행하지 못하고 확인의 역할만 하므로 성능이 저하될 수도 있다. 위의 순환 관계에서 성능을 최적화하기 위해서는 START WITH 절의 파일 컬럼과 CONNECT BY 절의 부모_경로 컬럼에 반드시 인덱스가 존재해야 한다.

위와 같은 경우에 순환 전개로 구성할지 아닐지 결정할 때 많은 고려를 해야 할 것이다. 테이블의 경로 컬럼에 전체 경로를 저장하는 것이 효율적이고 편리할 가능성도 많다.

한가지 추가로 SYS_CONNECT_BY_PATH 함수의 예를 들자면 메뉴 등에서도 사용이 가능하다. 초기의 각 메뉴를 선택하면 하위 메뉴가 추출되는 기능도 순환 전개로 구현할 수 있다. 메뉴를 프로그램에 하드 코딩하는 경우도 많다. 하지만 고객이 메뉴를 손쉽게 변경할 수 있도록 요청한다면 메뉴에 대한 데이터를 테이블로 관리해야 하며, 이 때 순환 전개를 사용하는 것이 유리할 것이다.

앞에서 확인한 것과 같이 순환 전개는 많은 프로그램에서 사용될 수 있다. 하지만 순환 전개의 사용이

쉬운 것은 절대 아니다. 정확히 이해하고 많은 테스트를 통해 순환 전개를 제대로 사용해야 할 것이다. 순환 전개의 정확한 이해와 사용은 프로그램 개발 시 많지는 않지만 요소 요소에서 매우 유용할 것이다.

찾아보기

ㄱ
결합 파티션 · 47

ㄷ
다중 조인 방식 · 208
단일 블록 I/O · 96

ㄹ
랜덤 엑세스 · 90, 110
리스트 파티션 · 47

ㅂ
범위 파티션 · 47
병렬 인덱스 전체 스캔 · · · · · · · · · · · · · · · 20
병렬 프로세싱 · · · · · · · · · · · · · · · · · 126, 190
병합 가능 인라인 뷰 · · · · · · · · · · · · 234, 235
병합 불가능 인라인 뷰 · · · · · · · · · · 234, 243
분포도 · 104
뷰 · 226
빠른 인덱스 전체 스캔 · · · · · · · · · · · · · · · 18

ㅅ
서브쿼리 · 328
서브쿼리 팩토링 · · · · · · · · · · · · · · · · · · · 294
서브파티션 · 176
선분 조건 · 104
선분 조건+선분 조건 · · · · · · · · · · · · · · · 106
선분 조건+점 조건 · · · · · · · · · · · · · · · · · 106
선 수행 서브쿼리 · · · · · · · · · · · · · · · · · · 330
세미 조인 · 346
소트 머지 조인 · 193
순 전개 · 366
순환 관계 · 358
순환 전개 · 359, 363
스칼라 서브 쿼리 · · · · · · · · · · · · · · · · · · 308
실행 계획 · 2

ㅇ
역 전개 · 366
오브젝트 · 226
인덱스 AND-EQUALS · · · · · · · · · · · · · · 12
인덱스 MIN/MAX · · · · · · · · · · · · · · · · · · 24
인덱스 MIN/MAX 스캔 · · · · · · · · · · · · · 22
인덱스 범위 스캔 · · · · · · · · · · · · · · · · · · · 9
인덱스 생략 스캔 · · · · · · · · · · · · · · · · · · · 22
인덱스 유일 스캔 · · · · · · · · · · · · · · · · · · · 10
인덱스 전체 스캔 · · · · · · · · · · · · · · · · · · · 16
인덱스 조인 · 27
인라인 뷰 · 226
인라인 뷰 병합 · 235

임시 테이블스페이스 ·················· 178

ㅈ

점 조건 ································· 104
점 조건+선분 조건 ··················· 106
점 조건+점 조건 ····················· 106
정렬 관련 실행 계획 ··················· 29
정렬 랜덤 엑세스 ············· 110, 112
조인 ··································· 130
조인 조건 ···························· 130
조인 컬럼 ···························· 130
존재 유무의 처리 ··················· 346
중첩 루프 조인 ······················ 134
직접 로딩 ························ 69, 70
집합 연산자 ···························· 38

ㅊ

추출 랜덤 엑세스 ············· 110, 112

ㅋ

카테시안 조인 ························ 196
쿼리 변환 ···························· 234
클러스터링 팩터 ····················· 142
키 소트 ································· 29

ㅌ

테이블 관련 실행 계획 ················· 5
테이블 별명 ·························· 341

ㅍ

파티션 ··························· 47, 176

파티션 테이블 ······················· 178
필터 버퍼 ···························· 350
필터 조인 ······················ 346, 347

ㅎ

함수 ··································· 312
함수 기반 인덱스 ··················· 168
해쉬 영역 ······················ 176, 181
해쉬 조인 ···························· 174
해쉬 파티션 ··························· 47
해쉬 함수 ···························· 175
향상된 중첩 루프 조인 ·············· 140
확인 랜덤 엑세스 ············· 110, 112
후 수행 서브쿼리 ············ 330, 332
힌트 ···································· 62

A

Access Information ·················· 82
ALIAS ······························· 341
AND_EQUALS ························ 63
APPEND ······························ 69
AUTOTRACE ························· 79

B

BUFFER ····························· 374
BUILD 테이블 ··············· 174, 179
BY LOCAL INDEX ROWID ········· 49
BY USER ROWID ····················· 6

409

찾아보기

C

CLUSTERING FACTOR	142
COMPOSITE PARTITION	47
CONCATENATION	34
CONNECT BY	368
CONNECT BY PUMP	374
CONSISTENT GETS	82

D

DB BLOCK GETS	82
DETERMINISTIC	169
DIRECT LOADING	69, 70
DRIVING_SITE	74
DRIVING 테이블	134

E

| EXPAND | 71 |
| EXPLAIN PLAN FOR | 79 |

F

FILTER	349
FILTER BUFFER	350
FULL SCAN	6

H

HASH_AJ	67
HASH_AREA_SIZE	220
HASH PARTITION	47
HASH_SJ	67

I

INDEX	63
INDEX BY ROWID 실행 계획	5
INDEX_DESC	63
INDEX FAST FULL SCAN	16, 18
INDEX_FFS	63
INDEX FULL SCAN	16
INDEX_JOIN	63
INDEX PARALLEL FULL SCAN	16, 20
INDEX RANGE SCAN	9
INDEX RANGE SCAN DESCENDING	24, 25
INDEX_SS	63
INLIST	35
INNER 테이블	134
IN 연산자	34

K

| KEY SORT | 29 |

L

LEADING	68
LEVEL	365
LINE CONDITION	104
LIST PARTITION	47
LOCAL	49

M

MERGE	71
MERGE_AJ	67
MERGE_SJ	67
MINUS	40

N

NL_AJ	67
NL_SJ	67
NO_EXPAND	71
NOLOGGING	70
NO_MERGE	71
NOPARALLE	69
NO_PARALLEL	69
NO_PUSH_PRED	71
NOREWRITE	71
n-머지 소트	29

O

OBJECT	226
OPTIMIZER_SECURE_VIEW_MERGING	241
OR 연산자	37
OUTER 조인	321

P

PARALLEL	69
PARALLEL_AUTOMATIC_MESSAGE_SIZE	127
PARALLEL_AUTOMATIC_TUNING	127
PARALLEL_INDEX	63
PARALLEL_MAX_SERVER	127
PARALLEL_MIN_SERVE	127
PARTITION RANGE (ALL)	50
PARTITION RANGE (ITERATOR)	51
PGA_AGGREATE_TARGET	221
PGA(PROGRAM GLOBAL AREA)	177
PHYSICAL READS	82
POINT CONDITION	104
Predicate Information	81
PROBE 테이블	174
PUSH_PRED	71
PUSH_SUBQ	71

Q

QUERY TRANSFORMATION	234

R

RANGE PARTITION	47
RECURSIVE	359
REDO SIZE	82
REMOTE	52
REWRITE	71
ROWNUM	44

S

SAMPLE	8
SE_MERGE	67
SIBLINGS	372
SORT(AGGREGATE)	29
SORT_AREA_SIZE	221
SORT(GROUP BY)	31
SORT(GROUP BY NO SORT)	32
SORT(NO SORT)	33
SORT(ORDER BY)	33
SORTS(DISK)	82
SORTS(MEMORY)	82

SORT(UNIQUE) 30
START WITH 368
STOPKEY 44
SYS_CONNECT_BY_PATH 402

T

TKPROF TRACE 79
TRANSITIVITY 165

U

UNION 39
UNION ALL 38
USE_CONCAT 71
USE_HASH 67
USE_NL 67

V

VIEW 42

W

WORKAREA_SIZE_POLICY 221

기호

+1의 법칙 10

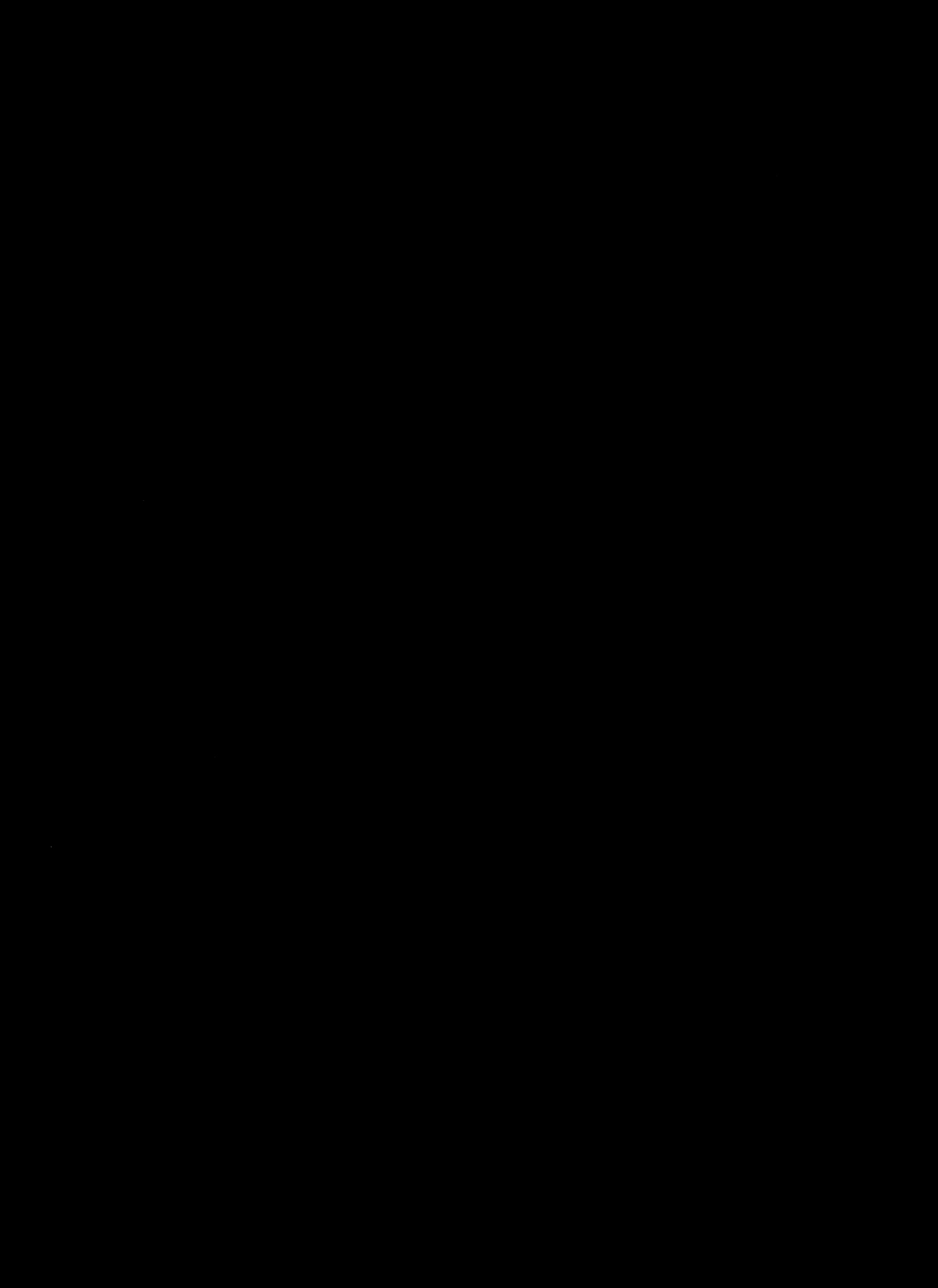